钢铁工业智能制造
优秀案例集

工业和信息化部装备工业发展中心
冶金工业信息标准研究院　编

北　京
冶　金　工　业　出　版　社
2023

内 容 提 要

本书遴选钢铁行业中的智能制造优秀案例，并详述每个案例的实施步骤及应用的 5G 技术、人工智能、大数据、数字孪生等新技术，在提升钢铁行业安全生产、产品质量、绿色低碳、企业效益及改善人工作业环节等方面具有良好的示范效果。书中内容具有实用价值，可广泛推广应用。

本书可供钢铁企业、钢铁企业信息公司、通用供应商、设计院所、科研院所等全国钢铁行业智能制造相关企业、管理者、技术人员、科研人员参考，也可供相关领域高校师生参考。

图书在版编目（CIP）数据

钢铁工业智能制造优秀案例集／工业和信息化部装备工业发展中心，冶金工业信息标准研究院编 . —北京：冶金工业出版社，2023.10
ISBN 978-7-5024-9677-7

Ⅰ . ①钢… Ⅱ . ①工… ②冶… Ⅲ . ①钢铁工业—智能制造系统—案例—中国 Ⅳ . ①F426.31

中国国家版本馆 CIP 数据核字（2023）第 215555 号

钢铁工业智能制造优秀案例集

出版发行	冶金工业出版社	**电　话**	（010）64027926
地　址	北京市东城区嵩祝院北巷 39 号	**邮　编**	100009
网　址	www. mip1953. com	**电子信箱**	service@ mip1953. com

责任编辑　卢　敏　姜恺宁　美术编辑　吕欣童　版式设计　郑小利
责任校对　石　静　责任印制　禹　蕊
北京博海升彩色印刷有限公司印刷
2023 年 10 月第 1 版，2023 年 10 月第 1 次印刷
787mm×1092mm　1/16；20.5 印张；496 千字；317 页
定价 **198.00 元**

投稿电话　（010）64027932　投稿信箱　tougao@cnmip.com.cn
营销中心电话　（010）64044283
冶金工业出版社天猫旗舰店　yjgycbs.tmall.com
（本书如有印装质量问题，本社营销中心负责退换）

序　言

钢铁行业作为非典型性流程工业，集成了流程与离散兼具、物理与化学共存、产量与环保平衡的所有复杂性。在这复杂的环境中，数字化、绿色化、智能化技术成为行业可持续发展的重要续命手段。很高兴，在这个"试错验真"的过程中，涌现出来的一批优秀案例，形成了具有钢铁行业特色的案例集，广为人知，为更多钢铁企业借鉴受益。

2020 年 1 月，钢铁行业率先成立"钢铁制造+智能技术"的全国钢标准化技术委员会智能制造标准化工作组。很荣幸，我作为工作组组长，亲自见证并参与到"钢铁+智能"的体系设计、案例发现、标准转化、示范推广的建设过程中。2023 年，全球首项钢铁行业智能制造国际标准由中国提出并在 ISO 成功立项，这一关键里程碑既是中国钢铁在国际智能制造标准化领域取得的关键突破，也是长期支持钢铁行业智能制造标准化工作的专家同仁和广大钢铁企业共同努力结出的硕果。

回顾四年来的工作历程：从 2020 年 1 月国内工作组的组建，到 2023 年 10 月国际对口工作组的成立；从 2020 年 4 月开始起草《钢铁行业智能制造标准体系建设指南》，到 2023 年 10 月由工信部正式发布 2023 版指南；从 2020 年 8 月从零开始征集标准，到 2023 年 10 月有 122 项标准投入研制，54 项具有钢铁行业特征的智能制造标准发布实施。这背后是千千万万的钢铁制造工艺及自动化、数字化、智能化技术专家、学者互通共荣创造的典型应用场景和成功实践案例。

当然，在这个从零起步的建设过程中，在多方指导下，信息标准院作为工作组秘书处承担单位，张龙强院长作为国家智能制造专家委员会委员，为此投入了大量的精力。作为钢铁智能制造领域的领军企业，中冶三大钢铁设计院、宝武集团、鞍钢集团、中信特钢、北科大、东北大学等企事业单位和科研院所纷纷派出重量级专家，参与了从体系设计到标准研制的过程，在直言不讳的科学探讨过程中组建了最具战斗力的团队，为如何建设钢铁行业智能工厂提供了可信的科学依据。

在此，衷心祝贺《钢铁工业智能制造优秀案例集》正式出版，将 50 个具有钢铁制造智能化技术应用特征的优秀案例带给读者，为钢铁行业智能制造的可持续发展贡献力量。借此机会，也祝愿 ISO 21763"钢铁行业智能制造指南"国际标准圆满完成研制工作，《钢铁行业智能制造标准体系建设指南（2023 版）》高质量完成建设任务，欢迎各位领导、专家、企业家继续支持钢铁制造智能化进展，也希望全国钢标准化技术委员会冶金智能制造标准化工作组各位专家继续保持智能制造标准化团队的战斗力，站在国际视角考虑中国钢铁工业智能制造标准化的目的和意义，求大同、存小异，为国际智能制造标准化事业贡献中国智慧！

徐金梧

2023 年 10 月

前　言

当前，世界百年未有之大变局加速演进，新一轮科技革命和产业变革深入发展，全球产业链供应链价值链加速重构。工业化的全球格局和技术内涵都在发生深刻变化，新型工业化要求主动适应和引领数字化、绿色化趋势，要求增强发展的主动性。党的二十大报告明确提出："建设现代化产业体系"，"坚持把发展经济的着力点放在实体经济上，推进新型工业化，加快建设制造强国、质量强国、航天强国、交通强国、网络强国、数字中国"。制造业是实体经济的主体，其规模大、价值链长、带动性强。

钢铁工业是国民经济的基础性、支柱型产业，是关乎工业稳增长、经济平稳运行的重要领域，是制造业做强做优做大的重要支撑。中国目前已拥有世界上最完整、最大规模的钢铁工业体系，配备了世界上最先进的装备、工艺和技术，向世界提供着最丰富、最齐全的钢铁产品，是真正的国之重器，钢铁脊梁，更是我国优势产业的代表。同时，我国钢铁工业已初步具备较好的自动化、信息化和智能化基础和体系架构，基本实现了产业链、供应链的数据衔接。

智能制造是我国钢铁行业实现新型工业化的关键抓手，要将智能化融入钢铁制造和运营决策过程中，实现数字化研发制造、大规模定制化生产、网络协同化制造、精准化运营管控的业务模式和产业形态创新，培育钢铁发展新动能，打造竞争新优势，全面提升发展水平，实现钢铁行业高质量发展。近年来，各大钢铁企业都将数字化、智能化列为各自重要的发展战略，十分关注智能制造先进装备和技术进展，持续投入大量资金，并在装备无人化改造、生产一体化集中管控、数字孪生工厂等方面取得了一些突破性的成果。

为贯彻落实《"十四五"智能制造发展规划》重点任务，促进钢铁行业数字化转型、网络化协同、智能化变革，助力制造强国建设。2022 年 6 月，工业和信息化部装备工业发展中心、冶金工业信息标准研究院联合组织开展钢铁行业智能制造优秀案例征集，旨在总结提炼一批可复制可借鉴的优秀经验和模式并加强应用推广，让优秀成果发挥示范引领的作用。此次征集活动通过官网发布、定向邀请、媒体宣传等方式，共计收到60多家企业提交的105项案例，经过基本条件审核、行业专家函审和线下评审等既定程序，最终筛选出50项优秀案例纳入本书。

本书共分五章。

第一章：智能装备。主要介绍铁水运输、测温取样机器人、检验检测装备、废钢智能判定、设备智能运维等智能装备在钢铁企业的应用实践案例。

第二章：智能生产。主要介绍钢铁行业在矿山、料场、焦化、球团、炼铁、炼钢、连铸、热轧、冷轧等生产工序的智能应用实践案例。

第三章：智能管理。主要介绍钢铁企业质量管理、能源管理、仓储管理、物流管理、安全管理、环保管理等智能管理优秀案例。

第四章：智能工厂。主要介绍矿山数智工厂建设、钢铁数智工厂建设、钢铁制造数智可视化平台等企业实践优秀案例。

第五章：智能协同。主要介绍"工业互联网+钢铁"的优秀实践案例。

本书主要展示钢铁工业智能制造优秀案例，希望为行业凝聚共识、推动技术迭代创新、促进企业智能化升级发挥积极作用。

在此，向参与本次案例评审工作的国家智能制造专家委员会委员丛力群、蒋白桦、江源、朱恺真表示感谢，向长期支持并亲自参与到钢铁行业智能制造标准与技术应用推广工作的原北京科技大学校长徐金梧表示感谢，向支持案例申报工作的相关企业和行业同仁表示感谢。书中不妥之处，敬请广大读者批评指正。

张龙强

2023 年 10 月

目　　录

第一章

智能装备 ZHINENG ZHUANGBEI

1 基于5G+工业互联网的熔融金属智能运输系统

广西柳钢东信科技有限公司、华为技术有限公司
物流装备

简　介

随着"双碳"战略深化，"绿色零等待"作为兼顾对绿色指标和经济指标的制造业综合评价，为众多细分领域所研究。特别地，钢铁冶炼作为传统长流程制造过程，能量损失与时间域耦合，影响绿色低碳与生产成本。如何降低物料过程温降、提升中转效率、减少碳排放，是钢企新一代智能协同生产中的重要课题。本案例选定铁钢界面高温熔融金属转运调度作为研究对象，针对炼铁高炉产出液态铁水经铁水罐装罐、柴油机车运输至炼钢区域过程，通过增加铁水罐保温盖设备，降低重罐铁水及空罐耐材的在途温降损失，配合不间断供电方案、5G+工业物联网技术、生产计划与制度规范化，保障转运全程开关盖控制无人化动作，机车运行不停靠，确保熔融金属智能运输系统高效转运。项目总体架构如图1-1所示。

案例介绍

炼铁　　　　　　　　铁水运输　　　　　　　　炼钢

铁前MES（生产）

铁水智能调度运输系统

铁水分配管理
| 高炉作业计划 | 炼钢需求计划 | 铁水调度计划 | 铁水智能排程 |
| 高炉异常状态 | 炼钢异常状态 | 铁水动态分配 | 运输路径优化 |

统计分析管理
| 绩效指标管理 | 罐体寿命管理 |
| 铁钢平衡负荷 | 设备状态监测 |

无人化作业系统
| 无人驾驶系统 | 铁包加盖系统 | 铁水跟踪系统 | 自动脱钩 | 微机连锁系统 | 车载防护系统 | 远程诊断 |

机车基础信息
| 车头基础信息 | 车架基础信息 |
| 点检维修信息 | 线路基础信息 |

罐体基础信息
| 鱼雷罐信息 | 开口罐信息 |
| 点检维修信息 | 盖体信息 |

智能化设备基础信息
| 供电系统信息 | 定位系统信息 |
| 控制系统信息 | 微机连锁信息 |

钢后MES（需求）

控制通信网络　　通信网络　　视频监控通信网络

图1-1　项目总体架构

1.1 解决的问题

工艺层面上，铁钢界面物料运输过程涉及炼铁高炉区域、炼钢转炉区域、铸铁车间、修罐车间、机车机电维修与燃料供应车间。存在调度过程温降严重、热量散失高、废钢装入量有限、罐内耐材寿命短、烟尘排放严重等问题。与此同时，传统的铁水罐保温盖装置采用固定点拔插取电方式，又会给生产带来机车在途停靠点增加、分散性人工取电及供电设备维护岗位增设、恶劣环境人工取电操作安全风险高等新的挑战。

为一次性解决场景痛点，该项目应用整体集结机械、电气、通信、智能化、铁运调度、生产排程等多方技术，贴合现场工艺，以原生产流程零变动率为基础，独创性采用机车挂接专用电池车的不间断供电方案，保障司机驾驶全程流畅性。

1.2 实施的路径

该项目由机车搭载安全电池车为铁水罐车供电，采用 RFID 自动检测方式，实现铁水罐车在高炉区域接铁前后全自动开/关保温盖，铁水在途运输全程关盖并采用 5G 无线通信方式在线监控电池、罐车等控制系统运行状态，铁水运输至炼钢区域倒罐时，改由轨道移动车与铁水罐车自动碰接供电，采用无线遥控方式开关保温盖。

罐车与罐车、罐车与安全电池车、罐车与轨道移动车供电装置均采用全自动取电，无需人工参与，罐车两个方向都具备自动取电互联功能。为确保电源可靠，系统同时设计应急手动电源接插装置，以防自动取电装置失效后应急供电，保证生产正常。

工艺流程如图 1-2 所示。

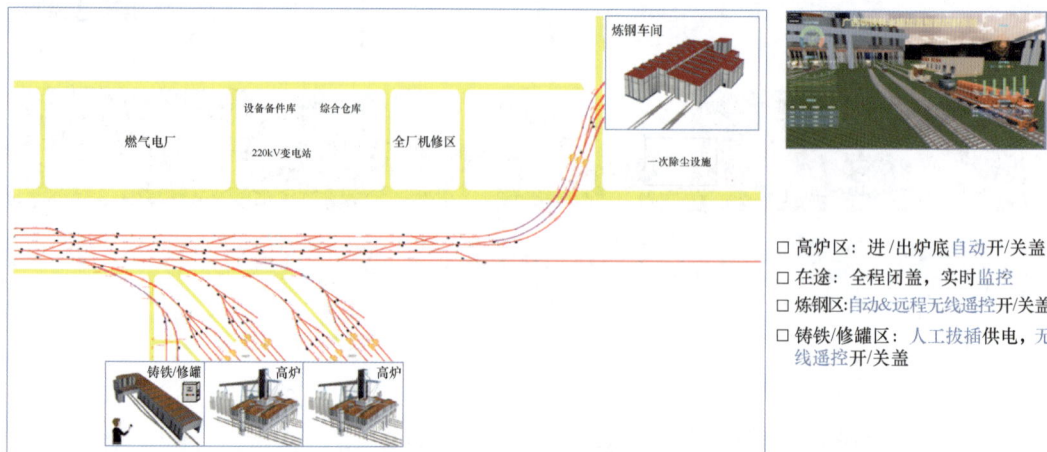

图 1-2 场景工艺流程

系统主要包含 7 大核心技术（图 1-3）。

（1）新能源电池技术，采用高密度聚合物电池，支持大功率充放电，配合自研 VCU 单元与直流快充底座，保障电力供应长效稳定。

（2）不间断供电技术，独创性采用专用电池车供电方案，与铁水罐车无缝嵌装、随车走行，相较固定地点拔插给电方式，铁水转运全程无感驾驶，不停靠；同时，整合多种取电模式，满足复杂工艺条件下的专业化供电方案选配。

（3）全自动开关盖技术，结合工艺控制需求，采用控制器与物联网定位设备实现全自动开关盖，开关控制点位沿途敷设，灵活可靠，实现铁水转运全过程罐盖无人化全自动运行。

（4）精准定位技术，采用物联网射频识别技术，位置检测实现厘米级定位精度与毫秒级响应。

（5）自动脱钩技术，基于在途供电系统，结合系统自动定位实现机车自动摘钩。

（6）5G 通信技术，打造可靠低时延 5G 专网与工业 WiFi 双网冗余通信链路，保障转运全过程移动网络无缝切换，数据传输实时、连续、稳定。

（7）动态跟踪调度技术，结合铁水跟踪、自动脱钩、微机联锁等系统的建设，完成铁水运输装备全流程状态信息检测，并深度挂接铁钢界面业务功能，集成铁水动态分配、运输路径优化及智能排程，有效助力生产平衡，实现动态跟踪调度全流程数字孪生。

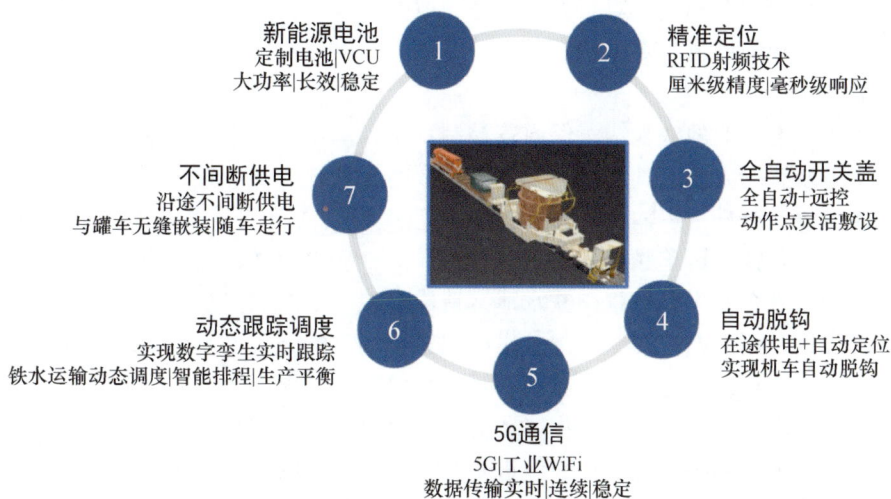

图 1-3　项目核心技术示意图

1.3　应用的成效

1.3.1　应用业绩

广西柳钢东信科技有限公司实施的防城港钢铁基地项目（一期）铁水包加盖项目，针对广西钢铁在用铁水罐车。广钢现有 2 座 3800m³ 高炉及 4 座 210t 转炉，规划铁水年产量 680 万吨。系统主要设备包括 8 套电池充/供电系统、40 套罐车全自动取电系统及罐车包盖全自动控制系统、1 套地面监控系统及无线通信系统。系统总投资约为 1170 万元。项目成功研发投用，系统上线后的主要社会效益和经济效益如下：

（1）大幅提升铁水包耐材使用寿命，提高包龄约 20%，降低耐材成本。

（2）减少铁水温降约 40℃，每吨铁水可减少散热损失不少于 1500kJ/h；在低铁水耗生产条件下，炼钢废钢装入量提升约 20kg/吨钢，提升钢产量。

（3）减少铁水包烟尘排放 95%以上，有效解决了铁水包在运行过程中的环保问题。

（4）对接智能无人化铁水运输系统，实现全程无人化操作，优化人工拔插取电岗位，提高安全性及生产效率。

（5）年综合经济效益约 3000 万元。

目前，该应用已在广西钢铁集团有限公司成功投用上线，随着项目的全面上线与后续逐步完善，将在广西柳钢集团有限公司三大基地全面铺开，实现柳州本部与中金基地的推广应用。

同时，广西柳钢东信科技有限公司将以该项目为标杆应用案例，对外部钢铁企业进行推广延伸。

1.3.2 经济效益推广

根据上述广西钢铁集团有限公司投用成效分析可知，年综合经济效益与钢铁企业年产量及生产工艺现状息息相关。对于类似场景，以开口罐作为铁水转盛容器、转运里程 3km 的工况，可以实现吨钢成本降低约 6.5 元。吨钢成本收益对于钢铁制造产业具有举足轻重的效益提升地位。

目前国内同类企业的铁水罐车保温盖控制系统，基本采用手动拔插供电、固定点配套机器人或供电装置的方式，其生产效率、人力成本及系统灵活性较低，本系统适用于采用开口罐加保温盖进行铁水运输的钢铁企业，其特点为接铁及倒罐过程需由机车进行组罐，从而需解决机车与铁水罐车频繁脱挂的问题。同时，采用罐车单独配套供电电源的模式，无法避免高温熔融金属生产过程中铁水泄漏造成电池组爆炸的安全风险。

本系统设计采用的电池安全车集中供电及全自动取电方式可有效实现机车与铁水包车无缝嵌装，随车走行，不增加工艺时间，不增加停车点，提高生产效率及产量，降低系统生产安全风险。因此，本系统后续将在同类企业有较好的复制性、推广性。

同时，以本项目的实施为支点，促进一系列周边系统的创新突破与成功应用，可为后续钢铁生产智能转运过程的进一步优化提升奠定坚实基础。

根据行业调研，业内目前已经实施传统取电方式的铁水罐保温盖项目的企业有 70 余家，覆盖罐架数量千余套。针对传统固定点供电方案的系统性无人化升级改造需求，存在较好推广价值。同时，鉴于铁水转运过程温降及排放控制的环保与经济双重意义，对于未进行保温盖项目建设的钢铁企业，兼顾现场工况与生产调度的一体化项目设计与建设应用，有着更为广阔的市场空间。

1.3.3 社会效益

（1）提升产业智能化：东信公司将利用产业内生优势，联合相关行业上下游优质供应商，整合政企多平台资源，多渠道推动项目应用落地。在服务广西冶金企业的同时，助推我国钢铁行业智能协同作业高速发展。

（2）促进核心技术进步：机车及罐车的高密度聚合物电池选配及在途不间断供电技术应用，为后续车列智能装备升级、实时故障分析诊断、智能在途道旁安全识别与控制等无人化系统的上线，提供了电力供应保障；5G 基站的建设与信号覆盖，有效支撑铁水罐车在运行过程中的信号接入问题，并且在铁水罐车运行过程中实现毫秒级切换的同时，为后续机车无人驾驶提供了不可或缺的网络支撑条件；控制点位敷设、各环节装备设施系统性数据采集完善、工业物联网设备及系统的构建工作，也为 5G+IoT 场景的进一步探索提供了诸多可能；对于铁钢界面业务系统的集成，对铁水转运过程"绿色低等待"这一多目标优化问题的解决提供了多维度输入与数据源，丰富了复杂优化问题的约束空间，也更切实地对输出空间给出重点关注；同时，动态调度数字孪生系统的初步实施，为远程在线故障诊断、铁钢界面全流程时空多尺度数字孪生等更高层次智能化系统的搭建进行前瞻性尝试。

（3）打造产学研工业团队：经本次项目东信公司组建了一支铁运机车项目技术攻关队伍，在充分发掘内生技术人才的同时，推动与高校等科研机构的产、学、研深度合作。为科研提供落地场景，为企业注入创新活力。

1.4　项目创新点

本项目致力于提升钢铁冶炼生产过程中铁钢界面高温熔融金属厂内机车运输的转运节奏，降低在途温降损失，并以该项目为基础，为机车无人驾驶与铁水业务智能调度积累工程经验与技术储备。主要创新点如下。

1.4.1　技术实现创新：在途不间断供电技术

选用磷酸铁锂电池，配合自研 VCU 与直流快充底座，独创性提出国内首例专用电池车供电方案，与铁水罐车无缝嵌装、随车走行。兼容多种取电模式，满足复杂工艺条件下供电方案选配。

供电方案示意图如图 1-4 所示。

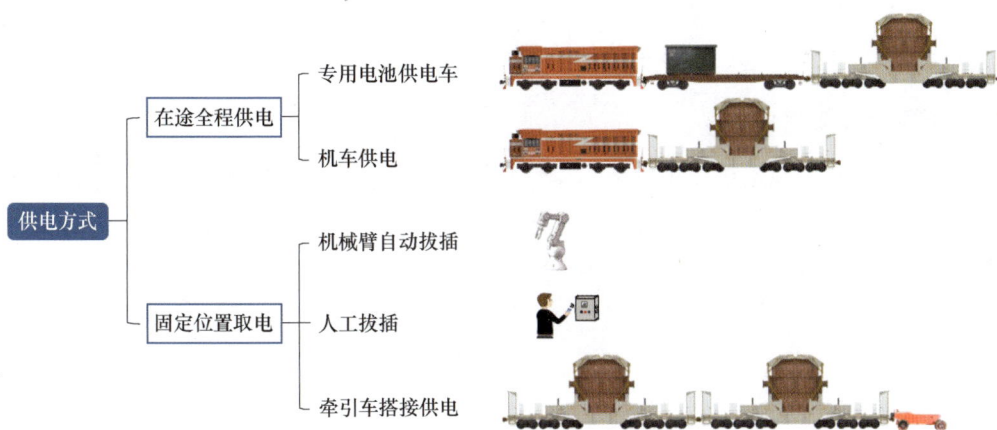

图 1-4　供电方案示意图

1.4.2　场景设计创新：动态跟踪调度数字孪生技术

结合铁水跟踪、微机联锁等系统，完成装备状态全监测。深度挂接铁钢界面业务，集成铁水动态分配、运输路径优化及智能排程，有效助力生产平衡，实现铁水转运全流程数字孪生。

1.4.3 方案设计创新：系统功能产业化完善思路

（1）电源系统：针对电池车周期充电需求，采用机车柴油机在途直接充电设计，规避电池车充电导致的生产调度问题；针对智能保温盖自动控制系统，基于低功耗电路优化设计，降低控制系统待机功耗，提升系统绿色清洁属性。

（2）自动驻车：针对用于铁水罐承载的小型车架无制动风管的普遍情况，考虑增配车载无人驻车系统，集成入原电控系统，保障罐车在途随时稳定停靠。

（3）移动网络：针对钢铁企业厂区广覆盖、高干扰特点，促进多包接收技术在无线Mesh网络构建过程中协同策略研究与应用，提升无线网络健壮性；针对系统周期性消息实时性能需求，为应对气候环境恶劣、建筑遮挡严重、信息化环节暂缺、运输调度多变等特殊情况，保障系统全时可靠运行，对消息实时性能进行形式化建模，模拟周期性AP切换和突发中断等失效情况，对不同车速下丢包率和时延统计进行实测与仿真修正。

（4）故障诊断：针对设备在途故障分析与诊断，研究模糊自适应自动化铁水转运机车故障Petri网模型，对电源系统及通信系统Petri网模型进行故障推理分析，动态分析故障传播的途径以及计算故障发生的可能性。

1.4.4 无人驾驶升级

针对机车拉车与推车不同作业工况下，先进传感器部署视野盲区问题，研究设备安装结构优化设计与长记忆、高鲁棒的道旁安全风险识别算法，双管齐下力求解决无人机车驾驶在途安全性问题；针对关键道口多种车辆及人员混杂情况，研究超低延迟的路口危险行为识别算法，保障转运机车无事故通过；针对厂内转运车列非国运标准化设计导致的车列信息化设备及系统配置不完善、差异化严重问题，同时考虑生产调度系统业务需求，研究融合微机联锁、安控系统、MES系统的定制化列车控制与调度系统设计与开发。

1.4.5 铁钢一体智能化运营

针对复杂系统数字孪生应用困难，研究时空多尺度下多场多相耦合约束过程中，生产平衡与动态调度建模，对混成系统进行构建与仿真，结合生产专家经验，抽取并融合知识图谱信息，逐步形成铁钢界面全过程数字孪生应用方案。

2 铁水预处理智能化测温取样解决方案

湖南瑞菱科技有限公司
检验检测装备

简　介

　　铁水预处理智能化测温取样以机器视觉及工业机器人为核心组件，通过视觉相机搭载深度学习软件可以直接覆盖到部分铁水包检测视野，根据 ManuVision 系列深度学习软件通过相机拍摄照片来判断钢包内红色（钢水）和黑色（钢渣）区域，在此区域选择 3 处（不等）最佳红色（钢水）点位作为待破渣和测温、取样点，同时给予机械手和优先破渣取样坐标，使用多机协作作业 RoboTeam 系统，实现测温、取样机械手及拆卸取样器机械手共同配合，进行取样作业，预处理测温、取样设备包括取样器探头储存架，取样枪/破渣锥快换机构，测温、取样机械手，拆卸机械手，钢包到位激光检测，钢包防撞激光检测，视觉识别相机及软件，天车 5G 通信及安防报警系统，机器人工作区域防护及安全防护设备。

　　项目总体装备如图 2-1 所示。

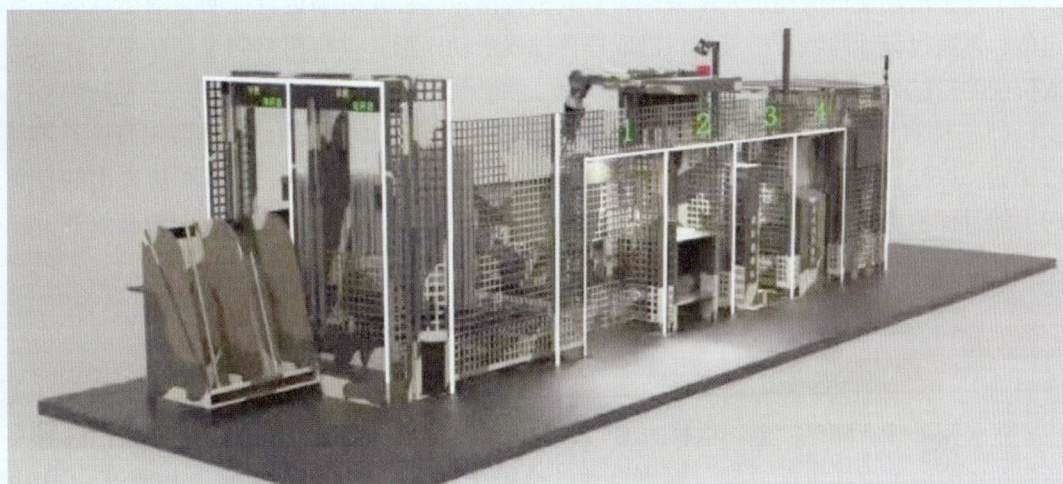

图 2-1　项目总体装备示意图

2.1　解决的问题

全国有 300 多家大型钢铁企业，铁水进入转炉或者电炉前，需要对铁水进行预处理（脱硫），目前铁水预处理自动测温、取样智能化流程处于空白，各智能制造企业对该流程进行改造，但均无法适应其复杂的环境，以至于无法实现智能化测温、取样。

由湖南瑞菱科技有限公司研发的智能化自动测温、取样系统设备主要应用于面向铁水预处理作业测温、取样工艺的视觉系统，实现了自动化测温、取样工艺中所需的目标检测与定位功能，解决了在恶劣环境下通过视觉识别的方式遇到的多项困难，同时系统提出的方法已经应用在测温、取样机器人原型机的研发过程中，促进了铁水预处理工业的智能化制造转型过程，可在其他钢铁企业广泛推广，具有重要的实际意义和应用前景。

（1）针对铁水预处理环境下复杂背景光的干扰以及相机曝光参数设置不合理对成像结果的影响，应用了一种基于灰度直方图关键点约束的同态滤波图像增强算法，通过提取图像直方图信息作为控制矩阵参数，设计了自适应滤波器，对不同照度条件下的取样器端面图像在频域内进行增强，尤其减小了铁水预处理环境高光带来的目标轮廓缺损或者引入伪轮廓的影响，突出目标边缘信息以易于后续图像分析处理。

（2）针对测温枪末端不规则的结构，根据其轮廓信息设计了基于线段检测器的聚类拟合策略，通过算法分段拟合线段检测器获取的局部特征，同时改进了 LSD 算法中直线段在相交处容易产生分段的现象。

（3）针对取样器端面内轮廓特征在铁水预处理环境强光条件下或者加工精度限制下可能会退化成类椭圆的特征，设计了基于弧线段检测器的特征自底向上的聚类拟合方法，最后通过椭圆方程对提取的边缘轮廓点进行约束优化求解，修正圆拟合带来的误差。

（4）针对取样器侧面抓取位测量过程中复杂背景干扰导致基本特征难以提取的问题，设计了基于滑动窗口的模板匹配策略，对其进行测量，首先对临近特征明显的工具端进行定位，再通过设计的特征模板窗口沿取样器轴线滑动匹配，进行粗略测量，获得工具端抓取位的测量结果。

（5）针对实际铁水预处理作业的需求，通过图像增强算法实验、取样器端面检测和定位实验、取样器侧面抓取位测量实验和测温枪末端检测和定位实验，验证了所提出的自底向上的目标检测与定位方法和自适应图像增强算法在测温、取样工艺作业中的有效性，并且开展了原型机的调试与验证。

2.2　实施的路径

铁水预处理智能化测温、取样方案布置如图 2-2 所示。在炉口前布置机器人，机器人两侧布置测温、取样枪存放架，探头自动供给料仓，探头退卸机械手等。并通过 CCD 相机实现工作位置确认，保证测温、取样的准确性及成功率。测温、取样过程由机器人和配套设备自主完成，取代人工在炉前高温环境作业。

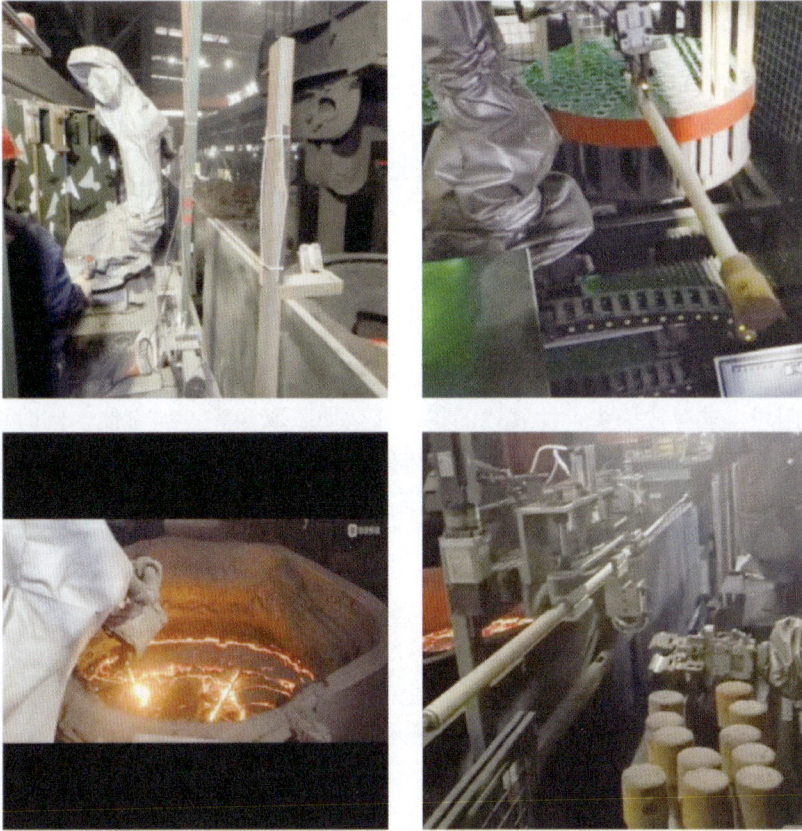

图 2-2　现场应用场景

2.2.1　测温、取样机器人

采用库卡 210kg 负载，臂展 2700mm 轴机械手，大负载的机械手有效能承受测温、取样时反向力矩和过载带来的误报警，同时提高了机械手的安全性和使用寿命。外形如图 2-3 所示。

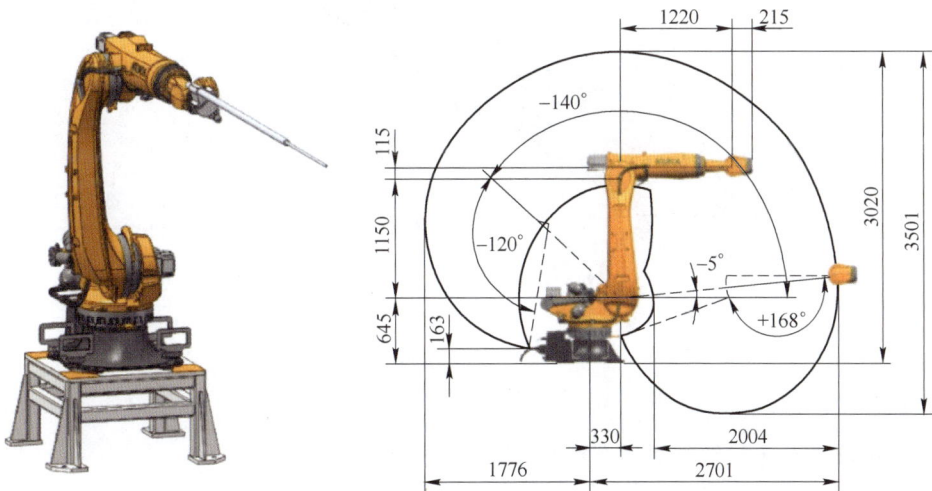

图 2-3　铁水预处理测温、取样机械手

2.2.2 破渣机构和测温枪、取样枪及枪架

在测温、取样前先进行破渣，破渣机构具有伸缩功能，与渣接触处设计成可换形式，方便定期更换，破渣完成后快换更换测温、取样枪，进行测温。

采用立式枪架，将枪挂在枪架上面，节省空间，枪架带有定位功能，保证每次挂枪位置准确。

2.2.3 测温、取样探头存料仓

探头存储料仓可根据需求存储相应数量的测温探头、取样探头，每种探头数量根据需要可调整；根据相应指令可将探头从柜中依次抓取出来，送至固定插探头位。

可根据用户需求存放探头，抽屉式的探头托架使装取探头更加方便，同时可装入更多数量的探头。该装置通过伺服控制使其能够根据发出的指令精准地抓取指定的目标探头，并将探头从探头仓中送出，由抽屉中的水平姿态转为竖直姿态，为机器人插取新探头做好准备。可装测温、取样探头 90 根。

2.2.4 取料退卸机械手

取料退卸机械手可对测温、取样探头进行下料的同时兼备将废测温和取样探头从枪上退卸下来的作用，并将退卸下来后的探头放在人工工位进行处理。外形如图 2-4 所示。

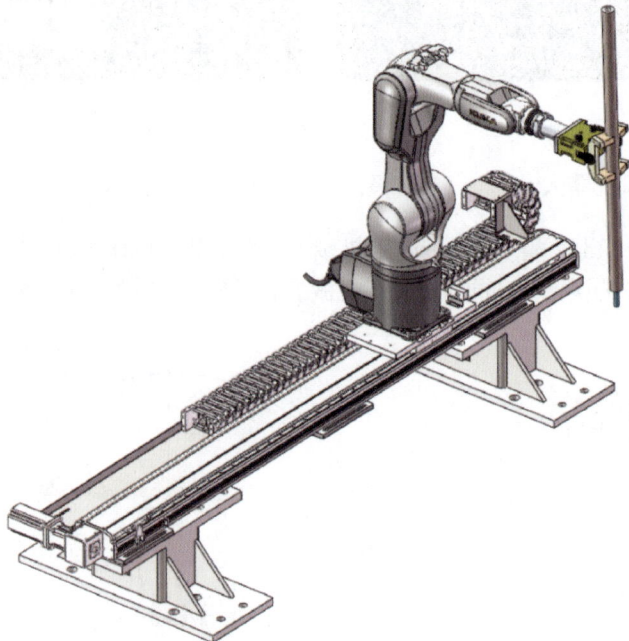

图 2-4　退卸机械手

2.2.5 RoboTeam 多机协作系统 YH V1.0

通过 KUKA. RoboTeam 软件实现时间和几何耦合。机器人借助于 KUKA. RoboTeam 软

件，传统的中央 PLC 功能、工作区锁闭或程序同步等被直接置入机器人团队中。机器人团队直接涉及的所有任务单独由此软件承担。

程序同步：开始两个或多个机器人的同步运动。

运动同步：两个或多个机器人的同步运动时间，机器人或机器人与一个附加轴运动系统的几何耦合。

负载分配的作业方式：两个或多个机器人的同步作业。

依赖于加工过程的作业方式：两个或多个机器人在一个加工过程中的协作。

组合式作业方式：负载分配的作业方式和依赖于加工过程的作业方式的组合。

扩展的主、辅机器人原理：两个或多个机器人与附加轴运动系统的同步作业。

对于 KUKA.RoboTeam，同步指令通过机器人的编程界面进行设置。一台参与的机器人紧急停止（停机类别 1）将导致整个团队沿轨迹同步制动。

KUKA.RoboTeam 的系统要求：带 RoboTeam 选项的机器人控制器 KR C4，KUKA 系统软件 8.3。

可全面配置的交换机（可管理的交换机）用于与 WorkVisual 的 KLI 连接 KR C4 RoboTeam 连接电缆。

2.2.6　ManuVision 系列智能视觉系统

提供基于视觉定位、测量、检测和识别等应用场景的深度学习图像语义分析平台。实现实时监控产线运转，与外部设备/系统进行数据交互，历史信息追溯，管理算法插件，支持自定义算法、深度学习算法集成及优化，根据业务流程自定义检测方案、数据管理、数据标注、模型自主学习、管理深度学习网络，管理训练参数与输出模型版本，支持分割、检测、分类、OCR、关键点五类检测任务。

ManuVision 系列智能视觉布局如图 2-5 所示。

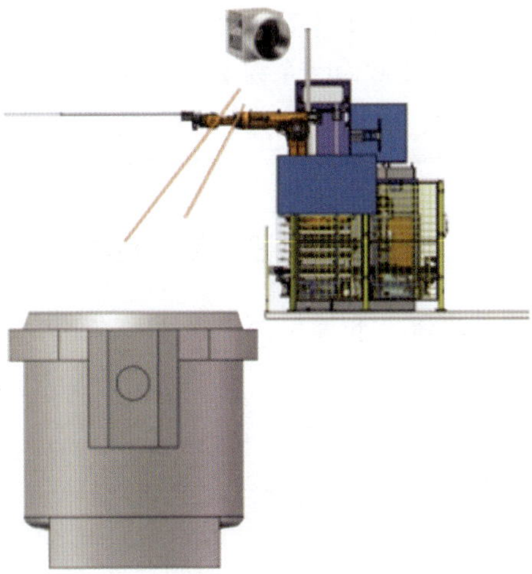

2.2.7　远程故障诊断系统

图 2-5　ManuVision 系列智能视觉布局

远程故障诊断系统是将客户设备、机械手、各个机台和外部监控以及相机报警综合显示并能在远程端查看报警类型，查看 I/O 和通信状态的软件系统。由于实现无人化的外部管理，需要人员能及时远程查看到报警类型、报警的名称和处理方法。

各子系统内部参数由 PLC 控制器采集，PLC 完成系统故障诊断的操作与控制，再通过 Profinet 协议传输至工控机。

外部参数包括视觉信号、测温信号和铁包到位等参数，转换后由 PLC 采集。不管是内部参数还是外部参数，这些参数的最终汇合点都是 PLC，因此 PLC 成为各种参数中转中心。故障诊断系统就是利用生产线这一特点，通过对 PLC 进行实时监控来实现对整个自动化单元的运行状态及各种参数的监控及设备的故障诊断。

2.2.8 安全防护系统

生产区域整体用安全围栏进行防护，围栏门与自动化系统进行安全互锁。

（1）LED 三色灯可实时显示系统运行状态，具有声光报警功能，可提示检测线运行异常或故障状态。

（2）在测量区域的高点位置设有高清视频监控系统，可对检测线运行过程进行录像、存储与回放。

（3）电气设备外防护或其他危险部位、防护部位配置安全警示标牌或涂安全色，清晰醒目。

（4）机器人系统进行安全互锁；机器人与测量机进行逻辑互锁，上下料时确保测量机各轴在安全位置。

2.2.9 测温、取样智慧操作平台系统

测温、取样智慧操作平台系统（TM&S Intelligent Operating Platform System V1.0）基于 C++/C#平台开发的测温、取样智慧操作平台系统，设置 2 个操作点：上位机及便携式显示界面，具有下列功能：

（1）简洁的人机交互操作界面；

（2）故障诊断系统显示（简单报警显示）需用户指定。

测温、取样智慧操作平台的操作信息储存于上位机，并提供与数据中心交互的扩展功能。

2.2.10 多机协作机器人保护系统（铁水罐防碰撞检测）

铁水罐防碰撞检测系统如图 2-6 所示。

图 2-6 铁水罐防碰撞检测系统

系统具有下列功能：

（1）利用检测元器件精确定位，检测实时位置。

（2）利用算法保护机械手单元。

（3）可扩展利用视觉识别多重协作。

2.2.11　多机协作机器人保护系统（铁包到位装置）

系统参数：

工作范围：0.2~100m，专用反射板；

定位精度：±5mm；

温度范围：−40~+55℃，如带冷却附件为−40~+75℃。

2.2.12　多机协作机器人保护系统

多机协作机器人保护系统（集中式机器人防护，Centralized robot room）定制开发了符合现场使用环境要求的机器人防护。系统具备下列功能：

（1）模块化布局；

（2）隔安全位置，延长机器人使用寿命；

（3）通过防护，直观观察多机协作动作过程。

室外 LED 显示大屏可显示用户需求的各项信息，可通过视觉拍照对探头的边缘轮廓进行分析，判断测温、取样探头的种类，如图 2-7 所示。

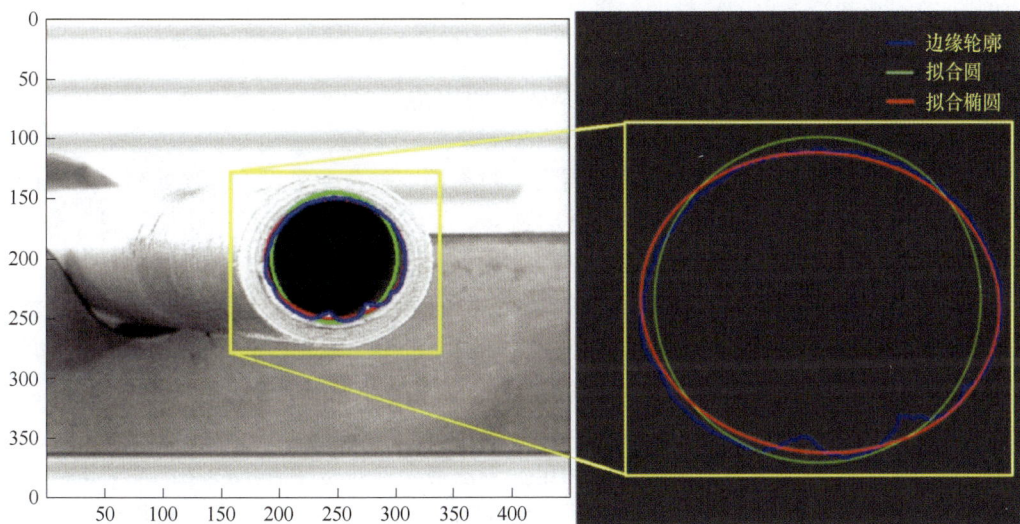

图 2-7　视觉边缘轮廓

2.3　应用的成效

通过划分多工艺点的路径规划策略，系统实现了机器人在任意工艺点间正反向到达的灵活规划；通过视觉识别策略，实时获取铁水包内浮渣状态及破渣取样的机器人偏移数据，指导机器人正确下枪执行作业，使系统对环境变化具有自适应能力；通过配置多种控制选项及模式，使系统可满足多样化的控制需求。该系统不仅使操作工远离恶劣现场，同时提高了作业的可靠性、稳定性，成功实现了机器人在铁水预处理领域的应用拓展。

传统的人工测温取样需要操作工端着近10kg的测温枪，插入1500多摄氏度的钢包内进行测温、取样，一个班次约40多炉钢，每炉至少要测温1~2次，取样1~3次。自动测温取样机器人系统在工作时能根据测温、取样等不同需求，自动安装对应的探头，插入铁水中进行作业，系统通过雷达检测铁水液面高度和位置等信号，精确定位探头在钢水中的深度。智能测温、取样系统能"一心二用"，根据操作者的不同需求同时进行作业，其中测温数据通过系统在显示仪表显示，并通过信号传送到主控室二级显示屏，整个过程只需120s左右。

铁水预处理智能化测温取样设备安装受制于现场环境，安装难度非常大，根据现场情况重新设计机器人防护隔离门、加长测温取样枪、机器人与天车到位同步等一系列措施，解决了自动测温取样可靠性差的难题；围绕现场环境下保证人机交叉作业的安全性和效率性，以最小成本获得最大效益。经过数次模拟与调试，铁水预处理智能化测温取样成功投用，成为精炼作业区不可或缺的工作"伙伴"。

智能化测温取样代替了人工作业，有效提高了铁水温度的控制精准度，减少了人为因素的干扰，缩短了钢水冶炼周期，对提高铸坯质量、精准控制钢水成分、减少原辅材料消耗具有重要意义，对品种钢的冶炼和开发也会起到很大的推动作用；同时，降低了职工劳动强度，改善了员工作业环境，提高了作业安全系数，实现了测温取样的无人化作业，为转炉炼钢智能化建设迈出了稳健的一步。

2.4 项目创新点

（1）智能化测温、取样通过工业机器人与视觉深度配合，实现铁水预处理铁水包的自动定位，可自动对铁水表面自动破渣，自动测温、取样，自动取探头等功能，现在全自动化生产。

（2）系统采用正面打光，视觉测量的光照度在 $E = 58 \sim 1789 lux$ 范围内，由于环境恶劣，存在无法直接获得照度较低的图像，采用自动设定不同曝光时间参数的方式采集低照度图像数据，在环境光照度为 $E \approx 60 lux$ 的条件下，控制曝光时间在 $1000 \sim 100000 \mu s$ 区间内变化。

（3）基于弧线段检测器的端面检测和定位方法与工业视觉中普遍使用的霍夫圆变换算法和基于弧线段检测器的 ALSD 算法相比，针对环境光照及曝光参数设定对特征检测影响的问题具有更高的鲁棒性及定位精度。

智能化测温、取样面向预处理作业测温、取样工艺的视觉系统实现了自动化测温、取样工艺中所需的目标检测与定位功能，解决了在恶劣环境下通过视觉识别的方式所遇到的多项困难，目前已经应用在测温、取样机器人现场生产过程中，促进了炼钢工业的智能化制造转型过程，具有重要的实际意义和应用前景。

3 基于机器视觉的热态钢板轮廓在线检测系统

山东钢铁集团有限公司研究院
质量管控

简　介

基于多阵列双目线阵相机组搭建在线检测系统，通过坐标变换、多维度分析噪声滤波算法、Canny 边缘检测算法、神经元网络深度学习算法、RANSAC 和贝塞尔曲线模型的边缘提取算法等构建图像采集和处理模型，实现大尺寸不规则热态运动钢板轮廓数据实时精准采集、特征辨识和动态识别。在钢板轮廓形状数据在线感知的基础上，与生产工艺和质量等数据进行关联耦合，为平面形状反馈控制、智能剪切及智能组板优化控制和动态调整提供数据支撑。项目总体架构如图 3-1 所示。

案例介绍

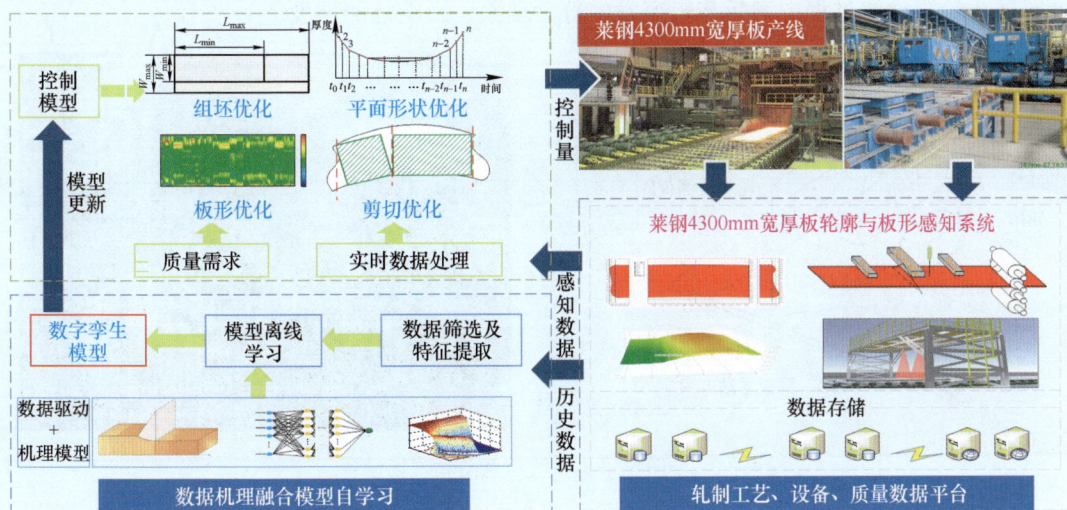

图 3-1　项目总体架构

3.1　解决的问题

钢板外观形状高精度控制是中厚板生产的终极目标，日益增强的定制化生产特征对产品外观形状精度提出更高的要求。我国近 90 条中厚板生产线普遍存在无法在线识别钢板轮廓、剪切工序依靠人工划线等智能化水平不高的共性问题。

具体来说，（1）钢板轮廓在线检测系统的缺失，导致轧后头尾形貌、产品轮廓和板形等关键质量参数难以在线精准识别或检测，无法与轧制过程形成在线反馈控制，难以通过在线工艺参数优化和调整提高产品质量；（2）传统单一模型的控制精度已无法进一步提升，需要来自于钢板轮廓在线检测系统的图像数据和多模型相融合的方式，提升平面形状、板形模型的预测和控制精度；（3）由于无法实时动态根据钢板轮廓信息调整组板策略导致组板余材过多，影响生产效率和成材率，且剪切过程与轧制过程、组坯过程除基础的产品信息交互之外，无其他数据交互，迫切需要将轧后钢板实际轮廓形状与订单合同进行实时动态匹配，在最大程度减少切损的同时，提高订单的匹配度。

3.2 实施的路径

3.2.1 基于高清线阵相机的钢板轮廓图像采集系统构架

图像采集系统主要由轮廓检测仪 L-R、轮廓检测仪 A 和轮廓检测仪 B 以及激光测速仪组成，对钢板整体轮廓进行测量。系统示意图和现场设备如图 3-2 所示。通过辅助相机设备 A 与 B 对钢板标记位置测定，确定钢板采集部分旋转及偏移量值，并对主成像设备 L-R 进行图像采集及拼接补偿。同时为应对中厚板现场复杂多变的生产环境，用遮光罩对轮廓检测仪的相机镜头进行保护，利用冷却防护箱保持测头内恒温，并用减震架吸收和减缓外部的冲击或震动。通过激光测速仪对宽厚板速度进行测量，并以此为基础计算中厚板长度，防止轮廓检测过程中钢板与辊道发生打滑现象，影响检测精度。

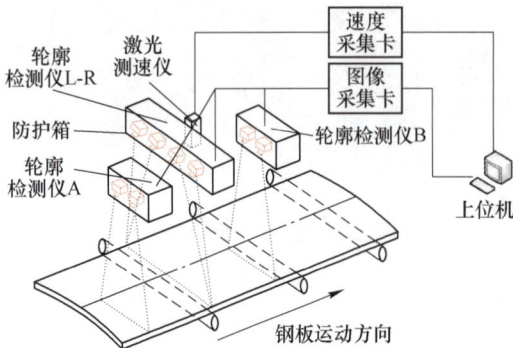

图 3-2 图像采集系统示意图和现场设备

3.2.2 融合多种算法的钢板图像处理模型

（1）基于有效滤噪算法的钢板形貌识别技术。热轧中厚板现场环境恶劣，摄像机拍摄条件差，现场水汽、辊道反光、除鳞残渣、粉尘等都会造成脉冲噪声干扰成像；使用 CCD 摄像机获取图像，会造成光子散弹噪声、暗域电流噪声、放大器噪声等高斯噪声。针对热轧中厚板现场环境因素造成的脉冲噪声和电子电路自身产生的高斯噪声，分别研究在保证边缘的基础上去除这两种噪声的滤波算法。

（2）钢板图像增强和图像边缘轮廓识别技术。钢板图像转换成灰度图像后，图像与其背景图像的对比度较低，不利于后续的图像分割以及图像轮廓的提取，所以需要将整张图片进行灰度等级拉伸，以提高图像中待提取区域与其他区域之间的对比度，即图像增强。常用的图像增强手段有灰度直方图均衡化、灰度拉伸等方法。为增强图像区域之间的对比度，需要将钢板区域部分灰度值增大的同时，尽量使得图像背景区域的灰度值保持不变，所以灰度直方图均衡化操作不适用于此要求。在经过图像去噪后，需要利用图像边缘轮廓提取算法对图像中目标区域进行轮廓提取，这是钢板图像识别系统中最重要的一步。待测目标轮廓提取的精准与否，决定了后续中厚板头尾不规则区域以及侧弯区域的测量精度，也影响着后续对于剪切线的划分精准程度。

（3）基于深度学习的钢板图像分割技术。考虑到实际生产现场的环境复杂，钢板温度、光源强度等一些条件都不是固定不变的，这就使得已经确定好的图像处理算法在新的环境下鲁棒性不好；检测算子涉及很多阈值参数的确定，在此复杂的生产环境下，同一阈值的算法很难保证最终钢板轮廓检测的准确性；钢板表面会存在着许多缺陷区域，且该区域形状不规则、位置不确定，这些干扰区域在轮廓识别过程中会产生干扰边缘从而降低特征提取的有效性。因此采用深度学习算法对图像进行分割，将此步骤与传统图像分割步骤做并行处理，进而提高系统对于图像识别的准确性和稳定性。

中厚板分割是其轮廓识别的基础，将采集的原始实验钢板图像制作成实验数据集，并以此为基础训练深度学习模型，使其学习原始图像的低层语义信息和高层语义信息，对钢板原始图像进行分割；同时，为了提高分割的精度和速度，对原有的深度学习模型进行针对性的设计和优化，从而得到高精度的钢板分割图像，并使模型达到优秀的稳定性。

3.3　多种钢板轮廓形状辨识方法

（1）基于 RANSAC 和贝塞尔曲线模型的边缘提取算法。在经过一些传统边缘检测之后，钢板的边缘轮廓基本被提取出来，但由于外部环境的不确定性，钢板边缘偶尔会不可避免地出现"断线"和"毛刺"，严重影响后续钢板边缘的特征选择，降低识别精度，因此，本项目拟采用贝塞尔曲线模型，通过调整曲线控制点进行钢板边缘的拟合，以修补部分因外部环境造成的钢板边缘破损与缺失，从而增强钢板边缘信息，实现尽可能准确提取钢板边缘信息。

中厚板轧制成型后往往不是标准的矩形形状，需要经过剪切精整的工序才能达到订单的要求。但由于无法得到成型后钢板的轮廓信息，传统剪切线的划分主要依靠于操作工人的主观判断。经过钢板轮廓的识别，可以精准把握钢板轮廓，通过对钢板轮廓的数据辨识，得到钢板的各个量化特征，这可以为剪切线的划分提供有力的数据指导。

（2）基于扫描线的钢板边缘轮廓特征辨识技术。钢板轮廓特征辨识，主要围绕头尾部和侧弯量进行辨识和测量。

钢板头尾部不规则区域测量。根据钢板头尾部不规则部分的特点，对于多交点类型头尾部，其特点为扫描线与其轮廓部分产生多个交点，对于该部分可以利用交点坐标的个数来判定，交点个数大于3个即为不规则区域；对于双交点头尾部，其特点为扫描线与该部分交点和钢板主体部分一样只有2个，对于该部分可用钢板宽度变化来确定，即利用每次扫描线每次运动时与钢板轮廓的交点的坐标，计算同一条扫描线与钢板轮廓的2个交点的距离，即为钢板的像素宽度。可利用钢板宽度连续多个像素发生变化或者连续多个像素不发生变化来计算此类头尾部尺寸。

钢板侧弯量的测量。对于钢板的侧弯表示方法有多种，基于本项目扫描线的测量方式，采用钢板弯曲量来进行侧弯量的表示；利用每次扫描时交点的坐标计算其中点坐标，将钢板主体部分头尾中点坐标连接为直线，计算每个中点与这条直线的纵坐标距离，并根据距离的局部极值进行侧弯量的表示。钢板轮廓形状实时显示如图3-3所示。

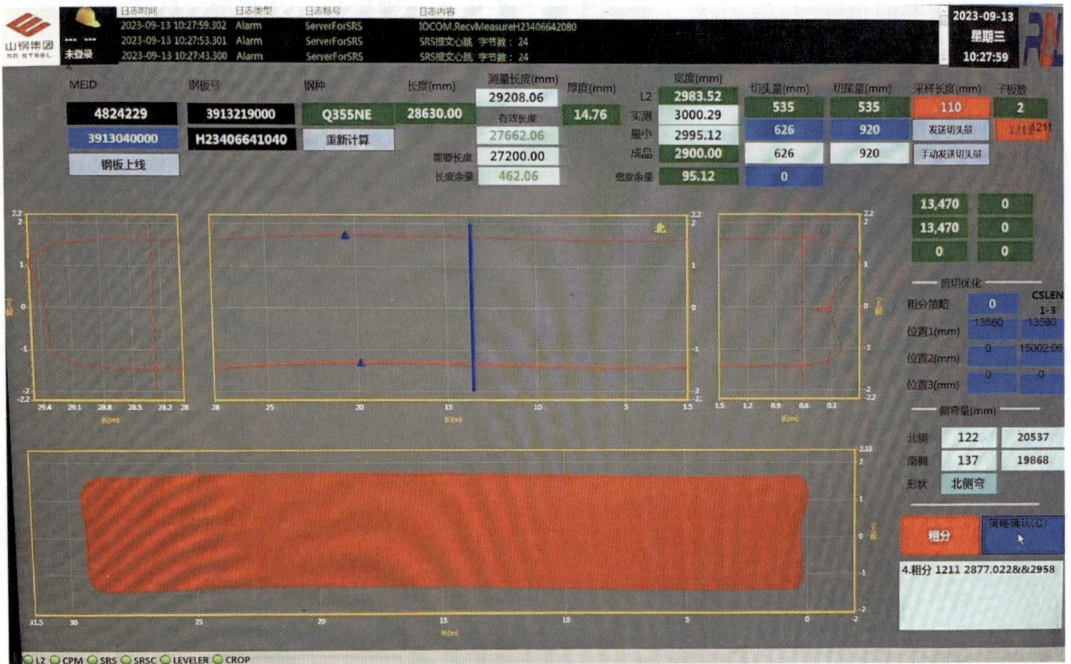

图 3-3　钢板轮廓形状实时显示图

3.4　应用的成效

3.4.1　应用业绩

目前该解决方案已在山钢、鞍钢、南钢、邯钢等企业有不同程度应用，总体运行情况良好，以山钢莱芜为例，系统上线运行后实现了钢板轮廓自动在线检测，并可以辅助轧制工艺优化，完全取代原来的人工测量、划线方式，钢板轮廓在线检测精度高，宽度方向±2mm、长度方向±20mm、侧弯量±5mm，头尾不规则变形区±5mm，实现了中厚板轮廓的全维度、高精度实时感知。同时，将钢板轮廓等多源数据与工艺控制模型相融合，有效提升了工序间的协同效率，在提高产线产品综合成材率、减少带出品率、提升生产效率、降低工序成本等方面获得明显改善。

3.4.2　经济效益

围绕中厚板剪切线存在的关键共性问题，基于机器视觉技术开发热态钢板轮廓在线检测装置并应用生产实践，填补行业空白，大幅提升中厚板产线综合成材率、生产效率和智能化水平，有效解决剪切线的瓶颈问题，系统上线应用跟踪情况表明，每年可获得直接经济效益5000余万元。具体创效情况见表3-1。

表 3-1　应用经济效益　　　　　　　　　　（万元）

年　份	新增产值	新增利税	增收（节支）总额
2022	32274.45	4661.72	7131.12
2021	19054.25	2504.29	5205.64
2020	13068.78	1809.85	3487.88
合计	64397.48	8975.86	15824.64

3.4.3　社会效益

（1）本解决方案研究内容高度契合国家智能制造发展战略，围绕新一代信息技术与钢铁行业深度融合进行探索和实践，突破关键尺寸参数感知难、工艺机理存在"黑箱"等技术难题，创新研制了基于机器视觉的热态钢板轮廓在线检测系统，填补了高端智能装备行业空白。

（2）在钢板轮廓全面感知的基础上，开发行业内首个基于机器视觉的中厚板轮廓和板形 CPS 智能控制系统，突破钢铁企业在生产效率、资源利用率、吨钢能耗等方面所面临的技术瓶颈，有力支撑了山东省"宽厚板智能轧制数字化车间试点示范项目"。同时该项科技成果荣获 2022 年中国冶金科学技术奖一等奖，为提高我国钢铁板材产品质量感知和管控的原创技术水平、推动先进技术研究及成果转化起到重要作用。

（3）在国家重点研发计划、国家自然科学基金及校企合作项目的支持下，山东钢铁、东北大学、沈阳建筑大学等单位组成项目团队，采用产学研用相结合的方式进行关键技术研发与转化，项目推进过程中突破多项行业难题；同时，通过技术研发和工程实践，构建了一支的钢铁流程协同创新研发团队，培养了一批多学科交叉的复合型人才。

3.5　项目创新点

（1）实现了基于双目多组线阵相机机器视觉技术在热态钢板动态图像采集方面的应用。将激光测速仪和线阵相机组系统高度集成，对钢板轮廓进行检测，有效解决了由于钢板运动速度变化、打滑等对成像带来的不良影响，从而实现了钢板图像的在线精准感知。

（2）攻克了钢板图像失真和边缘轮廓无法准确识别等图像处理方面的重大技术难题。研发糅合多算法的钢板图像处理和轮廓特征提取技术，应用多种噪声滤除算法将环境等因素造成的干扰成像滤除和处理，并利用图像边缘轮廓提取算法对图像目标区域轮廓进行准确提取，完全实现钢板轮廓的准确识别。

（3）首次成功开发热态钢板轮廓在线检测装置，填补了行业空白。该装置将多种模型算法在图像采集、识别、处理等环节创新应用，实现钢板轮廓高精度在线检测，有效解决了制约中厚板剪切工序产品质量改进、效率提升的各类瓶颈问题，极大提升了产线的智能化水平，具有很强的示范引领作用。

4　热轧汽车外板产品表面自动判定系统

北京首钢自动化信息技术有限公司
质量管控

简　介

　　以热轧汽车外板产品为主进行科研攻关，以判定准确性、及时性、稳定性、便捷性为目标，利用高效的数据采集技术、精准的数据标注技术、人工智能卷积神经网络、缺陷特征提取、依据配置规则的缺陷合并、依据规则的缺陷分级、高效的结构化和非结构化数据的存储及查询搭建首自信在迁钢开发的智眼深度学习系统，对百视泰数据进行二次分析，提升分类准确率，达到判定需求，结合在线判定系统完成 11 类主要缺陷及 10 类非重要缺陷的最终判定，减少岗位负担。

案例介绍

　　项目总体架构如图 4-1 所示。

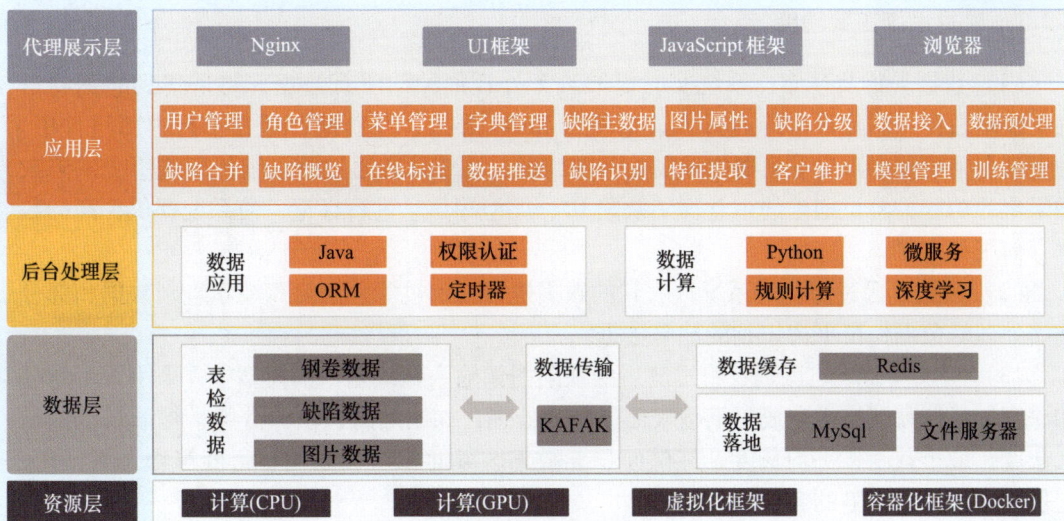

图 4-1　项目总体架构

4.1　解决的问题

带钢表面缺陷管理对产品质量极其重要。目前首钢集团对于表面缺陷管理措施主要是带钢生产完成后,通过表检仪进行带钢表面缺陷检测,分析缺陷产生原因,优化调整生产工艺以及生产参数,达到减少表面缺陷的目的。虽然现有表检仪能够检出表面缺陷,减少了部分人工工作量,但仍然存在一些问题:

(1) 表面缺陷的检出率和分类准确率较低;

(2) 表面缺陷的误识别率较高;

(3) 表面缺陷等级的维护标准复杂;

(4) 表检仪自动处理功能不足,后续需人工处理;

(5) 表检仪中只提供简单的缺陷图片与数据进行查看和对比功能,缺少数据分析能力。

本项目采用机器视觉系统对钢板表面缺陷进行检测和分类,对板带表面检测关键技术进行攻关,打破国外技术封锁,形成具有自主知识产权的人工智能系统。通过本系统的搭建,提高缺陷的检测率和分类正确率,减少计算时间,提高表面检测效率,为热轧现场快速生产提供技术性保障。

4.2 实施的路径

项目将深度学习、缺陷检测与在线判定系统表面判定方式结合,形成了一套基于机器学习理念、人工智能技术的表面缺陷检测系统。系统以实现判定表面缺陷自动录入为导向,对现有的表检系统进行统一性优化,包括缺陷标准梳理、缺陷过滤、各种缺陷细致性分类、二次分析优化处理等。项目系统主要功能如下。

4.2.1 项目系统主要功能

(1) 数据采集及存储:系统实时提取汽车外板钢种的所有数据,将采集到的钢卷信息、缺陷数据、图片数据等通过大数据平台 Kafka 导入,并落地存储在平台内部组件中。为了避免采集程序重启导致数据重复上传的情况,系统具备通过断点续传离线历史缺陷数据采集的功能,将识别出的钢卷详细缺陷 ID、类型等信息进行标记,使系统提供更高的数据存储服务水平。

(2) 数据二次过滤:对系统接收到的数据进行二次过滤,滤除百视泰直判数据和部分无需处理的数据,留下待识别的缺陷数据。

(3) 图像表面缺陷识别:将过滤后的缺陷图像输入到缺陷识别模型中,采用人工智能和深度学习等高端技术完成对钢板表面图像的处理,如缺陷的识别和分类,提取缺陷的最大灰度、最小灰度、平均灰度、红框面积、敏感区域面积、长宽比、密度等相关特征值,定位缺陷位置,缺陷的合并和分级。

(4) 对接在线判定系统接口:系统提供钢板的数据查询功能,包括钢卷卷号、钢种、分级数量、分级详情时间等统计类信息,钢卷对应的缺陷特征信息和缺陷图像展示,钢卷缺陷位置信息等。

(5) 在线标注功能:模块支持两种图片来源,可以直接将在线缺陷图片录入待标库,也可以上传本地缺陷图片。标注后的图像在后台存储,供下次模型迭代使用。

(6) 数据导出功能:钢卷的缺陷信息支持个性化配置导出,包括缺陷的分类和分级等，如：只关注 11 类主要缺陷，可以通过配置定义导出主要缺陷的缺陷类别及导出列的顺序，导出文件可供其他岗位参考使用。

技术路线如图 4-2 所示。

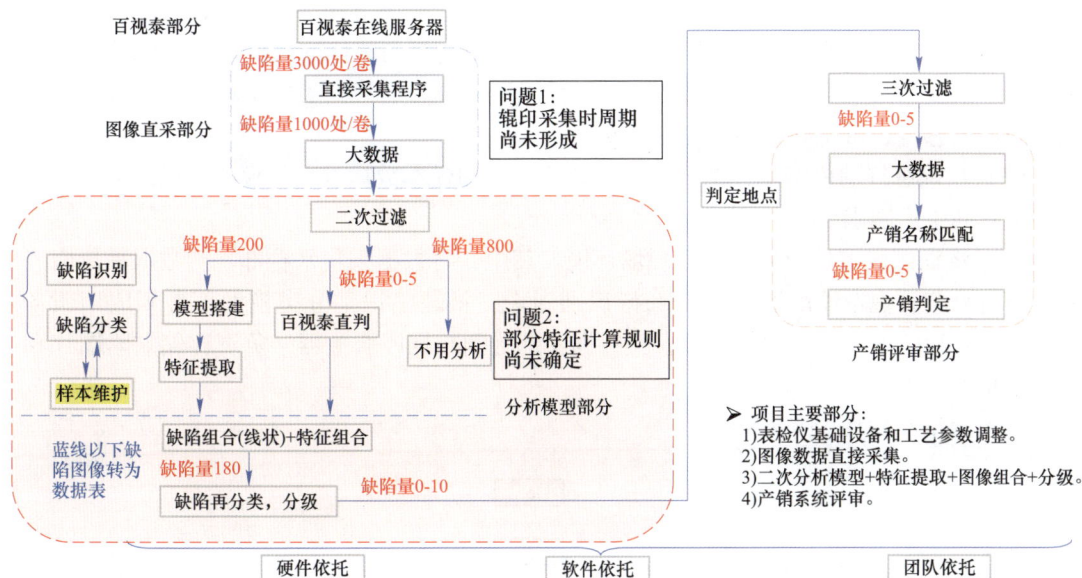

图 4-2 技术路线

4.2.2 深度学习模型

项目通过人工智能系统完成对钢板表面的缺陷检测和定位，建立了一个深度学习模型，通过模型迭代对缺陷样本图像标注，利用全卷积神经网络（FCN）提取缺陷特征，加入特征金字塔（FPN），提高各种缺陷形态的识别率和细小缺陷提取的准确率，为表面质量的管理和分析提供技术支持。

模型构建和训练的关键步骤如下。

（1）图像预处理。对已标注的图像通过边缘检测、主成分分析、图像分割等方法进行预处理，去除图像中的背景部分，只保留钢板部分。

（2）设计缺陷分类模型。采用基于 MMDetection 框架的全卷积目标检测算法（FCN）。MMDetection 是一个基于 PyTorch 的目标检测开源工具箱，具有高性能、训练速度快、所需GPU 显存小等特点。MMDetection 将数据集构建、模型搭建、训练策略等过程都封装成模块，通过模块调用的方式，将不同的模块组件组合，使用户可更加便捷地构建自定义的检测模型。本项目设计的模型采用 ResNet 作为骨架网络（backbone），将分组卷积结合残差网络，提取缺陷特征图；采用特征金字塔网络（FPN）作为连接骨干和头部的脖子（neck）；采用 FCOSHead 作为头部进行预测。

FCN 算法对图像进行像素级分类，将深度学习用于语义分割。CNN 的本质为在卷积之后会接上若干个全连接层，主要是将卷积层产生的特征图与固定长度的特征向量形成映射关系，进而进行分类，但算法训练的时间长。与 CNN 不同，FCN 可以输入任意尺寸的图像，然后采用反卷积层对最后一个卷积层的特征图进行上采样，使它恢复到输入相同的尺寸，从而对每个像素都产生一个预测，同时还能保留原始输入图像的信息，最后在上采样的特征图中进行像素的分类，逐个像素计算 SoftMax 分类的损失。

FCN 主要是以模拟语义分割，以逐像素预测的方式解决目标检测问题，消除传统预先定义的锚箱集合，并避免了与锚箱相关的所有超参数，提高整体的检测性能。FCN 从抽象的特征中恢复出每个像素所属的类别，从图像级别的分类延伸到了像素级别，提升了对缺陷细节的敏感度，可得到更加精细的检测结果。

（3）在训练好的模型上，加入更多的缺陷类别和样本数据量，使模型迭代进化，不断适应最新的生产需求。

（4）将训练成熟的模型应用于现场环境。其中，将数据采集平台部署到数据采集服务器，负责采集百视泰缺陷图片并筛选待识别图像；将缺陷识别分类模型部署到应用服务器，负责对缺陷图片的识别与分类；将数据库部署到数据库服务器，负责存储缺陷图片和分类信息。

FCN 网络结构如图 4-3 所示。

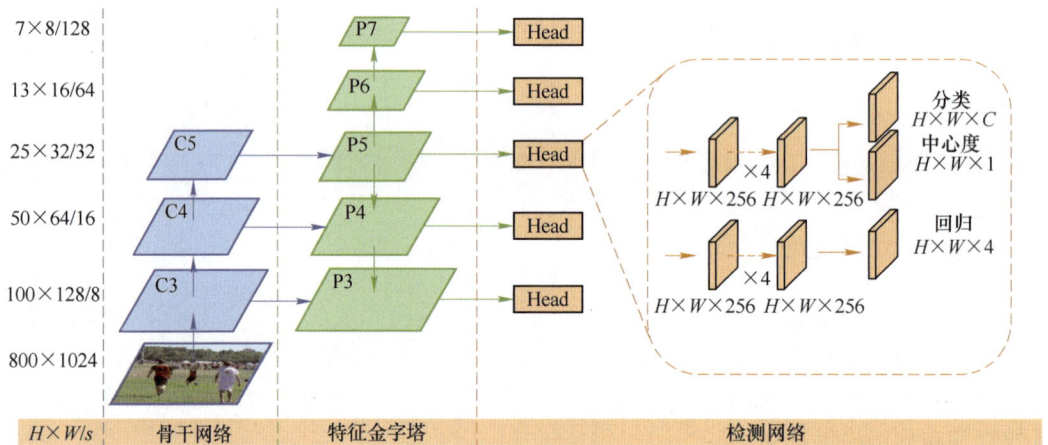

图 4-3　FCN 网络结构

4.3　应用的成效

4.3.1　应用业绩

本项目实施后，可大大降低现场工人的劳动强度，代替人工实时盯着带钢的检查模式，以智眼系统代替肉眼检测带钢，实现岗位无人化和岗位精简，提高产品质量，降低表面缺陷漏检率。具体表现为：数据采集可实现判定缺陷的在线提取，其准确率达到 100%，漏取率小于 0.05%；判定时间小于 3min；据目前实际投产使用准确率统计：对于彗星状异物压入、异物压入、折叠、边裂、孔洞、卷渣、面翘皮、边部翘皮、辊印、划伤、氧化铁皮类等重点缺陷的分类准确率约 85%。其中重点缺陷卷渣、翘皮、折叠准确率约 92%，异物压入约 80%，彗星状约 85%，划伤、铁皮缺陷识别率大于 93%，降级缺陷判定准确率约为 85%。

表 4-1 为模型识别准确率对比。

表 4-1　模型识别准确率对比

缺陷种类	真值数量	训练数量	召回率	平均精确度
面翘皮	222	382	0.991	0.939
孔洞	32	65	1.000	1.000
卷渣	91	182	0.989	0.803
划伤	49	158	0.939	0.752
辊印	28	64	1.000	0.971
边部翘皮	310	343	0.881	0.871
边裂	24	54	1.000	1.000
彗星状异物压入	44	72	1.000	0.985
氧化铁皮	247	549	0.996	0.982
异物压入	127	213	0.992	0.909
折叠	56	91	1.000	0.972
带头带尾	41	89	1.000	0.980
白线	7	44	1.000	0.927
黑线	38	172	0.816	0.554
边部水印	26	37	1.000	1.000
水印	144	366	0.826	0.720
边部细线	24	68	1.000	0.932
黑水印	156	310	0.776	0.714
研磨	53	112	1.000	0.990
黑印	21	104	1.000	0.940
污物	52	130	1.000	0.996
平均精确度的均值				0.902

4.3.2　经济效益

基于人工智能的表面缺陷检测技术在提升产品质量的同时，也提高了企业经济效益。自动判别系统的投入使用，有效保证了各类表面缺陷的及时发现，同时为查找缺陷产生的原因提供数据参考，使带钢次品率有了明显降低，提高正品生产量，减少因表面缺陷导致的降级品所带来的经济损失。由于表检系统的使用可以发现产品卷头尾部分区域缺陷状况，因此可以减少头尾带钢切除数量，减少废钢损失。另外，采用智眼系统代替肉眼检测带钢，能够实现岗位精简，降低了人工成本，间接提高了企业的经济效益。具体表现为：

（1）提高表面缺陷的检出率和分类率，实现带钢表面缺陷的精准识别，提高带钢表面缺陷管理能力，有效避免由于表面缺陷导致质量异议的发生，将现有表检仪漏检导致的质量异议比例由原来的 15%～20% 降低到 5% 以下。

（2）提高带钢表面缺陷识别效率，单卷缺陷检测时长由原来 2~3min 缩短到 1min 之内，提高了现场生产效率，加快生产节奏，缩短生产周期。

（3）系统自动识别缺陷，有效避免前期调优和后期检测人工干预，减少原来人工 50% 的工作量，解放劳动力，降低劳动成本，实现降本增效。

4.3.3　社会效益

在现代热轧板生产中，带钢生产量大，传动速度快，对带钢表面缺陷检测的准确性和快速性提出了更高要求。通过智眼系统对热轧钢板缺陷的识别和定位，有助于提高产品的表面质量，为企业塑造良好形象、提高企业市场竞争力、占据市场份额具有重要的战略意义。通过热轧板表面质量控制系统的研发工作，为首钢培养了表面质量控制技术人才，实现了人才和技术储备，摆脱了国外的技术封锁，形成了具有自主知识产权的机器视觉系统，提高了首钢在钢铁行业内的市场竞争优势。

智能制造是未来制造业发展的重大趋势和核心内容，也是加快企业发展方式转变、体现企业竞争力的主要手段。通过人工智能表面缺陷检测技术的开发，为首钢培养了人工智能技术和大数据分析人才，实现了人才和技术储备，加速了企业智能制造进程，提升了信息化环境下企业新型工业化能力，推动企业由制造向"智造"转型，全面构建智慧钢铁企业。

将人工智能、数据分析、工业互联网与工业生产制造紧密融合，加上产业的智能化升级，不仅能够提高企业自身优势，更孕育出大量新产品新业态新模式，带动了传统产业技术升级，为中国经济插上转型升级的翅膀，飞向高质量发展的新蓝海。

4.4　项目创新点

本项目以热轧汽车外板产品为主进行研究，采用高端的数据采集、精准的数据标注和先进的人工智能神经网络算法，与钢铁表面缺陷检测有机结合，形成一套基于深度学习理念的人工智能表面缺陷检测技术，并成功搭建在线判定系统。利用百视泰数据采集设备获取大量带钢表面缺陷图片，利用数据标注平台对大规模样本数据进行高精度人工标注，建立符合深度学习模型训练的缺陷检测数据集；采用基于 MMDetection 框架的全卷积目标检测（FCN）算法对标注后的图像进行二次分析，通过不断的训练，创建成熟的缺陷识别与分类模型，提升准确率至判定要求，并将经过二次分析的数据快速送达在线判定系统。基于新的缺陷识别模型及服务器，搭建表面质量检测在线判定系统，系统功能包括数据采集与存储、数据二次过滤、图像表面缺陷识别和分类，对接在线判定系统接口、在线标注和数据导出功能。

除热轧带钢外，企业在酸轧、镀锌、连退等钢铁生产线中都已配置表检仪器，但表检自带的缺陷识别模型不够准确，大量图片仍需二次过滤，无法支持缺陷的自动识别和分类，未配备缺陷分级和判定规则，因此不能满足自动判定的需要。另外，缺陷判定和分级的规则需要通过长期的业务训练以积累大量数据，现在还没有系统能够有效支撑。本项目以热轧汽车外板作为主要攻坚对象，目前已推广到顺义灯塔质量管理全流程管控项目质量相关的 3 个用例中，包括 1 号镀锌入口表检、1 号镀锌出口 GI 和 GA 表检、2 号镀锌出口

GI 表检。在后续发展中，可以应用于以下方面：

（1）钢铁产业中热轧酸洗，冷轧连退、酸轧等包含表检检测产线与型钢、线钢、钢管等其他钢材种类的质量检测；

（2）汽车行业中成品质量检测与维修处用于对车身表面的划痕、凹陷、凸起、断裂等汽车损伤进行伤痕检测与等级鉴定等；

（3）其他下游行业中应用钢材的大型器械设备进行质量检测。

5　基于机器视觉的中厚板
表面缺陷检测系统

江苏金恒信息科技股份有限公司
检验检测装备

简　介

本项目产品采用机器视觉技术，实现热轧钢板运动状态下的在线实时图像采集，提取缺陷特征，并快速识别、分类和定位标注。整个检测系统如图5-1、图5-2所示，包括：（1）布置在生产现场钢板辊道上下方的上表检室和下表检室，主要用于相机、光源的设置，实现钢板图像的实时采集；（2）布置在云端的人工智能算法后台，主要用于钢板表面图像的在线处理；（3）布置在集控中心的识别结果展示与拼接系统，主要用于与业务系统对接，实现处理结果的现场展示及质量追溯。

案例介绍

表检设备端

检测服务器

监控操作室

接线箱

数据库

个人电脑
调试终端

云端训练

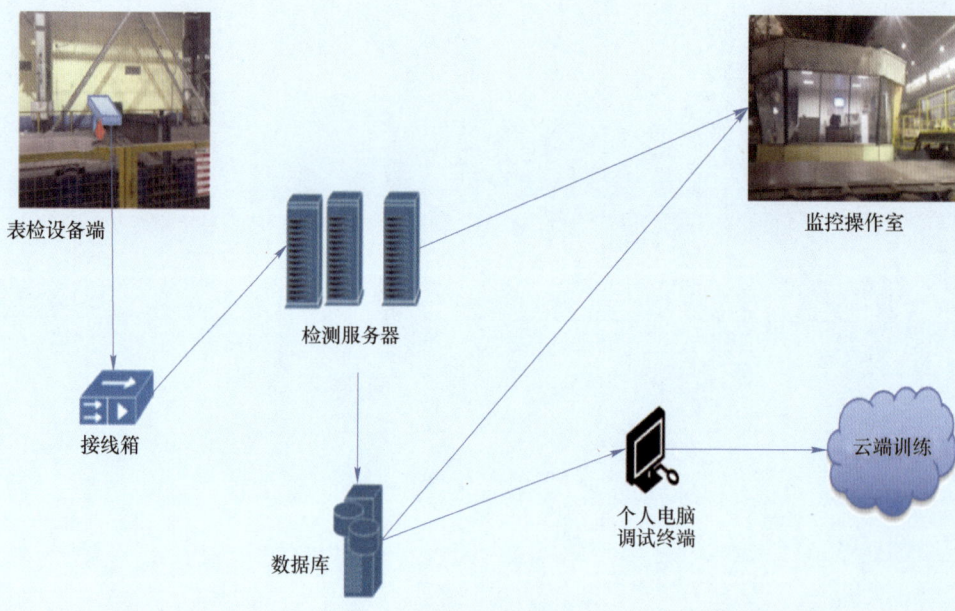

图 5-1　表检系统整体布局

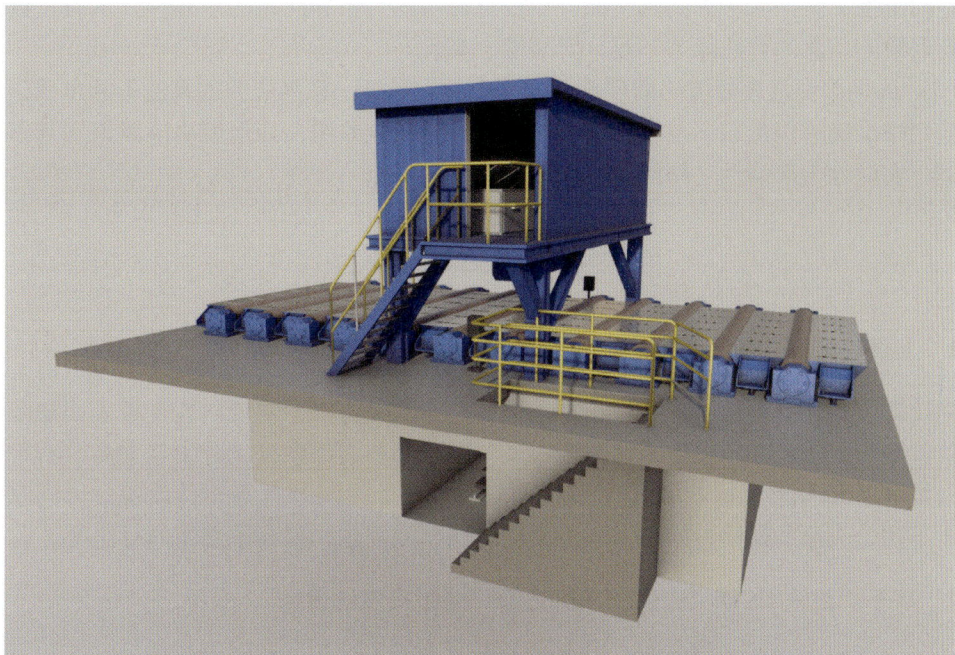

图 5-2 表检设备渲染图

5.1 解决的问题

中厚板钢板是钢铁工业的重要产品之一，主要用于航空航天、桥梁建造、汽车制造以及国防装备等领域。在生产制造过程中，由于原材料、轧制设备和加工工艺等多方面的原因，导致连铸板坯、热轧钢板和冷轧钢板表面出现麻坑、麻点、划伤、夹杂、压痕等不同类型的缺陷，这些缺陷不仅严重影响产品的外观，更严重降低了产品的抗腐蚀性、耐磨性和疲劳强度。在轧制过程中，中厚板需要采用热轧工艺，轧制温度更高，环境也更加恶劣，国内外尚无成功的热轧钢板表面在线无损检测的成功案例，其主要原因是面临以下难题。

（1）热轧环境下钢板表面容易产生雾化效果，并且光线传播容易变形，利用摄像头进行采集的时候容易发生光线偏移，造成图像变形或者影响图像的整体质量，增加图像中的噪声。

（2）受环境、光照、生产工艺和噪声等多重因素影响，检测系统的信噪比一般较低，微弱信号难以检出或不能与噪声有效区分。如何构建稳定、可靠、精准的检测系统，以适应光照变化、噪声以及其他外界不良环境的干扰，是要解决的问题之一。

（3）由于检测对象多样、表面缺陷种类繁多、形态多样、复杂背景，对于众多缺陷类型产生的机理以及其外在表现形式之间的关系尚不明确，致使对缺陷的描述不充分，缺陷的特征提取有效性不高，缺陷目标分割困难；同时，很难找到"标准"图像作为参照，这给缺陷的检测和分类带来困难，造成识别率尚有待提高。

（4）机器视觉表面缺陷检测，特别是在线检测，其特点是数据量庞大、冗余信息多、特征空间维度高，同时考虑到真正的机器视觉面对的对象和问题的多样性，从海量数据中提取有限缺陷信息的算法能力不足，实时性不高。

（5）从机器视觉表面检测的准确性方面来看，尽管一系列优秀的算法不断出现，但在实际应用中准确率仍然与满足实际应用的需求尚有一定差距，如何解决准确识别与模糊特征之间、实时性与准确性之间的矛盾仍然是目前的难点。

5.2 实施的路径

5.2.1 上表检室和下表检室整体设计

系统安装在轧钢辊道上，工位在定尺剪后、标印机前方，实现热轧钢板表面缺陷的实时在线检测。同时，在辊道上下两端各布置一套照明和成像系统，分别包含高分辨率的高速工业线阵 CCD 摄像头、自适应光学补光灯、空调、清灰装置等硬件设备，可同时检测钢板上下两个表面的缺陷，解决了远距离均匀照明的问题，提高了图像的对比度。

5.2.2 基于"线阵 CCD+自适应 LED 光源"的拍摄系统设计

由于不同钢板的表面粗糙度、材质略有不同，对光线的反射程度会有变化，故导致不同钢板图片的亮度差异大。项目采用高亮度的蓝色光照射到热轧钢板表面，并通过线阵 CCD 摄像机采集热轧钢板表面图像，解决了远距离均匀照明的问题，提高了图像的对比度。同时表检系统会根据拍摄状况随时调整 LED 光强，以达到最佳拍摄效果。

5.2.3 拍摄系统防尘设计

由于生产现场伴有高温粉尘等恶劣条件，对相机的图像拍摄影响严重，因此需要针对上下表检的不同情况，分别设计防尘清灰结构。本项目重点针对位于辊道下方的下表检设计了防尘清灰结构，一方面，通过自动运动的吸尘管道，对透光玻璃的表面进行自动清扫；另一方面，增加有角度倾斜玻璃罩，灰尘铁屑滑落后输送到特定位置清理，并根据现有温度状况进行冷却处理。

5.2.4 基于帧同步技术的拍摄系统自动启闭设计

为保障拍摄系统能够快速响应，其信号源使用自触发功能实现"受控可变频率输出"。使用以太网触发相机拍摄，外部触发模式下可以优化丢帧、乱拍、图片大小不同等情况。最终实现钢板来时点亮光源、相机输出图像，钢板走时关闭光源、相机不输出图像的智能控制功能，也可以降低功耗、节能环保。

5.2.5 人工智能算法后台

针对热轧钢板表面状况复杂的特点，采用形态滤波与神经网络等方法开发了热轧钢板表面缺陷的检测与识别算法，解决了水、氧化铁皮与光照不均现象引起的"误识"问题，大幅提高钢板表面缺陷识别检出率和检测准确率，达到国际先进指标。

5.2.6 自主开发的钢板缺陷分类特征数据库

基于信息化技术结合图片管理服务器，形成钢板缺陷监测管理信息库，方便用户查询检测信息数据。记录缺陷的类型、严重等级、缺陷位置、缺陷大小等信息，并保存缺陷图像，形成缺陷分类特征库。同时对钢板缺陷数据进行整体分析、计算周期性缺陷、计算钢板宽度、分析钢板表面质量，方便用户通过这些数据来指导优化工艺。

5.2.7 识别结果展示与拼接系统

对接现场 MES 系统，向用户展示拼接后的钢板表面的图片以及缺陷情况，同时，展示系统与现场板号跟踪系统对接，根据每块钢板的钢板号对其缺陷情况进行记录，最终向用户反馈对应板号的钢板缺陷情况，并进行现场缺陷报警警示。

5.3 应用的成效

本项目目前已在南钢板材事业部运行，在现有条件下：钢板宽度约为 3300mm，长度不长于 24m；板材厚为 4~60mm；板材运行速度约为 2m/s；钢板的温度约为 200℃，外观多为黑褐色，拍摄系统能拍摄出完整、清晰的视频和照片。同时，改造后的人工智能算法平台参数量小、缺陷特征丰富，大大缩减了计算量，提高了运算速度，并提升了准确率，最终实现检出率可达 98% 及以上，准确率可达 90% 及以上，使人工智能算法的识别速度与现场生产节奏保持一致，满足现场使用需求，对人工智能在复杂工业场景下进行表面检测，具有示范意义，可向其他制造业推广。

5.4 项目创新点

（1）首次在热轧钢板表面检测中采用"线阵 CCD+自适应 LED 光源"的图像采集方案，将高亮度的蓝色光照射到热轧钢板表面，并通过线阵 CCD 摄像机采集热轧钢板表面图像，解决了远距离均匀照明的问题，提高了图像的对比度。

（2）针对热轧钢板表面状况复杂的特点，采用形态滤波与神经网络等方法开发了热轧钢板表面缺陷的检测与识别算法，解决了水、氧化铁皮与光照不均现象引起的"误识"问题。

（3）创新研发缺陷分类特征库，运用大数据技术统计缺陷类型、严重等级、缺陷位置、缺陷大小等信息，形成缺陷分类特征库，同时对钢板缺陷数据进行分析，计算周期性缺陷、钢板宽度和钢板表面质量，反馈钢板质量评分。

6 钢管表面缺陷智能 3D 检测平台

衡阳华菱钢管有限公司
检验检测装备

简 介

设备（图 6-1）通过高速获取钢管外表面三维轮廓数据，对达到深度与面积阈值的开口缺陷进行自动识别，对钢管表面开口缺陷进行在线检测。最高检测速度可达到 2.5m/s；可检测钢管外径范围 114~219mm；最小可检测开口缺陷：深度 0.3mm，直径 3mm 平底孔；头尾盲区小于 50mm。设备目前已在衡阳钢管 180 机组稳定运行一年半，和现有漏磁设备形成有效的互补关系，能有效检出钢管外表面开口缺陷，防止外伤漏报。

案例介绍

图 6-1 设备实物图

6.1   解决的问题

在无缝钢管生产过程中,现有的无损探伤手段主要有漏磁、超声、涡流与荧光磁粉等。由于无缝钢管表面缺陷种类繁多,这些探伤设备只能针对其中某些类别的缺陷获得较好的检测效果,对于其他缺陷却存在漏检可能。例如超声设备在外表面检测存在盲区;漏磁设备对于宽深比较大、过渡平缓的凹坑缺陷检测信号很弱,头尾存在 300mm 盲区;涡流设备对于纵向凹坑缺陷检测不灵敏,难以检测 180mm 以上的管径钢管。因此,对于无缝钢管的外表凹坑检测尤其是宽深比较大的凹坑检测还需要依靠人工表检;但在人工表检过程中,检测可靠性容易出现波动从而造成漏报。为了寻找一种可靠的在线检测设备取代钢管外表缺陷的人工表检,近年来,多家设备厂商都尝试推出机器视觉检测设备,这其中有的使用工业相机进行 2D 检测,也有的使用三维轮廓仪进行 3D 检测。由于钢管表面状态复杂,2D 检测误报较多,在实践中难以有效达到检测目的。

2020 年,衡阳钢管 180 厂在 1 号检验线引入合肥公共安全技术研究院研发的钢管表面缺陷智能 3D 检测设备(以下简称 3D 表检设备)。3D 表检设备在应用之初,最主要的目的是防止开口型大伤漏报;近两年的实践证明,该设备不仅能防止开口型大伤漏报,还能很好地检测达到阈值的中小型开口缺陷,是现有无损探伤手段的有益补充。

6.2   实施的路径

6.2.1   3D 数据的高速采集与处理

3D 表检设备是通过八路三维传感器与四路工业相机,采用非接触激光三角测距法在线对钢管表面进行三维轮廓测量:三维传感器实时发射线激光,通过三维传感器自带相机对线激光进行成像,通过计算 CCD 上激光弯曲像素值倒推钢管表面的三维起伏高度,得到钢管表面的轮廓数据。通过自主开发的程序实时拼接 8 路三维传感器的轮廓数据,最终生成钢管表面三维点云数据。再通过三维缺陷提取算法实时提取钢管表面的三维凹坑缺陷,自动判断钢管外表面是否存在达到阈值指标(一般为面积阈值与深度阈值)的三维缺陷。其中,3D 数据采集效率可以达到每秒 4000 条轮廓线以上,算法处理每 1000 条轮廓速度可以达到 100ms 左右。这不仅提高了喷漆精度,也可以在发现缺陷后驱动 2D 相机对缺陷处进行抓拍,及时发现缺陷实际形貌。

3D 表检设备软件主界面如图 6-2 所示。

6.2.2   外径测量预防批量性外径不良流出

3D 表检设备可以获得钢管任意位置的轮廓线,所以可以检测钢管外径与椭圆度,精度达到 0.1mm,一般在头中尾设定区域取样。该功能可对外径或者椭圆度超标的钢管进行预警,防止批量性的外径不合格品流出到下一道工序。

6.2.3   同时做到高准确性与低误报率

(1) 对于 3D 表检设备,其中 3D 相机 z 方向检测精度可以达到 0.01mm,多相机位置

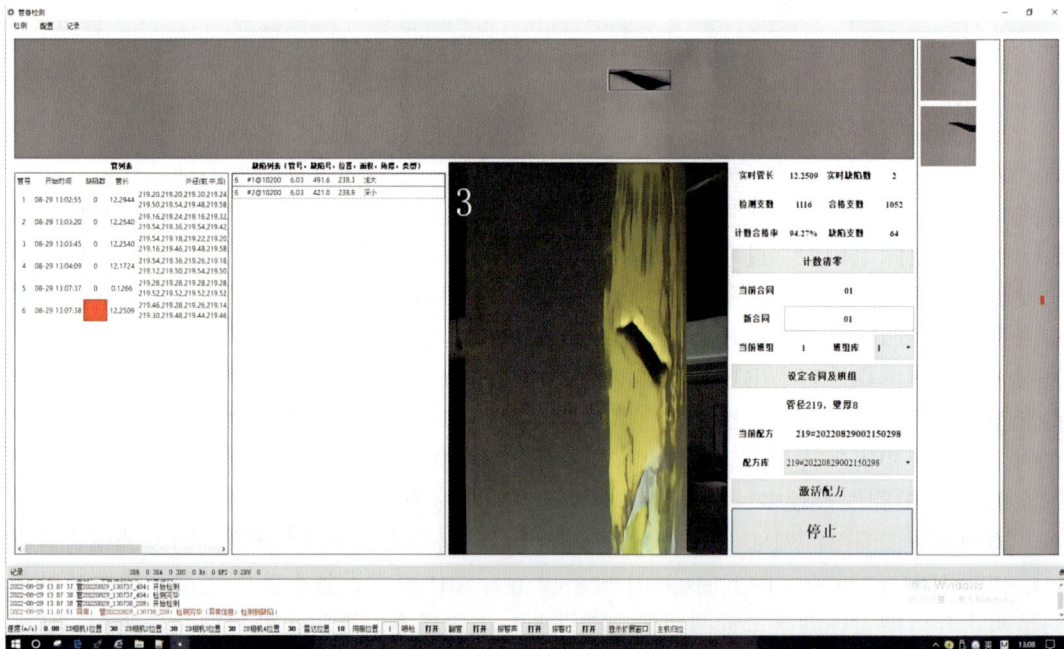

图 6-2　3D 表检设备软件主界面

标定精度在 0.1mm，因此对于检测 0.3mm 以上深度的缺陷精度是足够的。而 x 方向精度在 0.03mm，y 方向精度在 0.5mm，对于面积测量的精度也满足缺陷最小宽度 1mm 的要求。但由于相机对于钢管表面法向角存在一定夹角，对于钢管曲面不同位置缺陷的检测还是存在一定视角偏差与阴影效应。通过人工符合对比证明，设备对于面积检测偏差可以控制在 5% 以内，深度检测偏差可以控制在 10% 以内，达到较高的检测精度。

（2）3D 表检设备采用卡阈值的方式进行检测，比原有的 2D 表检设备的误报率大大降低，通过长期运行试验发现，3D 表检设备的主要误报来源于钢管表面沾染的油污误报和大面积鱼鳞状的氧化铁皮误报，误报率低于 5%。

6.2.4　与漏磁设备互补验证

2022 年 2—5 月，衡阳钢管 180 厂对比了 3D 表检设备和现有的福斯特漏磁设备检测能力，甲乙丙丁四个班总结了 4 个月运行数据，将每个班每天遇到的检验结果进行统计。统计结果见表 6-1。

表 6-1　3D 表检设备与漏磁设备检测能力对比

设　备	2月	3月	4月	5月	合计	合计占比
漏磁√，3D 表检×	26	25	32	26	109	20%
漏磁×，3D 表检√	45	31	48	47	171	31%
漏磁√，3D 表检√	41	43	72	66	222	40%
漏磁×，3D 表检×，人工目视√	9	12	16	10	47	9%
合　计	121	111	168	149	549	100%

由表 6-1 可知，单独使用漏磁，可自动检出 60%缺陷；单独使用 3D 表检，可自动检出 71%缺陷；联合使用 3D 表检和漏磁设备，可自动检出 91%缺陷。可见 3D 表检设备是现有漏磁设备的有益补充，不仅减少了人工，更可有效防止中大伤漏出，大大降低质量异议发生。

6.3 应用的成效

6.3.1 应用业绩

目前该设备已销售 18 套，在衡阳钢管、宝钢无缝厂、宝钢精密厂、烟台鲁宝、常宝普莱森、常宝德胜钢管、长江钢管、达力普管业等多家大中型钢管企业得到应用。同时，该设备不仅用于钢管检测，还用于芯棒与钢棒外表检测，相关的应用业绩见表 6-2。

表 6-2 应用业绩（钢管、芯棒、钢棒）

序号	项目名称	客 户	实施时间	目前状况	产线参数
1	钢管	宝钢无缝厂/09 区 1 号	2019 年 11 月	验收完成	管径：60～180mm；速度≤1m/s
2	钢管	衡阳华菱钢管/180 线	2021 年 8 月	验收完成	管径：114～219mm；速度≤1.5m/s
3	钢管	宝钢无缝厂/09 区 2 号	2021 年 11 月	验收完成	管径：60～180mm；速度≤1m/s
4	钢管	宝钢无缝厂/精整 3 号	2021 年 11 月	验收完成	管径：30～180mm；速度≤1m/s
5	钢管	宝钢精密厂/锅炉管线	2021 年 11 月	验收完成	管径：18～90mm；速度≤1.5m/s
6	钢管	烟台鲁宝/热处理线	2021 年 12 月	验收完成	管径：177～457mm；速度≤1m/s
7	钢管	宝钢无缝厂/精整 1 号	2022 年 9 月	验收完成	管径：30～180mm；速度≤2m/s
8	钢管	宝钢无缝厂/精整 2 号	2022 年 9 月	验收完成	管径：30～160mm；速度≤3m/s
9	钢管	宝钢无缝厂/NDT	2022 年 9 月	验收完成	管径：139～245mm；速度≤1.2m/s
10	钢管	宝钢精密厂/汽车管线	2022 年 9 月	已安装	管径：16～65mm；速度≤1m/s
11	钢管	长江钢管 273 机组	2022 年 7 月	验收完成	管径：140～240mm；速度≤1m/s
12	钢管	常宝股份德胜钢管	2023 年 7 月	待交付	管径：42～114mm；速度≤2m/s
13	芯棒	达力普	2019 年 11 月	验收完成	棒径：150～170mm；速度≤2m/s
14	芯棒	烟台鲁宝	2021 年 12 月	验收完成	棒径：191～510mm；速度≤1.5m/s
15	芯棒	宝钢无缝厂	2022 年 6 月	验收完成	棒径：30～180mm；速度≤4.2m/s
16	芯棒	常宝普莱森 PF 厂	2023 年 3 月	已安装	棒径：137～180mm；速度≤3m/s
17	钢棒	宝钢初轧厂	2021 年 11 月	验收完成	棒径：50～120mm；速度≤1m/s
18	钢棒	宝钢初轧厂	2022 年 9 月	已安装	棒径：100～205mm；速度≤1m/s

6.3.2 经济效益

目前已安装 3D 表检设备的 6 家应用单位（衡钢、宝钢、常宝、长江、达力普）2019—2023 年外放风险共计降低 60%，用户质量异议降低 50%以上，重点产品合格率明显提升。对于孔洞等明显外伤达到 100%检测，实现零漏检，该类异议数量降低至 0 起，显著提高用户满意度。

6.3.3 社会效益

（1）3D 表检设备入选 2022 钢协行业智能制造解决方案推荐目录，在钢管 3D 表检、芯棒 3D 表检和钢棒 3D 表检领域填补了国内空白，技术达到国际领先水平。3D 表检设备为现有的无损探伤手段工具库增加了一种新的针对外表开口缺陷的专属检测手段。该设备为提高我国钢铁产品质量管控的原创技术水平，推动我国无损检测技术进步起到了重要作用。

（2）通过技术研发和工程实践，构建了一支产、学、研相结合的钢铁长圆材产品质量智能 3D 检测研发团队，培养了一批多学科交叉的复合型人才。

（3）依托设备应用与实施建设，多家应用单位形成了一支 3D 表检设备应用技术团队，团队人员充分掌握和利用 3D 表检设备，在提高产品质量稳定性、降低用户质量异议等方面发挥了重要作用，增加了企业的核心竞争力。

6.4 项目创新点

3D 表检设备是最新的机器视觉技术在钢铁长圆材产品上的最新应用，其中涉及到最新的在线式 3D 检测技术与深度学习技术，主要创新点如下。

（1）开发了在线式钢管/芯棒/钢棒等长圆材 3D 表检设备。缺陷检测速度目前最快可达到 4.6m/s；最小可检测缺陷：直径 3mm、深度 0.3mm 的平底孔；外径范围从 15～510mm 可依据机组定制；可兼容单根过管、连续过管、螺旋过管、正向芯棒与反向芯棒等多种模式；可提供缺陷数据、声光报警、自动喷漆与自动翻管等多种报警方式。

（2）研发了基于 CUDA 的高速 3D 数据处理的与缺陷提取技术，对于每千行 3D 轮廓数据处理速度缩短到 100ms 以内。

（3）对比了现有漏磁设备与 3D 表检设备在实际检测中的优缺点与检测数据，为现有无损检测手段增加一种新的开口外伤检测手段，大大提高了产品质量，降低了质量异议。

7 厚板部试样剪切无人化解决方案

北京中冶设备研究设计总院有限公司
检验检测装备

简　介

试样剪切区域设备为主剪切生产线的分支，根据生产工艺定尺板上剪切下试样板，通过地下运输链送至试样剪切内，完成人工核对信息、描号后，试样板经试样横移台架运送至试样剪完成试样剪切作业，然后对分段后的试样及废料进行分流，试样运送至检化验室，废料送至毗邻的 No.3 定尺剪废料收集间。

本项目解决了在板材生产过程中检化验采样工作的无人化，建成并投产试样剪切全流程自动化无人产线，取代之前人工作业，将生产工人从噪声重污染的工作区域解放出来并替代了原人工作业的工序，达到了减员增效的目的。

案例介绍

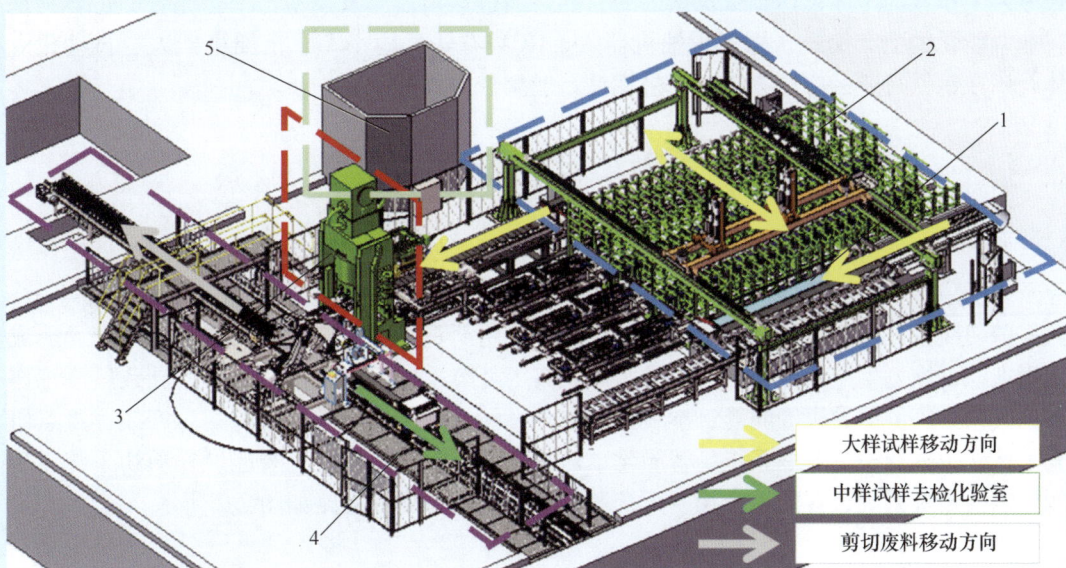

图 7-1　项目总体装备示意图

1—试样跟踪及检测对中系统；2—智能化试样立体缓存及转运系统；3—智能试样剪切系统；
4—智能分拣及贴标系统；5—智能生产调度系统

试样剪切自动化产线主要由以下 5 大系统组成，协调完成产线功能：

（1）试样跟踪及检测对中系统；

（2）智能化试样立体缓存及转运系统；

（3）智能试样剪切系统；

（4）智能分拣及贴标系统；

（5）智能生产调度系统。

项目总体装备如图 7-1 所示。

7.1 解决的问题

根据国内提倡智能制造及生产企业对于自动化、智能化生产的强烈需求，对机器人应用要求的逐步提高，机器人应用的横向复制已不能满足现有的生产需求。需要更新、更专业的机器人集成应用开发和应用融合，不断提升机器人及周边产品链条的技术含量。

钢铁行业目前还处于以工业 3.0 利用电力和 IT 系统升级自动化生产的模式，各生产工序之间还需要大量人员参与。试样剪切线为噪声重污染区域，生产工人长期处于 80dB 以上的工作环境，严重影响身心健康。本项目研制的无人化中厚板试验剪切生产线主要是由试样跟踪及检测对中系统（物料跟踪系统、物料检测及对中系统）、智能化试样立体缓存及转运系统（桁架转运机械手、自动化立体缓存库、异常下料系统）、智能试样剪切系统（试样推尾压轮装置、定尺接料）、智能分拣及贴标系统（视觉定位系统、六轴分拣机器人、试样运输及贴标系统、废料输送系统）和智能生产调度系统组成，可以实现在板材生产过程中检化验采样工作的无人化，将生产工人从噪声重污染的工作区域解放出来并替代原人工作业的工序，达到减员增效的目的。通过该项目可以摸索出一套完善的适合钢铁行业智能化的生产模式，探索六轴机器人、RGV 有轨运输小车、桁架机器人、自动化立体仓库在钢铁行业的应用方式，促进钢铁行业生产方式的技术进步。

7.2 实施的路径

对目前钢铁行业中厚板剪切线存在的自动化水平低、人工劳动强度大、存在误操作风险及安全隐患；试样剪切过程中信息流紊乱，造成中厚板产品信息混乱，引起质量事故；试样剪切线缓冲能力差，一旦试样剪发生故障，将严重影响中厚板主剪切线的生产，造成钢板堆积，恢复生产困难；在剪切及废料收集等环节采用钢板坠落的方式，导致厂区工作噪声大，有害员工健康等问题，本项目研究开发了无人化中厚板试验剪切生产线，重点研究了试样跟踪及检测对中系统、智能化试样立体缓存及转运系统、智能试样剪切系统、智能分拣及贴标系统、智能生产调度系统等。项目的具体研究思路如图 7-2 所示。

7.2.1 试样跟踪及检测对中系统

试样跟踪及检测对中系统的核心功能是准确及时跟踪试样大样从主剪切线到试验剪切线的位置，避免试样板在运输过程中卡钢、滞留、顺序颠倒等异常现象发生；当到达试样剪切线后，对试样集合尺寸和精度进行检测并上传生产调度系统，完成对试样的对中便于

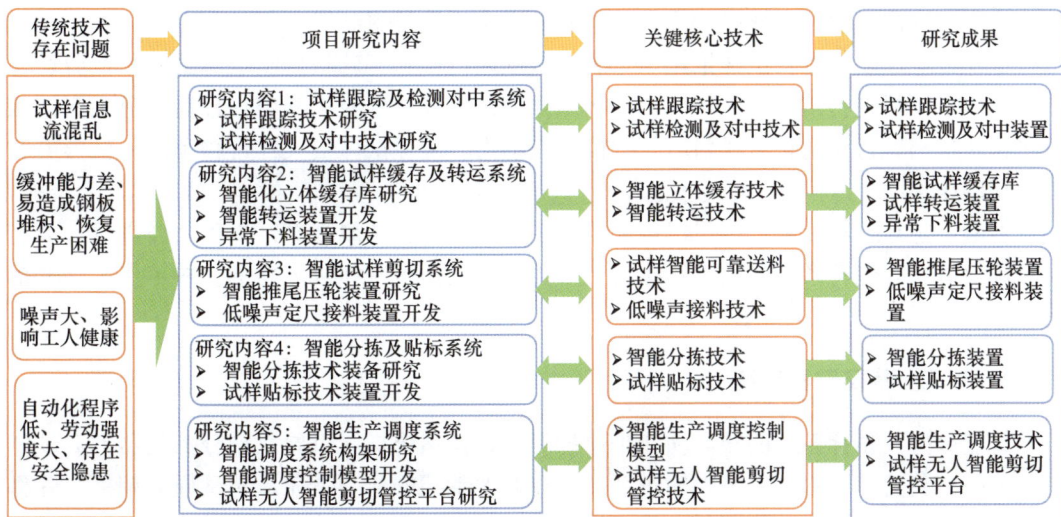

图 7-2　研究思路

后续向缓存库转运。包括物料跟踪系统和物料检测及对中系统两个子系统。

物料跟踪系统：定尺剪依据计划指令从定尺板上剪切下试样板，然后试样板通过地下运输链送至试样剪切间内，进入试样剪切区域。物料跟踪系统对试样板实时跟踪，避免因试样板在运输过程中卡钢、滞留、顺序颠倒等原因导致的试样板与 L3 信息流不匹配。

物料检测及对中系统：试样板进入试样剪区域后，物料检测系统对试样板的长、宽、厚度及平面度进行检测，并上传数据至调度系统，调度系统根据实测数据与试样板大样号信息理论尺寸进行比对，复核试样板与大样号是否匹配。同时对中系统将试样板进行对中，便于桁架机械手抓取。

7.2.2　智能化试样立体缓存及转运系统

智能化试样立体缓存及转运系统的核心功能是在调度系统的指挥下，及时将试样转运到缓存库的指定位置，并按照调度系统的指令完成试样转运到试样剪切系统。在调度系统的指令下，对检测不合格的试样送入下料装置。包括智能立体缓存库、桁架转运机械手和异常下料装置三部分。

自动化立体缓存库：自动化立体缓存库由立体货架、剪叉式堆垛机组成。位于桁架机械手下方，用于定尺剪峰值产能高于试样剪峰值产能时缓存试样板或试样剪发生故障和临时追加试样时的存储堆放。

桁架转运机械手：调度系统根据复核结果以及生产节奏，调度桁架转运机械手将试样板转运至试样剪上料流线、自动化立体缓存库或异常下料系统。

异常下料装置：桁架转运机械手将平面度检测不合格的试样板转运至异常下料装置，由人工进行采样处理。

7.2.3　智能试样剪切系统

智能试样剪切系统依托对原有剪切设备的智能化改造，实现对试样的智能化剪切功能。主要研究内容包括试样推尾压轮装置和低噪声定尺接料装置两部分。

试样推尾压轮装置：试样推尾压轮装置由推尾机构和压轮机构组成。试样剪在剪切完成后，由推尾机构将试样板大样尾板推出试样剪，完成试样板大样剪切最后一道工序；压轮机构在送料辊道无法正常送料时，提供补充动力，确保试样板大样可顺利进入试样剪完成剪切动作。

低噪声定尺接料装置：定尺机构主要实现按照试样剪切规则对试样板大样进行自动定尺，确保剪切长度符合工艺要求；接料台主要实现试样板中样或废料的接料工作，降低落料噪声。

7.2.4　智能分拣及贴标系统

智能分拣及贴标系统的核心功能是通过视觉定位系统指挥引导六轴分拣机器人对试样进行分拣，将剪切废料送入废料输送系统；在调度系统的指令下完成对试样的调标，并将试样运送到检化验室。包括视觉定位系统、六轴分拣机器人、废料输送系统、贴标系统和试样运输装置等几部分。

视觉定位系统：视觉定位系统识别试样板中样或废料在接料斗内的位置信息，并引导六轴机器人进行抓取。

六轴分拣机器人：根据调度系统下发的工作任务，区分试样板中样和废料，并将试样板中样和废料分别抓取至试样运输及贴标系统或废料输送系统。

废料输送系统：主要实现试样剪切间与废料收集间的衔接，将试样板废料输送至废料集料坑内。

贴标系统：贴标系统主要实现试样板中样的信息记录工作，并将二维码身份信息标签自动贴在试样板中样上。

试样运输装置：试样运输系统主要实现试样剪切间与检化验室的衔接，将剪切好的试样板中样运送至检化验室。

7.2.5　智能生产调度系统

智能生产调度系统的核心功能是：根据试样板大样参数及生产状况自动调度桁架转运机械手、堆垛机以及中间立体库完成试样板大样的入库、出库、异常下料等操作，系统自动接受 L3 系统下发的试样板中样参数要求，自动生成最优的剪切计划，并将剪切计划自动下发给试样剪，完成剪切后，调度六轴分拣机器人进行试样板中样和废料分拣，并控制贴标机给试样板中样贴标签，调度运输小车将试样板中样运至检化验交接皮带，及将剪切信息反馈给 L3 系统，形成闭环。系统同时具备试样板大样、试样板中样数据以及作业过程信息的实时显示、综合查询、异常告警以及统计报表等功能。

7.3　应用的成效

7.3.1　应用业绩

目前该项目相关技术已实现 11 个项目应用，涉及宝钢、湛江钢铁、马钢、柳钢等大中型钢铁企业，1 家铸造企业及 1 家特材企业，成果从钢铁行业拓展到了铸造、特材等加工领域，形成了一套完整的无人化中厚板试样剪切生产线解决方案。相关的应用业绩见表 7-1。

表 7-1　应用业绩（2020—2022 年）

序号	项目名称	客户	应用类型	相关技术	项目年份
1	厚板部试样剪切线无人化改造设备	宝山钢铁股份有限公司	直接应用	全部	2020
2	改善 M-炼铁厂 4BF 风口设备维修装置自动化	宝山钢铁股份有限公司	相关技术	视觉、小车	2020
3	浙江永上特材有限公司数字智能化工厂项目	浙江永上特材有限公司	相关技术	视觉、小车	2021
4	配重铁机器人打磨工作站生产建设项目	天元重工有限公司	相关技术	视觉、机器人	2022
5	厂界安防监控改造项目设备	宝山钢铁股份有限公司	相关技术	视觉	2021
6	湛江钢铁 2250 热轧板加操作台集控改造板坯号识别系统	湛江钢铁	相关技术	视觉	2020
7	2050 热轧轧线设备（局部）状态监控功能优化项目软件设计开发	宝山钢铁股份有限公司	相关技术	远程诊断、检测	2020
8	马钢铁前集控实施项目	马鞍山钢铁股份有限公司	相关技术	远程诊断、检测	2020
9	三号线收放线改造项目	江苏宝钢精密钢丝有限公司	相关技术	远程诊断、检测	2021
10	柳钢 4 号高炉炉顶布料优化模型项目	广西柳州钢铁（集团）公司	相关技术	远程诊断、检测	2022
11	厚板部钢板探伤智能定位装置研究	宝山钢铁股份有限公司	相关技术	远程诊断、检测、小车	2021

7.3.2　经济效益

对于使用单位，可节约 8 人/月，按照平均 2.5 万元/月工资计算，每年可为企业节约 240 余万元人工支出成本，叠加降低安全事故、职业病等发生几率的隐形支出，可大幅降低企业成本，间接产生一定的经济效益。

"厚板部试样剪切线无人化改造设备"项目用户经过实际生产适用后，提供经济效益证明如图 7-3 所示。

7.3.3　社会效益

（1）厚板部试样剪切线无人化改造项目的研发成功，为企业降低用工成本、提高生产效率的同时解决了企业招工难、用工荒的难点，并且降低了尘肺、听力障碍等职业病和安

附件 4

成果名称：中厚板试样剪切线无人化产线				
经济效益：240			单位：万元人民币	
项目总投资额	宝钢股份总投入 800 余万元		回收期（年）	3.5 年
年　份	新增产值	新增利税	创收外汇（美元）	节支总额
2021 年	0	0	0	100
2022 年	0	0	0	140
累计	0	0	0	240

各栏目的计算依据（限 200 字）

　　厚板部试样剪切线无人化改造项目内容为检验环节，因此不产生直接生产效益。无人化改造应用后，可节约 8 人月的人工成本，按照平均 2.5 万元/月工资计算，每月可为企业节约 20 余万元人工支出成本，每年可为企业产生 240 万元以上的经济效益。2021 年本项目投产 5 个月，节约人工成本 100 万元；2022 年截止全年（投运 7 个月）节约人工成本 140 万元。叠加降低安全事故、职业病等发生工伤的隐形支出，可大幅降低企业成本，间接产生一定的经济效益。

业主：宝钢股份有限公司

日期：

图 7-3　用户经济效益证明

全事故的发生概率，将产线工人从繁重的工作和嘈杂的工作环境中解放出来。同时能够有效支持企业的技术升级改造，为工业 4.0 与大数据、绿色制造等智能化技术升级提供有力的支撑。

（2）通过技术研发和工程实践，构建了一支产、学、研相结合的中厚板剪切生产线全过程智能管控技术研发团队，培养了一批多学科交叉的复合型人才，这些人才目前在各个行业从事数据分析、智能化应用等工作。

（3）依托项目成果的实施与建设，应用单位形成了生产业务与运维技术相结合的技术团队，团队人员充分掌握和利用无人化产线技术后，在提高产品质量稳定性、降低用户质量异议等方面发挥了重要作用，增加了企业的核心竞争力。

7.4　项目创新点

　　项目针对钢铁行业中厚板式样剪切线存在的痛点问题，通过综合运用图像识别技术、激光测量技术、自动控制技术、视觉识别技术、工业机器人和立体仓储技术，重点研究了试样跟踪及检测对中系统、智能化试样立体缓存及转运系统、智能试样剪切系统、智能分拣及贴标系统、智能生产调度系统等，开发了中厚板试样剪切无人化生产线，实现了试样剪切的无人化智能生产。项目的主要创新点如下。

（1）研发的全过程无人化试样剪切生产线，具备试样板大样外形尺寸及平面度自动复核、大样号与试样板实物参数自动匹配、试样板智能缓存；剪切规则自动下发，剪切过程自动上料、定尺、剪切；试样与废料 3D 视觉定位、自动分拣等功能，实现了中厚板试样剪切的智能生产，达到了"黑灯工厂"效果，改善了作业环境，提高了生产效率。

（2）研发的中厚板试样智能生产管控调度系统，实现了中厚板主剪切线与试样剪切线之间物流数据信息的互联互通，智能管理试样剪切线的试样跟踪及检测对中系统、智能化试样立体缓存及转运系统、智能试样剪切系统、智能分拣及贴标系统等各子系统之间的物质流和信息流，智能调度各生产设备的工作状态和动作顺序，实现了中厚板主剪切线与试样剪切线之间生产的削峰填谷，保障了生产线精确、高效、安全、稳定运行。

（3）开发的智能化立体缓存库及试样转运装置，通过在 WMS 库存管理软件内部设置虚拟货位，构建了数字化立体货架，实现了试样尺寸随机变化条件下立体缓存库的精准定位，并在生产调度系统的指令下完成试样板的自动上料和出料，增强了试样剪切生产线的缓冲能力，解决了因中厚板主剪切线与试样剪切线之间生产节奏和设备状态不协调导致的试样堆积、生产组织困难的技术难题。

（4）开发的试样智能检测对中装置和基于六轴机器人智能分拣设备，综合运用激光测距技术和 3D 视觉定位技术，实现了试样板大样尺寸信息及平面度的自动复核和试样中样及剪切废料的精准定位和无人分拣，减少了人工作业量。

开发的自动试样推尾压轮装置和低噪声定尺接料装置，克服了传统剪切设备试样打滑卡钢、人工排除不安全、试样坠落过程噪声超标等不足，实现了试样的低噪声、可靠、自动剪切，提高了剪切效率和剪切过程的安全性，改善了生产环境。

8 基于视觉定位的机器人全自动冲击实验系统

江苏金恒信息科技股份有限公司

检验检测装备

简 介

夏比摆锤冲击试验方法是金属材料性能检验中最常用的试验方法之一，现有的冲击试验主要依靠人工操作。但人工劳动强度大，且具有一定安全隐患；试样冷却装置独立操作，不能快速降温和实现精准控温。

基于视觉定位的机器人全自动冲击实验系统集成了力学冲击实验机、全自动冷却机、视觉定位、上料机器人、分拣收集装置及信息管理软件等系统，在人工进行批量试样的上料、组批及任务下达后，自动进行试样的降温保温、上料、冲击，完成实验后自动上传试验数据，实现了冲击实验室的全自动冲击试验。

智能力学冲击实验室如图8-1所示。

案例介绍

图 8-1 智能力学冲击实验室整体图

8.1 解决的问题

国内乃至全球范围内，现有的自动化上料冲击试验依然处于只满足小批量试样进行试验的阶段，并且由于结构的原因，现有设备对试验试样加工精度要求高，不能满足大部分钢厂的实际情况，导致冲击试验自动化设备使用率不高。欧美等国家钢企选择的智能冲击系统，采用推杆式设计，存在槽口对中、样品与基座存在缝隙、超低温状态样品黏结和冲击基座上金属屑堆积等无法克服的硬伤，均尚未实现大规模的普及应用。国内目前还没有类似能满足大批量、智能冲击的产品，均是人工操作冲击机。

人工操作冲击机时，每台冲击仪器需要 2 人操作，一个人负责取样、上料，另一个人负责记录数据。因冲击机的上料口低，人工操作时需要不停地扭腰弯腰，不但劳动强度大，而且因个人操作手法的差异，上料的节拍、摆放位置等均易对试验结果造成人为误差。冲击机未能与现有信息管理系统互联互通，不能实现试验数据实时传输，需要人工报数、记录，效率低，易出错。

8.2　实施的路径

产品开发的总体思路是集成力学冲击实验机、全自动冷却机、视觉定位、上料机器人、分拣收集装置等系统，人工进行批量试样的上料、组批及任务下达后，系统自动进行试样的降温保温、上料、冲击，完成实验后系统自动上传实验数据，实现冲击实验室的全自动冲击实验。

8.2.1　基于智能化的力学实验室冲击实验集成设计

产品以打造智能化实验室的理念，集成设计了自动上料机器人系统、全自动冷却机、全自动废料收集及分拣系统、自动实验结果上抛及快速分析判断系统等，设计产品由冲击机、机器人、冷却机、视觉系统、控制系统、安全防护系统、检化验信息系统及配套系统组成。基于智能化的力学实验室冲击试验集成设计，大大提高了实验室装备的智能化水平，可实现自动冷却及保温控制，稳定节拍上料，试样摆放位置精准，数据自动传输，规范了试验操作，排除人为误差，提高了试验准确性与工作效率。

8.2.2　基于机器人自动上料的视觉定位技术的研究

项目创新使用视觉识别技术来确定缺口位置，视觉识别技术包括背景滤除、样槽定位。本项目中使用的视觉定位技术，在研发过程中解决了以下几个关键问题：一是因天气、时间的不同会引起光线的变化，进而影响拍摄的图像特征问题。二是低温环境下雾气增大，造成图像模糊问题。三是样件位置变化时系统能否自动适应的问题。本项目通过对不同环境下试样特征图像的处理，提取了相对稳定的特征库，解决了图像不清晰给试样的定位造成的干扰；同时采用轮廓模糊下容错处理、轮廓干扰滤除技术，识别系统首先确定大概区域，然后精确，再次精确，直到位置定位的精确度满足试验要求，背景滤除完成后对缺口定位。

8.2.3　基于自动上料的两套机器人夹爪设计

目前冲击上料方式一般是采用人工手动将待检测试样放置低温冷却槽中进行冷却，然后通过手动操作进行夹取。这种人工操作方式，不但夹取操作频繁，而且在低温环境下操作，又有时间要求（小于 5s），易对试验的结果造成人为误差。本项目中设计了两套机器人使用的夹爪，并能自动更换，分别可以自动夹取料框和夹取试样。夹爪设计过程中采用了双杆气缸、聚四氟乙烯板、顶针安装座、试样压紧组件等设计，有效解决了保温和低温环境下夹取试样时打滑、试样黏结等问题，结构巧妙，准确夹取率高。

8.2.4　基于自动获取实验结果的软件系统的研究与开发

软件系统的主要功能：一是从现有检化验系统获取数据；二是用户在软件系统进行试样选定，并将选定的信息发给指定编号的冲击机器人；三是接收冲击机器人系统回馈的冲击结果信息，存入软件系统以及上传到现有检化验系统中。

8.2.5　基于满足单批试验量大的研究与开发

传统上料方式一次最多做 10 副（30 个），不能适应钢厂实验室大批量的试验需求。结合低温槽厂家的经验，打破传统低温槽的设计方式，设计了一款满足自动上料系统的全自动低温槽，不但提升了降温速度、增大了冷却槽，还增加了自动开关柜门、冷却温度设定等指令，单批次试验量大，设计达到 135 个，满足了现场试样量大的需要。

8.3　应用的成效

本项目目前已在南钢、兴澄、鞍山、新余、石衡等钢企售出 20 余台（套），以南钢智能实验室为例，改造了 5 台自动冲击试验系统，产生费用约 300 万元，比同类型国外产品节约了资金 800 万元左右；可减少检验员 8 人，按每人每年 20 万元的人工成本测算，节省人力成本 160 万元/年。

本项目目前已通过中国仪器仪表协会的新产品鉴定，鉴定结论属国内首创，是国家智慧制造在检测领域的又一成果，填补了国内外金属材料冲击试验领域的技术空白，达到国际领先水平。

本项目的成功应用，彻底解放了工人的繁重、重复劳动，保证了试样工作的标准化，提升了力学实验室的智能化水平，有良好的经济效益、社会效益。

8.4　项目创新点

（1）基于智能化的力学实验室冲击实验集成设计，实现了自动冷却及保温控制，稳定节拍上料，精准试样摆放位置，数据自动传输，规范了试验操作，排除人为误差，提高了试验准确性与工作效率。

（2）设计了全自动视觉定位系统，可保证冲击试样缺口精准对中。对中精度达到 ±0.1mm，远高于国标要求的 ±0.5mm。

（3）研制了全自动冷却装置，实现了试样自动快速降温及精准控温。

（4）设计了两套夹爪及快换装置，可实现批量装样入冷却环境箱、快速更换，并将试样上料节拍控制在 5s 以内。

（5）开发了专用管理软件，实现了试样信息自动匹配、试验结果实时判定、数据上传、设备运行状态监测、多套试验设备自动排程等智能检测功能。

9　基于人工智能技术的废钢智能验质系统

河钢数字技术股份有限公司
废钢判级

简　介

为了改进废钢验质过程中过多依赖人为经验、错判率高等问题，河钢数字技术股份有限公司自主研发了基于人工智能技术（AI）的废钢智能验质系统，该系统可实现全流程、自动化、智能废钢判级的评估。系统利用机器视觉对废钢车辆卸料过程实时感知、逐层采样，采用人工智能技术，通过 AI 算法在卸货过程中进行单层判级和整车判级，智能识别出不达标废钢、杂质和异物，最终通过算法计算出整车扣重的预估值，对危险物、异物及时做出预警。

项目总体架构如图 9-1 所示。

案例介绍

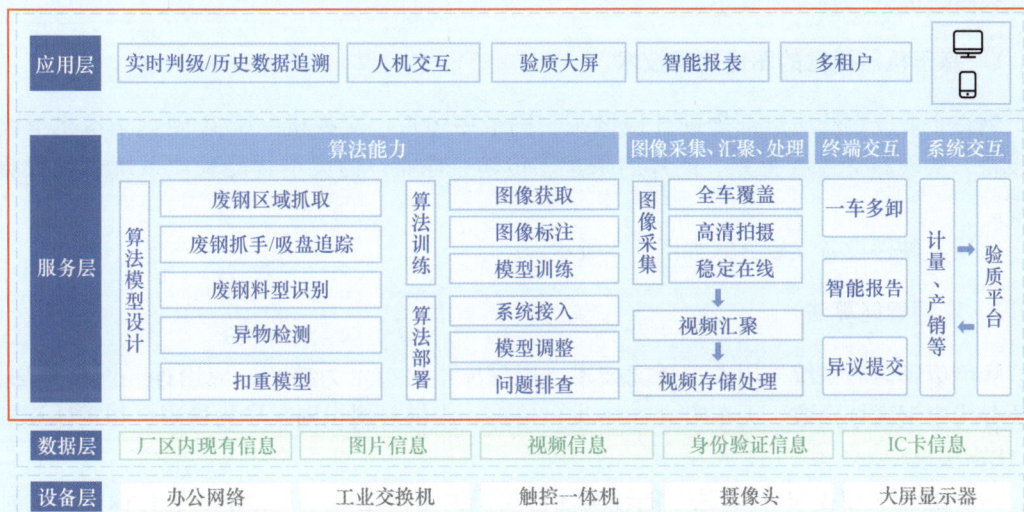

图 9-1　项目总体架构

9.1　解决的问题

随着中国经济的发展，对钢材的需求量与日俱增，2019 年国内粗钢表观消费量达到

9.4 亿吨，同比增长 8%。钢铁需求大，进口矿的价格不断攀升，凸显出铁矿石资源危机对我国经济效益的重大影响，并且废钢铁作为炼钢厂的重要原料，其质量的好坏对炼钢生产的质量、产量都有重要影响，如何加强废钢质量控制，做好废钢验收等级判定，成为钢铁企业研究的重要课题。

在钢铁行业废钢的验收中，普遍存在靠目测、卡尺测量及废钢检验人员经验判定，导致判定不准直接影响企业效益问题；存在供应商供废钢时，多种料型混装及掺杂现象，增加验级和管理难度；存在废钢料型尺寸、成分超冶炼需求，影响冶炼钢种质量问题；存在进货量大、效率低、准确率低、人为因素，造成人力物力成本投入过高、卸车判定缓慢，影响炼钢生产节奏和冶炼操作的问题。

为此，针对钢铁行业普遍存在的废钢验收质量等级评价技术难题，河钢数字技术股份有限公司设计并开发了智能废钢验质系统，该系统的落地有利于促进钢企工艺转型、助力企业数字化建设、推动行业的可持续发展。

9.2 实施的路径

基于人工智能技术的废钢智能验质系统采用分层架构，平台设备硬件、平台服务和算法服务高度解耦，均可单独部署及运行，满足系统需具备支持多用户、高并发的能力；支持快速开发、迅速响应的要求；满足系统功能高扩展性，能够给当前常用技术予以支撑。系统整体架构包含网络信息化基础设备层、数据层、服务层、应用层。本系统研究内容主要集中在服务层、应用层，包含基于机器视觉的图像处理技术、废钢智能算法、智能人机交互技术、废钢远程验质技术。

9.2.1 基于机器视觉的图像处理技术

钢铁企业废钢验质点部署硬件摄像头、刷卡一体机、交换机、NVR 硬盘录像机等配套设备，实现卸货过程视频、图片的采集、传输、存储，为废钢智能验质系统提供数据支撑。

验质点硬件设备安装方式如图 9-2 所示。

9.2.2 废钢智能算法

智能废钢验质系统采用人工智能技术，以深度学习技术为核心，应用神经网络算法，主要分为废钢区域提取、天车吸盘（抓斗）追踪、废钢料型识别、异物检测、扣重计算五大 AI 算法模型。

（1）废钢区域提取 AI 算法。能够实现自动识别车辆位置，并对车厢进行像素级识别提取，判断提取图像的质量，确保车厢图片清晰；自动识别车辆中是否装卸料，识别车中料位状况。算法采用卷积神经网络，利用 ResNet-FPN 对废钢车图像进行多尺度特征提取，100+卷积层、千万量级参数。通过头部网络实现对车厢位置像素级的识别。

（2）天车吸盘（抓斗）追踪 AI 算法。能够精准追踪抓斗和吸盘位置，实现自动定位。采用卷积神经网络，利用 CSPdarknet53 作为主干特征提取网络，结合 SPP 网络实现多尺度特征提取，70+卷积层、6000 万参数提取抓斗特征，实时自动追踪废钢抓斗，模型

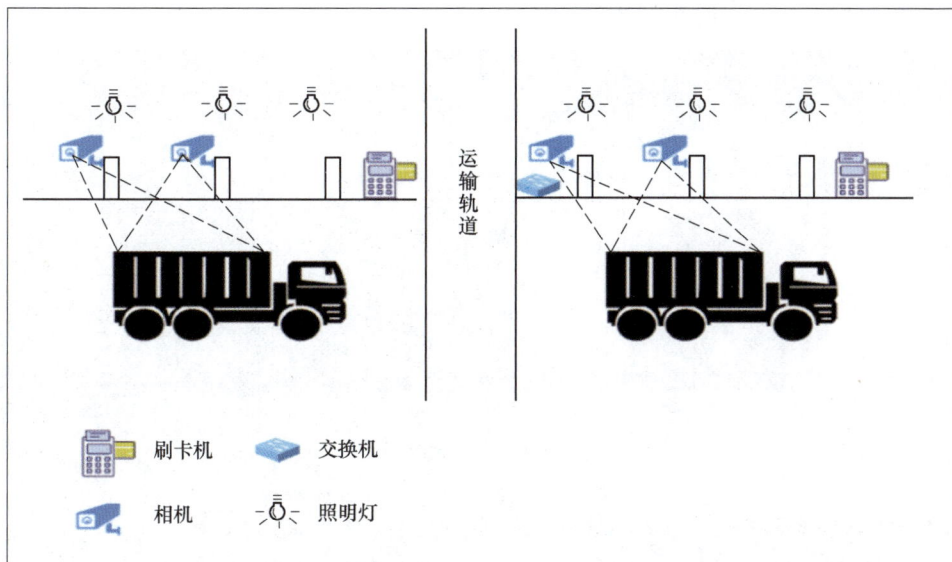

图 9-2 验质点硬件设备安装方式

具有很高的追踪速度，保证追踪抓斗的实时性，具有很高的定位精度，保证追踪抓斗的准确性。

（3）废钢料型识别 AI 算法。能够准确识别出废钢混料中不同类型废钢的数量、厚度、面积等特征信息，计算出混料不同类型重量占比。采用卷积神经网络，利用空间金字塔池化模块和编码器-解码器结构的网络对废钢图像进行像素级多尺度特征提取，对大型、中型、小型废钢都可以精准识别，在保证识别速度的同时可以实现不同类型废钢像素级分割，预测出不同厚度类型废钢的占比。

（4）异物检测 AI 算法。能够准确识别密闭油缸、气缸、油桶、灭火器等密闭容器和超长件，并自动报警，自动识别碎渣、碎土、碎屑等信息，完成自动扣杂扣吨。采用卷积神经网络，利用高效的多尺度特征融合和模型缩放相结合，对废钢图像进行特征提取，检测密闭容器、液压缸、爆炸物等危险品，对不同形状、大小的危险品能够实现高精度识别，在复杂背景下依然保持极高的识别速度，使异物检测更高效。

（5）扣重计算 AI 算法。通过废钢识别算法模型和异物检测算法模型输出的结果，利用自学习特性实现对整车等级判定和扣重预测。设计人工神经网络，对大量历史数据学习，通过多层神经网络对大量历史废钢占比、杂质、扣重数据学习，实现扣重智能计算。

9.2.3 智能人机交互技术

人机交互体系和用户界面范式一直在经历着快速的演变和创新，当今我们置身于数字化、智能化的信息时代，人机界面系统设计与其他学科的交叉融合变得越来越紧密。基于人工智能技术的废钢验质系统人机界面从传统的按键、控制开关等部件显示的人-机交互单一模式，融合媒体交互技术、动画、虚拟仿真等新兴学科知识，是人与废钢验质数据系统相互交流和沟通、决策与执行的交互媒介。智能废钢验质系统人机交互技术主要包含 3 个模块：司机智能刷卡终端、系统后台交互页面、微信小程序智能分析终端。

智能废钢验质系统界面如图 9-3 所示。

图 9-3　智能废钢验质系统界面

9.2.4　废钢远程验质技术

通过构建监控大屏（图 9-4），智能废钢验质系统在大屏上显示，实现远程实时自动检测废钢料型、智能判定废钢等级、AI 分析扣重等功能，在卸料点可通过对讲机进行语音对讲，实现与废钢远程检测大厅的双向沟通。

图 9-4　远程验质监控大屏

9.3　应用的成效

9.3.1　应用业绩

基于人工智能技术的废钢智能验质系统应用实施场景为舞阳钢铁有限责任公司（简称舞钢公司），是我国首家宽厚钢板生产和科研基地、我国重要的宽厚钢板国产化替代进口基地，该企业内有 2 个炼厂，共计 5 座电炉，废钢消耗量巨大。企业到场的料型极为复杂，在智能废钢验质系统上线前仍是传统的人工验质。主要依靠质检员通过登高作业、近距离目测、卡尺测量等手段进行识别与定级，人为主观性大，客观性和精准性较差，判级结果异议较多，存在一定的安全隐患，且由于经验不足造成的判级与扣重差异，给企业带来了直接的利益损失。

本系统于 2021 年 11 月 1 日在舞钢公司正式上线运行。通过废钢智能验质系统的使用，实现了舞钢公司废钢验质从人工验质到无人验质的突破，有效消除了人工经验对于废钢验质不及时、标准不清晰、工作强度大等弊端，极大提高了现场的生产作业效率。

9.3.2　经济效益

废钢是炼钢的重要原材料，其质量的优劣关系冶炼钢的品种、质量及冶炼时间的长短，从而直接关系到企业经济效益。废钢铁是氧气顶吹转炉炼钢的主要原料之一，同时也是冷却效果稳定的冷却剂。通常占装入量的 30% 以下，适当增加废钢比，可以降低转炉炼钢消耗和成本。据测定，1t 废钢能炼出 860kg 钢材，相当于 3~4t 铁矿石、1~1.5t 焦炭所炼的钢，其冶金价值相当于 1t 原生铁，并能节约材料 90%，减轻空气污染 86%，减少采选及冶炼废弃物 97%，减少水质污染 76%，减少热能消耗 75%，节约压缩空气 86% 及工业用水 40%。目前，不同等级废钢每吨采购价格在 2000~4000 元之间。300 万吨级钢企年采购废钢可达 100 万吨，采购成本高达 20 亿元，本项目建成后可年处理 180 万吨废钢，销售费用按 3% 的营业收入比例计提，管理费用按 3.37% 的营业收入比例计提，经测算项目达产期每年可节约费用 400 万元。

施工成本因项目不同而存在一定差异，但是智能废钢判级软件开发成本相对固定，鉴于各级政府的高度重视，相关企业逐渐尝试，工业应用的逐渐深入，项目结束后开始随着品牌知名度的提高，实现在全国范围内推广，按照每套软件售价 150 万元测算，预计第一年可为公司带来利润 100 万元，预计第二年可为公司带来利润 200 万元，第三年内利润达 400 万元，每年产品推广收入、利润将实现 100% 左右增长，见表 9-1。

表 9-1　直接经济效益　　　　　　　　　　　　（万元）

年　份	新增产值	增收（节支）总额
2023	400.00	400.00
2022	200.00	400.00
2021	100.00	400.00
合计	700.00	1200.00

9.3.3　社会效益

（1）紧抓发展机遇促进行业变革。废钢铁产业要把握"两个一百年"发展机遇，充分利用好国内国外两个市场，构建以国内大循环为主体、国内国际双循环相互促进的新发展格局，推动废钢加工行业和钢渣综合利用行业的产业升级和高质量发展。基于人工智能技术的废钢验质系统紧抓产业升级和高质量发展的机遇，对行业进行变革，通过新技术赋能传统产业升级。

（2）贯彻循环经济推动双碳战略。根据中国废钢铁应用协会统计数据，目前我国用于炼钢的废钢使用量约占总量的 85%~90%。除含铁资源循环利用外，所有固体废钢等均需综合利用，变废为宝，既要节约成本，又要保护环境。固体废弃物的具体利用，采用地区经济协作的方式进行有效处理，对发展钢铁绿色循环，节约原生资源，降低能耗，减少固体废弃物排放，推动发展短流程电炉炼钢，推进钢铁行业碳减排具有重要作用，事关产业结构、能源结构、产品结构优化调整等方方面面，助力钢铁行业为"碳达峰、碳中和"做出积极贡献。

（3）填补行业技术空白。基于人工智能技术的废钢验质系统，目前为国内领先水平。该技术得到推广使用后，将对我国废钢识别技术提高起到示范带动作用，增强国内智能废钢验质系统的市场竞争力。该项目通过对废钢车辆卸料过程实时抓拍、逐层采样，借助深度学习和智能识别技术，对卸货过程进行单层判级和最终整车判级，对不达标废钢和杂质、异物进行识别，计算出整车扣重的预估值，对危险物、异物及时做出预警。这改善了常规的废钢验质主要依靠人工目测，人为因素大、准确率低，同时判定效率低等问题。

（4）有助于打造行业标准。传统辨识废钢等级完全靠验钢员经验，工作强度大，标准不一致，且有廉政风险。针对废钢种类多、实际检测情景复杂、人工系统衔接等问题，该系统实现了废钢验收全流程的无人化废钢等级智能识别与自动研判，提升了整个行业废钢检验的远程化、智能化水平。目前河钢集团下属钢铁主业公司有河钢唐钢、河钢邯钢、河钢宣钢、河钢舞钢、河钢石钢、河钢乐亭等钢铁企业，2021 年 7 月河钢集团做出战略部署，将建设废钢智能验质系统。该系统建成后在集团内部钢铁企业示范应用，并逐步推广至全国其他钢铁或涉钢企业，有助于打造行业标准，提高资源利用和判级提供标准参考，对推动我国钢铁行业从长流程工艺逐步向短流程工艺转型有重要意义。

9.4　项目创新点

（1）基于深度学习的废钢卸料变化区域自动识别技术。利用 Mask R-CNN 算法构建废钢车厢定位模型，基于 YOLO-v4 算法构建废钢卸料抓斗追踪模型，采用高斯混合模型对背景建模，识别出废钢抓斗抓取后废钢车厢变化区域，并保存面积最大的变化区域。

（2）基于空间金字塔结构语义分割算法的废钢料型识别技术。采用卷积神经网络，利用空间金字塔池化模块和编码器-解码器结构的网络对废钢图像进行像素级多尺度特征提取，对大型、中型、小型废钢都可以精准识别，在保证识别速度的同时可以实现不同类型废钢像素级分割，预测出不同厚度类型废钢的占比。

（3）基于多尺度目标检测算法的废钢异物检测技术。采用卷积神经网络，利用

CSPdarknet53 作为主干特征提取网络，利用高效的多尺度特征融合和模型缩放相结合，对废钢图像进行特征提取，检测密闭容器、液压缸、爆炸物等危险品，对不同形状、大小的危险品能够实现高精度识别，在复杂背景下依然保持极高的识别速度，使异物检测更高效。

（4）钢铁冶金行业废钢环节—车多点卸货交互系统及方法。通过概率计算，自动判断不同车道的车辆占比，计算出车辆较少的通道，实现卸车的自动推荐，解决传统废钢验质环节中人工沟通较烦琐，司机现场卸货耗时耗力，无法做到最优时间卸货等问题。

10 5G+废钢智能判级系统

河南济源（钢铁）集团有限公司
废钢判级

简 介

打造"5G+工业互联网+废钢智能识别解决方案"赋能循环经济，智能融合5G、物联网、人工智能等新一代信息技术，融合打造"精智工业互联网+双碳"解决方案套件，以数字化、智能化手段，实现降能耗，降排放，降消耗，打造新时代废钢智能判级。

关键技术：（1）机器视觉：1）车厢有效区域识别；2）卸料工具监测；3）自动聚焦拍照。（2）CNC卷积神经网络：1）废钢图像特征标注；2）废钢图像特征提取到卷积神经网络；3）废钢图像特征训练。（3）判级模型：1）单体废钢分割模型；2）区域语义分割模型；3）特殊件（密容、超长、油污、碎渣）监测模型。（4）利用5G技术进行信号传输。

项目总体架构如图10-1所示。

案例介绍

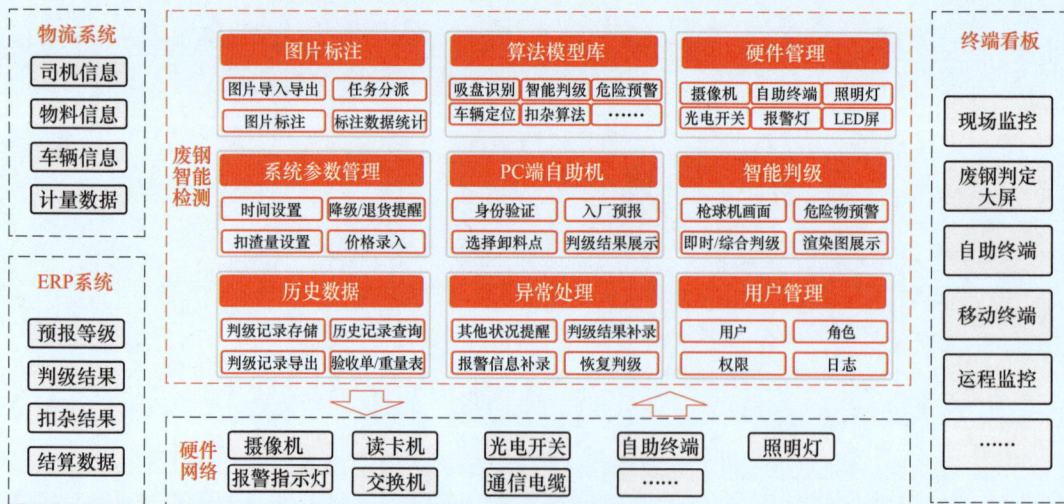

图 10-1 项目总体架构

10.1 解决的问题

废钢智能判级技术推进废钢再生资源标准体系的建立优化，助力钢铁行业完成碳达峰条件下的高质量改革、创新、发展。

分类判级智能化：快速稳定精确对废钢进行实时自动判级，有效解决人工废钢判级带来的识别不准、标准不一致、客观性无法保证等问题，大幅度降低劳动强度，促进检验安全、透明、高效运行。

管理跟踪全流程：结合废钢智能判级技术将废钢业务全流程、全方位、精细化管理，支持对废钢基地实现远程智能判级，监控废钢装卸全过程。

持续优化促发展：不断完善、优化业务模型，加强企业信息化建设，提升行业整体管理水平与竞争力。

10.2 实施的路径

10.2.1 流程梳理

梳理外购废钢采购管理流程，从采购计划、合同签订、合同审批、合同采购、合同入库、合同判级明细、供应商评价等多维度实现以生产制造需求为核心，科学合理保供，优化废钢送货周期。

梳理废钢判级标准：定义分类判级规则，制定废钢级别分类表，明确废钢单体特征。

编制废钢管理制度：从库存管理、判级管理、结算管理等多维度实现废钢管理精细化、流程化，杜绝人为干扰。

10.2.2 硬件安装

废钢验收场地：重新进行验收场地划分，区分智能判级区域、人工判级区域，明确废钢车辆停车位置。

摄像机基础改造：土建改造，安装摄像机立杆、横杆。

摄像机安装：安装摄像机，防止摄像头震动，避光及防尘、雾、雨、雪，硬盘录像机安装自动存储摄像机录制视频。

网络服务器安装：安装判级系统应用服务器，调试网络，满足智能判级需要。

信息交互设备安装：安装自助终端、手持终端、报警系统，实现人机交互。

5G 云端+MEC 的部署：前端超高清摄像头对车辆废钢实时进行拍照采集，通过 5G 网络将高清照片上传至 MEC 对其进行分析，最终将分析结果传送至废钢判级自助终端供司机进行确认，算法的深度学习功能设置在工业互联网平台上。

10.2.3 模型训练

图像采集、图像标注、训练模型、人工纠错、模型调优。

10.2.4 系统联调

对接判级模型、对接计量系统、对接 ERP 结算系统、对接物流系统、对接报警系统等。

10.2.5 判级流程

项目总体流程如图 10-2 所示。

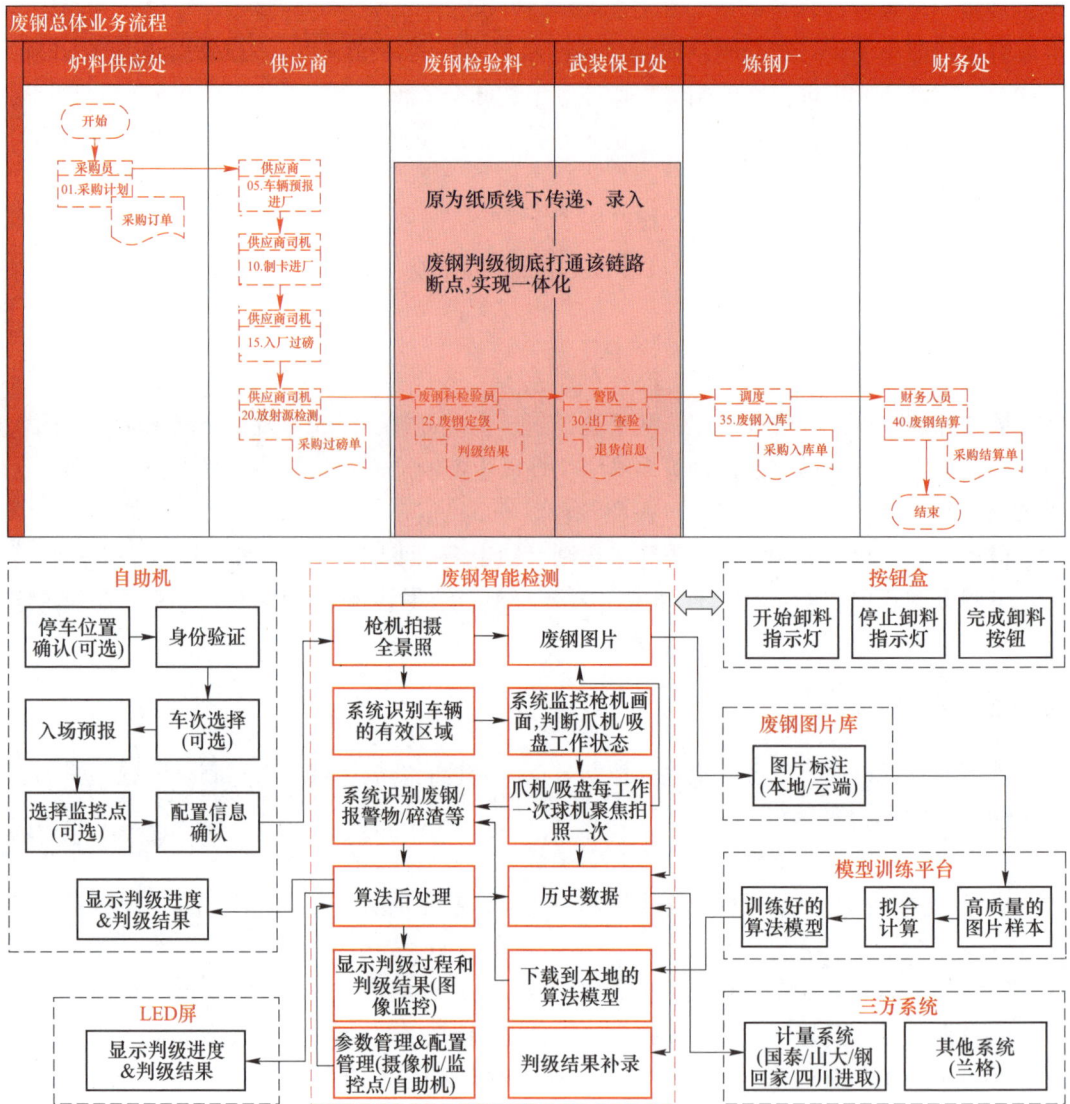

图 10-2 项目总体流程

（1）废钢判级系统与计量系统实时对接，判级系统接收废钢车辆进厂过皮重后的数据。

（2）装载废钢的车辆进厂过毛重后行驶到排队等待，现场指派到相应的判级点，货车司机行驶到指定地点并停靠指定车位。

（3）货车司机离开驾驶室，下车提供身份证/二维码，现场质检员使用自助机开启判级。

（4）确认按钮点击后，与判级点关联的 LED 屏显示绿色"开始卸料"字样，爪机司机开始操作爪机进行卸料。货车司机可随时从自助机查看判级的结果及进度。

（5）每次爪机离开工作区域后，摄像头立刻进行对焦及拍照，后台算法进行识别，直到最后一次爪机工作结束后，远程质检员在远程监控办公室内通过 PC 端软件进行卸料结束的确认或者现场质检员通过现场自助机点击结束按钮，结束判级。确认后现场 LED 屏显示红色"停止卸料"字样，卸料结束，车辆离场；同时监控及判级信息也同步显示在远程判级监控室内的显示器上。

（6）卸料结束后，货车司机驶离现场并出厂。判级系统最终定级的结果和扣吨等相关数量值按计量单号传回计量系统。车辆出厂过皮重后，皮重信息及时间传回判级系统，判级系统内该车辆记录中记载计量状态的字段内容修改为"完成"，防止司机扫码/刷卡时再次过滤出此车辆信息。

（7）当判级系统发现报警物（密闭容器等）、超大尺寸时启动报警，现场 LED 屏幕显示红色"停止卸料"字样，爪机司机看到提示后停止工作，此时远程质检员通知现场质检员进行查看和处理，现场质检员与爪机司机配合处理结束后现场质检员通知远程质检员，远程质检员点击报警解除，LED 屏显示绿色开始卸料，爪机司机继续进行卸料，直到卸料结束。当报警发生时，判级软件界面也会闪动报警信息，需要远程质检员进行确认，如果不是真实报警则进行解锁后继续卸料，如果是真实报警则确认数量并与现场质检员沟通。

发现报警物提示停止卸料后，车辆会驶出车位，此时间段内空闲的判级点允许新的废钢车辆进入卸料。尚未处理完的车辆驶回时需要重新扫码输入身份证号，系统自动调出该车辆信息后继续执行判级操作（只要驶出再驶回卸料点均需重新扫二维码/刷身份证进行确认）。在卸料的过程中，司机如不同意卸料结果可以取消或者暂停卸料。

（8）判级结束后，判级系统出具各种料型占比的百分比数据，按照规则折算为整车级别。

10.2.6　关键应用场景

（1）全面采用软硬件集成技术，判级过程少人化或无人化，废钢检验精准高效。基于物联网技术实现设备互联和感知，包括高清摄像机、自助终端、服务器、报警 LED 屏、PC 终端等，让废钢判级智能化、自动化，无需人工干预。降低了工作量，提高了工作效率，使员工的安全性得到了有力保障。

（2）基于深度学习算法，自动识别车辆位置和区域，自动追踪天车电磁吸盘轨迹，自动给出不同级别的重量百分占比和整车判级信息，并自动发出危险物预警。

（3）基于图像采集和自动拍照技术，自动识别吸盘或爪机轨迹、追踪卸货区域，并对车内废钢进行无死角的高清放大拍照。每车废钢可自动拍摄 40 余张高清图片、1000 余个废钢单体，对废钢厚度、类型、重量、尺寸等信息一览无余。

废钢判级界面如图 10-3 所示。

（4）废钢判级信息和历史数据一目了然，系统界面简洁直观，实时显示当前在判级车辆的数据，查询历史数据废钢判级详情，对废钢刷卡、卸货、判级、危险物预警、供应商评价、实时视频等一键直达，一目了然。

（5）判级结果可追溯、可统计分析，指导采购决策和炼钢废钢配料。系统对每车废钢的入厂计量、卸料、判级、人员、结算等流程可追溯，管理人员能便捷查询历史数据，使每车

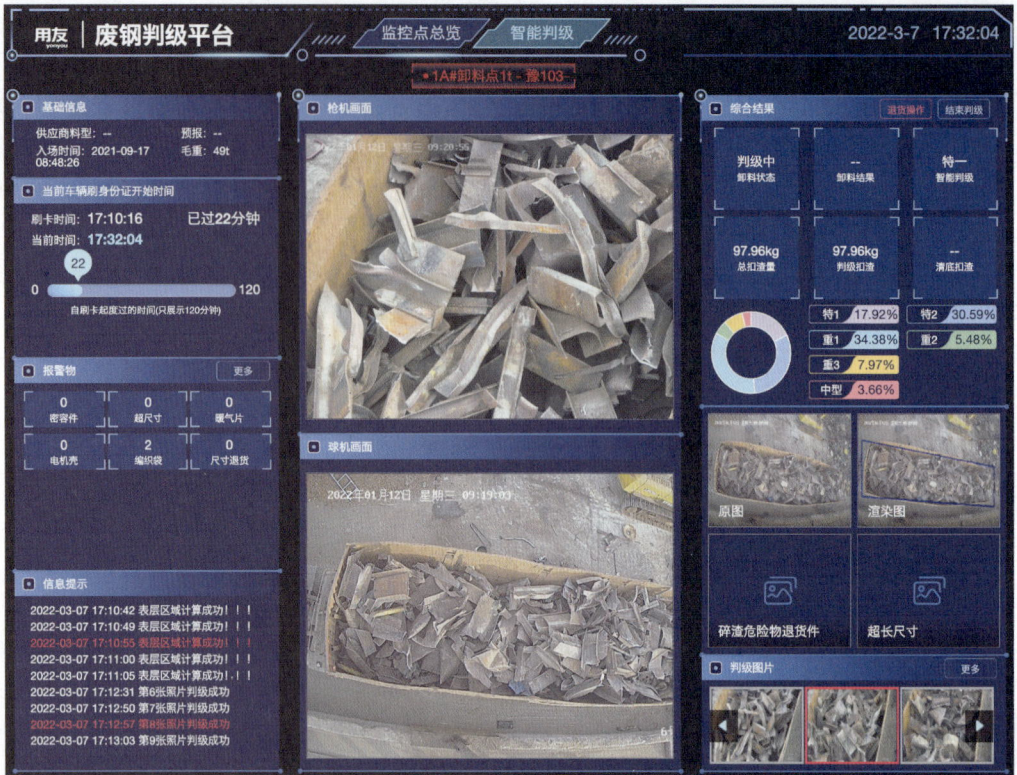

图 10-3　废钢判级界面

废钢判级透明可视；与此同时，系统可实时分析供应商的供货量、货物等级、综合质量、采购计划完成率，并对退货件、危险物、扣杂等数据进行排名，实现对供应商的考核和评价。

废钢判级供应商分析界面如图 10-4 所示。

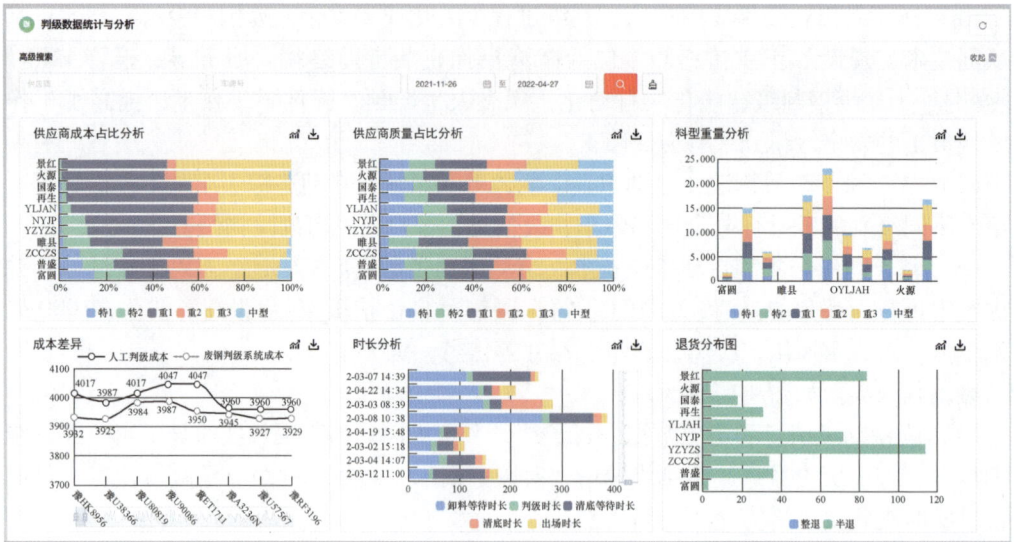

图 10-4　废钢判级供应商分析界面

（6）实时监测和移动查询；现场人员通过手机自助机发出判级指令，实时查询结果，实时通知供应商，同时自助机可对历史数据进行移动化查询，方便现场操作人员查询历史车辆的判级信息。

10.3 应用的成效

（1）废钢智能验质系统可实现废钢检验远程监控、料型图片自动抓拍后自动进行判级，极大减少了员工的劳动强度，改善了现场人员工作环境。

（2）废钢智能验质系统通过废钢集中远程智能判定，可大大降低人员数量，按照每个料场由 3 人进行判定计算，通过废钢远程集中智能自动判定，对于拥有 9 个废钢料场的生产企业，预计可节省人员数量 18 人左右，年节省成本约 180 万元。

（3）废钢智能验质系统可支持图像回溯处理，提升检验过程透明度和可追溯性，实现废钢判级结果的自动化、电子化、可追溯化，并与全流程质量一贯系统集成，实现废钢采购的财务业务一体化。

（4）废钢智能验质系统统一废钢验质标准，可提高废钢进厂质量，降低废钢应用风险，外购废钢出钢率相同情况下，每吨可节约成本 10 元。

（5）废钢智能验质系统在企业的成功实践应用，将会树立钢铁企业良好企业形象，提升企业软实力和竞争力。

（6）目前该解决方案已在鞍钢、新华冶金、河北敬业等几个大型钢铁企业广泛推广应用。

10.4 项目创新点

（1）先进性。考虑到适应技术发展的需求，基于当代计算机应用及网络系统发展趋势的 5G、深度学习、先进控制等主流技术，使设备及系统具有较长的生命周期。

（2）无人化、智能化、透明化。通过大数据、人工智能算法等先进技术，让废钢判级步入全自动、高效率、高精准、高透明的 2.0 时代。

（3）结算一体化，减少人为参与。可集成计量系统车辆、供应商、司机、毛重等信息，并将所有结果传递给 ERP 结算系统，实现废钢从入厂、计量、判级、结算的全面一体化。

（4）节流（流程时间缩短）提效。降低投入成本、提高工作效率。通过全自动的人工智能技术，从进场到出场，全程电脑接手，提高工作效率，降低犯错成本。

（5）增强数据要素管控。将涉及废钢的所有数据都进行记录，做到车车可追溯，单单有依据。通过对大量数据的采集监控，也可助力企业甄别供应商。

11 灵芝设备智能运维平台

安徽容知日新科技股份有限公司
设备管理

简 介

"灵芝"平台通过底层各类智能传感器连续采集设备的各类实时状态数据，结合大数据、AI 算法、诊断模型及专业的诊断分析师团队，实现设备故障的提前预知。以数据为核心，驱动工业现场运维业务开展，有效打通现场巡检、远程监测诊断、设备维护、设备检修、备品备件等设备全生命周期管理流程，帮助工业企业节约计划维护时间，降低设备维护成本，提升设备运行时间；同时，有效减轻现场巡检工作压力，提升现场运维人员工作幸福感。

灵芝平台架构如图 11-1 所示。

案例介绍

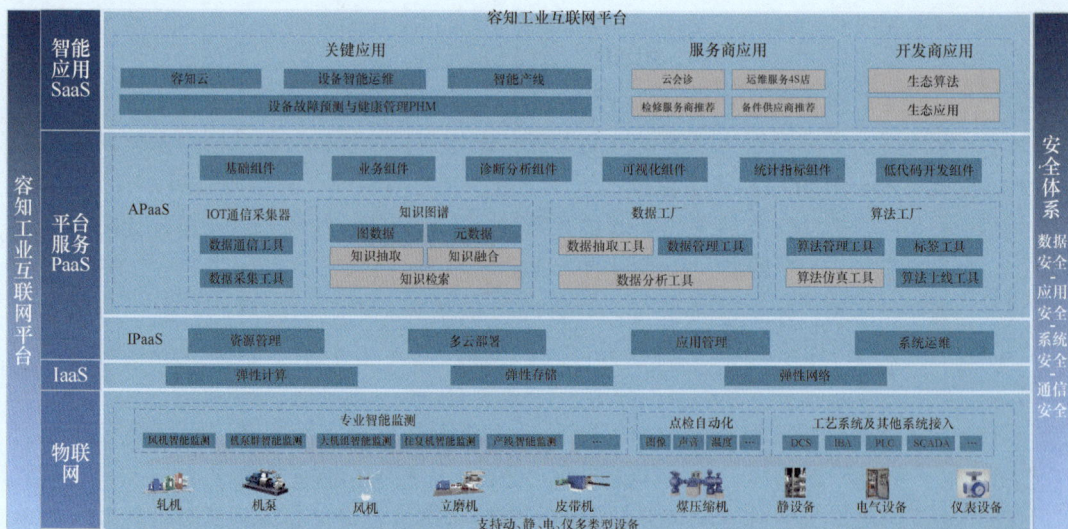

图 11-1 灵芝平台架构

11.1 解决的问题

灵芝平台主要解决钢铁企业设备管理的如下问题：（1）减少设备突发事故、故障。将维护维修决策由临时、事后抢修等转变成计划、预测性维修，避免非计划停机的突发事故。（2）提高人员工作效率。以智能采集系统逐步替代人员点检，有效降低设备点检人员的工作负荷，以数据驱动设备管理。（3）建立智能运维体系及人才储备，培养企业自身专业能力。（4）实现向智能运维模式的转变。通过平台化、标准化、智能化以及开放性的能力构建，打造智能监测平台、设备管理、智能产线等关键应用，最终实现以数据驱动业务、系统自主决策的设备智能运维模式。

11.2　实施的路径

11.2.1　数据采集技术

灵芝平台的数据采集主要利用智能传感器（如无线振动传感器、晃动传感器、电涡流传感器、金属颗粒传感器等）全方位采集设备运行状态参数，将原本分散在各个企业现场的数据形成一个可统一调度、管理的数据库，并利用大数据分析技术深入挖掘设备运行数据和设备状态的内在联系和规律，建立起基于设备状态的智能管理逻辑，并以此为依据为用户提供在线监测、健康状态评估、故障精确诊断、维护检修措施指导、智能备件整合、信息推送等增值服务。

11.2.2　数据库构建技术

设备状态监测的基本前提是充足而丰富的数据，能反映设备状态的数据类型很多，比如振动数据、温度数据、油液数据、工艺数据以及部件受力分析数据等，只有充分利用这些数据，才能真正实现设备状态的有效评估。目前，灵芝平台已整合设备的各类型数据，并将设备状态监测与大数据处理技术进行结合，使设备状态监测效果更全面更准确。数据库主要由现场数据与实验数据两部分构成。

（1）现场数据库：自设备处于监控状态开始，设备的相关数据就被实时采集并保存，特别是针对故障设备，实时采集方式能完整记录设备的全寿命过程中的数据，即从设备正常到早期故障，到中期故障，再到晚期故障的完整过程数据均将被记录下来。

（2）实验数据库：灵芝平台专门引进了相应的实验设备，进行故障部件重组运行实验，获取晚期故障振动数据、温度数据以及部件材料受力数据。在对案例部件进行性能测试而获取的数据，将比现场数据更接近部件的失效节点。

11.2.3　信号采集及处理技术

灵芝平台孵化了近千种算法模型，可以实现对通用类设备部件级的高准确率智能诊断分析，给出具体故障部位、故障原因和劣化趋势。

灵芝平台根据不同设备的运行特点有针对性地定制不同的数据采集方案，并应用了容知日新公司的"全采样"专利技术，连续不间断采集数据，并将最有利于故障分析的数据保存下来。数据采集站硬件采用24位高精度数模转换器，具有120dB的动态范围，不需要动态改变电路增益，就可以实现对物理量的连续不间断采集，即使信号存在突变也能够完整记录信号变化情况。再结合多年对设备监控数据的分析，将在线监测站集成了一套特定的数据筛选过滤策略，在保证不缺失诊断需要的原始数据的同时，可以有效地控制网络传输负荷和服务器数据存储负荷。图 11-2 所示为灵芝平台实现部件级智能诊断示意图。

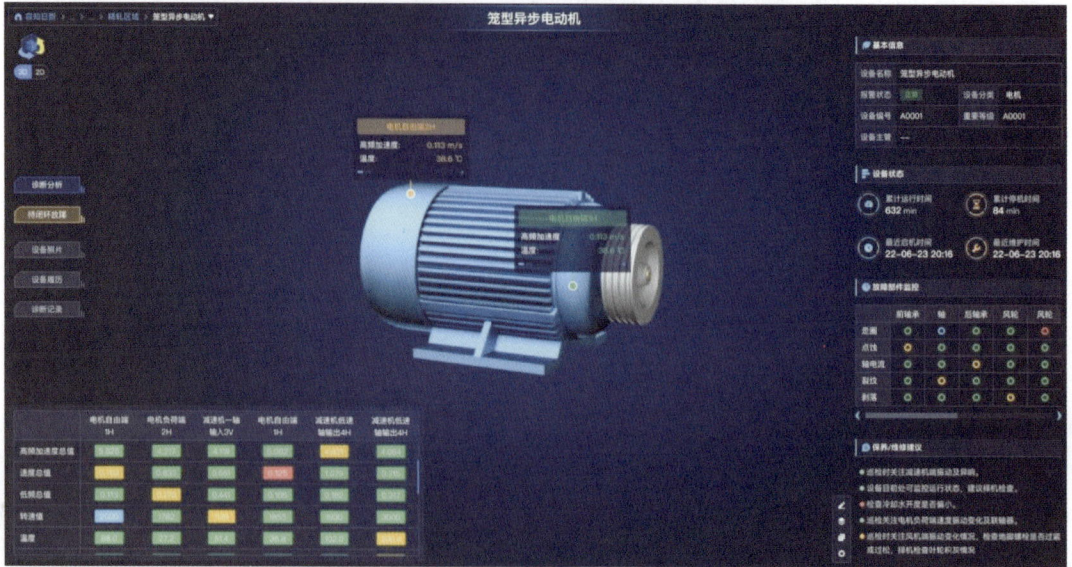

图 11-2　灵芝平台实现部件级智能诊断示意图

11.2.4　大数据分析技术

在实现系统的初级智能诊断功能的同时，灵芝平台还具备了强大的数据分析功能，为诊断工程师提供有效的数据分析平台。除了基本的趋势分析、频谱分析、时域波形分析、包络谱分析、阶次谱分析、瀑布图分析、倒频谱分析、相位分析等数据分析工具外，平台还有大量的创新且非常实用的数据分析工具，如长波形分析，趋势、多时域、多频谱分析，波形播放功能等。

11.3　应用的成效

11.3.1　应用业绩

灵芝平台广泛应用于我国重点工业企业，如图 11-3 所示。

深耕冶金行业十余年，公司客户已覆盖冶金行业上百家企业，包括绝大多数头部企业，如中国宝武、沙钢、河钢、首钢、鞍钢、柳钢、中信泰富特钢集团、德龙钢铁、建龙钢铁等。目前，灵芝平台在线看护的钢铁设备数量超过 1.5 万台，已积累上千个设备故障案例。除冶金行业外，平台还应用于石化、风电、煤炭、水泥、轨道交通、汽车等十余个行业，累计在线看护设备超 11 万台，产生设备故障闭环案例 1.4 万个。

部分应用业绩见表 11-1。

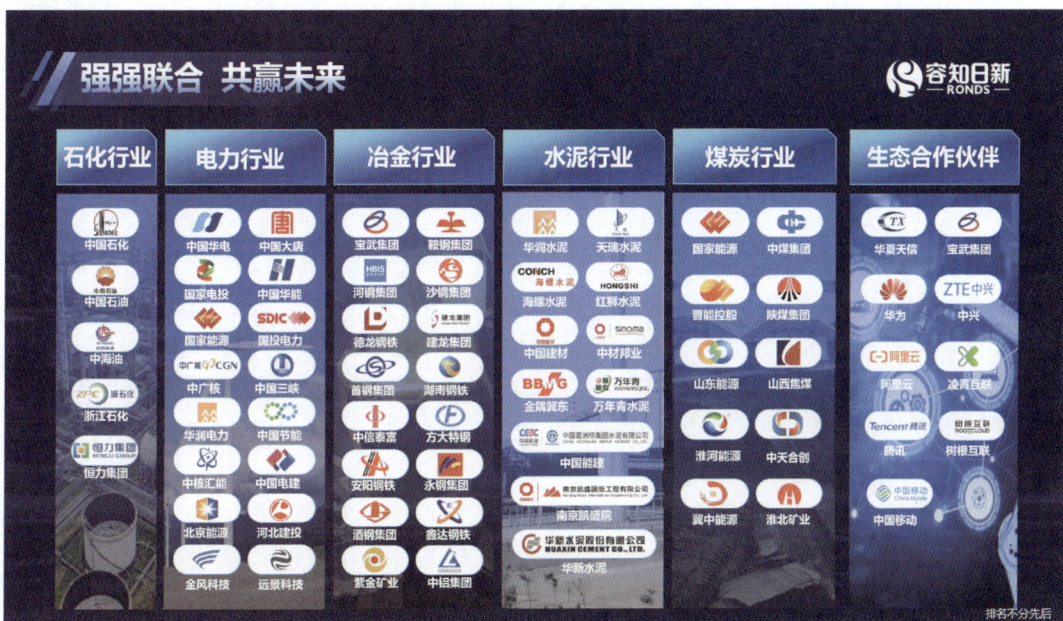

图 11-3　灵芝平台广泛应用于我国重点工业企业

表 11-1　部分应用业绩（2020—2022 年）

序号	项 目 名 称	客 户	项目年份
1	武钢有限通用设备远程运维平台建设	宝武装备智能科技有限公司	2022
2	高线测振在线监测系统	福建三钢闽光股份有限公司	2023
3	高线测振在线监测系统	石家庄钢铁有限责任公司	2020
4	广西柳钢中金热轧厂关键设备 5G+设备预测性维护系统	广西柳州钢铁集团有限公司	2022
5	马钢冷轧总厂关键动设备远程运维服务二期	宝武装备智能科技有限公司	2022
6	重点设备轴承监测系统技改	张家港宏昌钢板有限公司	2022
7	京唐设备部远程智能运维平台应用扩展项目	首钢京唐钢铁联合有限责任公司	2022
8	在线监测系统	太原钢铁（集团）电气有限公司	2021
9	河北鑫达卷板厂设备在线监测系统	河北钢谷物联科技股份有限公司	2021
10	点检软件项目	鞍钢集团矿业有限公司	2021

11.3.2　经济效益

　　灵芝平台能够快速提升用户企业的设备运维水平，切实带来经济效益与管理效益。经测算，平台价值主要体现在以下几个方面：

　　（1）使动设备非计划生产停机时间下降 20%～35%；

　　（2）减少运行风险，降低重大事故、突发性事故发生率；

　　（3）避免"欠维修"和"过维修"，防止不必要的拆卸，降低维护成本，延长设备使用寿命 10%～20%；

（4）对齿轮故障、轴承故障、轴系故障、大电机故障等故障准确定位位置，减少维修时间，提高生产效率；

（5）优化备件库存，对关键备件、长周期采购备件提前预知；

（6）降低设备运维综合成本20%～40%；

（7）降低人员工作量，提升效率，逐步实现少人无人化，人员减少30%～50%。

以青岛特钢为例，自2020年起逐步对一高线、二高线、五高线、六高线、扁钢线及焦化厂重点设备上线在线监测系统，并搭建了智能监测平台，截至2022年7月提前诊断主机设备故障共计49台次，以扁钢线一故障抢修计算：每台轧机抢修平均定额为12万元，节约维修成本约588万元；按每次抢修平均3h时间计算，节约147h生产时间。以扁钢线为例计算产能效益：按照扁钢生产110t/h产能估算，增产16170t。系统运行以来，有效避免了重大机械故障发生（抢修时间10h以上），由2018年、2019年各5起，下降到2020年、2021年各0起。

以鑫达钢铁为例，2019年8月正式运行在线监测系统，并借助平台实现专家远程技术支持，截至2022年7月共计提前预测设备故障51台次。以H型钢冷锯2个不平衡和冷床1个联轴器案例为例，单台冷锯故障，没有预测性维护情况下，需要至少5h停机时间维修，从而导致产线降低35%产能；而冷床联轴器故障，没有预测性维护情况下，需要全产线停产，需要至少4h停机时间维修。按鑫达H型钢当年产值计算每小时产值约62万元，则3起案例合计增效465万元。H型钢厂点检站原点检人员为10名，在线监测系统应用后，实际点检人员7人，核减3人。

11.3.3 社会效益

（1）推动设备运维模式迭代。目前，我国制造企业在设备监测和运维管理方面仍比较落后，监测手段大部分依旧停留在人工点巡检或者简单的点检仪器定时定点采集层面，设备维护采用事后维修和预防式定期维护相结合的手段，不能有效指导设备运维。灵芝平台在工业领域广泛应用，有助于推动我国制造业企业迭代设备运维模式。

（2）杜绝安全事故。通过灵芝平台，可实现设备实时异常状态信息的提前获取，预测设备故障劣化趋势并持续跟踪，从而有效避免发生设备非计划停机故障，杜绝安全事故的发生。从实践来看，包括青岛特钢在内的众多钢铁企业，应用灵芝平台后实现了设备零事故运行。

（3）降低工作负荷。通过数字可视化等方式实时分析各分厂/公司关键设备的管理情况，为数据驱动触发的运维、管理业务和决策建议提供相应技术支持，实现点检无人化、管理自动化，降低工作负荷。

11.4 项目创新点

依托新一代信息技术，灵芝平台从应用企业的实际需求和痛点出发，突出平台应用的可落地性，主要创新点如下。

（1）智能化：底层硬件到算法平台的全面智能化。灵芝平台构建"边缘计算+智能报警+智能诊断"全链条的智能化能力。其中，平台孵化了上千种算法模型，实现对通用类设备部件级的高准确率智能诊断分析，在自动给出具体故障部位、故障原因和劣化趋势的基础上，通过指标及部件状态劣化趋势等数据进行设备健康状态综合评价。

（2）自主化：让企业实现设备运维自主可控。工业场景千差万别，工业企业对设备运维都有自己的理念。于是，为了真正的自主可控，灵芝平台提供简单易懂、功能强大的低代码开发工具，供企业结合自身需求快速掌控。工业企业在有简单算法编写能力的基础上，也可以上传自己的代码封装成特定模块，实现设备"千机千策"的定制化效果。

（3）集成融合：构建未来智能运维生态。为了实现机、电、液等各类数据的全面接入，打破信息孤岛，实现以数据为驱动的业务变革，灵芝平台具备强大且灵活的兼容能力。目前灵芝平台可提供 20 余种微服务，兼容 40 种各类接口和协议，可支持多样化的融合方式，可根据企业需求定制化融合。

第二章

智能生产 ZHINENG SHENGCHAN

12 基于工业互联网的智慧矿山

鞍钢集团关宝山矿业有限公司
矿山
智能制造标杆企业

简 介

利用工业互联网、大数据、人工智能、边缘计算、虚拟现实等前沿技术在矿山的应用，以"关宝山矿业有限公司智慧工厂建设项目"为试点，打造智慧选厂，进而推动智慧工厂项目建设。关宝山智慧工厂建设采用基于工业互联网平台的端边网云架构，建立面向"矿石流"的全流程智能生产管控系统，对已有自动化、信息化建设进行智能化改造，推进传统信息化业务云化部署，提高管理机制与组织标准，实现矿山全流程的少人化、无人化智慧生产。

项目总体架构如图 12-1 所示。

案例介绍

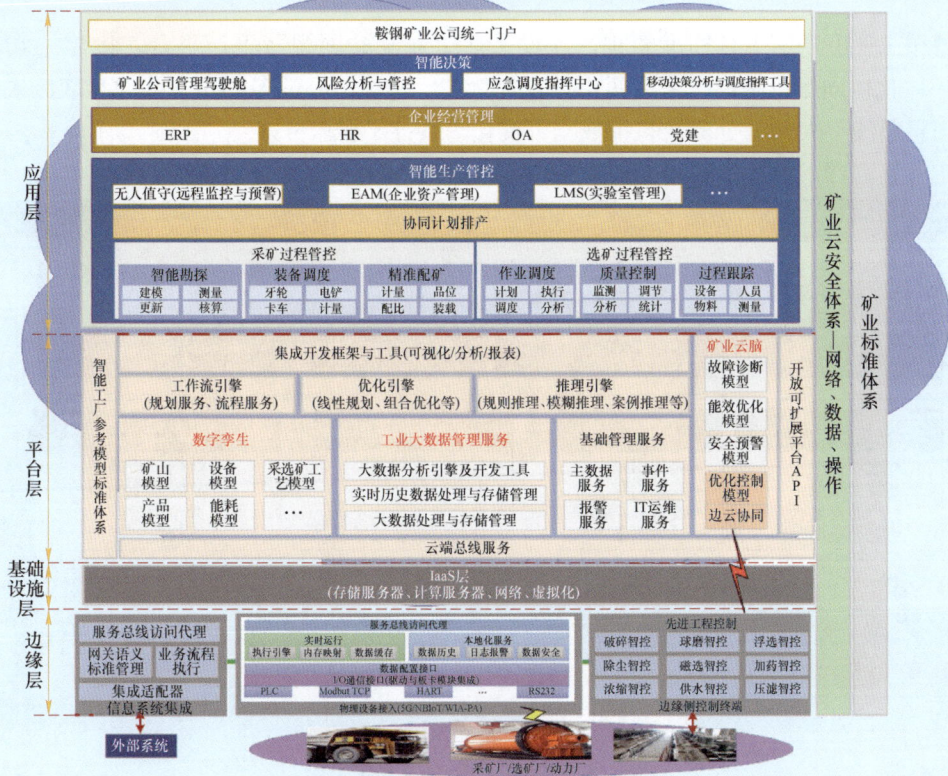

图 12-1 项目总体架构

12.1　解决的问题

鞍钢集团关宝山矿业有限公司隶属于鞍钢矿业，是集采矿、选矿为一体的现代化采选联合企业，是鞍钢集团重要的铁精矿生产原料基地之一，矿石具有"贫、细、杂"难磨难选的特点，生产工艺流程长、管理环节多、工程复杂性高、各个层级之间信息传递具有滞后性。矿山行业的多个行业难题主要体现在：（1）新技术应用滞后，缺少人工智能、大数据分析、数字孪生等新技术；（2）信息系统数量多，存在大量数据孤岛现象，数据无共享；（3）矿石性质复杂，多品种同时入选导致生产工况波动；（4）选矿过程指标无法实时检测，人工化验结果严重滞后；（5）选矿过程机理复杂，数学建模难度高，依靠人工经验判断，难以实现智能控制；（6）采、选生产工艺流程长，全局生产协同效率低、难度大。

在国家新一轮战略找矿行动大背景下，迫切需要充分挖掘国内资源潜力，加大战略性矿产勘查开发力度，大力推进科技创新，提高矿产资源节约与综合利用水平，推进绿色矿山和智慧矿山建设，加快行业转型升级，支撑高质量发展。

12.2　实施的路径

12.2.1　智慧矿山工业互联网平台

遵循工业互联网平台标准架构，建设矿业工业互联网智慧生产平台，构建"端边网云"一体化协同运行结构，完成两化融合智慧工厂建设，提供多协议支持的互联接入、高可靠消息总线、大数据分析及多维数据可视化等共性平台服务。

工业互联网平台总体架构如图12-2所示。

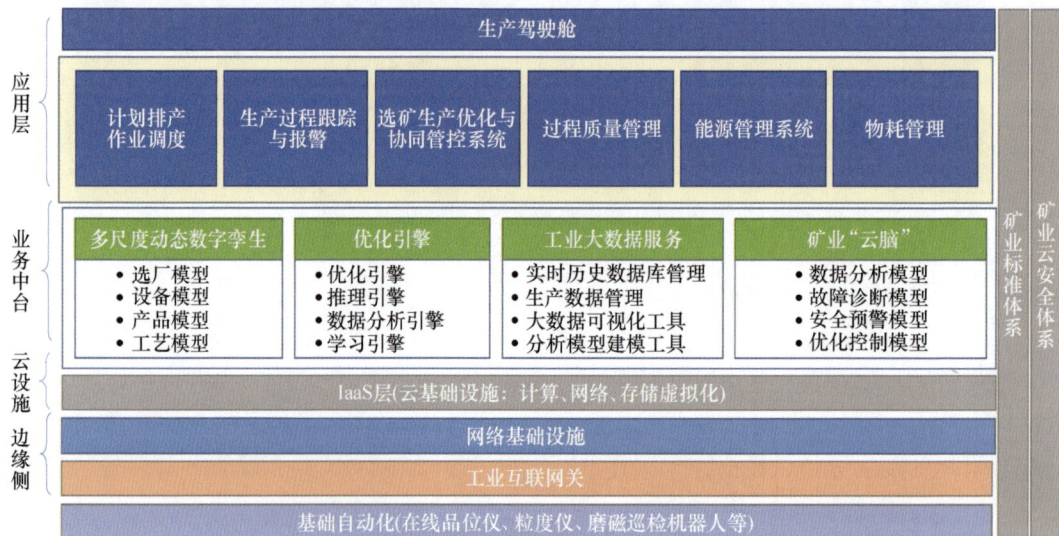

图12-2　工业互联网平台总体架构

12.2.2　智能协同生产管控系统

12.2.2.1　计划指标精准预测

以选矿工艺为主线，从入选矿石性质出发，融合专家知识经验和选矿工艺机理，建立矿石性质综合评价模型，计算得出矿石 P 指数，并制定相应的工艺指标调控措施，实现生产前各工序的关键工艺指标的预测，并给出关键工艺参数，提前做好工艺准备与设备调度预案，以保证合格的精矿品位，提升金属回收率，降低生产成本。

矿石 P 指数生产指标预测如图 12-3 所示。

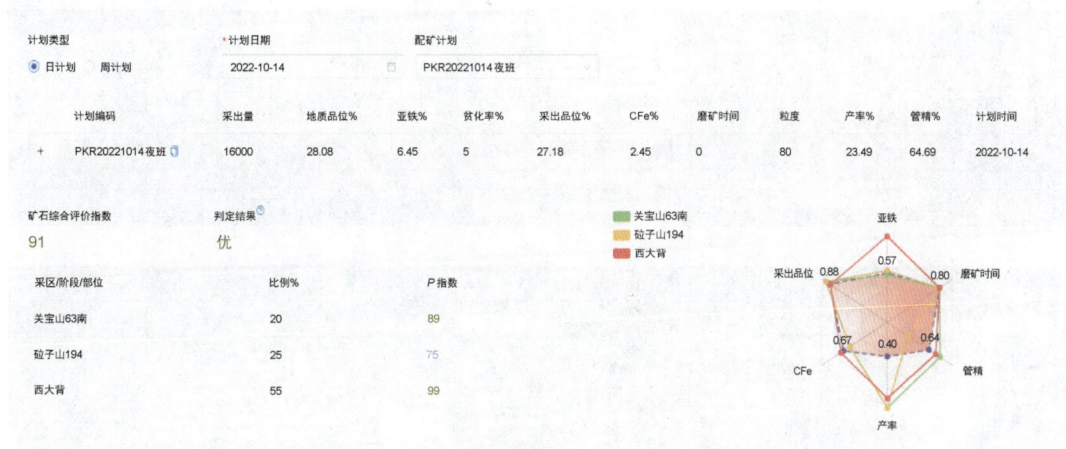

图 12-3　矿石 P 指数生产指标预测

12.2.2.2　能源管理

构建能源监测平台，将电力、热力、天然气等能源节点互联起来，形成能源综合监测系统，并基于历史能源监测大数据构建能源分析模型，覆盖行业级、企业级、工序级、用能设备级的能源流向、平衡分析、用能异常分析，形成集团化能源统一管控，提高企业精细化、透明化、即时化能源管理能力，为企业提供高效的能源规划决策支持。

企业用能分析示意图如图 12-4 所示。

12.2.2.3　生产综合分析

面向选矿厂生产经营的各个管理维度，建立涵盖生产效率、质量、消耗成本、人员绩效的统一综合指标体系，按照运营管理层、生产管控层和过程监控层等不同管理需求，形成综合指标的逐层分解。在指标体系建立的基础上，实现各级指标的计算、汇聚与统计，输出各类个性化统计报表与分析结果，并及时推送给不同的分析管理人员。利用大数据分析技术，实现指标关联分析与数据挖掘。

生产驾驶舱示意图如图 12-5 所示。

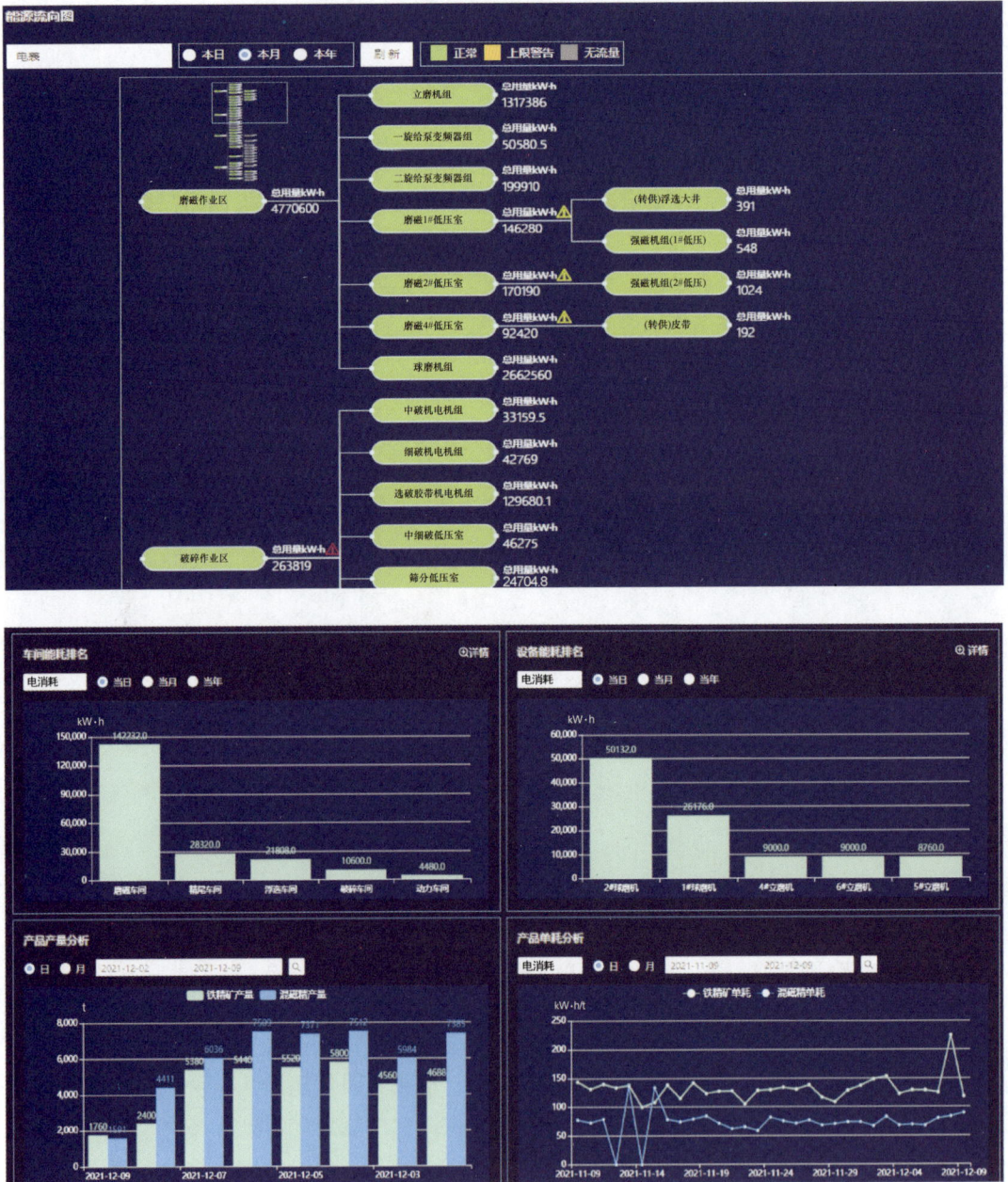

图 12-4 企业用能分析示意图

12.2.2.4 移动 APP 及企业微信集成

依托工业互联网平台，智能协同生产管控系统同时配有移动 APP，并与企业微信进行集成。移动应用包含生产计划、质量管理、生产监控、异常报警、生产驾驶舱、统计分析等功能，可帮助用户随时了解生产指标情况和设备运行状态，针对生产异常事件，第一时间精准推送到目标用户，为用户提供便捷、高效的生产管理手段。

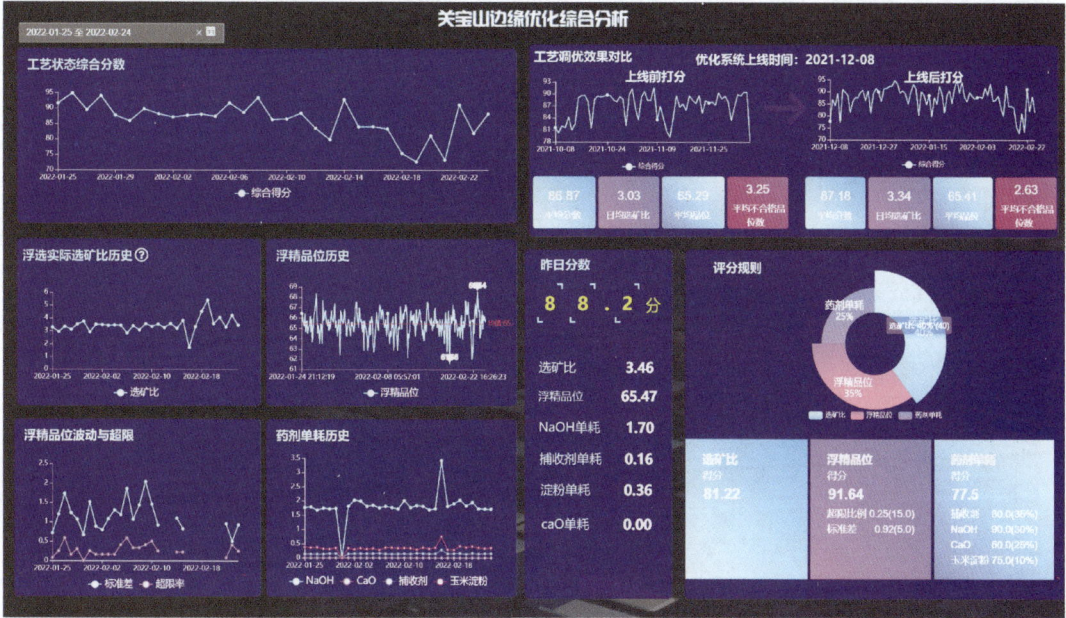

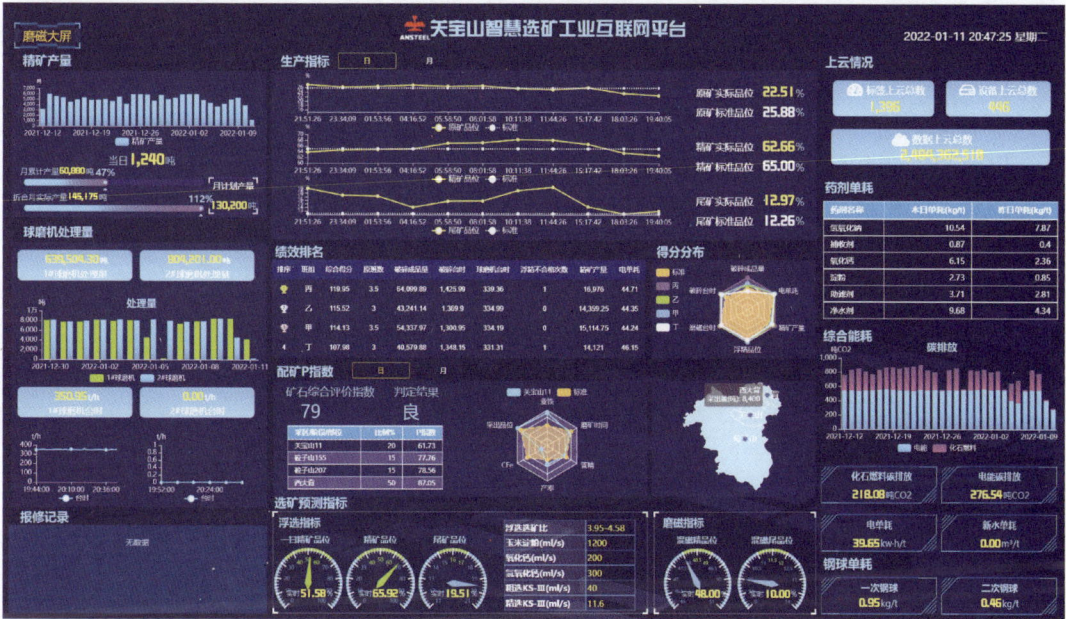

图 12-5　生产驾驶舱示意图

12.2.2.5　数字孪生工厂

建设关宝山选矿厂三维模仿真系统，基于实体矿厂的选矿设备、工厂基础设施生产运行数据与三维仿真系统相结合，呈现三维虚拟选矿工厂。实现生产过程的可视化管理，以及全方位立体管控，实现集中优化指挥调度。

数字孪生工厂如图 12-6 所示。

图 12-6　数字孪生工厂

12.2.3　边缘优化控制系统

12.2.3.1　"矿石流"跟踪——磨机智能给矿与优化配矿

以原矿入选矿石性质为依据，结合破碎工艺流程中圆筒仓、U 型仓（或粉矿仓）料位情况，对不同矿种（品位、碳酸铁、亚铁等）进行区分实时跟踪，并按照不同颜色进行可视化展示。同时，系统可根据磨磁、浮选生产指标情况或人工生产指令，形成优化配矿策略，联动智能布料小车和给料器，实现给料器自动切换、矿仓断料、堵料、异常预警。系统自动寻优，找到最佳矿仓放料，避免切换给料器时磨机处理量损失，提升磨机处理量。

磨机智能给矿与优化配矿如图 12-7 所示。

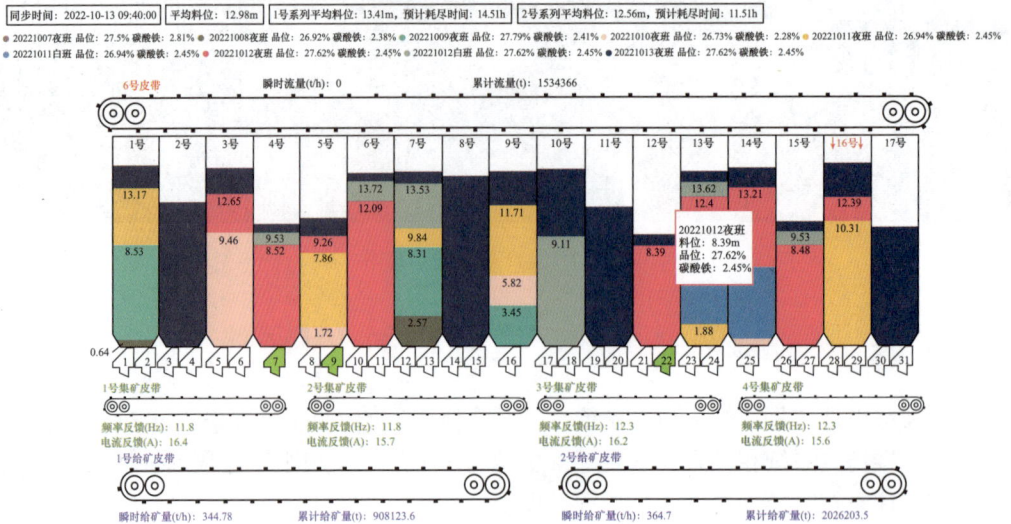

图 12-7　磨机智能给矿与优化配矿

12.2.3.2 浮选智能优化控制

采用机器学习+知识图谱的技术路线，将混磁精品位、混磁尾品位、二次粒度等磨磁指标，以及浮选负荷、浮选选别效果等数据进行大数据建模，进行二段场强设定，保证磁选与浮选整体选别指标稳定；通过锥阀、充气、泵频、加药的智能调控，实现浮选液位稳定、循环量稳定，保障选别整体稳定，稳精降尾。

浮选智能控制知识图谱示意图如图 12-8 所示。

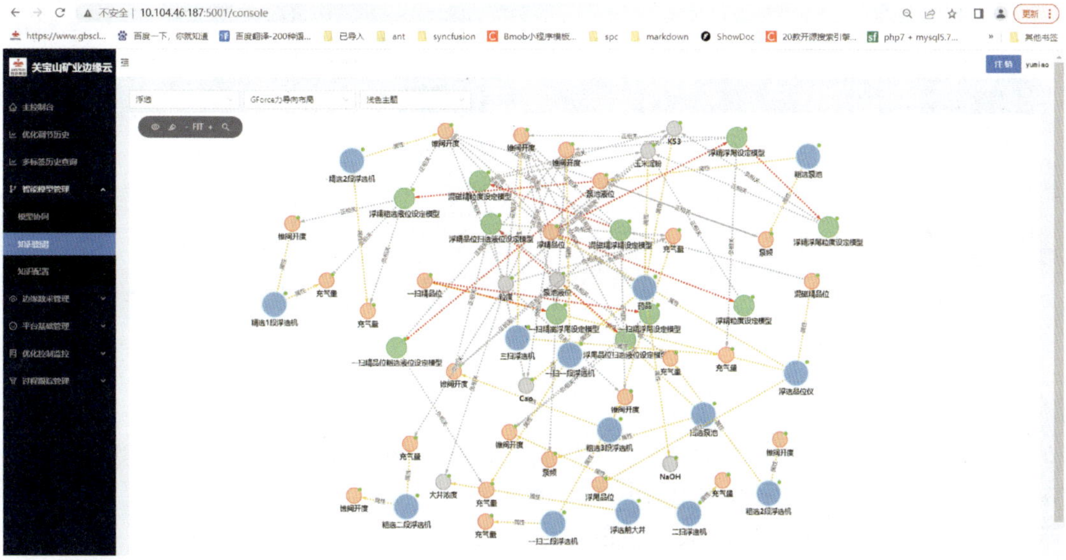

图 12-8　浮选智能控制知识图谱示意图

12.2.3.3 磨磁智能优化控制

实现从一段磨矿、一段磁选到二段磨矿的整体闭环优化控制，在其各自工序级优化调控基础上，联动分析二段磨矿的负荷情况、粒度趋势，实现台时、旋给压力、场强的综合智能调控，稳定二段多台磨机给矿浓度均衡和旋溢粒度的平衡、强磁机分量均衡，最终实现一次粒度、二次粒度合格稳定，提升磨机台时，降低强磁尾品位。

磨磁智能优化控制示意图如图 12-9 所示。

12.2.3.4 压滤机智能控制

系统实现从浮选到精尾压滤的闭环优化控制，基于浮选精矿浓度，智能调控压滤机搅拌桶给矿胶堵、压滤机启停，提高压滤效率、降低压滤机电耗；针对每台压滤机，可在每轮循环智能调控注矿时间、隔膜时间和干燥时间，实现台时最大化，提升压滤机作业效率，节约生产成本。

12.2.4 安全风险实时监测与应急处置

依托智能摄像头和安全生产管理系统，通过 AI 视频分析建立电子围栏，摄像监控点

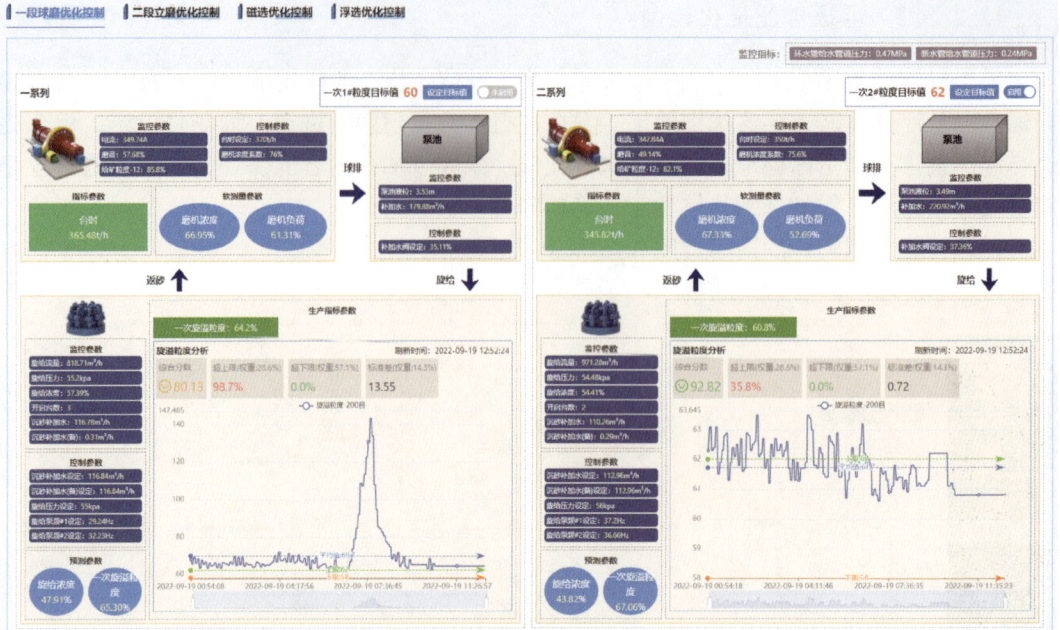

图 12-9　磨磁智能优化控制示意图

位接入 AI 视频分析平台，对现场施工人员的不安全行为（如未佩戴安全帽）进行识别、分析与报警，实现安全事件的快速响应和智能处置。

磨机智能给矿与优化配矿如图 12-10 所示。

图 12-10　磨机智能给矿与优化配矿

12.2.5　智能在线检测

对工序锥阀、阀门、泵等设备的自动化基础改造，使其具备实时数据采集和远程控制，并且安装品位仪、浓度计、粒度仪、泡沫分析仪、块度分析仪等在线检测仪表，可以有效地对不同流程节点进行实时数据分析，推动整个选矿厂生产过程的信息化与自动化，实现生产的智能化与智慧化。

矿浆在线品位分析仪如图 12-11 所示。

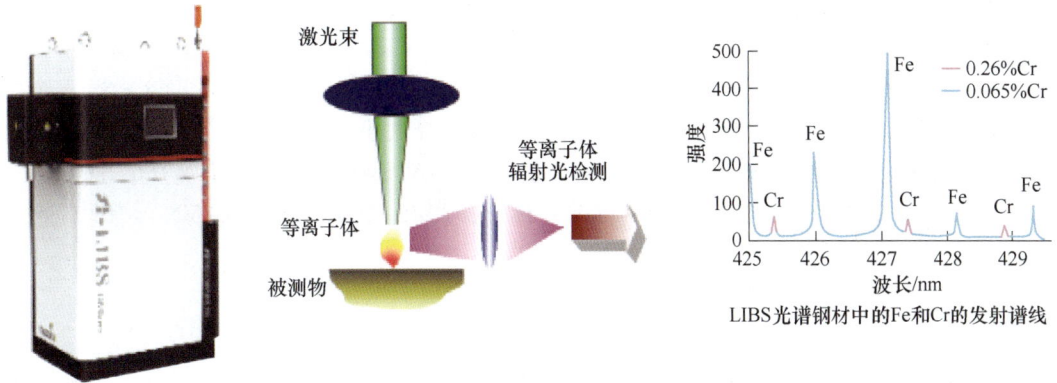

LIBS光谱钢材中的Fe和Cr的发射谱线

图 12-11　矿浆在线品位分析仪

12. 3　应用的成效

12.3.1　应用业绩

（1）通过设备自动化改造，实现了生产管控少人化、无人化。从破碎机标定、球磨机停转车、旋给泵倒停、浮选配药到搅拌桶倒停，从泵池液位、旋流器压力，强磁机尾矿斗液位到扫选泵池液位的自动调节，将原来机旁控制全部实现"一键操作"远程控制。综合水泵站、压滤厂房等 7 个厂房已实现"黑灯厂房"，生产现场完全无人。

（2）通过生产过程实时检测，实现了生产管控高效化。在检测化验时间上提高了 60 倍。从品位、浓度再到粒度、块度、流量、压力、浊度、pH 值等多项生产工艺指标的实时检测，彻底改变了对人工经验依赖，检化验结果从 2h 缩短到 2min。以生产驾驶舱和可视化图表展示多级别、多维度的生产过程检测数据，不仅实现了生产实时控制与调整，而且能够提前预测，减少指标波动，提升生产效率。

（3）通过 ROC 业务协同，实现了生产管控集中化。将破碎、磨磁、浮选、精尾等工序现场操作室集中到 ROC 智能管控中心，操作室集中化率达到 100%。取消作业区，压缩管理层级，生产指令直接到机台，以 ROC 为中枢横向贯穿生产管理、设备管理、成本管理等多个岗位，实现集中化生产管控新模式。

（4）通过数据创新应用，实现了生产管控智能化。以大数据、边缘计算为技术手段的智能选矿创新成果，在磨矿分级、浮选和强磁机均衡给矿等场景成功应用，成为"精细管理、颗粒归仓"的有效措施，在远程控制的基础上进一步解放了双手，让生产管控系统自主运行。

12.3.2　经济效益

（1）通过智能工厂建设，实现全流程少人化、无人化生产，2022 年选矿从业人员劳动生产率为 3. 27 万吨/（人·年），比上年度增幅 10.85%。

（2）主要选矿技经指标，比改造前，球磨机台时提升 2. 33%，药剂单耗降幅 8.17%，电单耗降幅 2.41%，精矿合格率提升 6.43%，原矿处理量提升 1.81%，精矿产量提升 1.78%。

（3）根据原矿条件和生产销售需求，依托智能控制系统，开发出 63、64、65 三个规格精矿产品的柔性化生产控制模型，实现产量和效益最大化。

2022 年 9—11 月精矿产量 44.14 万吨，折年产 176 万吨。2022 年计划 166 万吨，1—11 月进口利润 214.17 元/吨。按 50% 贡献度计算：（176−166）×214.17×50% = 1070.85 万元，年创效 3212.55 万元。

12.3.3 社会效益

关宝山智慧工厂建设项目，按照"创新引领、标准先行、统一平台、分步实施"原则，全面打造智慧选矿新模式。整体从应用成效、项目管理、实施策略、技术可复制性 4 个方面发挥建设示范作用。进一步形成智慧矿山、智能选厂的建设标准，同时，利用新一代信息技术改造传统产业，实现管理模式的深度变革，并通过对企业价值链的整合优化和对成本的全方位、多视角管控，使降本增效效果显著，经济效益明显提升，有效解决行业典型共性难题，极大提升协同化生产管控与数字化运营水平，进而促进全行业推广应用，支撑矿山行业实现转型升级和高质量发展。打造选矿智能工厂行业标杆，具备向其他选厂快速复制与推广的能力，实现与上下游生产环节的高效协同，为矿业生产"五品联动"管理机制的建立提供了有力支撑，通过项目建设实现以下创新：

（1）管控模式创新，建立远程集中控制管理体系，实现扁平化管理模式。实现生产管控系统的全面信息化采集，建立厂级综合指标体系，准确评估生产过程控制水平，实现问题精准溯源，提升管理效率。

（2）检测技术创新，突破选厂检测关键技术，实现矿浆品位、浓度在线检测，优化粒度检测方式。通过采用先进的仪器仪表设备，全面提升选厂工艺流程控制水平，实现选厂工艺信息的全面采集，为选厂智能控制提供基础数据支撑。

（3）生产控制创新，以"量质平衡"稳态生产作为选厂智能管控的目标，通过生产过程大数据分析和机器学习等人工智能技术，使用数据驱动与人工经验相结合的方式对控制模型进行迭代训练，替代传统的模糊控制与专家系统，实现选厂全流程的智能优化控制。

（4）协同应用创新，应用"端边网云"架构，建设矿业工业互联网平台，改变传统的应用部署模式，打破数据孤岛，支持业务与数据的高效协同，通过对生产过程数据和矿山运营数据的分析、挖掘，不断形成创新应用。

12.4 项目创新点

主要创新点如下。

（1）基于大数据+知识图谱的决策推理机制：面向选矿过程工艺控制优化，突破知识图谱和深度学习驱动的双向融合优化引擎技术，研究覆盖破碎、磨矿分级、选别环节的全工艺流程多冲突目标、多冲突约束、多尺度的动态优化控制方法。

（2）可视化矿石流跟踪与智能给矿：以"矿石流"为主线，研究选矿矿石流可视化跟踪、智能配矿及生产作业协同优化调度方法。

（3）面向选矿工艺流程的生产指标预测：以选矿工艺为主线，从入选矿石性质出发，融合专家知识经验和选矿工艺机理形成矿石性质综合指数，并构建生产指标预测模型。

（4）面向多级计量的能源流向建模：提供高可配、一体化、可视化的能源基础建模，覆盖能源计量建模、能源业务建模和能源流向建模。

（5）基于激光诱导的矿浆品位在线检测：根据激光诱导击穿光谱原理，结合光谱标准化技术、波动补偿技术，利用深度神经网络技术进行大数据建模，实现铁矿浆品位的在线测量，单次测量时间小于5min；多组分同时检测；测量误差小于1%。

（6）基于数字孪生的三维虚拟工厂：实现实体工厂所有生产设备、建筑物、生产过程信息、图像信息的三维建模与可视化。

13　数智孪生料场解决方案

中冶南方工程技术有限公司
原料场

简　介

　　基于行业现状和工艺特点，中冶南方开发了原燃料储运全面系统的解决方案：感知层，基于机器视觉的大量应用，实现储运全过程人、机、料、法、环等生产要素实时状态的全方位感知，以数据支撑关键决策；执行层，通过20多个高效控制模型，提升堆、取料自动控制的作业效率，实现小批量、品种多变的原料条件下的高效堆取料作业；平台层，通过实时数据驱动数字孪生，构建物料、设备、存储空间等生产要素关键特性的孪生模型，实现其与实时数据的映射；应用层，基于清晰的业务信息流管理、完整的支撑数据，实现原燃料储运全过程作业的协同调度。

　　项目总体架构如图13-1所示。

13.1　解决的问题

　　大型钢铁企业，经由水路、铁路、公路运输，年接收转运球团、块矿、焦炭、熔剂等近千种原燃料，数千万吨。通过接车、计量、取样（制样、送样、存样）、卸料、原料场存储转运和混配加工等作业，为高炉、烧结、焦化等工序连续不断提供生产所需的原燃料。

　　因涉及企业存储、使用的全部原燃料，因此是企业成本中心，一直是企业成本管控关注的重点；又因为涉及作业区域大，动辄上百万平米，品种繁多，线路复杂，人工驾驶车辆和自动运输设备相互交织，也因此一直是企业高效管控的突出难题，具体表现为：自动化程度相对较低、控制难，堆取料作业设备等大型设备移动范围大，包括走行、回旋、俯仰多个维度的动作，且定位精度有限、工作时震动干扰较大，对作业效率、料流稳定性、防塌料、防碰撞等控制策略要求高；故障多，物料中的水分和各种杂物对设备和系统经常造成影响，需要人工及时处理，难以及时、便捷地了解现场状态并转换为数字化信息；面积大、变化多，作业对象——料堆的形态变化万千，堆形检测需要满足动辄数十万平米范围内的精度要求，难度很大；且数据量大，对数据处理速度要求高；信息不全面、不及时、管理大量依靠人工，无法进行管控决策优化。

13.2　实施的路径

　　立足于储运整体业务，从管理决策、作业执行、数字化可视化呈现等多方面全方位构建智能化方案。

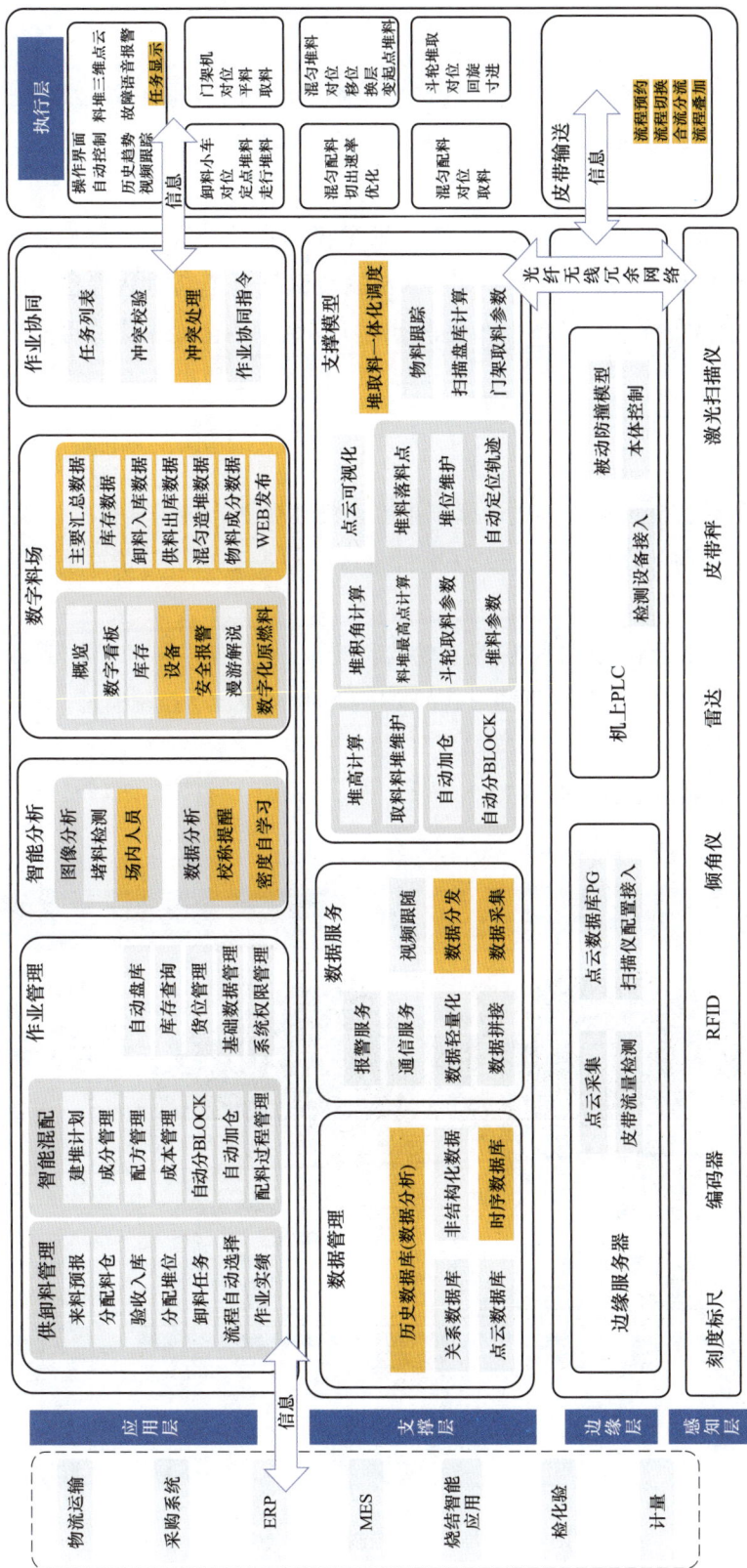

图 13-1 项目总体架构

13.2.1 感知层

通过机器视觉的大量应用，结合车辆室内三维定位、无线数据传输技术和传统检测技术，实现储运全过程人、机、料、法、环等生产要素实时状态的全方位感知，实现以数据支撑关键决策。

依托数智综合料场项目，部署 27 套三维激光扫描仪、200 多套工业摄像机、28 套车辆室内三维定位装置、28 套无线数据传输装置、近千套雷达等检测装置，通过机器视觉等智能感知技术，实现生产要素实时状态数据的全面采集，夯实料场智能化新基础。

13.2.2 执行层

（1）通过高效控制模型，可靠避撞作业运动轨迹规划、料场堆位自动识别等技术，提升堆取料自动控制的作业效率，实现小批量、品种多变的原料条件下的高效堆取料作业。

（2）依托数智综合料场项目，开发斗轮堆取料机、全门架取料机、半门架取料机、堆料机、混匀双斗轮取料机等 7 种不同形式的 28 台堆取设备自动控制模型，基本涵盖了料场常用的设备类型。

堆取料机控制界面示意图如图 13-2 所示。

图 13-2 堆取料机控制界面示意图

（3）通过提升装备水平，结合机器人和高效控制模型，实现取、制样等储运作业自动控制和闭环管控。

13.2.3 边缘层

通过边缘智能服务器，实现边缘智能，实现边缘数据的采集、缓存、清洗、上传，作业指令的接收、分发，相关的边缘计算。

13.2.4 数字孪生

（1）堆存空间模型：建立通过关键参数描述可用空间资源的模型，并建立与实时数据的映射关系。

（2）设备工艺特性模型：建立通过关键参数描述设备作业特性的工艺模型，并建立与实时数据的映射关系。

（3）堆形点云模型：基于多扫描仪随堆取料机运动测量，建立高精度料堆三维点云模型，覆盖了 20 万平方米料场区域。

（4）数字化物料：基于智能感知、物联网、线性规划等技术，实现运输批次和相关的采购数据、物料理化性能数据、计量数据、存储数据、装运数据、作业参数、作业设备等一系列数据的高效匹配、记录和跟踪，形成与实物物料对应的数字化物料，物料数据随物料同时输送到达后续加工环节，为后续加工生产参数的优化和采购等业务提供数据支撑。

（5）高效数据处理：开发基于实时数据的数字孪生驱动平台，高效处理数以亿计的实时点云等料堆数据、成分等物料相关数据和设备状态数据，实时反映储运过程中设备位置状态、物料、存储空间等物理层的关键状态。实现实时数据对上述模型的驱动。

13.2.5 应用层

（1）基于清晰的业务信息流管理、完整的支撑数据、便捷充分的人机交互、强大的辅助决策功能，实现了原燃料储运全过程作业的协同调度。

（2）开发了关键作业的决策支持功能，支撑储运关键业务的科学决策和高效协同，包括计量作弊识别、取样自动组批、混配自动加仓、混匀配料多 BLOCK 等硅铁配比优化、系统异常诊断、车辆到达预测、库存预测等。

（3）开发基于虚拟现实的料场数字孪生可视化平台。通过 Unity3D 及 BIM 模型轻量化技术，通过和实际数据的匹配，可实现料场实际状态在虚拟世界的映射和形象展示，包括料场建构筑物等环境、设备位置状态料堆实时形态在虚拟世界的展现。支持全场漫游，使用户既可迅速全面掌握料场全貌和生产变化趋势，又可深入分析关键细节，为采购等生产决策提供精准的数据支撑。

料场数字孪生界面示意图如图 13-3 所示。

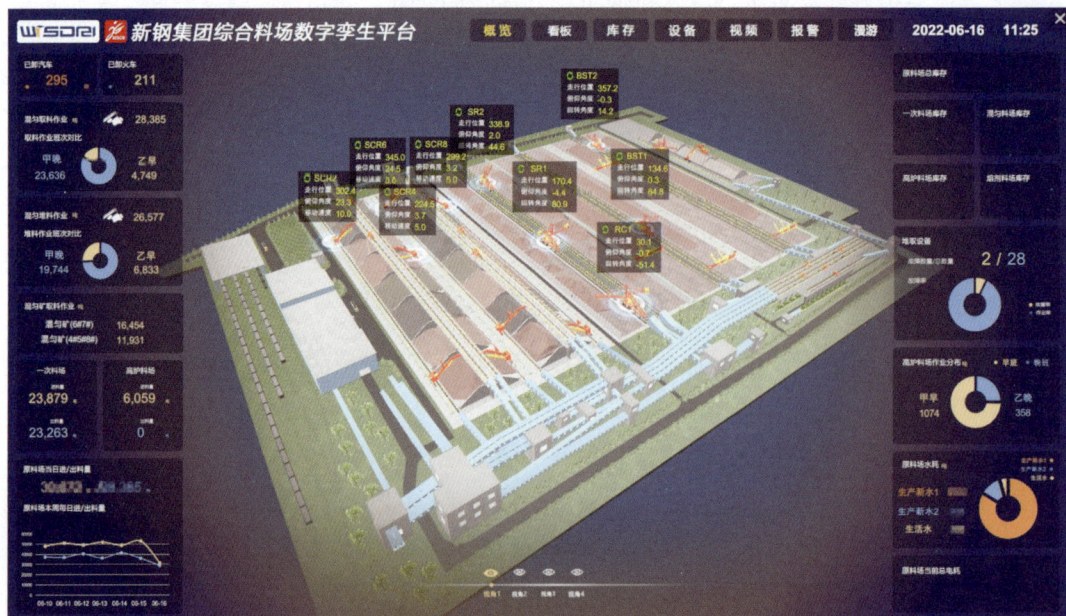

图 13-3　料场数字孪生界面示意图

13.3　应用的成效

13.3.1　应用业绩

目前，该项目在国内外 10 多家钢铁企业项目中广泛应用。相关的应用业绩见表 13-1。

表 13-1　应用业绩（2018 年至今）

序号	应用项目名称	投产年份
1	越南某综合钢厂全厂检化验项目	2018
2	甘肃某钢厂原燃料管理系统动力煤及铁精矿自动取制样一体化工程	2018
3	山西某产能置换升级改造项目原料场系统工程	2019
4	越南某综合钢厂项目原料场 EPC 总承包工程	2019
5	河南某钢铁企业炼铁厂新建焦炭储运系统工程	2019
6	山西某钢铁公司原料智能检化验系统总承包工程	2020
7	江西某钢厂数智化综合环保料场	2022
8	陕钢某钢铁公司机械化综合一次料场贮运系统总承包工程	建设中
9	云南某钢铁公司产能置换升级改造项目综合料场工程总承包工程	建设中
10	甘肃某钢厂料场绿色智能化改造项目料场改造分项精制样及进料管控系统集成及软件开发	建设中
11	云南某钢厂全厂检化验系统	建设中
12	云南某钢厂产能置换升级改造项目原料检验、计量检定、能源环保中心工程总承包工程	建设中

13.3.2　经济效益

2019—2020 年，依托基于数字孪生的钢铁企业原燃料储运协同智能管控技术优势，通过某钢厂智能料场一期、二期项目，新增营业收入 31728.97 万元。

2021 年，依托基于数字孪生的钢铁企业原燃料储运协同智能管控技术优势，通过某智能料场项目，新增营业收入 118800.0 万元。

本智能化系统的成功应用，通过减员增效、提高混配质量等途径，2022 年为用户实现节支 1300 万元。相关的应用效果见表 13-2。

表 13-2　应用经济效益　　　　　　　　　　　　　　　　（万元）

单　位	2019 年		2020 年		2021 年	
	新增销售	新增利润	新增销售	新增利润	新增销售	新增利润
某钢铁原料场一期	15739.97	—				
某钢铁原料场二期			15989.0			
某钢铁原料场					118800.0	—
小计	15739.97		15989.0		118800.0	
新增销售额	150528					

在本数智综合料场，实现了 7 大类 28 台堆取料设备的自动控制和原燃料运输、储运、混配等主要业务的信息化管理及协同作业，显著提高了劳动效率，适应复杂多变的实际生产条件，明显提升了混配质量和堆取效率，实现减员 120 人。

项目应用实绩见表 13-3。

表 13-3　项目应用实绩

项　目	减少劳动定员	人均监控堆取料机	料堆体积扫描精度	混匀铁分波动	二氧化硅波动	流程控制
数智综合料场	120 人	7 台	>98.5	<±0.39%	<±0.18%	一键堆取

13.3.3　社会效益

（1）将操作人员由现场（甚至是露天）粉尘环境移至中控室集中作业，大大改善了劳动环境，同时避免了现场作业带来的人员安全隐患。

（2）通过料场数字孪生和数字化原燃料，显著提升了原燃料储运过程的智能化水平，也为企业其他相关工序和业务的智能化提供数据支撑，促进了行业智能化水平的提升。推动了行业科技进步，已获得多个行业奖项。

项目获奖情况见表 13-4。

表 13-4　项目获奖情况

获奖项目名称	获奖年份	奖项名称	授奖部门（单位）
酒钢原燃料管理系统动力煤及铁精矿自动取制样一体化工程	2019	冶金行业工程设计优秀成果二等奖	中国冶金建设协会

续表 13-4

获奖项目名称	获奖年份	奖项名称	授奖部门（单位）
山西晋南钢铁集团有限公司产能置换升级改造项目原料场系统工程	2021	冶金行业工程设计优秀成果一等奖	中国冶金建设协会
料堆实时测量和可视化系统 QC 小组	2021	全国冶金行业优秀 QC 成果一等奖	中国冶金建设协会
山西晋南钢铁集团有限公司原料智能检化验系统总承包工程	2021	冶金行业工程设计优秀成果二等奖	中国冶金建设协会
越南和发榕桔综合钢厂项目原料场 EPC 总承包工程	2021	冶金行业工程设计优秀成果二等奖	中国冶金建设协会
安钢集团信阳钢铁有限责任公司炼铁厂新建焦炭储运系统工程	2021	冶金行业工程设计优秀成果二等奖	中国冶金建设协会
越南和发榕桔综合钢厂全厂检化验项目	2021	冶金行业工程设计优秀成果三等奖	中国冶金建设协会
堆取料机无人化作业系统 QC 小组	2021	全国冶金行业优秀 QC 成果三等奖	中国冶金建设协会
基于数字孪生的钢铁企业原燃料贮运多业务协同智能管控系统	2022	科技进步二等奖	五矿集团

（3）通过技术研发和工程实践，培养了一批多学科交叉的复合型人才，培养博士后 1 人、机器视觉高级技术人才 8 人，推进了机器视觉技术在钢铁行业的应用。

13.4　项目创新点

通过推动工业大数据相关技术与原燃料管控过程的深度融合，形成一套完整的面向冶金行业的原燃料智能管控技术与平台，主要创新点如下。

（1）开发了基于数字孪生的多业务协同管控系统。针对储运和取制样业务关系繁杂、人工参与多、汽车来料随机性大、实时数据海量的特点，建立以实时数据驱动的三维和业务孪生智能系统。开发了基于自动组批的多业务协同管控模型、防作弊模型，有效减少质量异议和经济损失，车辆滞留时间减少 15%；开发了原燃料全过程跟踪和成分估算模型，形成数字化物料，为后序生产优化提供数据支撑。

（2）开发了储运现场多维智能感知技术。针对储运现场环境恶劣、信息量大、数据采集难的问题，开发了智能语音及动态二维码感知技术、基于增强图像识别的系统状态感知模型、原燃料堆位自动识别模型、堆形扫描原点自校准模型，实现了涵盖人、机、料、样的多维智能感知和人机协作，减少了 50% 现场管控人员，料堆体积测量精度稳定达到 98.5%。

（3）开发了原燃料存储混配高效协同控制技术。针对各种复杂工况，开发了兼具避撞和高效特性的斗轮机堆取料机多机协同运动轨迹优化模型、适应多品种小批量原燃料条件的半门架取料机高效作业模型和混配等硅铁多 BLOCK 优化模型，基于堆取料一体化调度模型决策数据，充分考虑各种条件下人工对作业计划的干预调整，通过设备状态机、设备冲突判定、设备冲突处理优化决策等技术，提供系统的人机交互和辅助决策功能，实现料场堆取料一键协同作业，效率显著提升，人均监控 7 台堆取料机。

14 智能焦化系统

华院计算技术（上海）股份有限公司
焦化

简 介

华院计算 Uni-Coal 智能焦化系统核心功能是智能配煤，旨在提高配煤炼焦生产的智能化、信息化水平，从而一定程度上协助企业丰富配煤炼焦技术，降低配煤成本，提高焦炭质量。系统提供完善的数字化流程管控，包含实时数据中心的数据看板、智能配煤、智能煤仓、库存管理、客户管理等模块，分别从原料煤质量数据库、原料煤供应商数据库、最优配煤方案生成、配比方案比较、焦炭质量预测、化产负荷预测、焦炭数据库、煤焦评价体系、排班排产计划、原料煤采购计划、客户反馈管理等功能上，全面实现采购、生产、销售全流程信息化、智能化，实现科学采购原料、优化配煤方案、严控工艺流程、优化库存等。

系统架构如图 14-1 所示。

案例介绍

图 14-1 系统架构

14.1　解决的问题

炼焦煤是钢铁工业的基础能源和主要原料，炼焦煤的高质量、稳定持续供应是钢铁工业蓬勃发展的基础。从长远来看，炼焦煤资源将会越来越稀缺；从近期来看，国内外炼焦煤价格处于高位，因此最优化利用炼焦煤资源势在必行。

传统焦化生产中对煤焦资源数据整理、焦炭质量指标统计停留在数据存储记录的阶段，没有建立完整的炼焦煤指标、生产工艺、焦炭指标的闭环数据链及分析模型，难以实现生产流程层面的能耗优化；同时没有建立完整的炼焦煤评价体系，导致不能实现根据下游订单制定长期的生产计划及合理的采购计划，经常受制于上游的炼焦煤产能、物流、国际贸易周期等原因不得不调整生产计划或影响正常生产。

同时，在焦化生产中重要的炼焦配煤工序中，炼焦煤成本占焦化企业生产成本的80%以上，能否有效控制配煤成本在很大程度上决定了企业在市场中的竞争力。另外，因炼焦煤种类多、煤质波动性大、影响指标众多、干馏过程极其复杂等原因，传统焦化生产中配煤工作高度依赖配煤师的长期经验积累，这些宝贵的生产经验难以固化和传承。由于炼焦煤资源供应而导致煤种变化的时候，在面对陌生煤种或需要全新的配煤结构时，配煤师往往需要多次做耗时耗力的小焦炉实验，且为确保焦炭指标，往往大比例使用优质炼焦煤，从而造成优质炼焦煤资源的浪费和生产成本的上升。

综上，焦化企业需要通过合理配煤，使各种煤互相补充，取长补短，实现炼焦生产的质量和经济性的平衡。此外，焦化企业更加需要不断提升配煤技术，以稳定焦炭质量、降低配煤成本，从而提高企业经济效益。

14.2　实施的路径

华院计算Uni-Coal智能焦化系统以智能配煤为核心，搭建了串联炼焦煤资源管理、智能配煤、焦炭质量管理的闭环生产管理流程，同时拓展了煤场及简仓的数据管理、炼焦煤评价指标模型，通过多维度的运筹优化模型，根据企业实际需求，生成炼焦煤成本最优、长周期稳定生产、综合效益最优等多种不同的方案，协助生产管理制定合理的生产计划及辅助采购计划。

系统可以提供完善的数字化流程管控，包含实时数据中心的数据看板、智能配煤、智能煤仓、库存管理、客户管理等模块，分别从原料煤质量数据库、原料煤供应商数据库、最优配煤方案生成、配比方案比较、焦炭质量预测、化产负荷预测、焦炭数据库、煤焦评价体系、排班排产计划、原料煤采购计划、客户反馈管理等功能上，全面实现采购、生产、销售全流程信息化、智能化，实现科学采购原料、优化配煤方案、严控工艺流程、优化库存等。

14.2.1　系统目标

系统能够满足焦化厂智能配煤管理需求，并实现以下目标：

（1）配煤炼焦端：精准预测入炉煤及焦炭质量。优化配煤结构，降低生产成本，提高配煤效率，稳定焦炭质量。

（2）煤源采购端：建立系统煤质评价体系。为煤源采购提供技术支持并给出相应煤焦配比下的煤源推荐。

（3）焦炭使用端：稳定焦炭质量，优化整体生产成本。

14.2.2 模块功能

系统还包含智慧配煤模块、智慧实验室管理模块、煤焦资源管理模块、智能化报表模块等功能。部分功能介绍如下：

（1）智能配煤：智能配煤模型包含由多种配煤方法模型构建的焦炭预测模型库，同时结合基于数据驱动的自学习 AI 模型，可自适应不同煤种结构下的配煤生产，包含智能配煤、焦炭配比计算、配比方案比较等功能。

（2）实验室管理：小焦炉数据管理、炼焦煤评价指标管理、炼焦煤评级模型、炼焦煤评价数据管理、炼焦煤评价报告等功能。

（3）煤场 & 筒仓智能管理：通过智能算法实现煤场储备煤监控及智能预警、煤源优化方案、筒仓状态监控等，实现智能备煤生产。

（4）煤焦资源质量管理：入厂煤数据管理、焦炭数据管理，监控原煤及焦炭质量波动情况，对原煤及焦炭质量异常及库存异常进行及时预警。

（5）智能数据中心：可视化技术对煤焦资源统计分析，提高配煤炼焦资源端利用的合理性，降低资源综合使用成本。如煤焦资源分布、使用情况、配煤结构、焦炭质量波动情况等。

（6）客户管理：用户角色管理、权限管理，相关系统设置等。

14.2.3 产品价值

产品价值如下所述。

（1）构建数字能源中心，赋能焦企碳中和。系统通过对炼焦煤资源、生产工艺、焦炭质量的全流程跟踪及管理，创建企业的能源管控中心，完善能源管理体系。在赋能焦化企业降碳方面，通过优化配合煤的煤种结构，寻求最优配煤方案，减少国家战略煤种资源中的优质炼焦煤使用比例，降低碳排放，强化节能减排协同增效，通过数字技术赋能焦化企业实现双"碳"目标，同时降低生产企业配煤成本，提高炼焦生产效率，助力焦企实现炼焦工序的高效节能低成本和绿色化。

（2）优化配煤结构，严控生产成本。根据焦炭质量要求及库存煤种情况，全方位、多维度对煤质数据进行挖掘，不同煤质指标对应不同模型，适应煤种变化较大情况，优化配煤结构，大幅降低主焦煤使用比例，降低配煤成本。

基于自主学习技术，用户使用次数越多，系统会根据实际情况自动修正模型算法和技术参数，大幅提升焦炭质量预测精度、配煤价格优化等，根据各个不同焦化厂的实际情况迅速优化调整，达到最优的配煤结果。

（3）稳定焦炭质量，提供采购建议。与库存以及采购计划进行联动，生成成本最优型、利润最优型、指导采购型、稳定生产型等多种多样性的配煤方案。

基于煤焦闭环数据，动态计算炼焦煤资源评分，为配煤优化及科学采购提供量化支撑。

（4）实验数据参考，提高工作效率。传统配煤生产在煤源变化较大或更改配煤结构后需多次做小焦炉实验或铁箱实验，单次实验流程超 30h，消耗配煤师大量的时间及精力。

支持随时查看历史方案及对两种或多种配煤方案进行比对，同时可根据相似度微调配煤比或者替换煤种。此功能可以加快配煤效率和配煤准确度，发挥历史配煤数据的价值。

14.3　应用的成效

华院计算 Uni-Coal 智能焦化系统通过数字化流程管控，帮助焦化企业实现原煤煤质管理、智能配煤、焦化生产、排班排产、焦炭成品管理、化产负荷预测、仓储等信息化、智能化功能，能够有效帮助焦化企业打破技术壁垒，进行焦炭质量精准预测，从而节约优质煤种，合理利用煤炭资源，显著降低生产成本，促进焦炭生产的保质增效。

14.3.1　应用业绩

目前该解决方案已应用建设于酒泉钢铁、新余钢铁、呈钢能源等多家钢铁企业及独立焦化厂，能够快速适应复杂的煤种变化，有效帮助焦化企业打破技术壁垒，优化配煤结构，减少优质炼焦煤使用比例，从而降低生产成本、稳定焦炭质量、提高配煤效率，同时助力焦企数字化、智能化转型升级。

14.3.2　经济效益

炼焦过程中吨焦配煤成本降低 5~50 元，综合兼顾洗煤和副产品价值，实现焦化企业综合效益提高 2%（注：该项数据需根据焦化厂煤源采购、煤焦管理、生产工艺、历史水平等情况而定）。

14.3.3　生产效率

智能焦化系统通过智能配煤模块的智能算法，结合企业生产数据人机交互升级，可在 20s 内生成三种配煤方案，用户可根据成本最优、稳定生产、库存最优等方向自主选择配煤方案，提高配煤效率。

14.3.4　资源保护

我国炼焦煤资源探明储量约占煤炭总储量的 26%，扣除难以开采、高硫、高灰的资源，可进入炼焦配煤的约为探明储量的 3%，在已探明的炼焦煤资源中，优质的主焦煤约占总体的 24%，但是在传统的配煤结构中焦煤使用比例为 40%~50%，同时由于炼焦煤资源的不可再生性质，所以主焦煤一直是我国战略储备资源。智能配煤系统通过智能算法、大数据、生产工艺相结合的算法模型，可以根据实际生产情况为客户提供不同的配煤结构，降低焦煤、肥煤的使用比例，提高储量较高的气煤、瘦煤、1/3 焦煤的使用比例，在降低企业生产成本的同时，也保护主焦煤这一国家战略储备资源。

14.3.5 社会价值

焦化是我国经济建设中的重要组成部分，焦化生产不仅为钢铁产业提供必要的燃料和还原剂，同时炼焦过程副产的焦炉煤气和化工产品是城市（工业）燃气、基础化工原料，是能源转换的重要工序。传统焦化生产还存在高污染高能耗的问题，在碳达峰、碳中和的背景下，传统焦化转型和技术升级势在必行。

14.4 项目创新点

华院计算 Uni-Coal 智能焦化系统基于动态模型和自主学习功能，支持动态选择配煤模型，结合自学习技术，可以从历史数据中学习到配煤规律，将学到的规律和现有配煤技术结合，使得配煤方案更加贴近实际生产。

系统依靠强大的知识库与算法库，为了适应不同焦化企业的生产工艺和化验指标，模型可以自适应选择对应的模型和算法，即使没有历史数据亦可得到合理的配比方案。同时，系统随着模型的不断学习和持续更新迭代，时刻保持适应企业配煤炼焦的生产状态，无论是精度还是成本优化都能够得到持续的提升和优化，切实给焦化企业带来真正的降本增效。

主要创新点如下。

（1）具有 AI 自学习能力：系统基于自学习模型，结合机器学习与运筹优化的软件架构，并融入专家经验，因此仅需少量历史配煤数据即可使用。系统可根据库存原煤数据，全自动生成多样性的配煤方案。同时，配煤师亦可以以生成配煤单的配煤结构为基础，进行调整优化，以达到人机交互、保质降本的效果，从而帮助企业优化配煤结构，减少优质炼焦煤使用比例，降低生产成本，稳定焦炭质量，提高配煤效率。

（2）模型训练无需大量历史数据：系统依靠强大的知识库与模型库，仅需少量数据甚至零数据即可使用，避免大量历史配煤单、历史库存、生产工艺等数据录入带来的繁重工作，完美匹配数据残缺、新建工厂等生产场景。

（3）可精确、最优化地辅助贯彻配煤专家的思想：一般企业内，公司制定总目标后，下达到厂，厂内根据公司的目标制定自己的最优化生产方案，各生产单位根据厂内的方案完成目标。配煤等工艺技术专家为达成目标，需要以目标为指导的最优解。而华院计算智能焦化系统可以快速精准地辅助专家找出所需的一个或多个方案，充分贯彻工艺技术专家的思想，确保生产计划的精准执行。

（4）与焦化生产流程完美契合：该系统来源于焦化实际生产，针对焦化生产过程整个工艺工程，经配煤专家和算法专家不断优化，逐渐形成一套适合现场使用的系统，因此使用贴心、人性化，和焦化生产匹配度极高。

（5）兼顾多生产目标：模型根据焦炭质量目标、配煤工艺及煤场存煤条件，得出低成本优化配煤比；在满足上述目标的前提下，进一步兼顾生产的安全性、储煤用煤的经济性等其他优化目标，实现多目标优化。

（6）系统模块对焦化智能化生产流程全覆盖：本系统以智能配煤为核心，辅助模块包括煤炭原料管理、采购计划模块、生产排班模块、焦炭产品管理模块和可视化报表模块，基本覆盖了炼焦生产过程的信息流和智能化，可大幅改善当下焦化企业生产过程中存在的各种数据困扰。

（7）系统采用本地化部署，模型可根据生产数据在工厂自动升级迭代，无需连接云端，数据不出厂，确保数据安全。

15 造球机生球粒度分析及智能控制系统

中冶长天（长沙）智能科技有限公司
烧结

简 介

该项目总体思路如图 15-1 所示，围绕智能造球从造球机理、原料特性、生球分析、过程控制和成球评价等角度研究智能造球技术中的重点和难点，通过理论分析推导、实验验证和装备制造实现对造球过程的精确、数据化的控制和管理，实现造球过程的智能化。

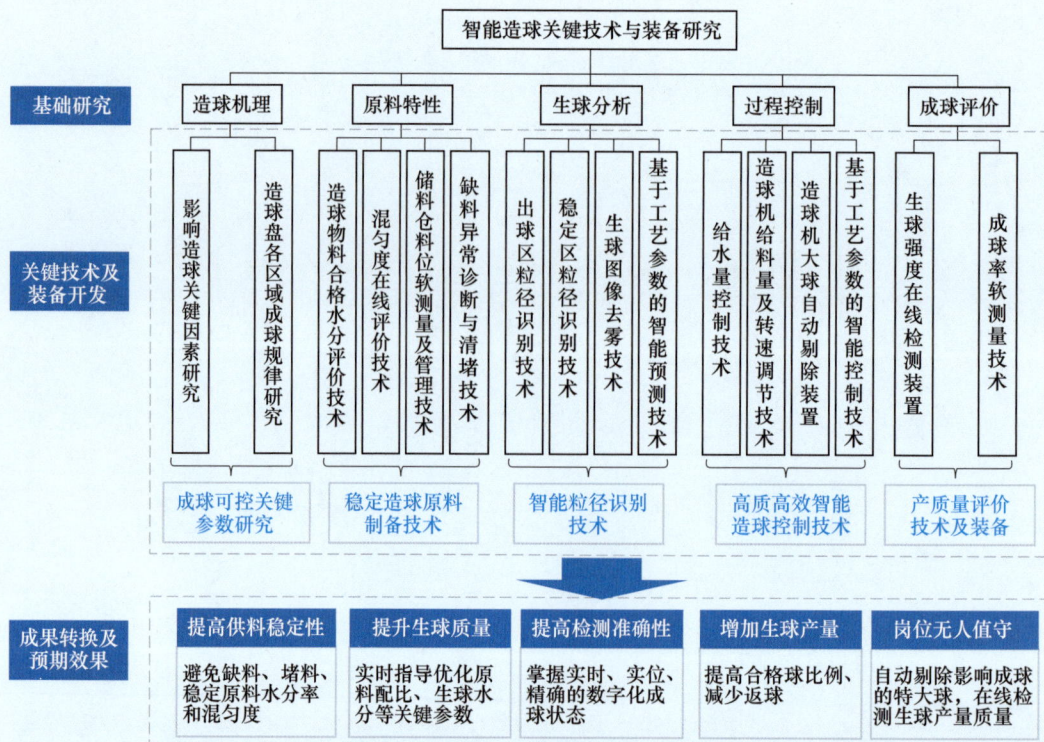

图 15-1 总体思路

15.1　解决的问题

球团工艺是钢铁原料制备的关键工序之一，相比烧结工序，具有系统漏风率低、热风循环利用效率高、工序能耗和污染物排放量低等优势，高比例球团精料冶炼是低碳高炉的主要发展方向，且球团法是我国贫细散杂的铁矿石精选后最优造块方式，同时全球主流的非高炉炼铁工艺气基竖炉直接还原也以优质的氧化球团为原料。从世界先进的高炉炼铁炉料结构看，球团矿的比例不断增加，已经增加到30%～50%。当今世界最先进的高炉炼铁在西欧，西欧高炉炼铁球团矿用量已经发展到30%～70%。因此，球团工艺具有巨大的发展潜力和市场前景。我国现有球团生产线近300条，其中大部分生产线的造球过程仍处于盲控、粗控状态，给水量、给料量、造球机转速等关键参数仍依靠现场操作人员凭经验调整，且造球过程的原料条件、成球状态等均未实现实时监测，从而导致出现造球工序返球量大、生产效率低、成球质量稳定性差等问题。针对这类问题，目前国外并无配套的解决方案及软件。在国家"双碳"目标和智能制造双重背景下，我国钢铁工业正经历绿色化、无人化、智能化转型升级过程，本产品拥有巨大的市场前景与广阔的应用前景。

15.2　实　施　路　径

15.2.1　稳定原料制备

通过在关键工艺流程点设置合理的水分检测机制，实现对造球原料配料、混匀、输送全流程的数据跟踪，结合原料水分的波动对造球过程的影响规律，构建了水分率合格度评价体系，对精矿干燥过程提出了明确的控制目标。基于铁矿原料与微波的强耦合特性，采用湿度变异系数法，发明了混匀度在线评价系统，为造球物料的混匀效果提供了可靠保障。

在下料小车或犁式卸料器总入料口设置高精度皮带秤，通过全流程数据跟踪采集队列与系统建模，计算任意时刻各料仓实时的料量，开发了无料位传感器的仓位精确软测量技术，实现了全部取消称重平台及料仓传感器，大大节省了建设成本。

通过研究堵料及缺料的形成机理，开发了结构简单、功能可靠的缺料异常诊断装置，该装置位于下料口处，通过行程开关、连杆及转动轴，实时检测物料输送状态。通过研究物料黏结原理，研制了旋转式内壁防黏结装置，有效保证物料的正常供给。

15.2.2　智能粒径识别

通过对出球区全范围、高精度、快速图像采集，采用圆匹配分割图像分析算法，开发了出球区粒径精确识别技术，精度达±0.1mm。针对出球区对反馈控制的滞后、成球稳定区相对超前的特点，克服球重叠交叉的难点，开发了稳定区粒径识别技术。

15.2.3　高质高效智能造球控制技术

通过研究水对造球过程的影响规律，耦合出球分析的滞后性特点，开发了递变性非恒量调水优化控制技术，有效提高了造球的质量和效率；针对原料条件异常时的特殊工况，开发了高鲁棒性调速调料优化控制技术，确保了造球生产过程的稳定性。

15.2.4　产质量评价技术及装备

采用基于原料与出球时空匹配的数据跟踪技术，开发了单机成球率及系统成球率软测量技术，从而实时掌握成球状态。采用全自动取样机器人与智能视觉定位技术，研制了生球强度在线检测装置，实现了生球质量评价的无人化。

15.3　应　用　成　效

目前该解决方案已成功推广应用到湖北金盛兰、敬业钢铁、中钢滨海等多个球团工程；海外市场，正在推广到越南、马来西亚等一带一路沿线国家和地区。8 个项目 50 台造球机的应用业绩见表 15-1。

表 15-1　应用业绩（2019—2023 年）

序号	项　目	工艺类型	备注
1	湖北金盛兰冶金科技有限公司淘汰落后、异地技改 120 万吨/年球团项目	链-回-环	6 台
2	敬业集团钢铁装备升级改造项目 200 万吨/年球团工程	链-回-环	6 台
3	中钢集团滨海实业有限公司 480 万吨/年球团智慧造球项目	带式焙烧	10 台
4	湛江球团链篦机驱动与磨机系统自动化改造工程	链-回-环	8 台
5	唐山燕山钢铁有限公司智能制造项目	链-回-环	6 台
6	江苏徐钢高炉装备技改升级产能减量置换项目配套球团项目	竖炉	4 台
7	越南和发榕橘钢铁公司 180 万吨球团项目	链-回-环	4 台/海外
8	翅冀钢铁原料厂 260 万吨/年链回环三电系统	链-回-环	8 台

2020 年 8 月，在敬业钢铁球团生产线上投入使用本产品，替代原有传统造球工艺，自投产以来带来了显著的经济效益和环境效益，具体如下。

15.3.1　技术指标

（1）使用本技术前，生球合格率 78.2%，成品球年产量为 200 万吨；使用本技术后，生球合格率提升至 87.6%，成品球年产量提升至 224 万吨，提产产生的经济效益为：$(224-200) \times 200 = 4800$ 万元。

（2）水蒸发吸收热量约为 2253MJ/t，喷吹焦炉煤气热值约为 4000kcal/Nm³，焦炉煤气单价约为 20 元/Nm³，焦炉煤气热值 16736kJ/Nm³，本技术应用后节省煤气为：$2253 \times 221.5t \div (1-0.121) \times 10^4 \times 0.15\% \times 17 \div 12 \div 16736 = 7.5 \times 10^5 Nm^3$，节约焦炉煤气经济效益：$7.5 \times 10^5 \times 20 = 1500$ 万元。

（3）根据统计，采用本技术应用后，每吨成品球可以节省 0.475kg 膨润土（单价为 362.07 元/t），则年节省膨润土的费用为：$221.5 \div (1-0.121) \times 10^4 \times 0.475 \times 10^{-3} \times 17 \div 12 \times 362.07 = 61.3$ 万元。

（4）造球运行费用包括备品备件的消耗及材料的消耗（维修费用及人工费用未计入

内），本技术应用后节省耗材约 200 万元。

（5）智能化程度提高，减少造球岗位工人，由 11 人减少至 4 人，本技术应用后年节省人力成本为：$7 \times 20 \times 17 \div 12 = 198$ 万元。

本产品应用前后详细指标见表 15-2。

表 15-2　应用效果

指 标 值	应用前	应用后
成品矿年产量/万吨·年$^{-1}$	200	224
合格生球产量/万吨·年$^{-1}$	227.5	254.8
白天生球产量/t·12h^{-1}	2356	3861
夜晚生球产量/t·12h^{-1}	3331	3861
生球平均合格率/%	78.2	87.6
生球落下强度/次	5.5	6
生球抗压强度/N·个$^{-1}$	10.1	11.1
生球标准偏差/%	7.3	2.2
生球返矿量/t·h^{-1}	51.75	36
人工数/人·班$^{-1}$	3~4	0
取大球所需人工/个·班$^{-1}$	1	0
供料稳定性/%	90	95
粒度检测精度/mm	0.1	
系统故障率/%	<1	

注：以上数据出自敬业钢铁应用证明。

15.3.2　经济效益预期

当前国内有近 300 条球团生产线，按 50% 采用本技术，该软件及配套硬件设施按每套 50 万元的售价计算，约有 $300 \times 50\% \times 8 \times 50 = 6$ 亿元销售收入（每个球团厂按 8 台造球机计算）。此外，随着"一带一路"的发展和钢铁工业向海外市场转移，本技术将改变人工竞争力相对较弱的局势，实现自动化、少人化、智能化。随着发展中国家对钢铁工业的需求增大，本技术将对我国加强国际产能合作及智能装备出口作出贡献，预计本技术在海外的市场容量可以达到 5 亿元。

15.3.3　社会效益预期

钢铁工业转型升级方面，采用本产品后，球团矿的物理化学性能更加合理，质量和产量得以提高，为后序高炉炼铁工艺提供了有利条件，为钢铁企业带来了巨大的经济效益，对整个产业的技术水平提高做出了贡献，为产业工序也提供了更好的支撑，加强了国内冶金产业的技术竞争力，为国内产业进入国际市场打下了坚实的技术基础。

社会技术进步方面，本产品直接提升了企业的经济效益，提高了企业的市场竞争力，促进了球团行业的技术发展与进步。

社会公益方面，本产品高了球团工艺的技术水平，提高了球团制造过程中的原料利用率，减少了对原料和能源的浪费，从而减少了对社会资源的浪费，同时也减少了生产过程中造成的环境污染，响应了国家"节能环保""碳中和"等方面的政策。

15.4　项目创新点

（1）开发了基于关键参数评价的原料制备技术与防黏结装置。基于铁矿原料与微波的强耦合特性，采用湿度变异系数法，发明了混匀度在线评价系统，为造球物料的混匀效果提供了可靠保障；通过研究堵料及缺料的形成机理，开发了结构简单功能可靠的缺料异常诊断装置，研制了旋转式内壁防黏结装置，提升了供料系统的稳定性。

（2）发明了基于视觉耦合工艺关键参数的智能粒径识别技术。通过研究造球盘出球区、稳定区球的运行规律，采用改进的小球重叠图像分割算法与去雾算法，开发了精确可靠的生球智能粒径识别技术；采用全流程关键参数数据跟踪队列与长短时间序列预测技术，开发了基于工艺关键参数的智能粒径预测技术，实现了实时、实位的数字化成球状态，为智能控制提供了可靠保障。

（3）开发了基于生球预测的高质高效智能造球控制技术。通过研究造球机可控成球关键参数对造球的影响规律，开发了异常工况下高鲁棒性无人值守造球控制技术；采用基于成球工艺关键参数的预测技术，首创了基于生球预测的高质高效智能造球控制技术，实现了造球生产的无人化与精准化，有效保证了造球产质量的昼夜各班次平稳无波动，为后续球团焙烧的稳定提供了可靠保障。

（4）开发了成球率软测量技术及生球质量在线评价装置。采用基于原料与出球时空匹配的数据跟踪技术，开发了单机成球率及系统成球率软测量技术，从而实时掌握成球状态；采用全自动取样机器人与智能视觉定位技术，研制了生球强度在线检测装置，实现了生球质量评价的无人化。

16 基于智能感知及智慧操作管理的高炉解决方案

中冶南方工程技术有限公司
炼铁
智能制造试点示范项目

简　介

基于对高炉生产透明化的需求，以智能感知为核心，中冶南方智慧高炉从生产少人化、管理智能化、炉内透明化、预警及时化、评估全面化和指导规程化六个方面为高炉生产提供全面的解决方案。

智慧高炉一体化平台以 WISDRI DiPlant 为基础，结合 AI 和大数据技术，针对高炉生产薄弱环节和关键生产指标，进行工艺模型建模和专家知识库构建，从炉料、气流、炉型、炉热、安全角度提供炉内可视化呈现，实现生产的全面监视、评估、诊断及操作优化指导。

智慧高炉方案同步建设智能监测及无人化装备，为高炉炉内状态可视化提供智能化信息，也为高炉恶劣工况生产提供人员安全和生产安全保障。

项目总体架构如图 16-1 所示。

案例介绍

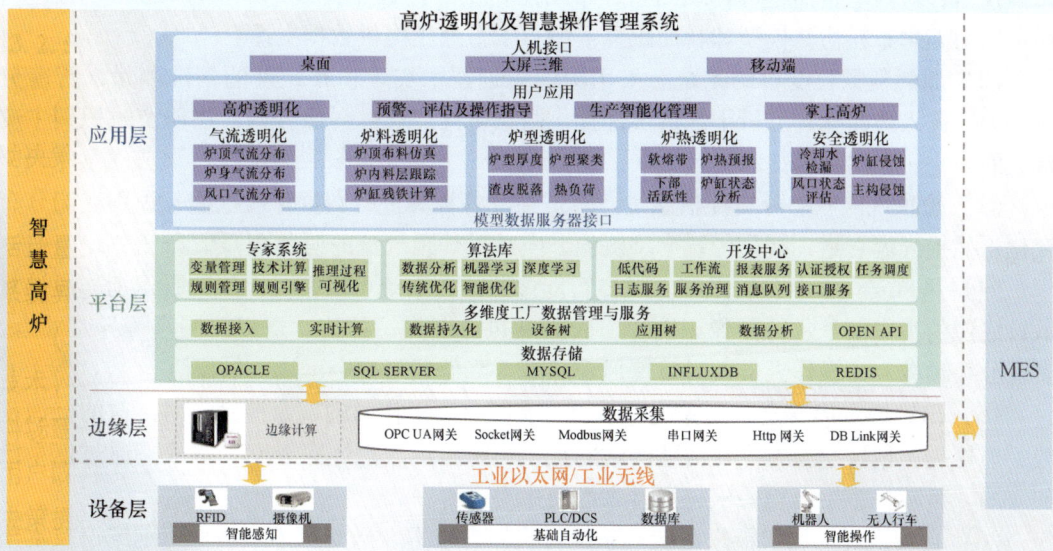

图 16-1　项目总体架构

16.1 解决的问题

钢铁企业作为城市经济的重要支撑企业，同时也是碳排放的主要来源，其生产过程中各工序碳排放量直接影响着周边环境的空气质量。其中，高炉的冶炼工艺特性和高产量、高容积特点决定了其副产介质中的碳含量占比较重。

同时，高炉作为工业领域最大的单体反应容器，具有高温、高压、密闭、连续生产的“黑箱”特性，内部信息极度缺乏，很难对其实施同步监测，目前高炉冶炼仍然以操作人员的经验为主，对于炉况稳定、低负荷高产出的操控把握一直以来都是比较困难的事情。

随着“碳达峰”“碳中和”等目标的提出，作为钢铁联合企业中能源消耗和温室气体的排放大户，高炉生产在节能减排方面的压力也越来越大。因此，如何提高能源利用率，降低二氧化碳排放，也成为高炉生产急需解决的问题。

智慧高炉的建设通过智能化的监测仪表对重点区域进行实时监控，通过机理性及大数据的研究并结合专家规则对高炉状态进行准确地分析判断，进而指导生产操作，实现指标的优化和管理的提升。

16.2 实施的路径

中冶南方智慧高炉在功能设计上划分为智能装备和智能生产两个层面。

16.2.1 智能装备

智能装备是利用图像识别、智能算法，对重要生产参数进行准确追踪；采用机器人等智能装备实现恶劣生产工况的智能操作，从而为高炉打造安全、舒适、智能的生产环境。

（1）炉顶料面在线扫描系统。克服高温、粉尘环境影响，提供稳定、长效的雷达炉内扫描技术，对高炉料面进行在线测量，帮助用户实时把握布料效果，精准调整布料制度；还可以为高炉布料仿真模型和料面跟踪模型自学习修正提供数据支撑。

（2）原燃料颗粒度检测系统。采用图像识别技术实现物料粒度的精准测量、智能分级，为掌握入炉品味、分析干区透气性提供数据条件。通过图像分析，还能及时识别主皮带上的异物，作出报警提示。

（3）炉顶气流状态分布评估系统。对炉顶红外视频进行数据深度挖掘，识别气流分布变化，捕捉气流管道，替代传统十字测温，实现对炉顶气流的监测和评估。

（4）风口安全诊断预警系统。风口智能诊断预警系统可以替代人工肉眼识别，通过对风口成像的视频信号进行图像识别，实时判断风口断煤、挂渣、烧损、漏水等异常状态，实现分级预警，为操作人员及时掌握风口状态、降低风口安全事故提供保障。

（5）出铁场主沟安全监测系统。系统可实时监测工作衬的残余厚度，对砖衬的侵蚀趋势、损坏提出预警，及时发现沟壁的薄弱点，预防出现铁沟烧穿等安全事故。通过该系统的应用，可减少排空巡检要求，提升主沟使用寿命。

（6）自动换钎加泥机器人系统。系统将机器人技术、激光扫描、图像识别定位技术集成一体，可实现自动加炮泥和自动换铁钎合二为一功能，还能实现多铁口共同作业，两台机器人即可负责 3 个或 4 个铁口作业。达到智能化程度高、布置简洁、降低成本、减少维护量的目的。

（7）渣池智能抓渣系统。系统可跟踪水渣池内渣量的分布变化，实时发出指令，指挥无人天车进行智能抓渣作业，提高抓渣设备的作业效率，从而达到减员增效的目的。

16.2.2 智能生产

智能生产是利用智慧高炉智能感知及智慧操作管理平台的建设，搭建高炉大数据中心，数据挖掘并结合专家规则得到高炉运行异常预测及调剂指导信息，为生产提供炉内可视化、异常预警及操作指导。主要功能包括以下几方面。

16.2.2.1 智能管理功能

系统在生产管理层面提供配料入炉一体化管控、出铁智能跟踪、设备维护智能管理、高炉综合评分、手机 APP 智能发布等智能化功能，帮助生产操作、管理人员全面调控高炉状态。

16.2.2.2 智能感知功能

从炉料、气流、炉型、炉热、安全方面对高炉炉内状态进行机理与大数据结合的建模，实现高炉炉内信息的数字化重构。

炉料可视化建模包括布料仿真模型和炉料跟踪模型，布料仿真是通过计算每批料的料流轨迹和料面形状，模拟 3~5 批料的布料效果；炉料跟踪是实时计算每批炉料在高炉高度方向上的准确位置（冶炼周期计算）、形状及动态燃料比，结合软熔带形状形成炉内料批位置和形状信息镜像。

气流可视化建模从炉顶、炉身、风口对气流进行全面评估。其中炉顶气流评估模型采用图像识别技术对炉顶红外图像数据进行分析，判断炉顶煤气流的分布情况，诊断中心气流、边部气流的强弱及位置信息，为布料效果的评价和操作制度的调整提供依据；风口气流评估模型依据各风口尺寸信息，实时计算出各风口的鼓风动能、回旋区深度及理论燃烧温度等，并结合高炉生产的经济指标，聚类分析判断风口活跃情况，分析高炉炉缸状态。

气流可视化如图 16-2 所示。

炉型可视化建模包括热负荷监视模型、炉型厚度评估模型、渣皮脱落及严重程度评估模型和炉型分析模型。炉型厚度评估是针对高炉结构及材料特性，以冷却壁温度为基本数据，结合热负荷水冷测温信息求解得到砖衬和渣皮厚度。渣皮脱落及严重程度评估用来判断捕捉渣皮脱落的发生以及每次渣皮脱落的厚度及面积大小；同时，以渣皮脱落对炉热状态的影响为表征对脱落的频繁程度及严重等级进行定量化分析。炉型分析模型采用聚类算法对操作炉型进行分类评估，从而判断当前炉型的优劣。

炉热可视化建模基于实时的生产操作数据，通过传热、流场、动力学等瞬态计算获取高炉内风口水平以上的温度场，并结合炉身冷却壁温度变化实时跟踪、修正软融带根部位置。炉温预报模型通过融合专家经验的神经网络算法，实现提前 1.5h 的炉温预报，帮助高炉操作者在炉温波动前采取调控措施，保证高炉的稳定顺行。

安全可视化建模提供水冷检漏、炉缸侵蚀预报、风口安全诊断、布料溜槽异常诊断等

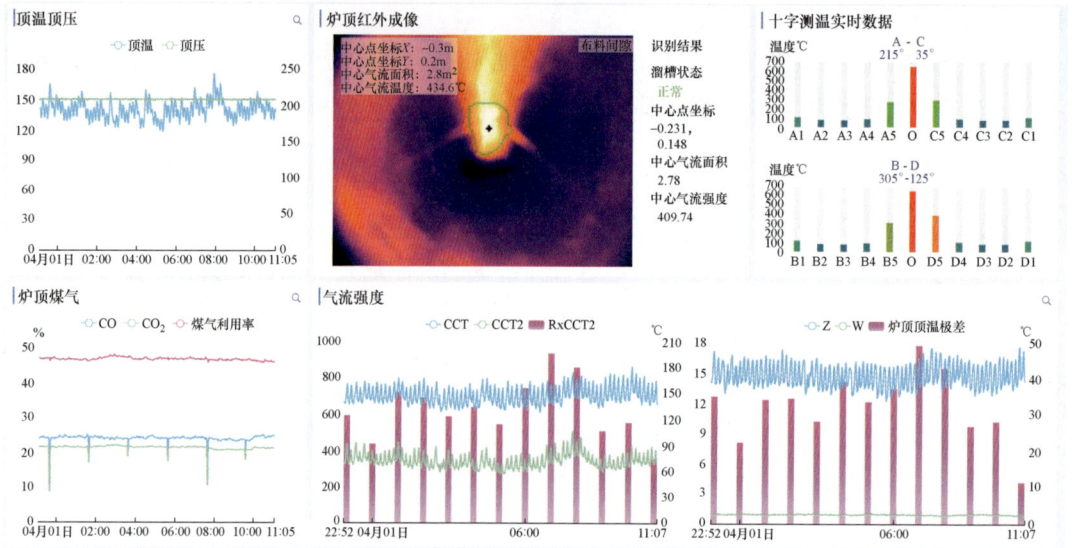

图 16-2 气流可视化

预防性服务，其中的炉缸侵蚀评估模型采用有限元算法对侵蚀进行三维传热计算，实时监测侵蚀变化，给出安全提示。

16.2.2.3 智慧决策功能

系统以模型输出结果和生产数据为基础，依据专家规则综合分析炉内气流、炉料运行、煤气利用率、渣铁以及渣皮脱落变化，为炉况操作者提供生产预警及操作指导。

针对炉况长期变化趋势，系统对高炉生产进行综合炉况评价、炉墙热负荷变化、Rist炉身效率分析、软熔带变化判断、操作炉型评分、炉顶气流变化评估、下部活跃性变化等趋势类分析，为炉况决策者提供诊断、分析平台。

在高炉一代炉龄的生产过程中，关注高炉生产、操作数据演变，建立多高炉大数据云端分析机制，提供服务与用户端到端的数据伴侣服务，远程协助多维度炉况与调剂大数据分析、铁前联合优化配料大数据分析及炉缸长寿因素大数据分析关系等，为一代炉龄保驾护航。

16.2.2.4 炉内三维数字孪生

以高炉三维模型为基础，利用智能感知模型的输出结果，将其作为三维建模的驱动数据，基于三维计算引擎，将模型输出的数字化信息转变为三维动态网格，实时模拟高炉炉身、炉料、气流、炉缸情况。对于炉身渣皮分布、炉缸侵蚀等重要信息，采用自旋视角动态展示炉身内壁、炉缸内衬的变化，将炉体内部形状变化用三维方式呈现。

炉型三维孪生如图 16-3 所示。

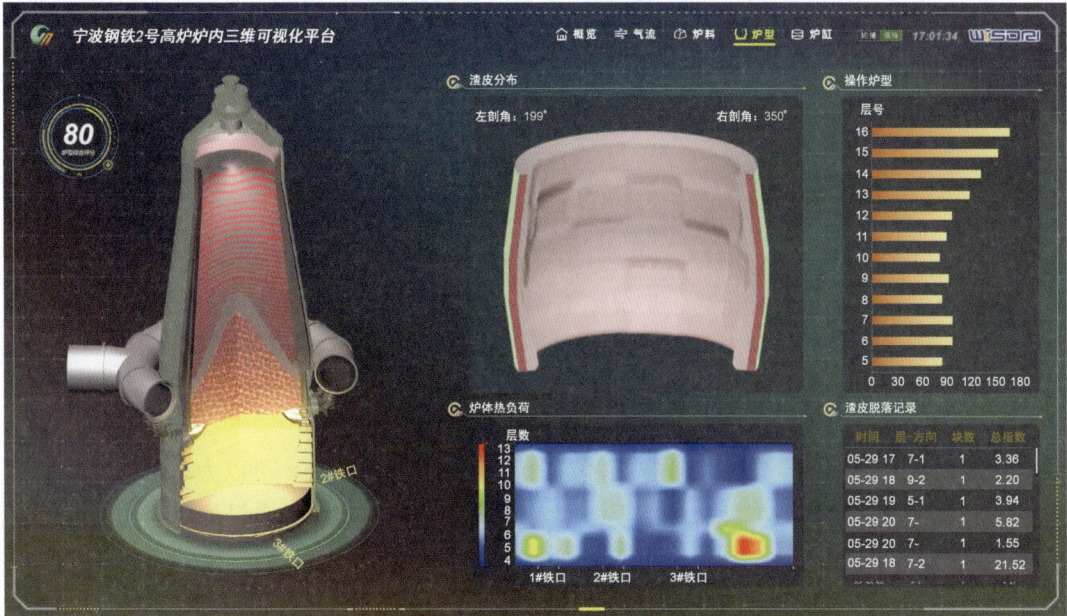

图 16-3   炉型三维孪生

16.3   应用的成效

16.3.1   应用业绩

目前该解决方案已推广应用于宝武、宁钢等大型钢企，共计 8 套。同时入选工信部、中钢协等智能制造示范项目，并作为行业内唯一入选数字中国建设峰会"十佳解决方案"，为行业树立了智慧高炉新标杆。相关的应用业绩见表 16-1。

表 16-1   应用业绩（2021—2023 年）

序号	项 目 名 称	应 用 技 术	项目年份
1	宁波钢铁有限公司 2 号 2500m³ 高炉	智慧高炉整体解决方案	2021
2	武钢集团昆明钢铁股份有限公司 2 号 2500m³ 高炉	高炉智能感知及智慧操作管理平台	2022
3	武汉钢铁有限公司 6 号 3200m³ 高炉	高炉智能感知及智慧操作管理平台	2022
4	武汉钢铁有限公司 7 号 3200m³ 号高炉	高炉智能感知及智慧操作管理平台	2022
5	玉昆钢铁 1 号、2 号、3 号、5 号高炉	高炉智能感知及智慧操作管理平台	2023

16.3.2   经济效益

智慧高炉方案在武钢、昆钢相关高炉投运以来，助力高炉生产稳定、顺行，提升高炉利用系数、降低综合焦比，共给企业带来 364965 万元的新增销售额。相关的应用效果见表 16-2。

表 16-2 应用经济效益 （万元）

单 位	2022 年		2023 年
	新增销售	增收节支	新增销售
宁钢	70224	74236	26559
昆钢	65300	67227	31526
武钢	102131	113560	69225
小计	237655	255023	127310
新增销售额	364965		

应用单位在系统正常投运后，炉况稳定性和生产经济性较改造前有明显改善，利用系数提升、综合焦比降低，带来可观的经济效益和社会效益。

16.3.3 社会效益

智慧高炉的管理平台作为高炉智能制造"一站式"智能平台，可以为高炉的实际生产提供可视化的冶炼过程展示以及高炉炉况的评估判断和操作指导。通过全面高效监控、诊断、评估技术以及智能装备技术的实现，为用户提供生产岗位的精简、优化的可能，达到减人、增效、提质的效果。

智慧高炉解决方案可以有效打破高炉生产"黑匣子"现状，动态解决异常炉况的预报、诊断、优化，实现高炉顺行和高效生产。随着应用高炉云端数据的积累，可对行业高炉生产规范化、智能化，实现高炉"闭环"起到积极促进作用。

16.4 项目创新点

中冶南方智慧高炉从智能装备、智能管理、智能感知、智能决策方面为高炉生产提供全面的解决方案，在技术创新和实用落地方面有以下特点。

（1）创新开发具有自学习功能的专家规则管理系统。通过自动捕捉炉长调剂指令来促进人工操作经验的知识化和规则化，通过大数据分析全炉役调剂与炉况的关系来优化操作指导规则，解决了专家规则与实际操作脱节的行业共性问题；提出规则与模型融合的方法，解决了复杂工况下单纯规则难以描述的炉况诊断；提供低代码输入和推理过程透明化呈现方式，提升工艺人员直接参与规则管理的便捷性，使得应用高炉炉况诊断准确、操作指导采纳率高，避免炉况进一步恶化。

（2）创新应用精细化模型间关联、动态的建模方法。建立与渣皮脱落关联的炉热模型、与冷却壁温变关联的软熔带模型、炉内气流一体化模型、动态炉缸残铁模型，提高了模型准确度，提升了高炉感知的透明化。

（3）创新提出智能感知技术与机理模型结合的思路。通过机器学习深度挖掘炉顶红外视频，实现对炉顶气流分布的诊断；采用图像识别分析风口成像，实现风口异常的捕捉；将炉顶扫描数据用于布料仿真模型的自学习，实现布料效果的精准判断。解决了高炉部分重要状态难以用模型计算和常规测量手段感知的问题。

（4）首次采用感知模型驱动炉内三维成像的呈现方法。从高炉炉料、气流、炉型、炉缸四个维度动态呈现炉况的实时变化，实现高炉炉内生产状态的数字孪生，为了解炉内变化提供更直观的可视化呈现方式。

17 基于工业互联网的炼铁 5G 智能工厂

大冶特殊钢有限公司
炼铁

简 介

基于工业互联网的炼铁 5G 智能工厂以生产工艺为主导，充分利用 5G 网络、工业物联网、边缘计算、云存储、云计算等技术进行建设。针对炼铁生产和操作特点的多样化，从传热学、流体力学、热力学等机理层面，结合人工智能、深度学习、机器学习建立合理的预警标准，促进炼铁安全、高效、绿色的智能化生产，提高炼铁智能装备应用，将炼铁生产"黑箱"场景数字化、透明化，实现安全预警、工况诊断、物流管控、质量管控、成本管控和能源管控等。

基于工业互联网的炼铁 5G 智能工厂架构如图 17-1 所示。

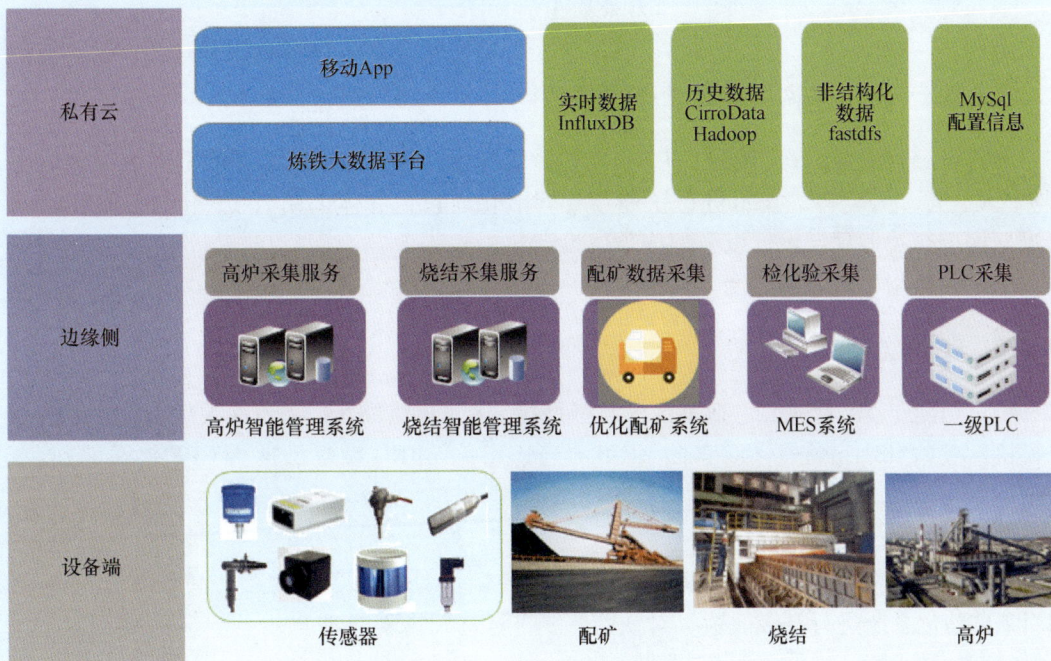

图 17-1 基于工业互联网的炼铁 5G 智能工厂架构

17.1 解决的问题

随着在经营管理决策系统方面建设的完善，大冶特钢逐渐意识到生产制造与经营决策智能协同一体化的重要性。虽然在经营管理方面已逐步形成体系，但在生产制造方面相对滞后，尤其是在铁前产线环节，数字化、信息化及智能化建设要落后于钢后环节；同时铁前环节又占整个钢铁制造过程中能耗的 70% 以及成本的 70%，因此大冶特钢在钢铁制造过程中的短板在炼铁产线，节能降耗及绿色制造的重点攻关也是在炼铁。因此急需应用新技术、新装备进行对铁前产线进行智能化升级。

本项目基于工业互联网云-边-端顶层设计架构，覆盖配矿—烧结—高炉大炼铁产线的各工序单元，建立自动化、信息化、网络化、智能化的铁前协同智能管控平台。在设备端基于物联网和自控系统的升级改造实现动态感知精准控制；在边缘智能端构建单元智能管理系统，同时运用机理建模和机器学习实现各单元系统的工况智能诊断及优化；在云端基于 IaaS、PaaS 和 SaaS 架构搭建炼铁大数据平台，实现炼铁多源设备和异构系统的集成，打破数据"孤岛"，结合平台封装的大数据分析模型和人工智能算法对数据进行深度挖掘、提炼、分析，形成大炼铁产线的数据资产，同时以松耦合、可复用的微服务架构提供的可视化和建模分析组件构建机理模型，形成包括设计仿真、设备监测、工况优化、故障诊断、预测性维护、质量管理、能源管理等的应用层服务，最终实现提升装备数控化率、降低现场人员操作风险、提高生产数据自动采集率、提高技术经济指标等目标。

17.2 实施的路径

17.2.1 基于工业互联网平台云-边-端顶层设计

在建设过程中对炼铁产线 L1/L2 自动化系统进行升级改造，同时在此基础上综合运用"物、大、智、云、移"技术进行铁前产线智能化建设，总体采用云-边-端的工业互联网新型架构进行功能顶层设计以及架构顶层设计。

工业大数据平台架构如图 17-2 所示。

17.2.2 5G 网方案

项目组建了 5G 专网，包括 1 台核心网系统、1 套网管系统、2 台网关设备、1 台核心交换机、基站 BBU 设备 1 台、3 台 rHUB 设备、13 台 pRRU 设备、14 台 CPE 终端部分。

17.2.3 设备端

基于物联网和自控系统实现动态感知精准控制。对炼铁产线烧结、高炉单元的基础 L1/L2 自动化系统进行升级改造，对铁前产线进行基础物联网建设。

17.2.4 边缘智能端：构建炼铁各智能单元

（1）5G+水渣行车无人化。通过应用 5G、智能装备、云计算等先进智能技术，搭建

展现层
决策者 操作员
优化配矿 | 产线分析 | 大屏展示
数据挖掘 | 安全监控 | 分析应用

应用层
设备分析 | 趋势分析 | 炉况预警 | 业务报表 | …
业务模型

服务层
数据能力开放平台(用)
查询服务 | 自助构建 | API服务 | 模型分析服务

数据层
大数据服务(享)
大数据服务
主题库 | 文档库 | 图像 | 数据宽表
数据服务集市

大数据分析(算)
交互式分析引擎 | 内存计算引擎 | 搜索计算引擎 | 离线计算引擎
数据仓库：分层数据处理、实时/准计算、离线计算、模型算法计算、深度挖掘分析

大数据存储(存)
大数据存储(非结构化、文本) | 数据库存储(结构化) | 文件存储(视频、图像) | 对象存储(备份、归档)
设备 | 资产 | PLC | 检化验 | 非件 | ……

大数据采集(采)
数据自动化采集工具(UI界面、可视化、多源、高效、监控……)
设备 | 业务 | PLC | MES | 其他数据

安全管理(保)
数据脱敏
数据加/解密
接入管理
风险告警

数据管理(管)
数据模型管理
数据质量管理
数据标准管理
数据接口管理
元数据管理

统一标准规范

统一安全保障

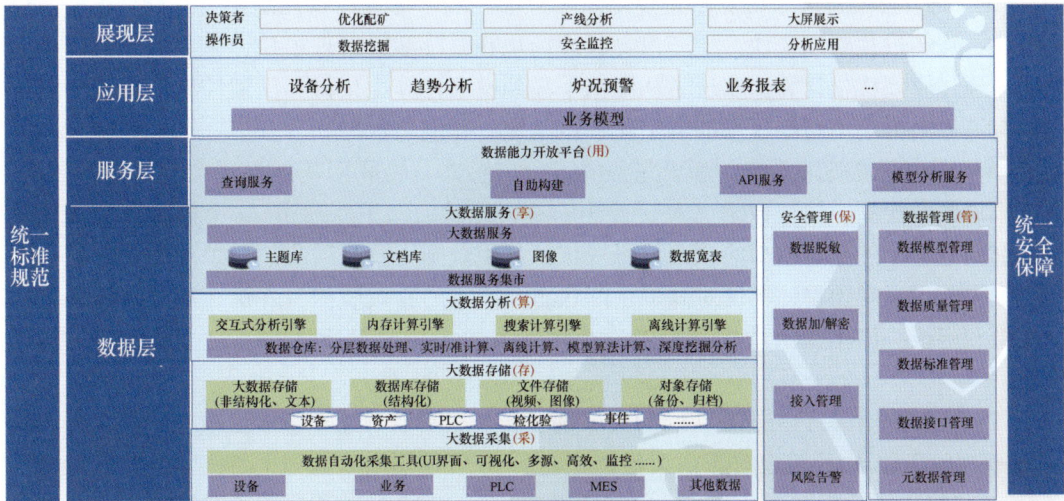

图 17-2　工业大数据平台架构

高效、智能的无人操作模型，构建渣池电子地图和作业现场数字孪生场景模型，并与生产设备进行数据交互和联动。操作人员通过软件前端 3D 可视化操作界面，能全方位了解设备作业工况，优化作业运行参数，能模拟在机上作业的操作方式，实现数字化基础上的生产模式创新。

（2）5G+混匀料场堆取料机无人化。堆取料无人化项目建设包括搭建无人化管理平台、3D 人员定位系统、堆场 3D 激光扫描系统、皮带料流激光检测系统等，以无人化作业软件平台为核心，实时采集现场设备运行和状态数据，结合 3D 激光扫描系统和皮带料流激光检测系统，全自动进行智能优化取料，避免因取料流量过小造成生产效率低下，或因取料流量过大造成取料机斗轮闷斗影响生产的连续进行等。通过平台软件的大数据系统记录设备作业数据，进行状态评估、状态回溯、作业统计和故障报警，为保证设备运行可靠性和实现预防性维修的设备管理模式提供数据支持。

（3）5G+一次料库行车无人化。通过新增行车无人化控制模型，以及智能装备、定位系统、监控系统，改造行车控制系统，对原料场一次料库厂房的 3 台行车进行无人化改造，实现抓料行车的无人化作业、抓料作业流程管理；实现原料多规格不同矿种的自动识别，自动抓料、装料；实现现场人员和装载运输卡车安全避让。

（4）智能配料（矿）系统。智能配矿系统充分考虑配矿相关因素，包括实验数据数据库、专家经验数据库、配矿用料价格数据、检化验数据、库存和铁矿粉混合特性数据（铁矿粉高温基础特性、精矿粉比例、褐铁矿比例、黏附粉比例）等，进行综合寻优处理。系统依据现有的原料条件、可采购的原料范围，通过分析计算自动提供混匀料配矿的性价比测算。实现配矿、烧结、高炉的联动分析计算，在满足烧结、高炉的条件下，实现吨铁成本最低的配矿方案优化目标。通过设置限制条件，一方面分析计算，得到满足现场原料、库存、配料设备等客观条件的配矿方案，优化现场使用的配矿方案；另一方面从可采购的原料出发，计算得到进一步优化的配矿方案，指导原料采购，实现高炉生产节能降耗、降本增效。

（5）烧结智能管理系统。基于烧结机硬件监测点、参数以及控制系统建设烧结质量管理模块、烧结过程管理模块、生产信息管理模块和系统参数管理模块，采集烧结过程实时数据，经过模型优化计算，实现了从数据采集到模型计算优化再到反馈控制的闭环智能优化控制，大大提高了烧结过程的数字化、自动化、智能化水平。

（6）高炉智能管理系统。基于完备的工业传感器及物联网基础检测系统，将大数据、冶炼机理数学模型、模糊数学、人工智能、专家经验、知识库通过 23 个模型，实现从炉子底部到上部、外部到内部的全方位可视化，利用规则库及三维凸包对炉况失常进行诊断并至少提前半小时预警，实现对高炉生产状态及质量的有效监控，并结合质量智能预警联动模型和产线一体化铁水质量管控追溯，实现高炉入炉原料质量的实时分析预警、自动诊断。

（7）云端搭建基于工业互联网的大炼铁智能互联平台。建立基于工业互联网平台架构的 IaaS、PaaS 和 SaaS 架构的炼铁大数据平台。在 IaaS 层对资源进行虚拟化及灵活划配，在 PaaS 层提供了数据图形化分析及算法工具，在 SaaS 层实现了生产状态的智能监测及分析。通过搭建炼铁大数据智能互联平台，实现从单一传统炼铁监测到基于炼铁工业大数据的整体监测、分析和诊断体系的建立；助力从炼铁产线数字化管控到企业级全局分析再到集团对标决策的整体优化。

边缘层如图 17-3 所示。

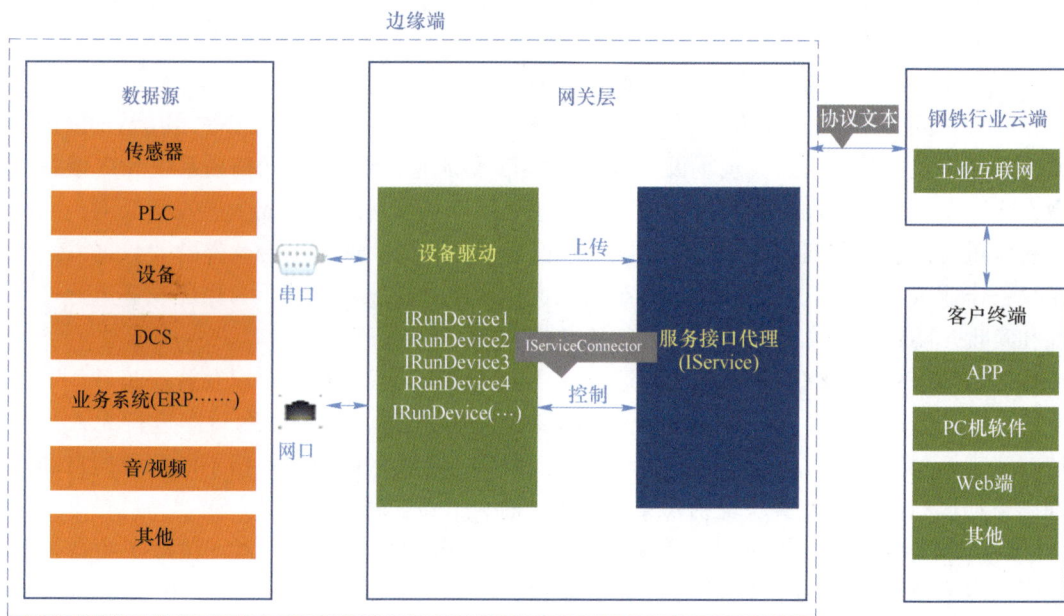

图 17-3　边缘层示意图

17.3　应用的成效

17.3.1　应用业绩

基于工业互联网的炼铁 5G 智能工厂已在大冶特殊钢有限公司铁前事业部落地应用。

17.3.2　经济效益

基于工业互联网的炼铁 5G 智能工厂主要聚焦于生产过程优化、企业管理与决策优化、产品全生命周期优化、企业间协同制造等场景。同时，基于工业互联网的炼铁 5G 智能工厂在钢铁行业应用过程中相关指标得到很大改善，主要体现在以下方面，见表 17-1。

表 17-1　相关指标改善情况

评价指标	较历史数据变化情况
高炉燃料比	下降 4%
料场储量利用率	上升 10%
盘库效率	上升 8%
设备无故障工作时间	上升 4%
铁水一级品率	上升 20.13%
烧结矿碱度稳定率	上升 1%
烧结矿固体原料消耗率	下降 3.76%
节约人员	下降 5%

17.3.3　社会效益

本项目社会效益体现在以下方面。

（1）从职业健康角度，改善员工作业环境。基于 5G 技术，实现铁前脏累险工作环境设备的智能化无人操作，将员工从现场解放出来，工作环境得到极大改善。

（2）从安全生产角度，强化钢铁企业风险防范。基于 5G 智能工厂建立量化的多级预警机制，预防和减少炉缸烧穿安全事故的发生；指导高炉工作者采取有效护炉措施，从而延长高炉寿命，有效预防炉缸烧穿事故，防患于未然。

（3）从绿色生产角度，减少钢铁企业污染物排放。通过边缘端智能系统，既能够实现炼铁产线设备工艺参数的优化、生产成本和燃料消耗的降低，还能够减少污染物排放，带来显著的环保效益。

（4）从智能化生产角度，提升钢铁企业网络化智能化水平。基于自主研发的炼铁工业互联网平台和智能网关，实现边缘智能计算及异构数据接入，利用平台 PaaS 层工具对钢铁行业设备生产活动大数据以及工业技术知识的深度挖掘和沉淀复用，打造覆盖单元级、产线级及行业级的 APP 资源池。整体提升钢铁行业网络化智能化水平，为钢铁企业的可持续发展奠定基础。

17.4　项目创新点

17.4.1　技术创新

突破了铁前设备智能化、数字孪生、工业互联网平台、工业技术软件化等关键共性技术。

基于5G网络高带宽、低时延的特点，实现铁前脏累险岗位设备的智能操作，降低职业健康风险和安全风险。

基于"正问题"和"反问题"的炼铁行业数字孪生技术，实现反应器"黑箱"可视化和设备的智能管控。

基于涵盖基础 IaaS、通用 PaaS、工业 PaaS、工业 SaaS 的工业互联网平台，实现先进技术架构。

践行了工业技术软件化新路径。将传统散落的经验、技术、知识、原理等进行沉淀和复用，实现工业技术的显性化、模型化、数字化、系统化、智能化。

17.4.2 产品创新

基于5G技术的工业互联网云-边-端的顶层设计，形成了集监测、诊断、预测、决策、执行、优化、服务为一体的大炼铁产线智能制造整体解决方案。

以铁前产线级的横向视角构建机理模型及工业 APP，实现不同层级设备间的协同优化。传统以设备单点为规则提炼对象的机理模型只适用于特定的单体设备，通过云端搭建基于工业互联网的大炼铁智能互联平台，提炼多层级机理性对标数据，实现不同层级设备间的协同优化，为工厂提供一体化的智能制造解决方案。

提供完备的工业安全防护体系。通过监测、测试和评估，对安全监控、调度、运维等模型应用界面进行安全防护措施部署，确保数据和信息的可靠性和保密性，以防止数据篡改、窃取、非法文件上传、权限提升等安全风险。

17.4.3 应用创新

构建面向焦化、配矿、烧结、高炉等铁前产线各工序用户和云边协同的线上诊断、线下改造闭环应用模式。

完成了覆盖焦化、配矿、烧结、高炉等大炼铁产线各工序用户的智能制造落地应用。基于工业互联网平台，支持不同设备间的智能对标、云诊断、云开发、微服务和远程运维，形成独特的横向技术优势和业务能力，为企业不同用户提供服务，促进新一代钢铁行业工业互联网智能制造的落地应用。

通过云边协同，实现线上诊断和线下改造的闭环应用模式。当前从设备线上模型计算到应用计算结果实现线下设备优化仍存在一定距离，通过基于炼铁智能工厂的设备数据上云，进行云端设备状态监测和故障诊断，发现故障或异常存在时采取在生产现场边缘侧进行设备改造和故障修复，以云边协同的方式实现线上诊断和线下改造的闭环应用。

18   智慧铁钢界面解决方案

上海宝信软件股份有限公司
炼铁炼钢

简　介

Smart 智慧铁钢界面，由 SmartHIM（智慧铁水管理系统）、SmartHIT（智慧铁水运输系统）两部分组成，其中 SmartHIT 又由 SmartTPC（灵巧鱼雷车）和 SmartRail（智慧铁路）两部分组成。该系统以"铁钢界面极致优化"为目标，为钢铁行业客户提供"智慧铁钢界面"解决方案，对"铁、运、钢"各环节极致优化，确保铁水运输的组织及时准点，满足高炉和炼钢连续生产需要，实现铁钢平衡。系统基于中国宝武自主可控的工业互联网平台"宝联登"开发，该平台包含产业生态（ePlat）、工业互联（iPlat）、工业大数据（xData）、人工智能（xAI）、应用开发（xDev）五大套件，支持智慧制造、智慧治理、智慧服务三大主题场景，可满足钢铁制造现场高速实时动态控制、集团型企业一总部多基地经营管理需要。

基于宝联登的 Smart 智慧钢铁界面解决方案如图 18-1 所示。

案例介绍

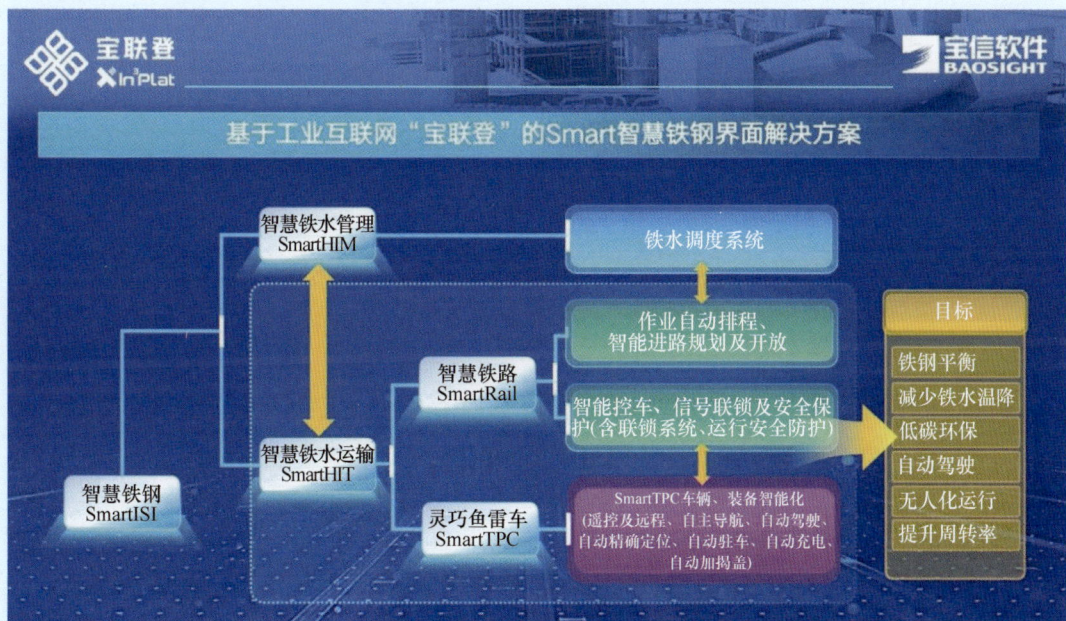

图 18-1　基于宝联登的 Smart 智慧钢铁界面解决方案

18.1 解决的问题

铁水运输是铁钢界面核心要素之一，也是铁钢制造中最重要的物流环节。随着智慧制造、智慧物流的推进和发展，以及劳动效率不断提升的要求，现有的系统、机车、混铁车、道岔等装备没有自动化、智能化的设计，现有作业模式存在着工艺操作复杂、安全隐患大、生产作业效率低、环境污染、人工成本高等问题，这些问题制约生产效率提升，无法满足智慧制造、智慧物流的发展要求，更加不能满足降本增效、节能减排的社会和企业要求。

因铁水运输鱼雷罐车依靠机车牵引、人工驾驶，高温、炉下的作业环境令不少新进司机"望而生畏"，再加上作业过程中铁水温降损失大，使得制造装备已经成为制约铁水运输行业效率再提升的瓶颈，用智能化手段进行转型升级，满足绿色环保、智能感知需求的智能铁水运输系统已成为必然。

（1）业务问题：

1）解决铁钢界面温降大无法适应低碳减排发展要求的问题：铁钢界面温降大导致系统能耗高，延长了转炉吹炼时间，前后两个环节都增加了碳排放。

2）解决炼钢供铁信息不全、不及时、不准导致的炼钢产能受限的问题：供铁信息不对称，导致炼钢作业准备时间长、出钢计划调整概率大，进而影响炼钢产能发挥。高端钢种冶炼需要更为严苛的工艺条件，信息不对称尤其影响产能的释放。

3）解决系统不对称问题：系统信息不对称导致周转率低，致使罐车设备配置量大，相关设备的投资和运维、相关人员的配置及成本将成比例增加。

（2）技术问题：

1）如何通过最新的智能制造技术解决上述业务问题。

2）如何通过技术手段解决料机信息不对称问题。

3）如何通过技术手段提升人机效率问题，实现岗位操作的极致效率，适应未来智能制造和少人化的发展趋势。

18.2 实施的路径

18.2.1 铁水智能管理系统

铁水智能管理系统 SmartHIM 底层通过宝信 xIn^{3}Plat 工业互联网平台，实现全要素集成和全流程跟踪。系统架构图如图 18-2 所示。

18.2.2 全图形化操作平台

顶层构建统一的全图形化操作平台，实现所有相关岗位的业务在线和高效协同。

实现铁水重量智能预测、铁水温降智能预测、铁水成分智能预测、铁水动态调度（智能分配），以及铁钢平衡预测模型。铁钢界面平面示意图如图 18-3 所示。

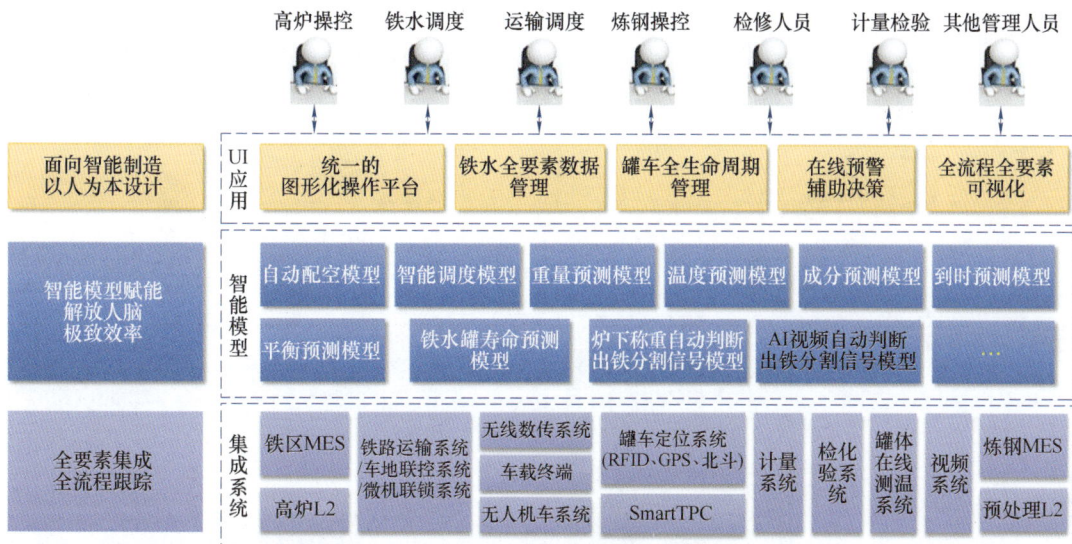

图 18-2　系统架构图

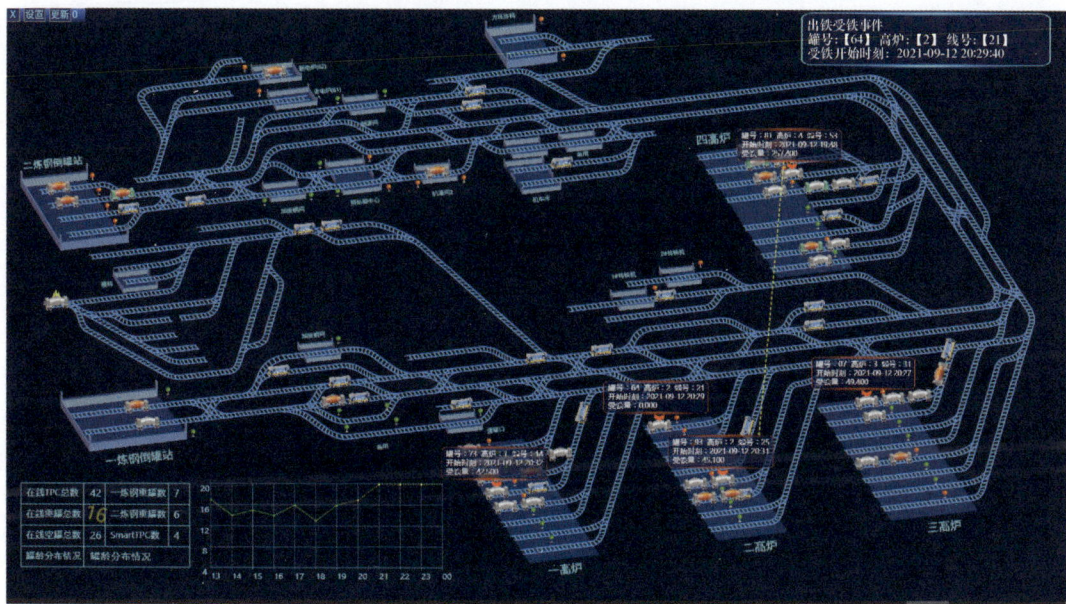

图 18-3　铁钢界面平面示意图

18.2.3　SmartHIT

SmartHIT 以系统观念推动绿色低碳发展，开展智能感知、数字轨道、人工智能等多项技术创新，持续构建"智能调度、罐空即配，满罐即走，到站即用"的极致效率铁水运输模式，运输过程的任意位置可以自动加揭保温盖。系统可有效提升周转率、减缓铁水温降和燃油消耗，实现企业本质安全、清洁环保、绿色高效铁水运输全流程无人化作业，再造铁水运输生产管理流程，引领冶金铁路运输技术颠覆性变革。系统模型如图 18-4 所示。

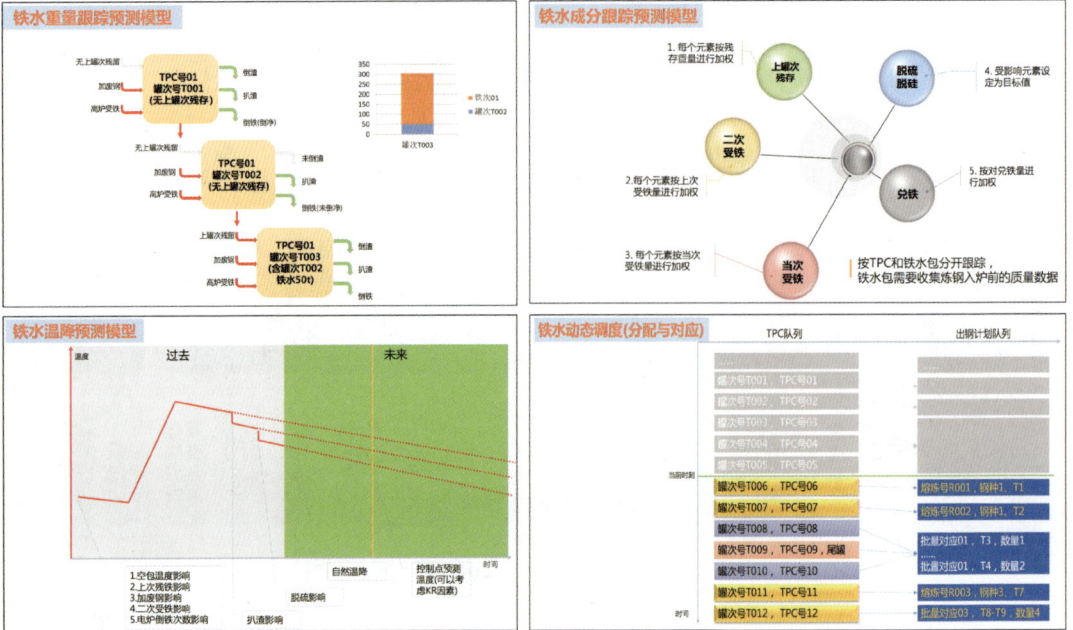

图 18-4 系统模型

18.2.4 智慧铁路 SmartRaiL

智慧铁路 SmartRail 作为 SmartHIT 的指挥中枢，以铁路安全联锁系统为基础，结合宝钢铁水运输安全性、及时性等特殊要求，采用中国宝武工业互联网平台（xIn³ Plat），通过绿色驱动、智能感知、数字轨道、人工智能等技术实现全自动进路、全行程行车安全防护、全自动充电、全场景设备状态监控及全流程管控，对铁路线路、道口和工位点进行安全感知，实现对 SmartTPC 的安全控制和高效运行，推动铁水运输的无人化流程再造，最终实现铁水运输全流程的行车无人化、作业无人化、配套无人化作业。

18.3 应用的成效

18.3.1 应用业绩

目前该解决方案已入选了中国钢铁工业协会组织的钢铁行业智能制造解决方案推荐目录（2022 年）。部分技术在近两年中先后应用于韶钢、湘钢、马钢、八钢、鞍钢、本钢等铁钢界面物流系统中，均取得了显著效果。

18.3.2 经济效益

系统正式上线后，在 SmartHIT 系统支撑下，SmartTPC 充分发挥稳定运行及快速调配优势，在"铁钢运"三者协同支撑下，实现了铁水在铁钢界面快速流转。周转率平均 6.34 次/日，提升 3.07 次/日；单日最高达到 7.24 次/日；平均运行时间减少 4.8min，平均效率提升 24.4%；SmartTPC 的平均铁水温降 106.79℃，较 2021 年减少 31.81℃；实现"需要才拉、满罐即走"的极致效率铁水运输模式，有效减缓铁水降温和燃油消耗，结合铁钢效率提升，产生经济效益5000万元/年；随车监护人员下车，实现铁水运输现场作业无人化，消除现场3D岗位，实现企业本质安全，为实现员工"三有"生活提供必要条件。

18.3.3　社会效益

（1）项目实施后铁钢界面改变了原有的被动跟踪与事发调度模式，提升为主动预测与提前准备模式，提高了铁水物流各环节的作业准时性和预测准确度，从而有效降低了各环节作业协调等待时间，最终协助客户提高了铁水罐周转率，降低了铁水温降，提升了高端钢种的冶炼能力，并为双碳减排做出了贡献。

（2）随着全球首创无人驾驶的智能铁水运输系统（SmartHIT）在宝钢股份宝山基地正式上线，铁钢界面迎来新跨越，标志着冶金行业铁水运输向更智慧、更安全、更高效、更绿色迈出了坚实的一步。作为全新的运输模式，变革铁钢运输工艺，在运输过程中的节能减排，钢铁冶炼过程中的降本增效，智慧工厂中的解放劳动力。

（3）灵巧鱼雷车的投用完全替代了人工驾驶的牵引机车，采用绿色新能源材料超级电容作为驱动方式为鱼雷罐提供驱动力，实现了铁水运输过程中零排放，有效减少了运行过程中的环境污染。同时逐步调整、封存有人驾驶机车，更进一步减少燃油消耗。预计每年可节约标煤5000t，减少二氧化碳排放约10000t。

（4）无人驾驶的智能铁水运输系统（SmartHIT）优化了岗位配置，机车司机岗位减少人员配置54人，员工从室外走向室内，极大降低了劳动强度，实现了"流动"岗位向"值守"岗位的转变，消除现场3D岗位，实现企业本质安全。

18.4　项目创新点

通过推动工业互联网与大数据等新技术与流程行业深度融合，形成一套完整的面向冶金行业的产品全流程质量智能管控技术与平台，主要创新点如下：

（1）智慧铁路Smart Rail，作为Smart HIT的重要载体和指挥中枢，以铁路安全联锁系统为基础，结合宝钢铁水运输安全性、及时性等特殊要求，通过绿色驱动、智能感知、数字轨道、人工智能等技术实现全自动进路、全行程行车安全防护、全自动充电、全自动加揭保温盖、全场景设备状态监控及全流程管控，对铁路线路、道口和工位点进行安全感知，实现对Smart TPC的安全控制和高效运行，推动铁水运输的无人化流程再造。

（2）通过铁水调度作业自动排程、智能进路规划及自动开放、车地联控、行车安全防护等，实现系统灵活调度，可按照"火车时刻表"精细化模式组织生产，减少空罐在高炉下的等待时间；同时，通过工艺流程与人工智能等先进技术相结合，实现作业安全化、铁水运输高效化、铁水调度智能化的目标，最终实现铁水运输全流程的行车无人化、作业无人化、配套无人化作业。

（3）Smart TPC是由宝信软件全球首创的铁水运输特种宝罗机器人。宝信软件敢于突破、齐心协力，充分运用绿色能源、自主导航、无人驾驶等全新技术，彻底取消传统的牵引机车，完全替代了人工驾驶，创造性地在宝山基地打造全新工艺模式，不仅对铁水运输效率带来革命性的提升，还有效减缓了铁水降温和燃油消耗。

19 钢轧智能制造解决方案

江阴兴澄特种钢铁有限公司

钢轧

江苏省智能制造示范工厂项目

简　介

　　钢轧智能制造方案大量采用IIOT、大数据、人工智能等新技术，在企业中广泛应用工业机器人、智能传感、安全监控等智能系统、设备，搭建企业级工业互联网平台，打通了各级系统间的数据壁垒，充分挖掘数据的价值，并闭环反馈于生产过程的智能优化控制，通过基于智能感知设备、工业机器人应用、工业互联网技术、信息物理系统的炼轧智能工厂建设打通不同层级的系统，真正实现数据的互联互通，利用大数据平台，深度挖掘数据资产价值，为"数智兴澄"发挥最大价值。实现产品的"高品质，低成本，快交付，优服务"，提升企业竞争力。

　　项目总体架构如图19-1所示。

案例介绍

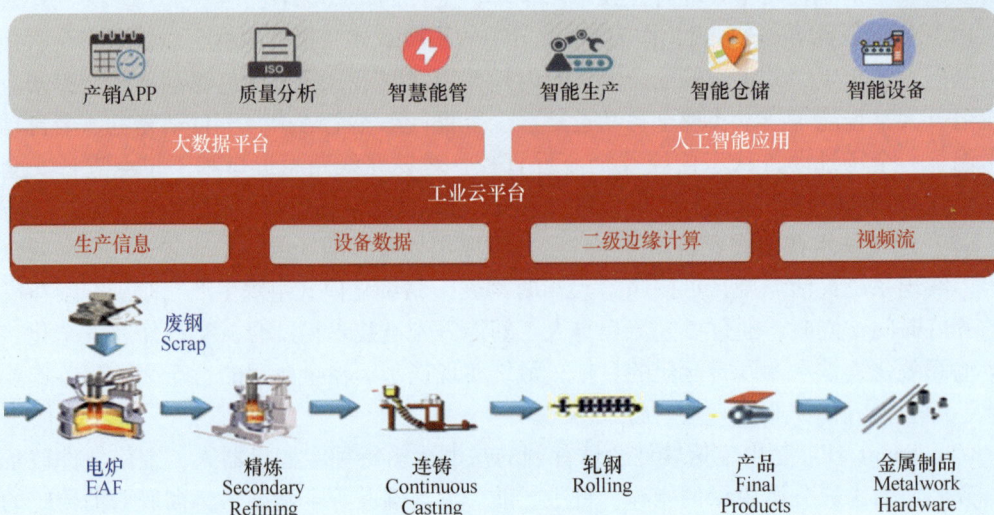

图 19-1　项目总体架构

19.1 解决的问题

长期以来，优特钢生产企业由于钢种种类多、订单批量小，实现智能化的生产组织和生产调度难度很大。本次智能制造项目结合优特钢企业的生产特点、管理需求，采用最新的智能制造系统体系架构进行整体构建与升级；运用基于集中管控的理念，结合云平台、智能设备、数字化工厂、大数据等先进技术打造新一代的智能管控平台，建立炼钢、轧钢生产统一的应用平台，贯彻"一个中心、一个平台、一个地图"的整体智能制造理念（智能管控中心、工业互联网平台、数字化地图），实现钢铁企业生产调度和质量管控水平的全面提升。

通过钢轧智能制造方案实施，重点推动解决五大核心问题：解决钢铁行业生产安全事故频发的问题，解决钢铁行业生产能耗成本高的问题，解决钢铁行业信息"孤岛"数据互联互通和挖掘难的问题，解决钢铁行业生产制造与精益化决策难以协调的问题，解决钢铁行业知识传承慢的问题。

19.2 实施的路径

钢轧智能制造方案架构打通了各级系统间的数据壁垒，充分挖掘数据的价值，并闭环反馈于生产过程的智能优化控制，通过基于智能感知设备、工业机器人应用、工业互联网技术、信息物理系统的炼轧智能工厂建设打通不同层级的系统，真正实现数据的互联互通，发挥最大价值。

基于炼轧自动化现状，建成数字化智能工厂，通过智能化传感器等智能装备对现场生产过程集中化、数字化、自动化，实现了自动化提升、现场操作效率提升、综合生产成本降低。

构建完成全新炼轧智能化产线方案，提高了产品质量，降低了生产成本，建成统一的技术质量规范体系、基于冶金制造流程工艺需求的质量管控体系，实现了从原料投入到轧材出厂的整个生产过程的严格质量管理，在质量标准、质量设计、质量跟踪、质量分析形成 PDCA 循环，实现了产品质量的持续改进，支持新产品研发，提升产品质量，降低成本。

建成统一的智能化设备、计算机系统，实现各工序生产信息无缝链接，提升各生产岗位操作水平，稳产达效。其关键技术主要包含智能机器人应用、智能化网络与云平台、智能化管控平台、智能过程控制系统、智能生产管理系统、质量大数据系统等功能。

本方案围绕智能化必备的几个目标开展：智能自动化设备、信息化系统、数字化技术及大数据与决策分析平台。智能制造在与基层工艺设备、基础自动化、仪表设施等紧密结合，贯穿一体，利用现代传感技术、智能机器人技术、过程控制自动化技术及大数据分析等先进技术的同时，通过智能化的感知、人机交互、决策和执行技术，实现设计过程、制造过程的智能化，达成自动化技术、信息技术、智能技术与生产过程的深度融合与集成。

本方案基于以下几个关键技术进行开展。

（1）智能机器人应用。本方案在生产控制方面大力推进了机器人、无人化技术的应用，如精密点检系统、铸坯贴标机器人、坯料信息自动识别系统、在线坯料质谱仪、棒材在线喷印机器人等智能化设备，解决生产控制过程存在的问题，提高产品性能和质量，减少现场操控人员工作强度。

（2）智能化网络与云平台。通过建成互联互通整体网络，实现了全流程生产数据自动收集，利用实时数据库对所有生产过程、设备、能源数据进行采集，并结合大数据存储平台为过程预警、数据挖掘、质量追溯功能提供高效、可扩展的数据平台。

利用了虚拟化技术对硬件资源进行实时、灵活的管理和扩展，减少资源浪费；实现操作系统部署模板化，提高部署效率，利用系统快照技术使得数据的安全性更有保障。

同时利用了无线终端、条码打印设备、移动手持终端、无线网络覆盖等技术，对原有分散的坯库、精整区域的生产信息进行跟踪与采集，利用新一代的智能装备及移动应用技术，提高数据自采率，降低劳动成本，释放人力资源。

（3）数字工厂决策平台。建成智能决策分析系统，对企业的各类生产、运行数据进行动态分析展示，及时发现各种质量问题和故障隐患。

看板系统通过提炼多业务多层级的关键统计指标，采用图形化的方式向各级管理者展示关键 KPI 指标。

（4）智能过程控制系统。建成过程控制系统，对生产过程进行跟踪指导控制，利用实时数据库进行生产过程数据的毫秒级采集，在大数据平台中利用大规模统计与搜索引擎融合技术实现亚秒级在线分析。大数据系统通过对生产过程关键工艺参数进行在线实时分析判断，以及冷热数据分级存储、实时关键字检索及历史分析的高评结果信息，为业务人员提供工艺操作的实时指导，对影响产品质量结果的异常操作进行预警，并结合质量分析结果对当前工艺过程进行评价。

（5）智能生产管理系统。智能生产管理充分考虑小批量、多订单的不同生产特点，对炼钢、轧钢的生产计划进行灵活的设计，建成以铸坯号、炉次号为基本要素的物流跟踪体系，实现从原料、冶炼、浇铸、轧制直至成品出库整个过程的生产控制管理，结合质量标准、质量设计、质量跟踪、质量分析的闭环技术质量执行体系，实现产品质量的持续改进。

（6）大数据系统。建成大数据分析平台对生产过程数据进行深入分析挖掘，完善生产控制、质量控制、设备维护等知识库的积累。结合其他信息化系统对产品制造过程进行全流程闭环管控，实现全流程质量自动分析、自动追溯，为公司全面监控质量过程、优化质量标准及工艺规范提供支持平台。为后续建立大数据的人工智能算法（如工序终点预测、钢轧优化排产、视频识别等）提供全方位的技术支撑服务。

图 19-2 所示为质量大数据画面。

（7）互联互通的工厂网络架构。建成厂内互联互通网络架构，结合公司信息化系统，实现工艺、生产、检验、物流等各环节之间的数据共享，建立集数据采集、视频监控、过程预警、数据挖掘与追溯等功能一体的全生命周期数据统一网络架构。网络安全方面，进行网络安全加固，提高系统平台可靠稳定性，可视化系统和大数据平台间通过主干网连接，并由防火墙隔离。

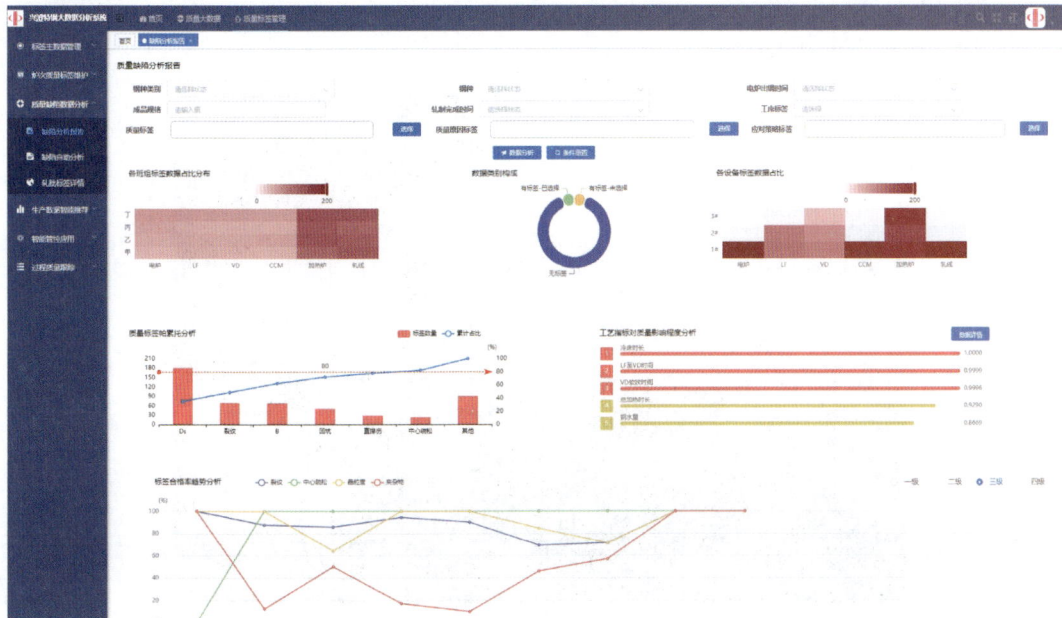

图 19-2　质量大数据画面示意图

19.3　应用的成效

19.3.1　实施成效

本方案在满足智能制造发展规划的同时，实现生产、设备、计划、经营、仓储、物流信息管理透明化。建立整体互联互通网络、实时数据库与大数据结合的采集存储平台，利用可扩展的虚拟化技术、云存储技术、无线及智能移动设备实现整体生产过程的数据信息集成共享。打通了各级信息化系统间的数据壁垒，充分挖掘数据的价值反馈于生产过程的智能优化控制，信息化系统建设从以应用为中心向以数据为中心转变，真正实现数据的互联互通，发挥最大价值。实现综合指标：生产效率提高 11.79%，产品不良品降低率 78.53%，能源利用提高 10.14%。

各主要子系统的价值成效如下。

（1）智能装备——电极自动接长装置。单人操作完成接电极工作，有利于电炉、精炼炉工位减人增效，降低劳动强度，降低生产安全风险。设备故障率≤1 次/月；电极拧紧时间<2min。可自动接电极；可辅助取电极吊环。

（2）智能装备——加热炉上料识别系统。利用标签识别系统实现坯料数据自动获取。提高生产物流的时效性，使生产流程更加标准化、智能化、准确化、稳定化。上料识别准确率：100%（除去标签损坏）；辊道速度≤1.5m/s；解决人工读取数据与坯料上料确认的工作；有效地将坯料相关的生产信息及轧制信息精准对接。

（3）智能装备——贴标机器人系统。利用现代化的数字标签技术，由机器人完成自动贴标，确保生产信息的完整，提升产品质量的可追溯性，便于轧钢对产品的自动识别及坯料库智能管理。实现生产信息、物流信息、钢种批号等数据自动获取。

图 19-3 所示为机器人作业。

图 19-3 机器人作业

（4）虚拟化平台系统。按应用系统需求配置虚拟服务器，减少资源浪费；实现操作系统部署模板化，提高部署效率高，利用系统快照技术使得数据的安全性更有保障。

（5）精细化能源管理系统。根据不同钢种规格的能源消耗差异，针对不同钢种规格建立精细化的能耗指标，并结合能耗实绩对生产过程中的能耗成本进行统计，对其用能水平进行评价。

（6）制造执行系统。建设新的制造执行系统与基于大数据平台的过程质量追溯与分析系统，结合技术质量执行体系，对整个生产过程的质量进行严格管理，在质量标准、质量设计、质量跟踪、质量分析形成 PDCA 循环中，实现产品质量的持续改进；同时结合能源与过程控制系统实现动态成本管理，实现准确及时的生产成本核算及全电子化生产报表系统；降低人工错误，实现计划的精确管理，提高生产效率。

（7）智能过程控制系统。对生产过程数据的毫秒级采集，结合大数据系统对生产过程关键工艺参数进行在线实时分析判断，实现毫秒级实时关键字检索及历史分析。数据自动率高于 90%，保存周期大于 10 年，大幅减少人工录入工作量。

19.3.2 社会效益

兴澄特钢深度推进数字化转型工作，促进工业生产、设备管理等数字化、智能化发展。通过该项目的实施，实现了业内首创短流程智能工厂的落地，开拓知识传播、人才培养新途径，填补了基于工业互联网、信息物理系统的智能工厂在特钢行业的空白，实现了精品特殊钢的精准轧制，提升了兴澄特钢核心竞争力，推动了企业做大做强，巩固了企业在全国特钢行业的龙头地位，扩大了兴澄特钢在国际上的影响力，具有十分重要的作用。兴澄特钢以技术创新一流、管理精益化、效益最优的核心竞争优势，引领特钢企业智能制造发展方向。

本方案的实施推动了信息化和工业化深度融合，加快了企业碳排放、碳足迹绿色发展，是促进企业四化同步发展的重大举措，为当前冶金企业数字化转型升级提供了坚实的基础，增强了企业在国际产业中的核心竞争力，提供了更加优质、高效的生产环境与信息化资源，大幅提升生产质量、成本的控制分析能力，对未来全球新一轮科技革命和产业分工调整过程中实现赶超准备好基础条件。

19.4 项目创新点

本方案在满足智能制造发展规划的同时，实现生产、设备、计划、经营、仓储、物流信息管理透明化。

建成互联互通整体网络、实时数据库与大数据结合的采集存储平台，利用可扩展的虚拟化技术、无线及智能移动设备实现整体生产过程的数据信息集成共享。

建成智能化管控中心，结合数字化管控平台实现炼钢、轧钢生产调度，能源调度，设备点巡检运维等多种业务的扁平化一体化管理。

通过多业务多层级的决策看板系统提炼各管控业务的关键统计指标，采用图形化的方式向各级管理者展示企业关键 KPI 指标。

建成分厂精细化能源管理系统，实现能源成本的分工序、分钢种规格的精细化管理，实现能耗变化的动态分析和监控，协助企业管理者了解成本异常的原因所在。

制造执行系统与基于大数据平台的过程质量追溯与分析系统紧密结合，实现了钢轨智能化排产、质量一体化设计与跟踪、全流程的智能追溯和问题分析定位。

结合大数据平台的过程控制系统与实时生产过程监控系统，大数据人工智能算法为实现炼钢终点温度、终点成分的全面高精度智能化预测奠定基础。

20 棒线材智能车间解决方案

中冶京诚工程技术有限公司
轧钢

简 介

将生产线各种数据汇总接入到车间边缘数据中心，通过数据中心打破车间数据孤岛，实现生产过程数据、工厂设计数据、视频音频图像数据、生产管理数据等车间数据的深度融合。以数据为基础"协同优化"，通过对生产过程数据以及历史数据的全面分析，以优化设定参数、优化操作指导的方式将分析结果和决策发送到自动化系统，实现对自动化系统的实时优化，从而实现提质增效。

系统架构如图 20-1 所示。

案例介绍

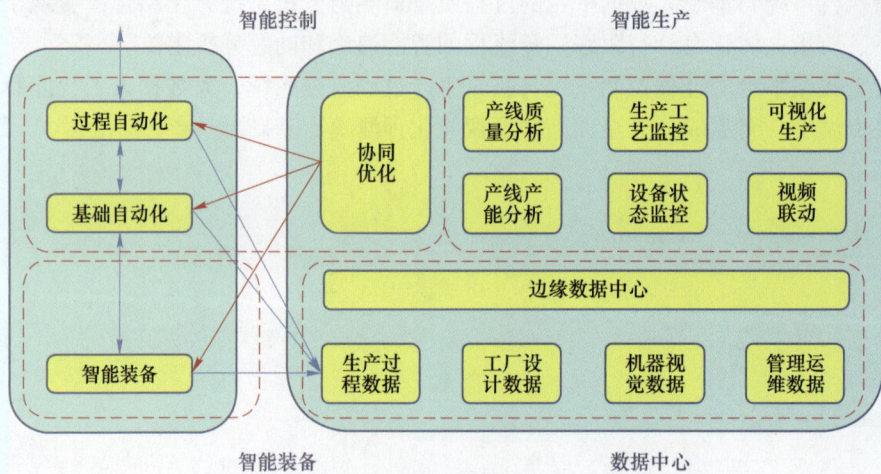

图 20-1 系统架构

20.1 解决的问题

当前，钢铁工业处于转型升级关键时期。经济高质量发展推动钢铁行业转型升级，钢铁行业供给侧结构性改革的主攻方向正从规模性调整向质量效益性调整转变，同时，钢铁行业属于能源消耗大户、废弃物排放量巨大的生产制造业，环境治理的压力日益严峻。对钢铁企业而言，在经济比较发达的地区，存在招工难、劳动力短缺的现象；即使定员满额的企业，也存在操作运行水平差别较大的现象；同时在整体产能过剩的大背景下，提升在行业里的竞争力也是每个钢铁企业生存发展必须考虑的问题；在企业的棒线材产线中，自动化、智能化程度、产量质量等都还有很大提升空间。

本方案主要解决了如下问题。

（1）解决了行业数据孤岛的问题。

将生产线数据汇总接入到车间过程数据中心，通过数据中心打破车间数据孤岛，实现生产过程数据、工厂设计数据、视频音频图像数据、生产管理数据等车间数据的深度融合。在车间过程数据中心的基础上，构建各类智能化应用，其中"协同优化"是一个核心的智能化应用，该应用通过对生产过程数据以及历史数据的全面分析，以优化设定参数、优化操作指导的方式将分析结果和决策发送到自动化系统，实现对自动化系统的实时优化。

（2）解决了产线效率不高、成本不易控制的问题。

1）智能轧钢控制：基于先进的设计理念和成熟的控制技术，实现高精度的活套控制、微张力控制、自学习控制，保证轧制过程稳定，产品精度高，生产过程高度自动化、智能化。

2）最优间隔轧制：以两支钢通过特定工艺设备的预期间隔为优化目标，基于历史数据分析，自动优化出钢节奏，实现最优间隔控制，提高生产效率。

3）多维度的张力分析：研发了多维度的张力分析技术，提出了一种基于轧制时长的机架间张力判断方法，克服了单纯通过轧制力矩判断方法的多因素干扰问题，提升了生产稳定性和产品质量稳定性。

4）短尺自动分离/全倍尺生产：基于长度自动测量和历史数据分析，动态调整倍尺飞剪的分段策略，实现自动的尾尺伸出优化；结合飞剪切尾，实现全倍尺生产，实现了冷区的自动运行。

5）精准高速区控制：基于高速工艺控制器，建立高速棒材制动模型，实现自动夹尾、自动卸钢和自动接钢，实现45m/s棒材稳定生产。

6）智能操控支持：基于自动化系统和生产过程数据，建立车间数据模型，实现关键设备状态实时监测、生产状态和工艺参数实时分析、工艺操作协同优化、产线状态综合评价等功能。

7）棒材公差在线测量：基于精确的长度测量、称重校正和全流程物料跟踪，实现棒材轧制过程中公差在线测量，保证产品质量的稳定性和一致性，提高成材率。

8）机器视觉自动识别：通过机器视觉智能分析，实现生产异常检测、钢坯缺陷识别、轧件位置跟踪等功能，提高生产自动化水平，降低工人劳动强度。

（3）解决了质量不稳定的问题。

1）高精度水冷温度控制：基于工艺模型，通过精确位置跟踪、温度前馈、温度反馈及流量设定自学习，实现高精度的水冷温度控制和精确的头尾不冷段控制，获得良好的组织性能，有效提高成材率。

2）全流程质量跟踪：基于逻辑判断和机器视觉相融合的跟踪技术，实现了棒线材生产过程的全流程精确跟踪，以此为基础建立了高分辨率过程质量数据档案，构建了全流程精细化质量跟踪系统，实现质量数据与工艺过程数据的多维度智能关联分析与展示，实现全流程质量可视化。

20.2　实施的路径

20.2.1　车间数据中心

棒线材生产线工序较多，各工序之间数据分散，为了充分利用数据，挖掘数据的价值，从数据中找效益，需要将各级自动化系统的数据以及其他相关各类数据汇总接入到车间过程数据中心，通过数据中心打破车间数据孤岛，实现生产过程数据、工厂设计数据、视频音频图像数据、生产管理数据等车间数据的深度融合。但是棒线材生产各类信息多、数据量大，针对这些特点，研究开发棒线材生产线的应用平台，开发层级发布的数据存储和同步系统，并在此基础上建设高可靠性的数据中心，为开发棒线材多工序成本优化、多工序质量参数协同优化等各类智能应用奠定基础。

平台从基础自动化、过程控制、生产执行、检化验、计量等系统采集数据，并通过异构的通信网络将数据汇聚到数据中心，同时也可为管理系统、集控系统等上位系统提供数据，提升自动化系统的安全性。

根据棒线材生产线的工艺特点，建立车间数据模型，并以此模型为基础，进行生产数据的存储。主要的数据类型为时序数据和关系数据，其中时序数据主要是设备运行数据、生产状态数据、工艺控制数据等，关系数据主要是生产管理数据。数据存储通过冗余的方式保证安全、可靠，同时对于关键的生产数据要保证足够的采样频率。不同的数据源采样周期差异很大，需要基于业务逻辑解决数据的关联性。

20.2.2　基于信息流的棒线材多工序成本优化控制

针对棒线材生产线的特点，以数据中心为依托，研发基于信息流的棒线材多工序成本优化控制技术，如图 20-2 所示，主要有以下模块：产线健康状态监测与优化系统、设备状态分析、工艺状态分析、报警统计分析、轧制节奏优化系统、棒材公差在线测量、基于深层数据挖掘的产能分析系统。

（1）产线健康状态监测与优化系统。实现生产线状态的实时检测与分析，对于产线的异常趋势提前预警和报警，便于操作人员提前干预与调整生产参数，保证产线健康生产，提高生产效率，提高成材率，降低废品率。主要实现如下功能。

设备状态分析：产线关键设备运行状态和报警状态的实时监测和历史分析，对关键设备指标进行趋势分析。如轧机电机工作点分析、温升分析、空载分析，传感器诊断，活套位置分析，调节阀开口度-流量分析等。

工艺状态分析：产线关键工艺运行状态和报警状态的实时监测和历史分析，对关键工艺参数进行趋势分析。如多维度的堆拉关系分析、生产节奏分析、轧机落点分析、跟踪信号诊断、剪切逻辑分析等。

报警统计分析：对设备分析和工艺分析中的报警进行分类统计，辅助分析重点和多发报警设备及工艺环节，优化生产。

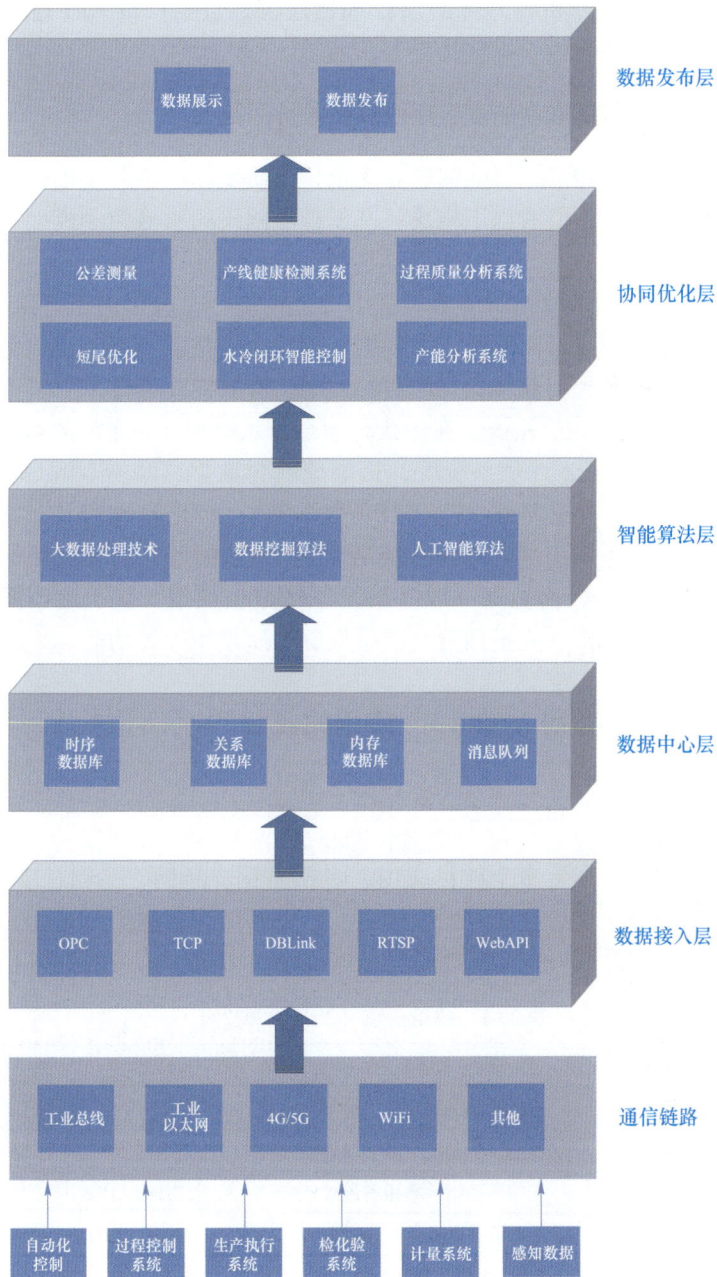

图 20-2 成本优化控制系统架构图

（2）轧制节奏优化系统。以两支钢通过特定设备的预期间隔为优化目标，自动优化加热炉出钢节奏和 1 号轧机的速度调整参数，获得最优的轧制节奏，并对控制过程和控制结果进行自动评估。

（3）棒材公差在线测量。基于智能长度测量、称重校正和全流程物料跟踪，实现棒材轧制过程中公差在线测量，保证产品质量的稳定性和一致性，提高成材率。

（4）基于深层数据挖掘的产能分析系统。结合生产数据、设备状态数据、控制数据等，对车间产能进行深度分析，并可给出合理化建议，包括产量 KPI 显示、生产节奏分析、停机分析、影响因素分析、操作指导等功能。

20.2.3　基于工艺质量信息融合的多工序质量参数协同控制

针对棒线材生产线的特点，以数据中心为依托，研发基于工艺质量信息融合的多工序质量参数协同控制技术，主要有以下模块：基于神经网络的水冷控制模型、大数据过程质量分析系统。

（1）基于神经网络的水冷控制模型。基于工艺模型，通过精确位置跟踪、温度前馈、温度反馈及流量设定自学习，同时通过大数据、神经网络技术，进一步优化控制精度，实现高精度的水冷温度控制，以获得良好的组织性能，有效提高成材率。

（2）大数据过程质量分析系统。在棒线材信息化系统和控制系统的基础上，进一步整合 MES 系统、检化验系统、计量系统等，提取原材料数据（成分、尺寸）、生产工艺数据（轧制工艺数据、冷却工艺数据、生产节奏数据等）、检化验数据（即质量数据，包括原材料组织组成、成品组织组成、力学性能等）、重量数据等，引入大数据分析算法，构建"原料数据+工艺数据+控制数据→成品质量"的数据模型。基于该数据模型，实现质量信息追溯、质量缺陷分析、质量预警、质量报警、质量指导等功能。

20.3　应用的成效

20.3.1　应用业绩

目前该解决方案已实现十多个项目应用，包括昆钢、韶钢、三钢、凌钢等 16 家大中型钢铁企业，成果应用在包括高线、螺纹棒材、特钢圆棒等多种生产车间，形成了从原料库—生产线各工序—成品库一整套棒线材智能车间解决方案。相关的应用业绩见表 20-1。

表 20-1　应用业绩（2020—2022 年）

序号	项目名称	客户	应用类型	产线类型	项目年份
1	基础自动化及远程集控系统	广东韶关钢铁集团有限公司	高线	生产线	2020
2	一线一室智能集控系统	云南昆明钢铁集团有限责任公司	高线	生产线	2021
3	一线一室智能集控系统	云南昆明钢铁集团有限责任公司	双高棒	生产线	2021
4	双高棒智能集控系统	江苏镔鑫钢铁集团有限公司	板卷	生产线	2022
5	中大棒智能集控系统	福建三钢（集团）有限责任公司	中大棒	生产线+智能天车	2022
6	圆棒智能集控系统	福建三钢（集团）有限责任公司	中大棒	生产线	2022
7	数字化转型项目	辽宁凌源钢铁集团有限公司	中大棒	生产线	2022
8	大棒智能控制系统	河南济源钢铁（集团）有限公司	中大棒	生产线	2022

20.3.2　经济效益

在智能化系统支持下，实现自动生产及智能提升，综合生产效率整体提升 2%（以轧制节奏优化为例，通过精确控制第二架咬钢间隔，轧制间隙可以减少 1.5s，每支钢以 60s

轧制时间考虑，相当于每支钢轧制可用时间提升 2.5%，因此轧制效率提升 2.5%），提升成材率 0.4%（通过精确测长进而精准控制负偏差从而提升成材率），产品质量稳定性提升 15%（通过细颗粒化的质量跟踪数据和精准的物料跟踪，实现质量的预警和辅助定位，从而提升质量稳定性），运营成本降低 10%（一方面智能化系统实现了减少操作人员；另一方面优化了生产状况，提升了生产稳定性，减少了事故率），能源利用率提升 5%（加热炉智能燃烧系统提升能源利用率 3.5%，提高提升轧制节奏和生产稳定性，减少空载运行，提升能源利用率）。

20.3.3　社会效益

棒线车间智能化系统的应用能有效解决了普遍存在的钢铁用工人力短缺、人员劳动强度大、环保等问题，以及车间存在的数据严重缺失、大量信息孤岛、自动化及智能化程度低等问题。

通过对全流程自动化、智能化水平的进一步提升，以某应用案例综合评估，操作工的劳动强度平均降低 80% 以上，工作效率平均提高 3 倍，对操作人员经验要求大大降低；基本杜绝了由于操作工生产信息掌控不及时导致的生产问题和质量问题，质量合格率和稳定性有较大提升，质量问题追溯效率平均提高了 5 倍以上，管理效率平均提高了 20% 以上。

同时，与常规的智能化建设比较偏重于全局管控和运维领域不同，该系统的成功应用为钢铁行业车间级的智能化业务发展探索了一个新的方向，聚焦在优化车间自动化系统、生产操控参数的优化，从而实现挖掘产线产能潜力、提高产品质量、降低成本。在此过程中对新技术应用的持续需求将加速相关技术（如视觉检测、5G 无线网络技术）向钢铁行业转化，从而加速钢铁车间级智能化的技术进步，带动钢铁智能化领域相关产业整体发展。

20.4　项目创新点

（1）针对产线业务系统多、数据需求复杂多变、控制系统资源有限等问题，首创面向棒线材生产线的全产线生产过程数据模型库，构建了高实时、高可用的边缘数据中心，实现了面向车间的棒线材智能化应用平台。

（2）基于柔性化轧制理念，将轧制过程机理模型与数据分析模型相融合，开发了复杂生产条件下单一孔型高效轧制规程（图 20-3）和动态补偿变延伸控制技术，生产作业率提高至 90% 以上，尺寸精度提高 1 倍，解决了产品精度低、灵活性不足的问题，降低了生产成本。

（3）基于智能化应用平台，研发了多维度堆拉关系分析技术和尾钢伸出优化技术。提出了一种基于轧制时长的机架间张力判断方法，克服了单纯通过轧制力矩判断方法的多因素干扰问题，提升了生产稳定性和产品质量稳定性。开发了基于轧制过程的轧件精确长度测量技术，通过飞剪控制倍尺长度，实现尾钢伸出和长度控制，避免人工剔除非定尺，提高生产率 5%，优化现场生产人员 8~12 人。

（4）针对棒材冷区准确跟踪困难带来的质量管控难题，研发了基于逻辑判断和机器视觉相融合的跟踪技术，实现了棒线材生产过程的全流程精确跟踪，以此为基础建立了高分辨率过程质量数据档案，提升质量管理水平，质量问题溯源效率提升 5 倍以上。

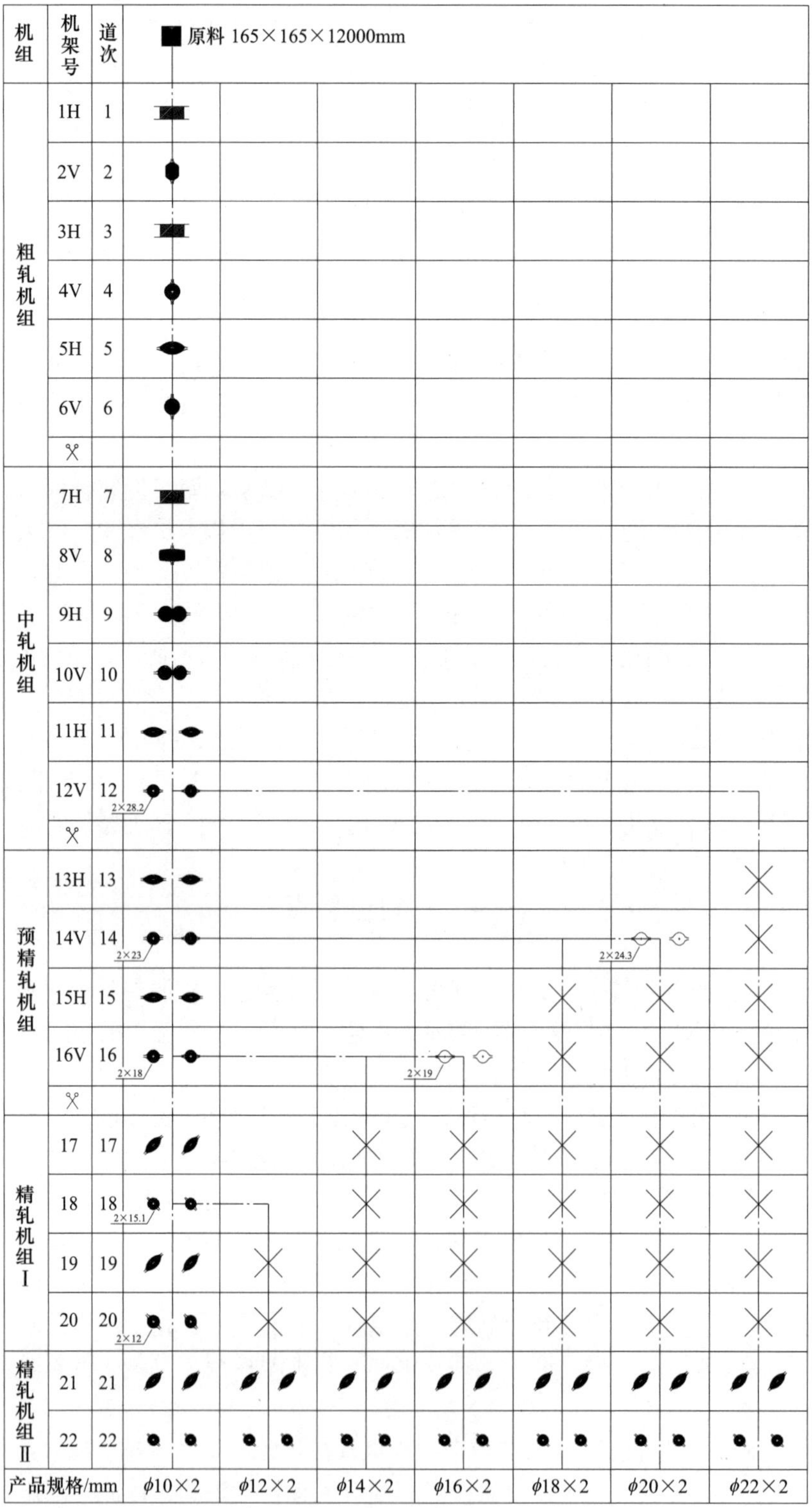

机组	机架号	道次	■原料 165×165×12000mm						
粗轧机组	1H	1							
	2V	2							
	3H	3							
	4V	4							
	5H	5							
	6V	6							
	✂								
中轧机组	7H	7							
	8V	8							
	9H	9							
	10V	10							
	11H	11							
	12V	12	2×28.2						
	✂								
预精轧机组	13H	13							
	14V	14	2×23				2×24.3		
	15H	15							
	16V	16	2×18			2×19			
	✂								
精轧机组 I	17	17							
	18	18	2×15.1						
	19	19							
	20	20	2×12						
精轧机组 II	21	21							
	22	22							
产品规格/mm			φ10×2	φ12×2	φ14×2	φ16×2	φ18×2	φ20×2	φ22×2

图 20-3　全规格单一孔型系统

21 高端线材全流程智能制造解决方案

江苏沙钢集团有限公司
轧钢

简 介

建立和完善一个中心、一条智能化生产线、四大系统、七大平台。其中一个中心为集成控制和大数据中心；四大系统包括数据采集与控制系统、车间制造执行系统（MES）、企业资源计划（ERP）、智能决策系统；七大平台包括生产可控可视化平台、数字化工艺仿真平台、质量控制和"一贯制"管理平台、设备全生命周期管理平台、智能物流与仓储平台、能源监控智能优化平台、环境与安全监控平台，形成一种高端线材智能制造新模式应用。

项目实施内容如图 21-1 所示。

案例介绍

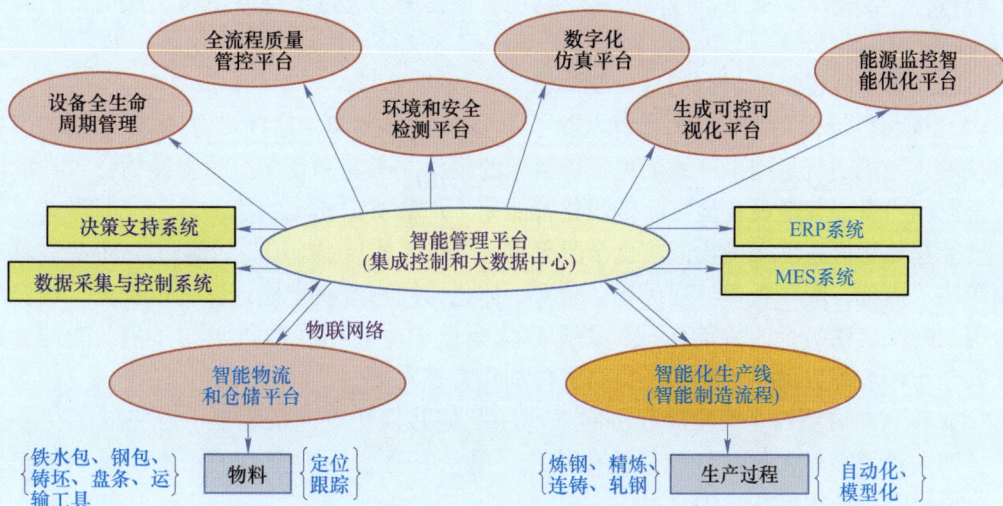

图 21-1 项目实施内容

21.1 解决的问题

促使钢铁企业从全流程出发，不断提高基础自动化水平和数字化控制应用水平，因地制宜推进智能化；沙钢提出的"机械化、自动化、信息化、智能化"四化同步建设，对行业有借鉴意见。

促使优势企业进一步优化综合网络化信息系统，在制造、管理、经营和流通领域构建产业链在线服务生态系统；在国家智能项目成功实施基础上，大推进制造业和服务业的"两业融合"，进一步助力高质量发展，对行业转型升级起到带头作业。

建立产品质量追溯和评价机制，健全钢材产品质量检测体系，提高产品质量的可靠性、稳定性，通过从按炉批跟踪到按件、按长度跟踪，实现钢材产品数字化。

促使有条件的钢企大量使用机器人或智能装备，例如自动测温取样、自动挂标签、自动喷号、自动换水口、无人行车、表面缺陷判定、产品自动标记以及图像自动识别等。

21.2 实施的路径

（1）项目针对钢铁生产全流程具有离散型制造和流程型制造相混合的特点，以及高温、复杂、多变、强屏蔽的生产环境，形成了相对完善的全流程智能制造总体解决方案，并采用信息化、智能化技术集成手段，开展了全流程智能化生产线的改造工作。

本项目设计了高端线材全流程智能制造信息化架构，在这个架构中，企业内部的信息系统已经不再是信息孤岛，而是制造业信息化系统中的细胞。一方面企业可以通过电商平台（甚至可以是公用云平台）上获得订单，通过内部信息化系统进行订单评估、分解，形成生产、作业计划以此下发至 L3、L2、L1 系统完成，同时产品的制造、物流、质量信息也可由内部信息系统及时地与客户进行交互，在服务上更贴近客户和市场。在供应链方面，原燃料、设备以及备品备件的采购、物流、评估等都通过信息系统与供应链上的客户进行实时交互。

高端线材全流程智能制造信息化架构如图 21-2 所示。

（2）项目广泛采用了 RFID、智能定位、工业以太网、无线通信、智能传感、图像识别等技术，完成了全生产工序精细化管理数据的采集、匹配和处理，为智能物流、智能能源、全流程质量、智能设备运维、定制化智能化生产等奠定扎实的基础。

智能仓储物流系统通过物流信息全流程贯通、行车库区自动化、车辆实施跟踪、移动应用等技术措施，配套管理流程优化，建立一体化协同物流调度模式，实现物流运输资源的合理调配和运输指令的智能生成，提升物流运输效率。物联网技术在质量、能源、设备、安全与环境等方面广泛应用，提高了精细化管理水平。

（3）项目结合钢铁企业全流程协同生产和其他共性特点，系统提出并完成了"一个中心、四大系统、七大平台"的信息化改造、升级任务，助力企业的精准决策、精细管理，全面提升企业智能化管理水平。

1）钢铁冶炼、轧制过程控制 CPS 工业模型：实现钢铁产品尺寸与表面的高精度控制和智能调优；钢铁冶炼与加工过程中组织—性能的控制与智能调优；流程工业的定制化、个性化与稳定化、均匀化生产；设备的智能管理与维护以及智能维修；物流智能管理与控制，能源智能管理与控制；真正做到智慧优化决策，信息深度感知，精准协调控制。

2）物联网技术以及大数据平台：以数据库技术为基础，集成先进传感器技术和智能模型，实现物理对象与智能模型的联动，通过数据的挖掘、分析对物理对象进行智能驱动

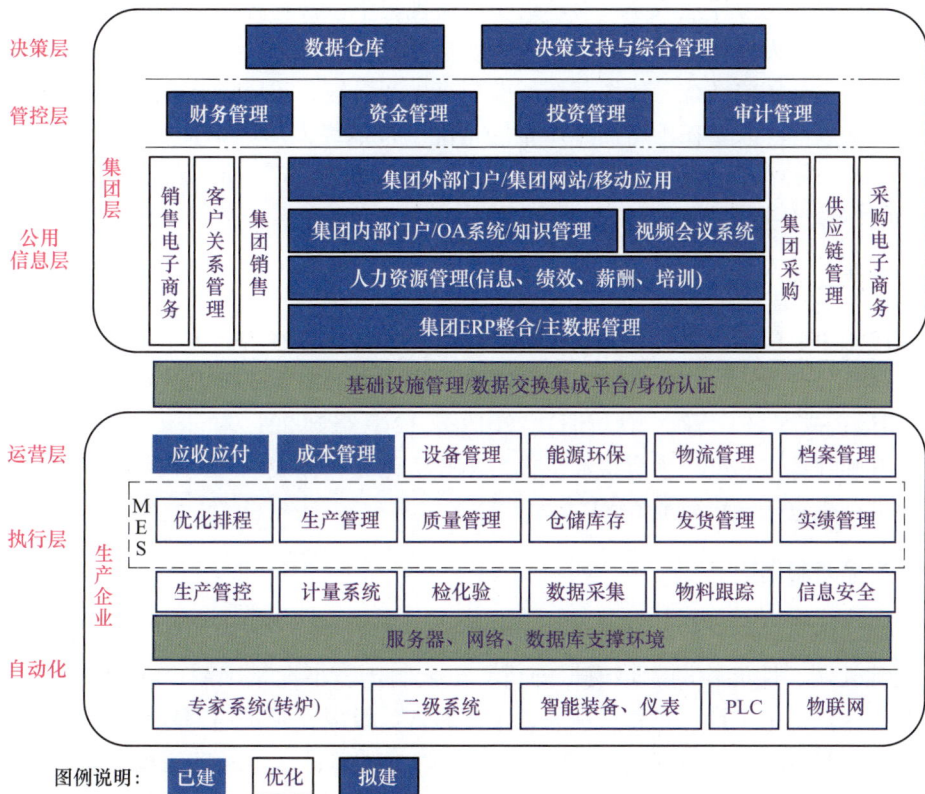

图 21-2　高端线材全流程智能制造信息化架构

和控制。

3）智能机器人平台：以工业机器人为基础，根据不同的工况开发机器人应用，实现冶炼、轧制平台操作无人化，以此降低劳动强度，改善工作环境，提升产品质量，降低生产成本，提高生产的自动化水平。

4）非标工装设计平台：设计非标工装自动化平台是机器设备、系统或过程（生产、管理过程）在没有人或较少人的直接参与下，按照钢厂要求，经过自动检测、信息处理、分析判断、操作控制，提高生产过程自动化程度。主要项目为自动化改造，涵盖轧辊的自动维护、高线生产线无人化等功能。

21.3　应用的成效

通过本项目的实施，生产效率提高了 31.5%，运营成本降低 23.25%，产品研制周期缩短 35.4%，产品不良品率降低 26.81%，单位产值能耗降低 19.7%。年度直接经济效益在 22588 万元以上。

21.3.1　生产效率

通过对生产线的自动化、智能化改造，对生产工艺过程进行全流程的智能化控制，减少手动操作,提升岗位作业效率,对辅助工序实现集中监视与控制,逐步归并直至取消部分非关键岗位的人力操作,以实现生产效率明显提升。

转炉炼钢、开坯修磨线、棒线三车间按现有生产设施,2015 年定编 882 人,项目成功实施后现有人数 604 人;在不增加年产量的情况下,最终人均产钢量从 1281t/(人·年),提高到 1771t/(人·年),达到国际先进水平。生产线减少生产人员 278 名,按人均用工成本 15 万元计算,年度直接经济效益 4170 万元。

21.3.2 运营成本

运营成本主要包括水电气、工艺工装件、生产辅料、检修费、人工、回收抵扣。转炉特钢 2015 年平均运行成本 287 元/t(含折旧),2019 年 12 月降到 213.83 元/t。棒线三车间 2015 年运行成本 281 元/t(含折旧),2019 年 12 月降到 221.99 元/t。转炉特钢按年度产量 220 万吨计算,年度产生直接经济效益 16097 万元;棒线三车间按年度产量 110 万吨计算,年度产生直接经济效益 6491 万元。

21.3.3 产品研制周期

智能制造项目实施之前,新产品开发需要经历前期调研、立项、成分设计、小钢锭冶炼、小钢锭轧制、性能检测、热模拟分析、工艺制定、小批量试制、性能检测、客户试用、工艺优化、批量生产等过程,涉及的工序和人员较多,研发周期较长,往往一个项目从调研到最终批量生产,需要 2～3 年,大大制约了新品进入市场的进度。通过智能制造项目的实施,利用大数据分析,对已生产的类似钢种的成分及性能进行统计,研究分析不同合金元素对材料性能的影响,有利于产品的成分设计,此外,通过对化学元素、控冷条件、轧制温度等条件进行模拟,建立性能预测模型,可以省略常规流程中小钢锭的冶炼、轧制以及性能检测等过程,大大缩短了产品研发周期,产品研发周期缩短 35.4% 以上。

21.3.4 产品不良品率

质量不良率主要为钢水纯净度、金相组织及表面缺陷,通过智能化冶炼-轧钢平台实现炼轧全流程的闭环控制,以及洁净钢冶炼技术、连铸坯质量控制技术、大方坯技术、线材控轧控冷技术、质量一体化动态信息管理体系,使钢水的纯净度、高碳钢的心部偏析质量及坯料的表面质量大幅提高。轧制过程智能化控制,实现了金相组织精确控制,减少轧制过程的擦划伤,提高尺寸控制精度。

通过项目实施,炼钢、轧钢工序的产品不良品率分别从 2015 年的 1.0%、0.6% 下降到 2019 年的 0.68%、0.49%;炼钢、轧钢分别按年产 220 万吨、110 万吨计算,则炼钢、轧钢分别减少不良品 7040t、2090t;炼钢、轧钢成品与不良品的价差均按 200 元/t 计算,年度产生经济效益分别为 140 万元、41.8 万元。

21.3.5 单位产值能耗

通过自动配料系统,铁水、废钢自动入炉,减少物料准备响应时间,提高冶炼节奏,降低能耗;通过自动钢水检测和智能吹炼控制,自动分析成分信息,提高钢水成品命中率;通过自动烟气检测,提高煤气和余热余能回收。

项目实施后，炼钢、精炼、连铸、轧钢四个工序的综合能耗从 2015 年 33.99kgce/t，下降到 2019 年的 27.28kgce/t，按轧钢 110 万吨产量、标煤 1850 元/t 计算，至少产生直接经济效益 1365 万元。

21.4 项目创新点

21.4.1 高端线材智能制造关键共性技术自主创新

本项目的建设涉及高端线材智能制造关键共性技术的自主研发与集成，如产品数字化设计、协同制造技术、新兴传感技术、工业机器人技术、先进控制与优化技术、机器视觉技术、分布式云计算技术、无线传感器网络技术、物联网技术等技术。通过本项目的实施将提升我国在这些关键共性技术的自主创新能力和自主集成能力，打破国外企业在这些领域的垄断，扶植和培育我国自己的智能制造装备产业，加快形成我国智能制造技术的核心竞争力。

项目的实施打通了炼钢、连铸、开坯修磨线、轧钢一整条专业生产线的智能制造解决方案，探索形成了一种高端线材智能制造新模式应用。随着项目的落地，为本行业及其他行业系统解决方案提供商提供了技术基础支撑。智能制造系统解决方案主要依托于软硬件产品及系统，实现制造要素和资源的相互识别、实时交互、信息集成。

21.4.2 高端线材智能制造生产线自主集成

目前，我国高端线材的生产与国外先进企业相比，在产品结构与生产效益等方面还存在较大差距。本项目建设的高端线材数字化设计、质量全流程在线管控等智能制造新模式以及高端线材智能生产线的集成，填补了国内在这方面的空白，对高端新材料线材的研发与生产具有示范推广作用。

沙钢通过对转炉特钢、开坯修磨和线材轧钢生产线全流程进行智能化改造，其成功的经验和典型的模式为国产智能制造核心技术装备及智能制造系统解决方案树立了一个标杆；本项目的成功实施，将有力促进国内钢铁企业不断提高基础自动化水平和数字化控制应用水平，促使有条件的钢企大量使用机器人，例如自动测量取样、大包无人浇钢平台、自动挂标签、产品自动标记以及图像自动识别等岗位要使用机器人，从而为国产智能制造核心技术装备及智能制造系统解决方案发展提供绝佳的良机。

21.4.3 促进校、企、厂商全方位协作创新

限于资金投入不足、技术研发周期较长以及工艺壁垒等因素，单个系统解决方案商很难满足各个细分行业的智能制造需要，本项目的实施可促进企业间不断加强协同创新，以强化智能制造解决方案供应能力。

22 冷轧智慧排程系统

上海宝信软件股份有限公司
计划调度

简 介

传统钢铁企业冷轧区域机组的作业计划编排过去以生产管理人员体外思考为主、制造管理系统（MES）为辅的方式编制，作业计划自动化程度较低、耗时耗力且无法保证计划编制质量。根据整体策划、分步实施的原则，自 2018 年起立项湛江钢铁冷轧智慧排程系列项目，以作业计划少人化编制为目标，通过排程系统输出满足计划规程的生产计划。目前，湛江钢铁冷轧智慧排程系统已完整覆盖湛江钢铁 8 类 30 条机组，覆盖率达 100%。实现湛江钢铁冷轧全区域机组作业计划的自动编排，大幅提升生产管理智能化水平。

项目总体架构如图 22-1 所示。

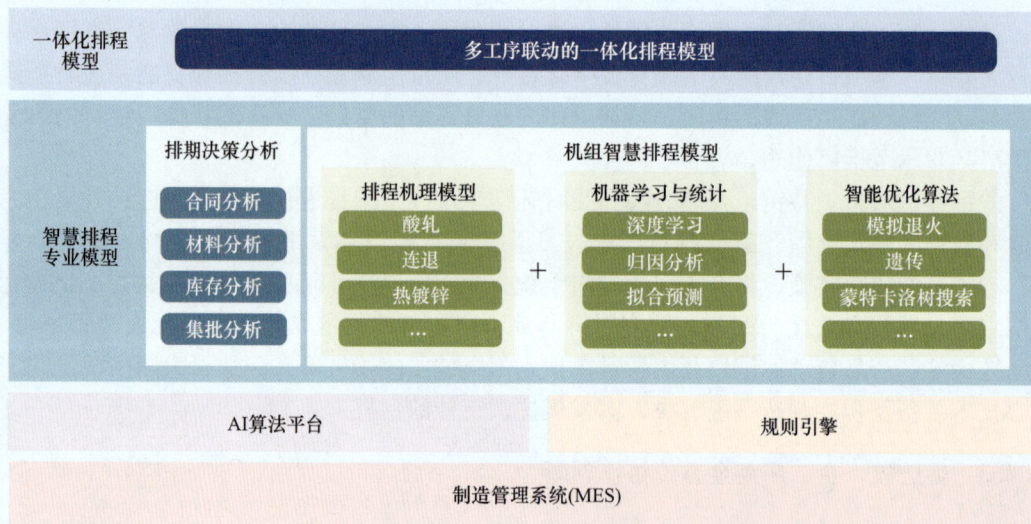

图 22-1 项目总体架构

22.1 解决的问题

钢铁企业冷轧产线生产排程的特点为机组多、规程复杂，在面对多品种、小批量的生产合同与物料时，既要使生产计划符合各机组作业计划规程，确保生产质量稳定、高效，也要平衡前后机组的生产计划，最大化机组产能发挥，还要确保订单按时交付。

目前，部分钢铁企业已上线 MES 等系统，通过信息化手段对生产计划加以管控，但 MES 的机组作业计划排程主要采用人机结合的方式。以人为主、计算机为辅的生产计划编制仍需花费计划员较大精力，也无法确保每次都编制出高质量的生产计划。随着钢铁企业下游客户多品种、小批量的要求日趋显现，这种编制模式已难以满足钢铁企业高效、精细管控的需要。主要痛点体现在以下三个方面：

（1）机组作业计划规程复杂，编制耗时耗力。由于排程要素众多，计划员往往很难思考全面，往往也难以排出最优的生产计划。

（2）作业计划排前决策功能缺失。传统 MES 系统作业计划功能主要关注作业计划编制的流程，而生产计划人员在编制作业计划前往往需要对合同和材料进行梳理并决策哪些材料需要被排入计划。

（3）传统作业计划无法实现上下游一体化排程。钢铁企业生产管理人员在编制生产计划时，往往会结合前后工序的物料情况排定作业计划，以降低在制品库存，加快物流周期。

湛江钢铁冷轧智慧排程系统实现了湛江钢铁冷轧区域生产计划排程少人化、自动化，减轻生产计划人员工作负荷。同时，湛江钢铁冷轧智慧排程系统基于 AI 算法与生产排程业务机理构建，确保了系统能够编制出高质量的排程结果，降低了在制品库存，加快了物流周期，提升了机组产能。

22.2　实施的路径

22.2.1　基于规则引擎技术实现排程业务知识数字化

传统的 MES 系统作业计划功能虽能够有效支撑生产计划编制操作，但计划编制结果的优劣依赖于生产管理人员的经验，业务知识与规则也游离于系统外。智慧排程系统的目标之一是实现生产计划的自动化、智能化编制，实现排程业务知识数字化是实施智慧排程系统的基础。

湛江钢铁冷轧智慧排程系统在建设中，通过规则引擎技术将生产计划排程业务管理中的规程、经验与知识转换为数字化规则，为湛江钢铁冷轧智慧排程系统提供业务知识数据支撑。

规则引擎技术的应用在实现湛江钢铁冷轧区域生产计划规程数字化的同时，也实现了智慧排程系统业务规则、排程场景的灵活配置与扩展。

22.2.2　基于排前决策分析技术实现排程智能选料

钢铁行业生产计划具有多品种、多机组、小批量、规程复杂的特点，生产管理人员在排程前往往花费大量时间和精力进行排程环境的梳理和选料，以提高排程的效率和排程结果的质量。传统排程系统聚焦解决"怎么排"问题的物料顺序排程模型，忽略了解决"排什么"问题的排前决策分析模型。湛江钢铁冷轧智慧排程系统总结归纳生产管理人员排前排程环境梳理与选料的业务知识并结合 AI 算法，创新实践排前决策分析技术。该技术采用回归分析、聚类分析、Tarjan、蒙特卡洛树搜索等算法，针对合同、材料、库存、集批等与排程选料密切相关的要素进行多维度分析，智能推荐合适的排程物料范围并给出留料建议。排前决策分析技术的应用大幅提升了智慧排程模型的运行效率与计划质量。

22.2.3　构建冷轧区域机组智慧排程模型排定生产计划

湛江钢铁冷轧智慧排程系统基于酸洗、酸轧、连退、热镀锌、精整等机组排程业务机理，构建冷轧产线智慧排程机理模型。机理模型充分考虑规格跳跃、工艺集批等冷轧产线机组排程业务要素，构建与钢铁行业冷轧区域生产管控业务高度适配的排程系统。

在冷轧产线智慧排程机理模型的基础上，采用深度学习等自学习技术，回归分析各机组品种产能基准、各机组排程规程与各机组排程策略，提升了排程结果的准确性。

系统根据各机组排程机理模型的特性，采用遗传、模拟退火、蒙特卡洛树搜索等智能优化算法与 AI 技术，对基于机组排程机理模型计算出的排程结果进行进阶优化，进一步提升了排程质量。

目前，湛江钢铁冷轧智能排程系统已能够在分秒间计算出符合生产计划规程的作业计划，大幅提升了生产管理人员的排程效率，实现了生产计划少人化值守。湛江钢铁冷轧区域的部分机组已实现无人化值守。

湛江钢铁冷轧智慧排程系统主操作界面如图 22-2 所示。上方表格为待排材料信息，左下角表格为自动排程已排出的计划汇总信息，右下角表格为每个计划的详细信息。

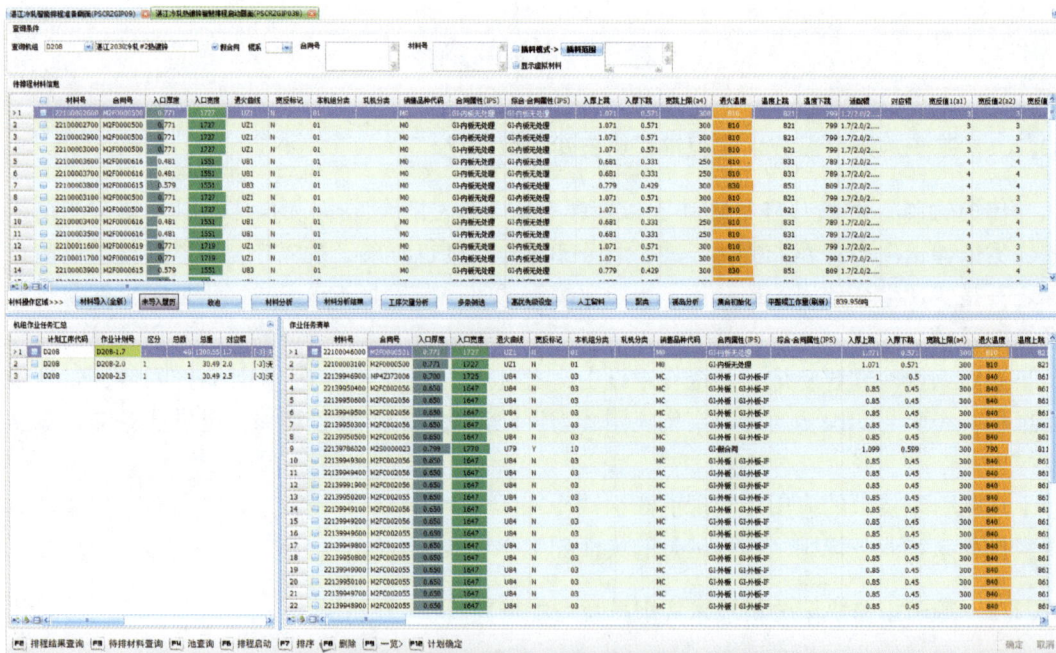

图 22-2　湛江钢铁冷轧智慧排程系统主操作界面

系统也支持以整体图形化的方式直观的展示排程结果，如图 22-3 所示。

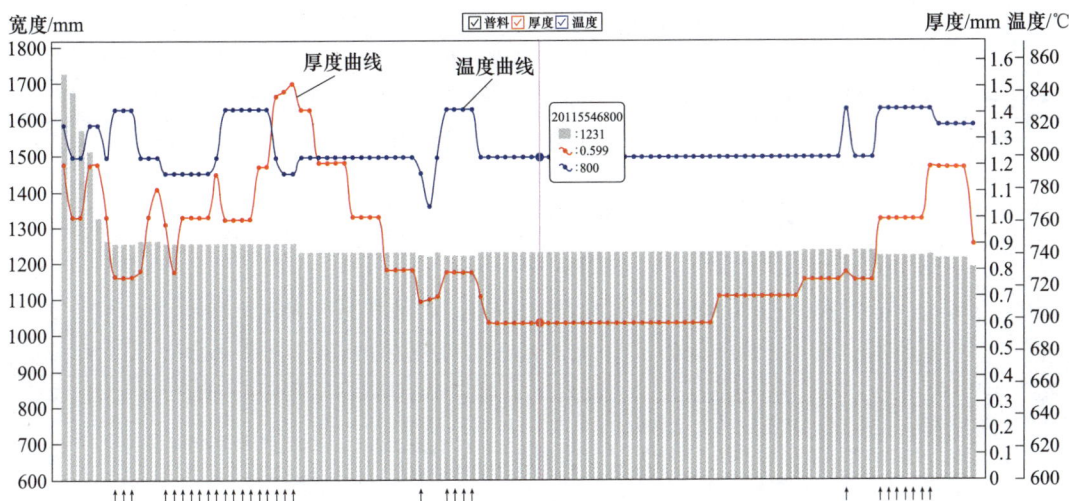

图 22-3　湛江钢铁冷轧智慧排程结果图形化展示界面

22.2.4　基于多工序联动的一体化排程技术实现多机组协同排程

对于钢铁企业冷轧产线，酸轧机组生产计划除关注规格接续外，确保热镀锌等轧后机组的供料是其作业计划排程的关键。湛江钢铁冷轧智慧排程系统创新实践多工序联动的一体化排程技术，采用虚拟、实物相结合的方式以及推拉式的排程策略，实现了轧制与轧后工序生产计划的协同排程。多工序联动的一体化排程技术的实施从全局协同的角度进一步提升了湛江钢铁冷轧全区域生产计划的质量。

22.3　应用的成效

湛江钢铁冷轧智慧排程系统上线后，实现了湛江钢铁冷轧区域作业计划少人化编制，降低了人力资源成本。通过计算机高速运算与智能算法，大幅减少了计划员生产计划编制时间。目前湛江钢铁已实施机组的排程自动化率已达 90%，在实现扩充一条新建产线的前提下，不额外增加计划人员。

排前决策分析技术与多工序联动的一体化排程技术的应用实现了前后工序机组作业计划协同生产，减少库存滞留周期，避免无效库存产生，从而降低在制品库存总量，节约资金占用。系统上线后，轧硬卷转运周期算短了 12%，大幅降低了酸轧与轧后机组间的在制品库存。

在生产经济性方面，湛江钢铁冷轧智慧排程系统实现了前工序根据后工序的需要结合自身生产规程及时供料，降低了生产计划关键要素无法跳跃的发生概率，有效减少了返回卷使用，提升了生产经济性。湛江钢铁冷轧智慧排程系统上线后，单月减少返回卷无效产能 500t，仅此一项每年可节省约 300 万元。

实施成效见表 22-1。

表 22-1 实施成效

序号	指 标	实施成效	算 法
1	冷轧区域自动排程使用率	100%	使用自动排程下发的计划/当月全部下发计划
2	冷轧区域生产自动化率	> 90%	人工无任何干预直接下发的计划/当月全部下发计划
3	人工效率	×2	比较上线前与上线后冷轧产线计划员人均承担编制作业计划的机组数量
4	轧硬卷周转周期	缩短 12%	比较上线前与上线后酸轧机组产出到轧后机组投料物料滞留周期
5	单机组一年返回卷节约	300 万元	以 SACL 机组为例,按现货期货价差 500 元/吨计算
6	日均产量提升	240t	以酸洗机组为例,比较上线前与上线后日均产量

22.4 项目创新点

通过 AI 与大数据等新技术与钢铁行业业务机理深度融合,形成一套完整的钢铁行业冷轧区域智慧排程解决方案,主要创新点如下:

(1)研发规则引擎技术。将规则业务知识与智慧排程系统深度融合,实现业务规则数字化,支持业务规则与排程场景在线、柔性、可动态维护。

(2)研发排前决策分析技术。将业务机理与 AI 算法结合,对待排材料进行多维度分析,实现排程前的智能化梳理。排前决策分析技术与冷轧区域机组智慧排程技术相辅相成,实现了智慧排程系统排前决策、排中运算、排后分析的闭环。

(3)研发冷轧区域智慧排程模型。结合冷轧区域机组计划编制业务机理,针对不同类型冷轧区域机组特性,结合 AI 算法构建冷轧区域智慧排程模型。冷轧区域智慧排程模型既支持冷轧区域非连续机组排程,也支持连续机组排程。支持冷轧区域机组工艺特殊要求的处理,支持计划间最小过渡、物料间平滑过渡等优化。

(4)研发多工序联动的一体化排程技术。通过推拉结合的排程策略,形成多工序协同的一体化生产计划。多工序联动的一体化排程技术能够有效低在制品库存。

23　高品质带钢冷轧智能化控制系统

东北大学

轧钢

简　介

研发出自主可控的冷连轧智能化全套控制系统，建成我国第一条完全自主研发的高端冷连轧机组，对国际顶级引进系统进行升级优化，并完成引进系统的全套国产化替代，核心技术实现技术输出，满足了冷轧带钢极薄厚度、更高精度、更优表面和更高稳定性的需求。应用于国内外 26 条生产线，保障了高品质带钢自主供给，产品广泛应用于交通、能源、国防军工等重点领域，并批量出口至德国、日本、法国等。国家权威机构鉴定"总体技术国际领先"。

项目总体架构如图 23-1 所示。

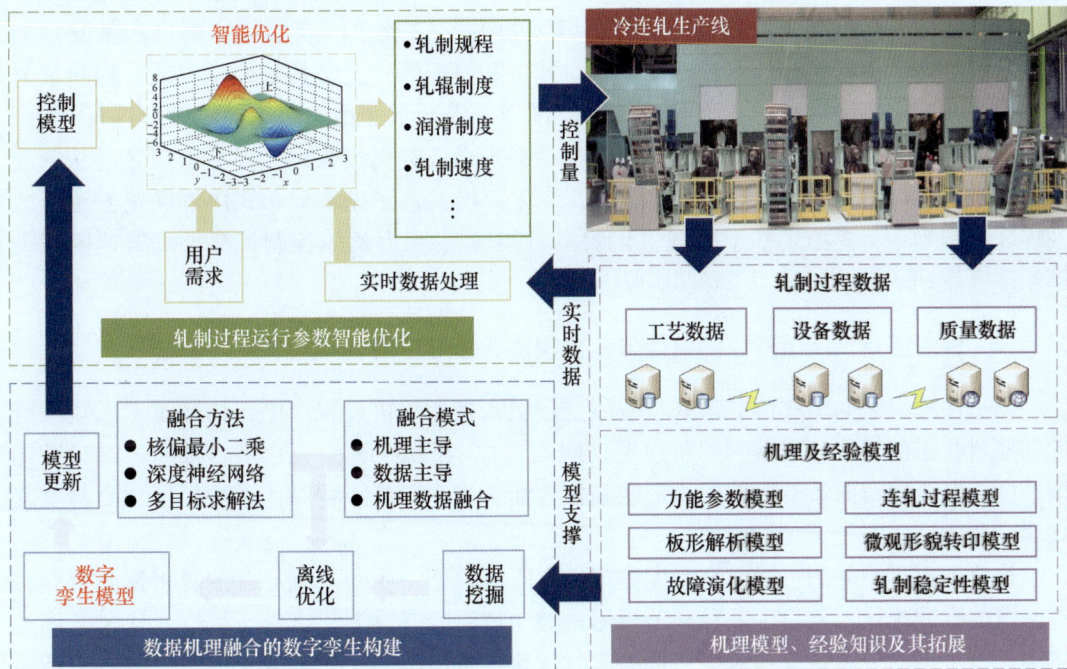

图 23-1　项目总体架构

23.1 解决的问题

我国高端冷连轧工艺装备与控制系统曾长期依赖进口，但引进的三维尺寸、表面与轧制稳定性等核心控制软件均为"黑箱"，成为"卡脖子"问题。同时，传统机理模型已经达到较高水平，但工艺参数交叉耦合、复杂工况控制能力不足，限制了产品质量和生产线运行水平的进一步提升。依托共同承担的"高精度面板智能化冷连轧生产线""扁平材全流程智能化制备关键技术"等国家重大任务，项目团队率先开展了冷轧智能化关键核心技术攻关与自主创新。

项目团队丰富了三维尺寸、微观形貌和轧制稳定性等基础理论，引入数据驱动方法提升了轧制数学模型的精度，以智能优化方法实现了轧制过程的协调优化，突破了冷轧控制当中的厚度-张力协调、板形高精度控制、表面质量控制、高速稳定轧制等核心理论与技术难题，研发出高端精品带钢高效冷轧智能化成套工业控制系统并实现了产业化推广应用，打破了国外长期技术垄断。

23.2 实施的路径

23.2.1 冷连轧厚度-张力综合建模与多机架分布式协调优化

基于机架间的工艺参数交叉耦合与过程传递，构建了多机架综合数字孪生模型，多机架厚度-张力的动态演变过程偏差小于 7.5%，建立了辊缝、速度调节的控制功效二维模型，量化解析了厚度与张力控制"为什么需要协调"以及"应当如何协调"的基础性问题。基于加减速过程生产数据挖掘出辊缝、速度和厚度等工艺参数的耦合关系，构建了复杂多变工艺状态下的辊缝和张力自适应补偿模型，提升了非稳态过程控制模型匹配程度，抑制了摩擦状态变化对轧制过程的影响，非稳态自适应补偿投入后，典型出口厚度从超差 $9\mu m$ 减小到 $\pm 3.5\mu m$ 以内。提出冷连轧协调优化新模式，率先将分布式协调优化方法引入到连轧控制当中，提出了基于邻域优化的多机架厚度-张力整体控制策略，机架速度扰动下的厚度波动从 0.013mm 下降到 0.0075mm。

23.2.2 板带钢高精度板形预测模型与多机构协调板形控制

创造性地以宽向位移函数形式将宽展变形引入板形解析过程当中，构建了考虑宽展变形和原料状态的板形分布预测解析模型，阐明了比例凸度-宽展-板形耦合效应，揭示了比例凸度结合金属横向流动影响的板形缺陷位置演变规律，极限宽厚比下的板形预测精度提高 35% 以上。

构建了板带钢轧制过程的全维度弹塑性有限元模型，明确了板形调节对带钢凸度和边部减薄的影响规律，给出了一种新的板形调控功效系数获取方法。基于板形变化量与调控机构调节量的对应关系，结合生产数据实时优化了板形调控功效系数。以板形解析机理模型和经验知识为先导，建立了以数据为基础的高精度板形数字孪生模型，提出了启发式算法和梯度下降算法相结合的智能优化方法，构建了板形控制信息物理系统，实现了冷连轧多机架工艺参数动态设定，如图 23-2 所示。高精度板形解析模型和板形信息物理系统应用后，0.18mm 典型薄规格带钢的板形标准差从 8.10IU 下降至 6.22IU，控制精度提升 23.2%。

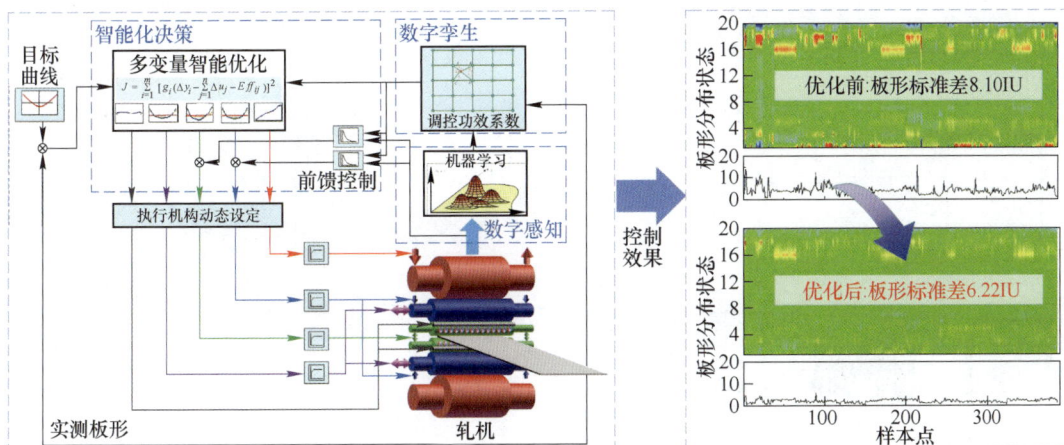

图 23-2　板形智能协调优化控制

23.2.3　功能性钢板表面微观形貌的轧制转印行为与调控

建立了功能性带钢微观表面质量的参数评价体系，分别研制出在线与便携式的带钢、轧辊表面形貌检测装置。基于傅里叶形状分析方法和分形理论，实现了表面微观形貌的数学表征与数字化重构。建立了带钢表面微观形貌轧制转印生成模型，揭示了带钢表面微观形貌的轧制转印机理与遗传演变规律，明确了工作辊表面微观形貌磨损机理与规律。以机理模型和演变规律为基础，开发出带钢与工作辊表面粗糙度在线预报系统，预报误差小于8.7%。揭示了表面微观形貌对可见光反射/散射、涂镀层流动铺展等影响机制，明确了美观性、黏附性等宏观表面效应与微观形貌的对应关系。提出镀锡基板"前高后低"、高强钢表面"冷轧末机架为主，平整机为辅"的表面微观形貌轧制转印控制策略，实现了轧制工艺与轧辊制度优化。表面微观形貌检测与调控系统研发，填补了国内空白，功能性带钢粗糙度与光泽度命中率分别大于95%和98%，优于日本新日铁进口产品。

23.2.4　关键设备健康状态与轧机运行状态评估成套技术

综合考虑轧机关键部件典型故障模式，建立了轧机轴承内圈磨损、滚动体裂纹等微弱故障演化动力学模型，开发了智能化故障诊断模型，实现了轧机关键部件故障分类识别和诊断，准确率达92%以上。建立了威布尔分布可靠度健康状态评估模型，获得与关键部件实际退化过程高度一致的健康状态变化曲线。

建立了轧制力能和轧机动力学模型，揭示了由张力引起的负阻尼效应是轧机高速振动的本质原因。提出了多工艺参数耦合的轧机振动显式数学判据，量化解析了工艺参数与振动之间的关系。回答了"轧机为什么振动"以及"什么工艺条件下会发生振动"的问题，明确了轧制工艺参数的稳定性区间。如图 23-3 所示，结合振动机理和数据特征分析，明确了工艺参数对轧机振动幅值的贡献率。融合轧制工艺参数与振动数据，给出了轧机振动状态在线监测方法，极限速度预测偏差小于 5.3%，振动幅值预测标准差小于 0.027g。提出了通过张力、润滑等工艺调整而不降低轧制速度的振动抑制策略，实现了 T5 级 0.18mm 薄硬带钢 1450m/min 的高速稳定轧制，突破了国内外同等产线 1200m/min 的速度极限。

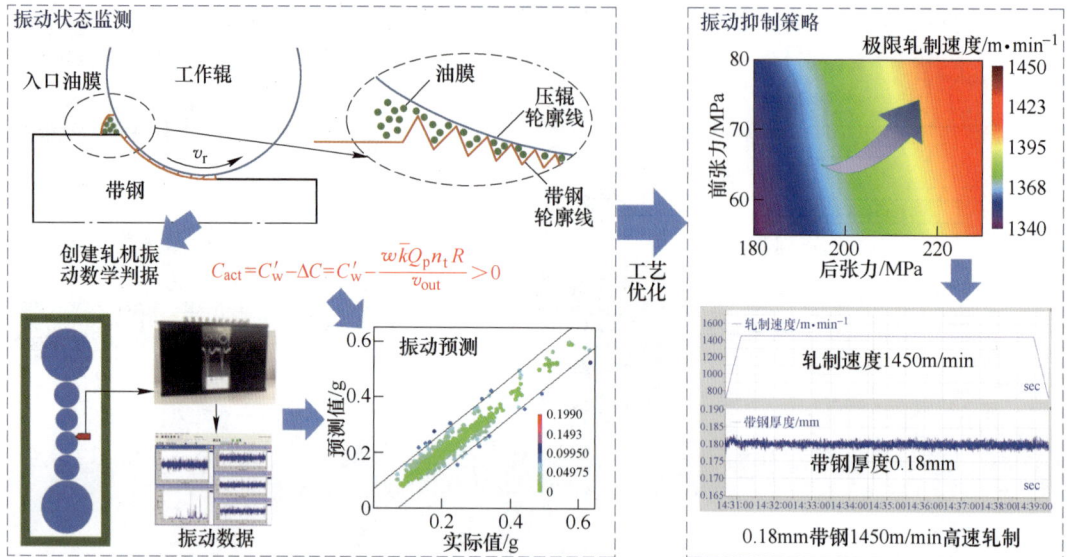

图 23-3　轧机振动监测与抑制策略

23.3　应用的成效

23.3.1　应用业绩

项目团队经过十余年的产学研用协同攻关，成功研发了高品质带钢冷轧智能化控制系统，建成了我国第一条完全自主开发控制系统的宽带钢冷连轧生产线。截至目前，相关技术已应用于国内外 26 条高端冷轧生产线，项目团队在宝武、鞍钢、沙钢对国际顶级的 PRIMETALS、TMEIC 等引进冷连轧控制系统进行升级优化，在山东冠洲冷连轧控制系统改造项目当中，首次实现了自主研发控制系统全套替换国外引进系统；同时，板形控制核心技术输出至韩国高端汽车用钢制造企业现代制铁。

23.3.2　经济效益

冷轧智能化核心技术已经应用于宝武、鞍钢、沙钢等 20 余条高端冷轧生产线，生产出汽车板、电工钢、镀锡板、高端不锈钢等精品板带材，广泛应用于交通、能源、国防军工等重点领域，满足了我国国民经济和国家重大工程建设的迫切需求。近三年，项目研发单位与部分应用企业新增销售额 138.44 亿元，新增利润 11.19 亿元。

23.3.3　社会效益

本项目的成功实施，使我国拥有了冷轧智能化工艺装备与控制系统的全套自主知识产权，填补了国内同类产品的空白，提高了我国冷轧的自主研发、制造和配套能力，大幅降低了采购、运行维护和升级改造成本，打破了行业内由德国、日本等国外集成商垄断的市场定价规则和服务模式。项目实施团队攻克了制约我国板带材冷轧高质量发展的"卡脖子"问题，形成了系列化成套专有技术和产品，取得了一批达到国际领先水平的技术成果，实现了高端精品带钢高效冷轧自动化与智能化控制系统的"从无到有、从有到优"，打破了国外长期技术垄断，引领了大型高端冷连轧机组的自主创新和国产化进程。

在推动钢铁领域跨越式发展的基础上，轧制工艺装备、三维尺寸、表面质量与轧制稳定性等智能化核心控制技术，跨领域推广到有色金属冷轧生产线，带动了有色行业的科技进步与高质量发展。项目实施过程中，开创性实现了国产激光焊机、辊系专用轴承、液压伺服系统、交/直流传动装置、测厚仪、板形仪等关键工艺设备与核心元器件的规模化应用，带动了装备制造、电气传动、仪表检测等上下游产业的发展。

通过项目的实施，建立了科研院所、高校及用户联合研发协同创新模式，培养了大批工程、技术和管理人才，形成了冷轧领域系列化的核心技术标准及规程规范。对推动我国钢铁行业结构调整与转型升级，向高端制造和智能制造发展具有重要意义，从总体上提高了我国高精度板带轧制生产水平，大大增强了我国在钢铁领域的核心竞争力，为国家战略的实施提供了技术支撑。

23.4　项目创新点

（1）创建了厚度-张力数字孪生模型与多机架协调优化方法。明确了交叉耦合运行机制，量化解析了多机架关联关系，提出了非稳态轧制过程的动态自适应设定方法，形成了多机架分布式厚度-张力协调控制新模式，有效抑制了非稳态厚度波动和机架间扰动，显著提升了冷轧带钢厚度精度。

（2）研发了板形精准解析数学模型与板形控制信息物理系统。突破了经典板形理论的局限，创建了考虑原料状态和宽展变形的板形数学模型，阐明了比例凸度-宽展-板形耦合效应，提出了数据与机理融合的板形调控功效系数获取新方法，创造性构建了板形控制信息物理系统，实现了薄带钢板形的精准协调控制。

（3）形成了表面微观形貌检测与差异化的轧制转印调控技术。研制出带钢表面及轧辊表面微观形貌检测装置，揭示了高端功能性钢板的印铁美观性、冲压储油性、涂镀层黏附性与表面微观形貌的对应关系，动态优化了轧制工艺与轧辊使役制度，有效提升了各类高端冷轧带钢的表面微观形貌符合率。

（4）开发出关键设备健康状态与轧机稳定状态评估成套技术。设计了轧机轴承、齿轮箱等关键设备故障诊断与健康度预测评估方法，提出了多参数耦合的轧制稳定性数学判据，形成了通过张力、润滑等工艺自适应调整而不降速的振动抑制策略，保障了关键设备安全可靠运转与轧机稳定高效运行。

24 钢铁数字孪生及智慧运维平台

中冶华天工程技术有限公司
设备管理

简 介

中冶华天钢铁数字孪生及智慧运维平台包含优质棒材生产线远程智慧运维及数字孪生系统、大H型钢生产线远程智慧运维及数字孪生系统、冶金装备制造生产线远程智慧运维及数字孪生系统，以及原料场/烧结/炼铁/炼钢/轧钢智慧运维大屏、物流智能管控系统、能源智能管控系统等部分。其中优质棒材生产线和大H型钢生产线远程智慧运维及数字孪生系统以在建及投产的优质精品棒材和超大H型钢生产线为对象，运用棒型材全流程数字化轧制、棒型材数字化建模和冶金建设BIM技术，建设基于互联网的远程管控系统、基于数字化工厂模型和实时数据的AR三维巡检系统、基于轧钢生产线全线设备数字化仿真建模的生产数字孪生系统、基于大数据和人工智能的生产监控诊断系统；冶金装备制造生产线远程智慧运维及数字孪生系统以中冶华天规划设计的钢铁冶金生产核心装备生产线为对象，建立数字化模型，进行基于互联网的远程实时监控、操作，以及构建数字化模型与实体装备同步的平行系统。

项目总体架构如图24-1所示。

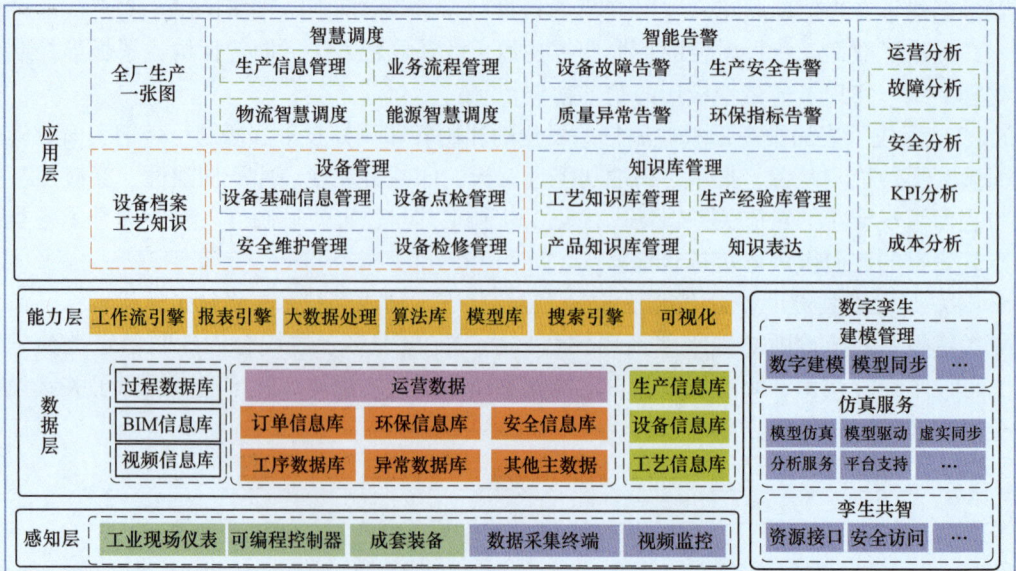

案例介绍

图 24-1 项目总体架构

24.1 解决的问题

传统的钢铁冶金工程建设项目中，由设计单位出具二维图纸，经过施工建设，转化为交付给用户使用的厂房和生产线。随着数字化、信息化技术的不断发展，BIM 技术已经成为行业发展的趋势，但目前多数企业仍然聚焦于单一的 BIM 技术应用，没有进一步利用当前互联网高速发展所带来的信息互联互通的优势。随着市场需求的多样化、项目难度的复杂化，通过互联网技术，构建基于 BIM 的数字孪生系统，实现被建设对象的全生命周期运营越来越受到行业企业的关注。在这种背景下，中冶华天工程技术有限公司充分发挥企业在传统的钢铁冶金建设领域的优势，引入互联网技术来提高自身的技术水平，拓展自身的业务范围，开发和运营了中冶华天钢铁数字孪生及智慧运维平台产品，为钢铁冶金企业提供从勘察设计、施工建设到生产运营全过程的数字化服务。

目前，中冶华天钢铁数字孪生及智慧运维平台产品的互联网运维中心设立在南京建邺区中冶华天南京办公园区的长材智造中心，为中冶华天马鞍山中试基地、中天钢铁南通精品棒材生产线、罗源钢铁大 H 型钢生产线、长江润发钢铁电梯导轨钢生产线等一批客户提供基于互联网的数字孪生和远程运维服务；同时，该产品也可以通过在客户处设立模型和数据服务平台，为用户提供数据本地存储和权限受控的远程运维服务。

24.2 实施的路径

24.2.1 基于 5G 和工业互联网架构的钢铁生产集成数据平台

将设备数据、应用数据、视频等生产通过 5G、高速网络迁移至云服务器端，进一步通过边缘存储技术迁移到离用户数据更近的边缘存储设备端，能够缩短数据存储的时间，降低交互时延和带宽成本，搭建生产过程工业大数据平台，数据平台建设主要通过在线实测数据、数据模拟方法等实现棒型材热轧全流程的工业数据获取、迭代和积累，构建并形成完整的数据源，开发数据获取、整合、存储和分析等关键技术，实现数据采集、数据传输、数据处理的标准化。图 24-2 为棒材生产线运维平台软件界面示意图，图 24-3 为型钢生产线运维平台软件界面示意图。

24.2.2 制造全过程质量跟踪与管理平台

制造全过程质量跟踪控制与管理贯穿产品制造全周期，指产品设计、原材料采购、产品制造、物流运输等各环节的质量管理与控制。主要功能包括质量标准管理、质量评估和判定、返修及改判充当管理、产品质量缺陷管理、质量问题追溯、质量可视化监测及分析等。主要包含以下几个方面：（1）产线产品质量预报；（2）产线产品质量控制；（3）产品质量监控及追溯技术。

24.2.3 产线设备全生命周期的健康状态监控与管理平台

对产线设备全生命周期的健康状态进行监控与管理，通过从设备的设计、采购、投运、使用与维修直至报废的整个生命周期的各阶段数据采集，全生命周期的设备大数据智

(a)

(b)

图 24-2　棒材生产线运维平台软件界面示意图
（a）总体视图；（b）局部展示图

能分析，进行设备性能评价、健康状态预知与剩余寿命估计，依据设备的状态趋势和可能的故障模式，预先制定预测性维修计划，确定机器应该维修的时间、方式和必需的技术和物资支持，进行设备备品备件优化管理，既可保证企业资源合理有效地利用，也可对提高制造效率和质量产生重要作用。

24.2.4　制造全过程生产计划与能源综合管理平台

考虑产能约束、人员技能约束、物料可用约束、工装模具约束，通过智能的优化算法，制定预计划排产，并监控计划与现场实际的偏差，动态调整计划排产。对智能制造的能源管理进行科学合理的能源计划制定与管理，实现能源采购效益最大化；精准预测能源的消耗与产生并进行优化调度，实现全部能源站所的无人值守、集约化管控、智能平衡优化；通过能源诊断与余热余能回收技术、智能化能源管控与环境优化技术、污染物协同控制与一体化脱除技术，全面提升能源全流程的绿色创新工作。

24.2.5　智能化钢铁生产线集中管控智慧中心

将多线操作室集中到集中管控智慧中心运行，展示来自生产现场的各种画面和分析模

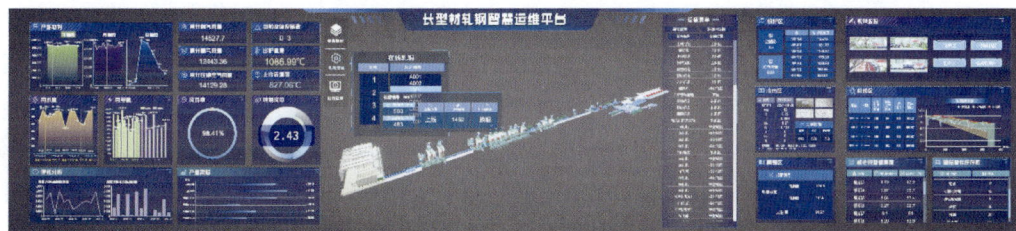

(a)

(b)

图 24-3 型钢生产线运维平台软件界面示意图
（a）总体视图；（b）局部展示图

型，实现全工序远程集中操控，使工人远离危险作业区，提升生产效率。以三维建模为基础，将产线的运行状态进行立体式可视化，设置各类监控阈值，通过生产过程关键运行指标监控，对各系统运行状况进行评价、诊断，并提出预警和智能化专业建议，提升异常工况的处理水平。实现跨工序的远距离沟通，对全产线进行智能感知、智能分析、智能预测、智能决策和自主学习。

24.2.6 基于智能化方法的先进控制和状态感知模型平台

通过基于智能化方法的先进控制和状态感知模型，实现高度自动化，为智能制造强基。智能感知技术包括机器视觉方面的智能感知技术、基于模型的智能感知技术、大数据深度感知技术、数字化仿真技术等，可实现精确定位与精密检测。此外，通过智能化嵌入技术、自适应控制技术、模型优化设定技术及工业机器人、无人行车、无人台车、无人仓库等智能跟踪与精准执行技术，实现全流程的无缝连接、高效可靠自动化生产。进一步提高产线的自动化程度，对关键工序区段，以新型的机械手、机械臂、成排型钢矫直设备等为出发点，升级或开发成套的热送钢坯矫直机、万能轧制棒材轧机、智能化小型钢成排矫直机，提质降本，降低设备故障率，提高生产效率，降低劳动强度。

24.2.7 基于云计算的工厂数据中心和知识管理平台

构建完整的钢铁产线数字化标准体系、轻量化三维可视技术的钢铁生产交互设计和交付过程，开发数字化工厂运维。基于制造过程产生的各种数据，建立工厂数据中心，在数据中心基础上利用大数据分析、虚拟仿真分析等手段，分析和提取其中固化的有关产品设计、制造工艺、设备管理、质量管理、生产管理等规则和知识，形成企业知识库，并提供知识管理和应用接口，使企业内部用户可以方便对知识和规则进行查询、使用、增补和修订，为持续提升企业技术和管理水平奠定基础。这一平台包括以下功能：工厂数据中心、云计算支持、虚拟仿真分析模型与方法库、企业知识库管理。

图 24-4 所示为中冶华天钢铁中试基地数字孪生系统。

(a)

(b)

图 24-4　中冶华天钢铁中试基地数字孪生系统

（a）高速码垛机组数字孪生展示图；（b）成排矫直机数字孪生展示图

24.3　应用的成效

24.3.1　应用业绩

在工程应用中，中冶华天钢铁数字孪生及智慧运维平台已经取得了显著的效果，尤其是在近 3 年国内疫情多点开花，影响各地人员流动的情况下，为中冶华天的施工现场服务和专家咨询服务提供了重要的互联网平台，创造了巨大的经济价值，得到了用户和专家学者的认可。其中，仅中冶华天中试基地 2022 年增收节支费用达 980 万元，中天棒材生产线目前处于试生产阶段，预期效益超 2 亿元/年。

图 24-5 所示为中冶华天长材智造中心现场。

图 24-5　中冶华天长材智造中心现场

针对目前在钢铁行业日益凸显的模式创新和全产业链集成整合能力中所出现的对运营服务能力的新要求和新课题，本案例通过对"互联网+"技术的应用和拓展，在钢铁建设领域探索出个性化的互联网运营服务新模式，建立自己的大数据平台系统进行分析诊断、总结规律，为拓展新的服务提供重要支撑，推进多个生产企业运营服务综合能力水平向高端和纵深延伸，实现冶金工程建设公司从传统的设计建设服务模式向外拓展、向高端延伸。在输出技术的同时还输出运营、管理，由一次性交易转变为长期服务的目标。应用业绩见表 24-1。

表 24-1　应用业绩（2021—2022 年）

序号	项目名称	客户	应用类型	产线类型	项目年份
1	中冶华天长材智造中心钢铁数字孪生平台	中冶华天工程技术有限公司	智慧运维	全流程	2021
2	中冶华天钢铁中试基地数字孪生系统	中冶华天工程技术有限公司	智慧运维	冶金装备制造	2022
3	中天钢铁南通精品钢项目棒材生产线智慧运维系统	中天钢铁集团有限公司	智慧运维	棒材	2022
4	青钢 3 号烧结智能过程控制系统	青岛特钢有限公司	过程控制	烧结	2021
5	罗源三钢闽光钢铁有限公司大 H 型钢生产线项目智慧运维系统	罗源三钢闽光钢铁有限公司	智慧运维	型钢	2022

24.3.2　经济效益

以本案例已投入的热轧棒型材为例，国内市场热轧棒材轧线约有 1000 余条，型材约有 300 余条，粗略估计因"普转优"、"优转精"、绿色化、智能化、产线升级带来的技改经济规模效益可达千亿级，"一带一路"周边国家中，东盟地区的印尼、泰国、印度、南非、巴基斯坦、马来西亚、菲律宾等国家和地区对钢铁项目的需求比较多，合计的钢铁总容量大约达 2 亿吨，按行业 25%建筑用材量，热轧棒材缺口可达 5000 万吨左右，需要 50 条左右新线，中冶华天的产品在国内外市场均具有很好的推广应用前景。

24.3.3　社会效益

针对目前在钢铁行业日益凸显的模式创新和全产业链集成整合能力中所出现的对运营服务能力的新要求和新课题，中冶华天在"专业领域探索出个性化"的运营服务新模式，建立自己的大数据平台系统，进行分析诊断、总结规律，为拓展新的服务提供重要支撑，并通过数字孪生的展现形式，推进互联网运营服务综合能力水平向高端和纵深延伸。依托中冶华天钢铁数字孪生及智慧运维平台开展了多项重大课题的研究，如安徽省重点项目《智能化高效烧结余热回收关键技术及控制装备开发》、《智能化型钢高质高效成排矫直机关键技术及装备》、中冶集团"181 计划"项目《热轧棒型材车间智能化关键技术》等，并获得多项科技奖项，如 2020 年安徽省科技进步奖三等奖、2021 年四川省科学进步奖二等奖、2021 年安徽省科学技术进步奖三等奖、2022 年中国质量技术奖二等奖等。

通过技术研发和工程实践，构建了以设计院为中心，以工程建设项目为载体，将产、学、研单位紧密结合起来的智能化技术研发和转化团队，培养了一批兼具研发能力和工程实施能力的复合型人才。在钢铁冶金建设领域中，将设计院在产学研用中应处最核心的上承下达纽带作用再予凸显和巩固，切实与国内外顶尖科研院所、大学、钢铁企业、装备制造企业建立基于互联网的战略联盟或联合实验平台，通过资源共享、资本扶持、团队合作等多种方式，加速核心专利技术的成果转化，走出实验室，走进钢厂，走向市场，形成规模和效益，加速培育形成世界第一冶金建设运营服务"国家队"，承担起引领中国冶金走向更高水平、走向世界舞台中央的国家责任。

24.4 项目创新点

在智能制造和"互联网+钢铁"国家战略指引下，中冶华天钢铁数字孪生及智慧运维平台将互联网技术同钢铁冶金业务有机结合，积极主动深入钢铁企业一线采集技术数据并合理分析，将线上与线下融合，创新运营服务模式。因此，当前国内钢铁产业发展的不平衡和创新服务供给的不充分问题，正是冶金科研设计类企业和施工服务类企业配合，采用新兴工艺和设备，融合三化技术，形成绿色和智能制造，提质升级，实现中国制造2025的发力点。

中冶华天钢铁数字孪生及智慧运维平台立足于钢铁冶金产线涉及的生产过程控制、设备状态、能环使用、物流情况、成本校核等核心业务，形成智慧管控平台中心方案，以互联网、云存储、大数据、机器视觉、智能分析等技术实现生产的高度集成、大规模集控和无边界协同。

第三章

智能管理 ZHINENG GUANLI

25 基于工业互联网的过程质量智能管控系统

北京科技大学设计研究院有限公司
质量管控

简　介

基于 IOT 的高频、多源、多协议数据采集网关和边缘侧数据融合处理技术，构建面向钢轧过程产品质量智能管控的工业互联网平台。采用可配置的工艺质量状态在线监控与预警、数据驱动与机理模型相结合的质量预测、产品质量在线精准评判等先进算法，实现生产过程的质量预测、在线管控、质量评判的事前-事中-事后 PDCA 质量管控管控新模式。基于搭建的 36 种机器学习方法以及 55 种机理和统计模型，实现面向多业务协同、质量持续优化的机理和数据混合驱动的分析技术。

项目总体架构如图 25-1 所示。

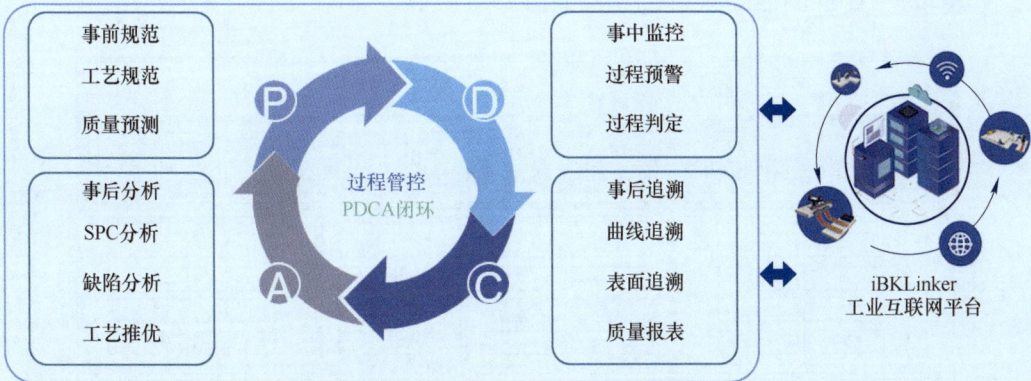

案例介绍

图 25-1　项目总体架构

25.1　解决的问题

钢铁工业是典型的流程行业，涉及工序多，边界条件复杂，质量控制难度大。过程质量控制痛点主要体现在：（1）缺乏钢轧全过程数据平台，"信息孤岛"现象严重，跨工序高效分析困难；（2）客户精准需求难落地，迫切需要在线/智能管控；（3）缺少全过程、全要素协同管控理念和技术手段。

产品质量是钢铁企业核心竞争力，随着工业互联网技术的推进及与信息技术的融合，通过大数据、智能化手段提升、稳定钢铁产品质量已经成为冶金行业的共识。质量管控系统已经成为实现钢铁生产流程中一个重要的组成部分。在企业层面，钢铁生产流程中质量控制变量多、控制难度高、控制功能复杂的环节，多工序之间具有较强的耦合控制特性。针对诸多质量管控过程中的问题，一套完备的质量管控系统可以帮助企业提升产品附加值及竞争力。

25.2 实施的路径

25.2.1 iBKLinker 冶金工业互联网平台

围绕产品质量管控需求和高通量、强耦合、多态时变、多源异构的数据特征，设计了面向钢铁特点的工业互联网构架，实现从数据感知到数据转换，再到信息提取和认知，在确保网络、数据、平台安全情况下实现产品质量全流程智能管控和质量持续优化改善。基于工业互联网架构，该平台研发过程中采用功能通用化、标准化、模块化的技术研发策略，以提高平台的行业适用性，并可根据不同场景快速定制，形成具有企业特色的产品质量智能管控应用平台。主要内容包括基于物料族谱的多粒度数据融合与统一存储模型，IOT 通信网关与边缘计算相结合的数据采集技术，实时边缘计算的多源数据融合与预处理技术，基于分布式服务平台技术的数据采集管理和应用服务软件开发中间件平台（SOA. NET）。

iBKLinker 冶金工业互联网平台架构如图 25-2 所示。

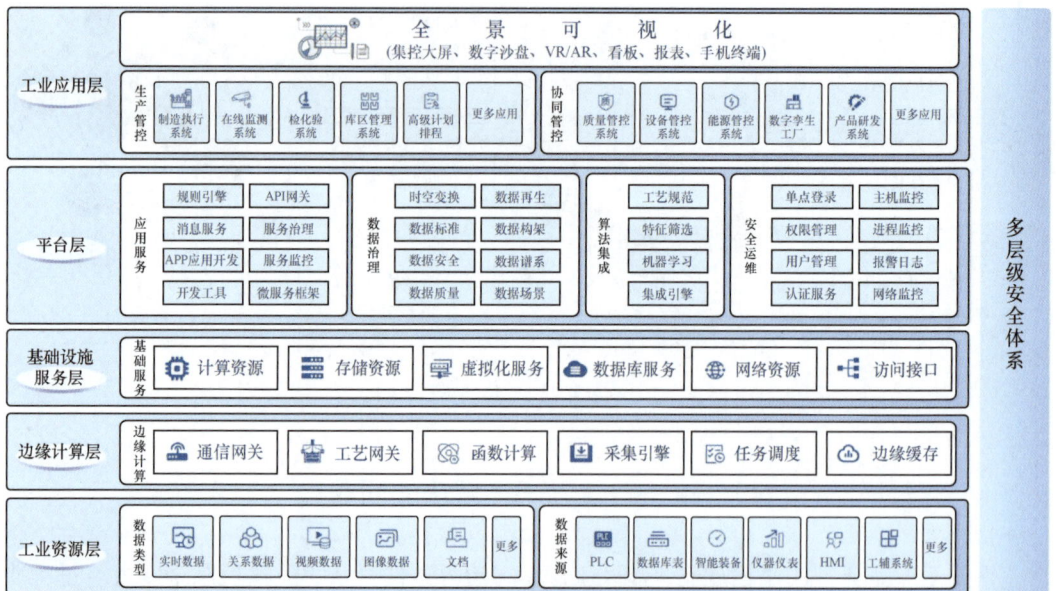

图 25-2　iBKLinker 冶金工业互联网平台架构

25.2.2 产品质量全过程的质量智能管控平台

（1）基于统计分析、模型预测的可重组的监控/预警引擎。首先，以冶金规范、专家知识规则为依据设置监控规则，在生产过程中对监控参数进行实时判异，实现在线实时监控与预警；其次从过程稳定性角度出发，利用统计概率模型进行单变量的统计过程控制，利用 SPC 判异规则对过程重要工艺参数进行在线监控及预警，及时向现场操作及质量管理岗位提供制造过程重要工艺参数变化及预警信息，对质量异常事件实现自动报警功能。

（2）数据驱动与机理模型相结合的产品质量预测技术。针对力学性能等难以在线测量的质量变量，通过机理模型和数据驱动模型的结合，采用软测量方式可以实时对相关质量指标进行预测，为产品质量的控制提供新的技术手段和思路。采用可配置方式，集成机器学习算法，用于解决不同的质量问题；采用可动态配置的设计模式，由人工随意配置样本库和变量的选择，从本平台中的关系型数据库和实时数据库进行不同的数据项配置；灵活的参数调优接口，供工艺人员对模型进行精度调试。

（3）满足定制需求的多维产品质量在线精准评判与封锁技术。研发了满足定制需求的多维产品质量在线精准评判和封锁应用功能（见图 25-3），该功能是整个平台应用的一个功能模块，与平台所有数据、其他应用无缝集成，并且增加基于 AI 算法的智能评判和优秀样库对比打分等功能，提高了多维评价的准确性，也可为后续一键式分析自主创建优秀样本库。

图 25-3 在线精准评判与封锁示意图

25.2.3 多业务协同、质量持续优化的大数据分析系统

（1）质量与工艺的追溯分析技术。系统平台通过数据采集与数据融合，确保系统有机串联炼钢、连铸、热轧、冷轧、成品质量及客户反馈异常质量等重要信息，并关联过程监

控预警和质量评级判定结果，给出可疑的可能引发异常的工艺参数，主要包括如下几种追溯方式：全工序关系型数据追溯、全工序工艺曲线追溯、全工序长度基准的时空变换、不同物料同工序之间的曲线比对与分析等。

（2）质量与工艺的优化分析技术。实际生产过程中的工艺参数优化实质是一个多变量的优化问题，尤其是在参数间存在强相关时，需挖掘出各工艺参数间的耦合关系，实时预测某些不可测量的工艺参数，给出调整工艺参数的控制策略，利用工艺参数的协同优化确保产品质量。本项目利用工业大数据分析方法，挖掘数据间隐藏的复杂映射关系，从历史数据中寻找引发综合质量优良品和不合格品的差异性特征，从而实现工艺参数的优化。

质量分析界面示意图如图 25-4 所示。

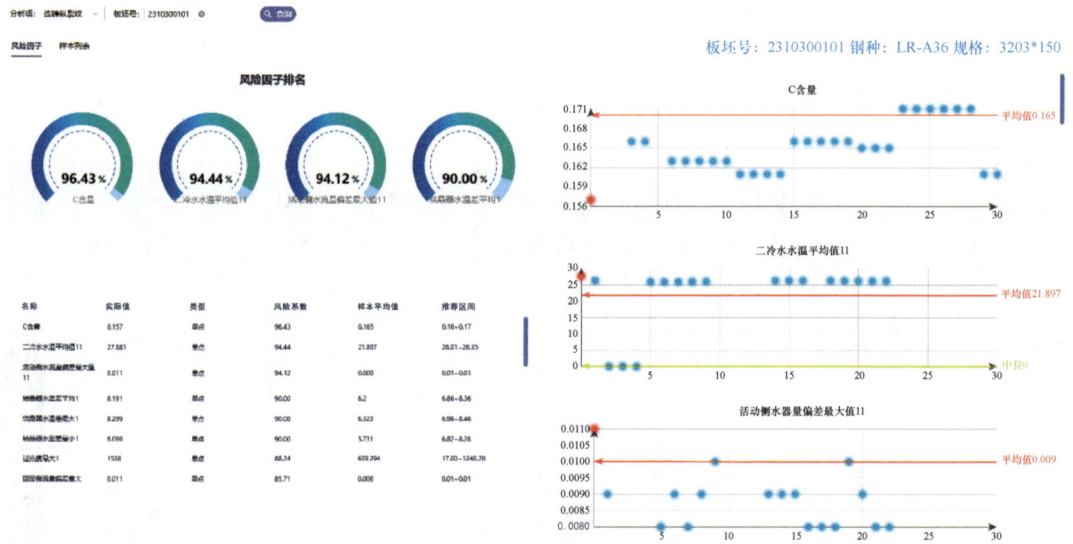

图 25-4　质量分析界面示意图

（3）面向钢铁制造流程的模型与方法库。针对钢铁行业全流程产品管控需求及应用场景的复杂性，考虑平台技术，形成知识的通用性、可复制性，本系统采用"模型/方法驱动、平台支撑、功能和接口标准化"的思想，构建了面向钢铁制造流程的产品质量智能管控应用模型与方法库。

25.3　应用的成效

25.3.1　应用业绩

目前该解决方案已实现 46 个项目应用，包括鞍钢、马钢、新钢、攀钢、南钢等 21 家大中型钢铁企业、4 家铝加工及 1 家炭材企业，成果从钢铁行业拓展到有色、炭材料领域，形成了一套完整的基于工业互联技术的产品质量全过程智能管控技术与平台的应用解决方案。相关的应用业绩见表 25-1。

表 25-1 应用业绩（2021—2022 年）

序号	项目名称	客 户	应用类型	产线类型	项目年份
1	南钢板材全流程智能制造——智慧质量	南京钢铁有限公司	宽厚板	全流程	2022
2	建龙阿钢板带全流程过程质量管控系统	建龙阿城钢铁有限公司	板卷	全流程	2022
3	涟钢全流程质量管控与分析	湖南华菱涟源钢铁有限公司	板卷	全流程	2022
4	涟钢冷轧区域过程数据采集及分析	湖南华菱涟源钢铁有限公司	板卷	全流程	2022
5	大冶特钢 460 钢管灯塔工厂精益数字化应用平台——智慧质量	大冶特殊钢有限公司	钢管	热轧单工序	2022
6	涟钢全流程数据采集平台优化	湖南华菱涟源钢铁有限公司	板卷	全流程	2021
7	鲅鱼圈热轧线全流程质量管控大数据分析项目软件开发	鞍钢股份有限公司	板卷	全流程	2021
8	承德建龙钒钛高科 258 无缝管连轧生产线智能制造项目——智慧质量	承德建龙特殊钢有限公司	管线	热轧单工序	2021
9	安钢工业数据引擎	安阳钢铁股份有限公司	板卷、中板、高线	全流程	2021
10	安钢 QMS 质量全过程管控项目	安阳钢铁股份有限公司	板卷、中板、高线	全流程	2021

25.3.2 经济效益

以现代信息技术为手段，借助现代质量管理理念，研发了一套面向钢铁产品质量全过程智能管控平台，并将技术成果推广到 26 家大中型企业，为企业创造了显著的经济效益。成果中 6 家应用单位（鞍钢、涟钢、淮钢、马钢、新钢、攀钢）从 2018—2020 年共计新增销售额 332269.8 万元，新增利润 79632.85 万元。相关的应用效果见表 25-2。

表 25-2 应用经济效益 （万元）

单位	2018 年		2019 年		2020 年	
	新增销售	新增利润	新增销售	新增利润	新增销售	新增利润
鞍钢	—	—	—	5911	—	8967.5
涟钢	—	7786	60300	10227	99500	10843
淮钢	1117.15	—	1436.11	—	—	3269.38
马钢	—	—	49453.75	6591.83	52345	6525.55
新钢	—	—	11070.6	4489.51	24205.2	5812.48

续表 25-2

单位	2018 年		2019 年		2020 年	
	新增销售	新增利润	新增销售	新增利润	新增销售	新增利润
攀钢	—	—	16400.9	3175.69	18994.31	3480.65
小计	—	8903.15	137225.3	31831.14	195044.5	38898.56
新增销售额	332269.8 万元					
新增利润	79632.85 万元					

6 家项目成员单位通过产品质量在线管控与自动评判、诊断优化技术等综合应用，外放风险降低 60%，用户质量异议降低 50% 以上，重点产品合格率明显提升（见表 25-3）。

表 25-3　项目成员单位应用实绩

应用企业	产线类型	自动判定运行率	外放风险降低	用户质量异议降低	热轧产品封闭率降低	热轧产品废品率降低	冷轧产品合格率提升	热轧让改率	冷轧让改率
鞍钢	板带	99.80%	70%	50%	35%	0.40%	汽车、家电、硅钢：2.5%	—	—
涟钢	板带	99.20%	60%	50%	30%	0.50%	汽车、家电：5.2%	—	—
淮钢	棒线	99.00%	70%	60%	35%	0.80%	2.50%	—	—
马钢	板带	—	—	—	—	—	—	5.23% 降到 4.9%	4.99% 降到 3.6%
新余	板带	99.80%	—	63.20%	—	—	1.50%	—	—
攀钢	板带	—	—	—	1.57% 降到 1.25%	—	—	—	—

25.3.3　社会效益

（1）"钢铁产品质量全过程智能管控技术与平台"可有效支撑企业向面向客户定制化需求的产品质量全过程管控新模式的转变，成为钢铁行业智能制造整体解决方案落地实施的技术应用，由此获得了多个工信部项目的支持：2017 年沙钢集团的"高端线材智能制造新模式"、2017 年中铝瑞闽《高端铝合金智能制造新模式》、2018 年鞍钢股份《5500 宽厚板智能制造示范工程》、2019 年鞍钢股份《钢铁全流程质量管控及大数据应用》，同时支撑新余钢铁获得 2022 年度智能制造示范工厂，安阳钢铁获得 2022 年全国质量标杆等，为钢铁行业的技术进步和智能工厂的全面建设提供了应用示范和技术引领。该项技术荣获 2021 年冶金科学技术奖一等奖以及第三届中国工业互联网大赛全国优秀作品奖，为提升我国钢铁产品质量管控的原创技术水平、推动我国基础理论进步及提高冶金行业影响力起到了重要作用。

（2）通过技术研发和工程实践，构建了一支产、学、研相结合的钢铁产品质量全过程智能管控技术研发团队，培养了一批多学科交叉的复合型人才。自 2007 年，培养博士 18 人、硕士 100 余人，这些人才目前在各个行业从事数据分析、智能化应用等工作。

（3）依托项目成果的实施与建设，多家应用单位形成了一支业务与计算机相结合的产品质量全过程管控技术团队，团队人员充分掌握和利用平台技术后，在提高产品质量稳定性、降低用户质量异议等方面发挥了重要作用，增加了企业的核心竞争力，同时为智能工厂的全面建设提供先行应用示范。

25.3.4 项目创新点

通过推动工业互联网与大数据等新技术与流程行业深度融合，形成一套完整的面向冶金行业的产品全流程质量智能管控技术与平台，主要创新点如下：

（1）开发了产品质量全过程智能化管控工业互联网平台。具备了面向产品质量规程、在线监控、预警、评级、诊断与分析的闭环管控功能，实现了多协议适配、边缘侧数据处理、语义自动关联融合、IT 与 OT 协作的网络安全，开发的质量智能化管控工业互联网平台已成功应用于多条生产线。

（2）研发了提升质量稳定性的在线质量全过程管控技术。采用可配置的工艺质量状态在线监控与预警、多变量强耦合的过程参数综合监控、数据驱动与机理模型相结合的质量预测、产品质量在线精准评判等先进算法，实现了生产过程的质量预测、在线管控、质量研判的在线管控新模式。

（3）研发了多业务协同、质量持续优化的大数据分析系统。研发了相应的大数据分析系统，实现了产品生产全过程质量数据闭环管理；在质量管控功能上，支撑了客户定制化需求的产品质量 PDCA 管控体系；在系统应用中，融合设备、生产、能源等数据，实现质量与多要素之间的协同管控与优化。

26　钢铁生产全流程大数据质量分析解决方案

中冶京诚工程技术有限公司
质量管控

简　介

本方案是基于大数据和人工智能技术，充分融合生产现场的生产信息、控制信息、工艺过程数据、能源介质数据、设备运行数据以及各种计质量装置等检测数据，形成完整统一的钢轧全流程基础数据平台，并通过过程质量诊断与预警、在线质量预测、过程质量追溯、过程质量分析、过程质量评价等手段，辅助技术人员确保产品质量的稳定性和持续提升产品质量，在提升产品合格率、提高劳动生产率及降低成本方面具有显著经济效益。

案例介绍

26.1　解决的问题

2021—2025 年我国国民经济和社会发展正处于"十四五"规划期，随着计算机及其存储设备、互联网、云计算等技术的发展，大数据应用领域随之不断丰富，各产业都在深入挖掘大数据的价值，研究大数据的深度应用。大数据产业"十四五"规划中提到将关键技术研发及加快工业大数据推广应用等内容作为未来几年发展的重点任务。

目前制造业正在大力进行数字化转型，大数据作为重要的技术支撑，能够在钢铁产品设计、质量控制、运输管理、产品营销以及售后服务等多方面助力企业节能降耗，提质增效。

钢铁行业工艺流程复杂、大型设备集中、参数多且耦合性强。数据规模随着生产业务的发展及管理精细化水平的提升而大幅度增长，大数据也为钢铁企业产品质量管控提供了新的思路和方法。打破传统信息化系统架构，构建新的质量管控手段及人工智能技术创新应用成为基于大数据技术下优化产品质量的关键问题。

26.2　实施的路径

本方案聚焦目前钢铁企业在质量管控和分析方面面临的共性问题，利用大数据及人工智能技术，突破了传统 IT 信息化系统框架结构、技术水平、适用领域等局限性，打造适用钢铁企业炼钢及轧钢全流程、多工序的质量分析管控平台，并应用于钢铁生产最为复杂的炼钢和轧钢工序，以现代质量管理方法为基础，以信息化系统为手段，以智能制造为主导，实现生产可管控、异常可预警、过程可追溯、缺陷可诊断、能力可评价、质量可预测、研发可推理。运用全面质量管理工具，辅助技术人员确保产品质量的稳定性，持续提升产品质量，不断提高顾客满意度和企业竞争力。整体技术架构及功能架构如图 26-1 和图 26-2 所示。

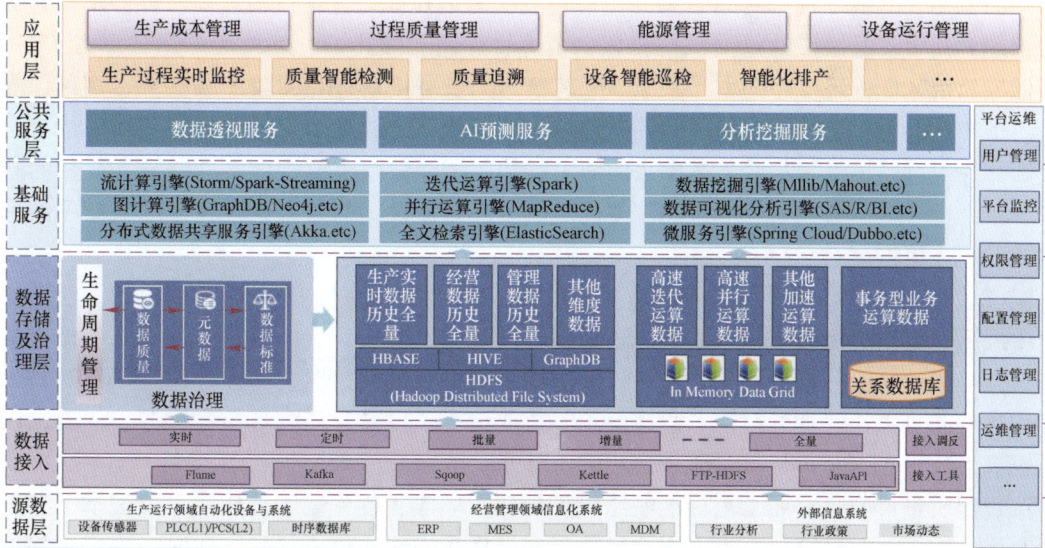

图 26-1　整体技术架构

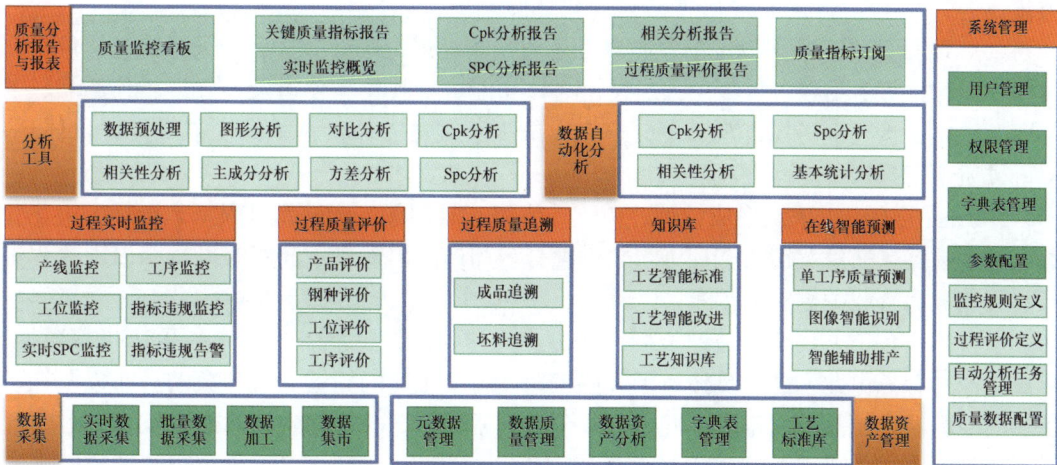

图 26-2　功能架构

大数据质量分析平台系统与生产车间的各 L2 系统（过程控制系统）、PLC 系统（基础自动化控制系统）、MES 系统（生产制造执行系统）、EMS（能源管理系统）、检化验系统、物联网设备、移动设备进行全面对接，抽取所有工序的生产、控制、工艺、能源介质、设备运行、质量参数等数据及图像视频资料。

方案共形成了三项关键技术内容。

26.2.1 基于大数据技术的全流程质量分析系统

全流程质量分析系统应用于生产过程最复杂的炼钢和轧钢流程，全面融合转炉、精炼、浇铸、轧制等过程工艺指标、检化验等多维度数据，实现动态调整关键指标项及产品全流程质量追溯，大幅度提高质量分析可靠性及分析效率。

（1）生产过程实时监控与告警。生产过程实时监控模块包含过程监控与告警及告警参数管理。其中实时监控的范围包括转炉、精炼、连铸、加热炉、轧线等炼钢轧钢各工序，掌握炼轧钢区域内各工序的生产状况。工艺技术人员可以通过界面按照物料号、钢种、规格、生产厂、工序工位、时间区间等条件多维度地对一个或多个工艺参数的实绩进行查询检索，并通过系统绘制这些工艺参数的历史趋势图。趋势图主要提供各关键输入变量的趋势分析，直观显示关键输入变量的波动以及数据。根据设定的查询条件，显示数据项的趋势图、趋势数据。

（2）质量诊断。质量信息看板是基于大数据平台将企业从炼钢到轧钢的质量诊断结果集中展示，重点关注各生产线的工艺违规报警、初检不合格、废品量、改判、质量稽查的当日及月累计情况等报警信息，并统计关键质量指标及按日、周、月查看其趋势图。

该功能可以让管理者简洁、直观地了解重要信息，也可为厂内考核提供一定依据，同时也极大减少了工艺人员日常统计分析的工作量。

过程质量诊断是对照工艺标准库比较各炉次或坯次、各关键工艺参数、关键指标项是否合格，按天/周/月统计合格或不合格情况。当现场出现质量异议和问题时，用户可根据诊断信息进行参考，快速找到出现问题的原因，调整炼钢、轧钢过程中的工艺控制，进行质量改进。

（3）质量评价。根据设定的原则对工艺质量指标进行统计分析，并进行综合评价，评价指标和评价方法由经过授权的人员设定。该功能可直观显示公司及各分厂、各产品、各工序等的质量情况，更加直观、便捷，大大减少了人员工作量，并完善了质量评价体系，提升了质量管理水平。

（4）质量追溯。系统集成转炉、精炼、浇铸、轧制等炼钢轧钢过程工艺指标、检化验等多维度数据，通过关键指标项进行数据整合。当产品出现质量问题时可按照以下流程进行过程追溯，查找关键影响因素。

平台提供各工艺环节的关键指标作为追溯入口，逐级追溯各个工序的生产指标数据，复现生产过程。由此了解产品经过了哪些工序、每个工序的关键工艺参数的分布以及在各工序的原料及产出品的质量等，并进一步分析异常原因，查看指定缺陷数据。

（5）质量自动化分析。平台提供从数据库、外部 Excel 导入等多种数据提取方式，并进行数据有效性检查，包括异常数据处理、自定义调整数据行和数据列等功能，方便用户快速得到需要分析的目标数据集。利用集成在系统中的质量分析组件，通过定制和配置分析任务，进行单项分析、专题分析并根据质量人员关注偏好形成典型指标分析在首页直观呈现。

26.2.2 基于多种深度学习算法的质量预测模型

（1）质量预测模型。本模块基于 few-shot 框架算法、树模型、神经网络深度学习算法建立成分预测模型，可进行质量预测，分析结果可通过图形组件直观展示每对指标之间相关程度大小，也可以表格形式展现。

（2）铸坯质量判定。建立包含多种机器学习方法的模型库。其中包括支持向量机、神经网络、决策树等智能算法。能够灵活、可扩展、结构化地进行规则配置，建立在线质量预测模块规则库，实现产品的在线质量预测功能，预测结果作为下游生产的原料选择提供依据。目前系统支持的质量模型包括铸坯质量评级。

区别于传统单工序分析，铸坯质量评级模块融合 L1、L2 采集铁水预处理、转炉（电炉）、精炼、连铸（模铸）、加热炉、轧钢各个工序的生产过程数据、人工输入数据及 MES 等数据，通过炉号、坯号、钢板号（捆号）将数据——关联，为铸坯的全流程质量评价提供数据保障。质量预评价规则库用于质量规则的管理和在线质量预测及评价，质量规则采用统一的定义方式，允许工艺专家依据传统经验、大数据分析结果，对质量规则进行增加、删除、修改、优化参数操作，提高了规则库的灵活性，满足钢轧对铸坯质量的评价需求。依据最终的产品质量反馈，基于支持向量机、神经网络等算法分析产品产生缺陷的因素，并根据分析结果优化质量规则，形成闭环全流程质量分析。

26.2.3 基于深度学习算法的低倍图片智能识别建模技术方案

根据图像分析技术及深度学习技术建立智能识别模型，对产品的影像数据进行自动质量等级判定，最后可通过主元分析等算法，对所有生产过程数据（如炉次信息）进行降维处理，通过主元，找出生产过程中发生变动的主要参数，如拉速、过热度、压下量等，并利用散点图找出最关键影响因素。

26.3 应用的成效

26.3.1 应用业绩

本方案将大数据及人工智能技术和钢铁生产过程紧密结合，利用先进的质量管控分析方法及工具辅助技术人员确保产品质量的稳定性，推动了智能化关键技术在钢铁工业生产的深度融合，推进了大数据驱动的钢铁工业智能优化制造，从而有助于实现我国钢铁工业工艺和生产全流程的整体优化。

本方案将质量追溯时间由原先的数小时提升至秒级，产品合格率提高 0.2%，质量分析相关工作分析效率提高 86%，整体提高生产效率 0.1%～15%。因其优异的应用效果，同中国一重、济源钢铁、五矿营钢、山西晋钢等企业签订了项目合同，累计实现销售额 11675 万元。主要应用情况见表 26-1。

表 26-1 主要应用情况

序号	应用单位名称	应用技术	应用时间
1	济源钢铁集团	基于大数据的钢铁生产全流程质量控制与分析系统	2018 年 1 月
2	一重锻钢事业部	基于大数据的钢铁生产全流程质量控制与分析系统	2019 年 3 月
3	江阴兴澄特钢	基于大数据的钢铁生产全流程质量控制与分析系统	2019 年 11 月

26.3.2　经济效益

经济效益见表 26-2。

2018 年新增大数据项目销售额 1400 万元，新增税收及附加 195 万元。

2019 年新增大数据项目合同额 4030 万元，新增税收 144.5 万元。

2020 年新增大数据项目合同额共 6245 万元，新增税收 273 万元。

表 26-2　经济效益　　　　　　　　　　　　（万元）

年　份	新增销售额	新增利润	新增税收
2018	1400	260.8	195
2019	4030	543.16	144.5
2020	6245	576.8	273
累计	11675	1380.76	612.5

26.3.3　社会效益

当前正值我国国民经济和社会发展"十四五"规划期，大数据推广应用是近年来制造业数字化转型的重点任务。本产品利用新一代信息技术，将大数据及人工智能技术和钢铁生产过程紧密结合，在提升产品质量、提高顾客满意度和企业竞争力方面有突出效果，引领了大数据驱动下钢铁工业智能制造的革新发展，实现了我国钢铁工业工艺优化和生产全流程的整体优化，从而助力我国钢铁企业实现高质量发展，促进钢铁工业的数字化转型及智能化升级。

26.4　项目创新点

本方案具有多个方面的技术创新。

（1）基于大数据平台搭建的全流程质量分析系统，全面融合钢轧全流程、多工序、多维度生产工艺数据，实现在线质量监控、评价、追溯及分析，保证产品质量及时反馈、调整，大幅度降低质量分析工作时间，提升工作效率。

（2）基于 few-shot 框架算法、树模型、神经网络深度学习算法的多个质量预测模型，用于铸坯质量判定，有效提高了铸坯质量分析效率及质量合格率。

（3）基于卷积神经网络、降采样、空间金字塔等算法并结合图像处理技术的产品表面缺陷识别模型，实现了产品表面质量自动分析及等级自动判定，显著提高了产品表面质量问题的识别准确率与效率。

27　热连轧产品力学性能 智能预测系统

山东钢铁集团日照有限公司

质量管控

简　介

以热连轧产品生产全流程关键控制工艺参数数据为基础，采用神经元网络、随机森林等算法建立碳素结构钢、低合金高强度结构钢的力学性能智能预测模型，开发了一种基于工业大数据的热连轧产品力学性能智能预测系统，包括数据采集、数据清洗、模型训练、结果分析、再现性实验和在线应用。实现了产品力学性能的在线预测，取代检测实验；缩短产品的检测周期，提高了生产效率。

项目总体架构如图 27-1 所示。

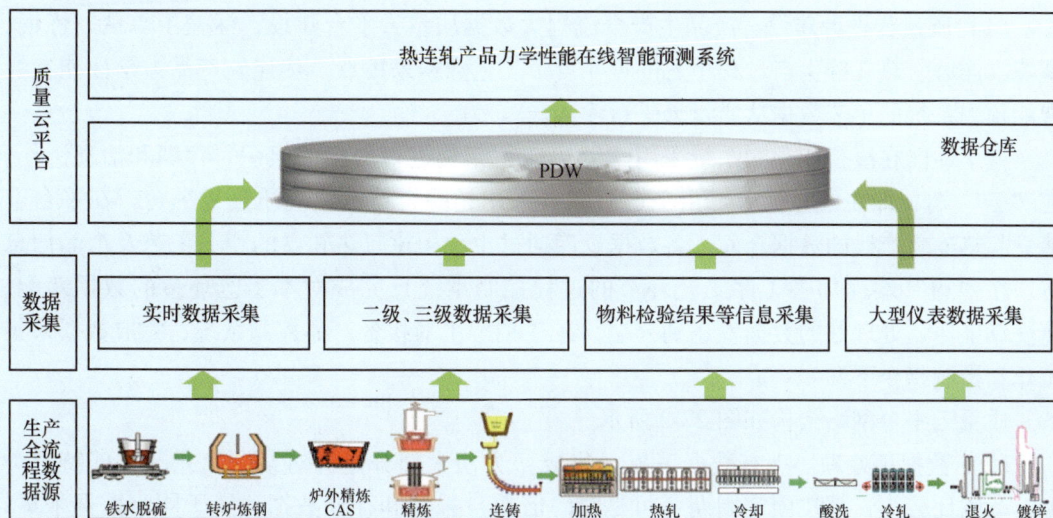

图 27-1　项目总体架构

27.1　解决的问题

传统的热连轧产品力学性能（屈服强度、抗拉强度和伸长率等）是基于实验室设备的物理检测，需要从钢带上剪切下检测试样并将其加工后在力学试验机上进行力学试验检测获得力学性能。传统检测方法的弊端是取样后会破坏钢带产品的完整性，降低产品的成材率，耗时耗力，从取样到出力学性能结果通常周期在 12h，降低了产品的生产效率。因物理检测取样环节的费时费力，一般产品的取样规则都是以批为单位，通常几十吨为一批，一批包含了多卷钢带，一批中只从一卷钢带上取一次试样，检测结果代表了这一批产品的性能。这是建立在统计学随机抽样理论基础上的一种检验方法。由于钢材生产流程长，生产过程控制参数存在一定的波动，传统力学性能检测方法并不能反应每一卷带钢的力学性能，所检测样品的代表性不够充分。

随着工业互联网、大数据和人工智能技术的飞速发展，特别是工业大数据相关技术的发展和应用，为这一问题的解决提供了新的途径。智能预测方法是根据每一卷钢带实际的全流程生产工艺参数，将影响钢材力学性能的所有影响因素和最终检验的力学性能之间通过人工智能方法建立起一种无形的关系，建立智能预测模型，通过智能模型预测出这一卷钢带的力学性能，每卷钢带可根据其生产工艺参数的差异预测力学性能的差异性，较传统物理检测方法能更精准地检测出每卷钢带的性能。通过人工智能手段所检测的钢带的力学性能精度越来越高，完全可以满足客户对产品的要求，可以取代力学性能的实验室检测。

27.2　实施的路径

27.2.1　数据准备

（1）质量云平台建设。产品生产全流程大数据质量云平台建设，涵盖了炼铁、炼钢、精炼、连铸、热轧等生产过程单元的近 4 万个工艺数据采集点，热连轧产品力学性能在线智能预测系统的工艺数据从质量云平台输入。

力学性能在线智能预测系统采用"云边端"架构进行数据的组织、存储和治理工作。在"云"端（即在中心机房）由 7 台服务器采用超融合技术建立质量云平台，在平台上建立起热连轧产线的数据仓库，各数据仓库通过主键构建起热轧卷的相关工艺及产品信息链。在"边"端（即各工序工艺环节的过程控制系统）完成对本工艺环节的数据匹配、清洗等工作，处理好的数据发送到云端。在"端"上对接各产品控制系统，完成数据采集工作和控制指令下发。

质量云平台网络架构如图 27-2 所示。

（2）数据预处理。现有数据采集（集成）方法大部分是针对某一工艺环节的特定类型，范围比较小，都按固定周期（可是它的倍数）采集和存储数据，属于同步数据采集，这种数据保存方式对数据不进行转化，由于工业生产过程的连续性特性，造成数据存储占用空间非常大。例如：钢铁冶金企业生产涉及炼钢、连铸、加热炉、热轧、冷轧、酸洗、镀锌等环节，每个环节都有几十甚至成百上千个数据采集点，这些采集点采集的周期各不相同，如有的是毫秒级，有的以秒为单位，如果不加处理完全保存，占用的空间十分巨大，既不经济也不高效。

本项目采用一种多属性连续性工业生产数据的整合方法，通过建立与各采集节点对应的数据视图表、临时数据表和结果数据表的三层结构，实现工艺生产过程中连续型数据和

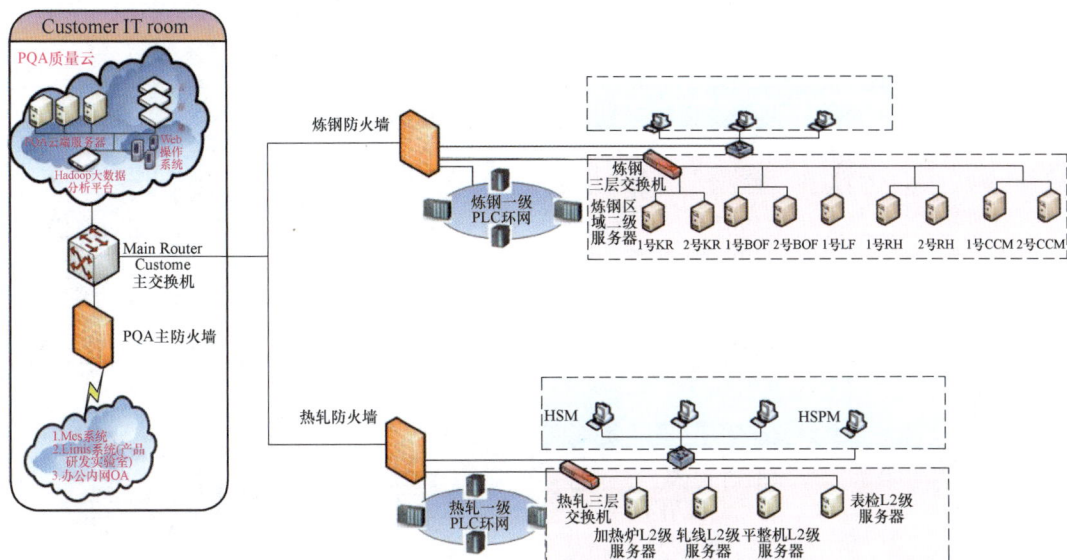

图 27-2　热连轧力学性能预报网络架构

离散型数据的集成；通过在结果数据表中设置不同状态标志位，改变各阶段状态，完成对相关数据库进行扫描，实现异步异构数据的整合；通过数据压缩，实现连续变量的保存，减少了数据占用空间。

（3）数据标准化。为了消除样本不同属性具有不同量级时的影响，进行数据标准化。

Min-Max 标准化（归一化）：对于每个属性，设 $minA$ 和 $maxA$ 分别为属性 A 的最小值和最大值，将 A 的一个原始值 x 通过 Min-Max 标准化映射成在区间［0，1］中的值 x'，其公式为：

$$x' = \frac{x - minA}{maxA - minA}$$

Z-score 标准化（规范化）：基于原始数据的均值（Mean，$\bar{x}$）和标准差（Standard Deviation，δ）进行数据的标准化。将 A 的原始值 x 使用 Z-score 标准化到 x'。Z-score 标准化方法适用于属性 A 的最大值和最小值未知的情况，或有超出取值范围的离群数据的情况。

$$x' = \frac{x - \bar{x}}{\delta}$$

27.2.2　智能预测模型建立

采用线性回归、神经网络、随机森林、XGboost 以及复合算法等进行建模，最后选用预测精度高、泛化性好的模型作为该钢种的预报检测模型。30%左右的随机样本用于对模型预测精度进行最后的评价验证，其余约70%样本用于模型训练。对各种智能算法进行分析比较，根据各模型预测结果精度，选择不同钢种所采用的模型。检测的力学性能有屈服强度、抗拉强度、伸长率、冲击功四个力学性能指标。

表 27-1 为热连轧产品（Q355）模型综合训练结果。

表 27-1　热连轧产品（Q355）模型综合训练结果

指标名称	误差值			误差所占百分比		MAPE 平均绝对百分误差	
	最小	最大	平均	误差在±5%以内	误差在±7%以内	培训集	测试集
屈服强度	−44.5	57.0	0.55	88.86%		2.661	2.662
抗拉强度	−26.1	59.0	0.05	73.47%	92.72%	1.373	1.448
伸长率	−2.43	2.73	−0.002	88.86%	92.71%	3.422	3.455
冲击功	−14.89	16.24	0.597	90.41%		2.474	2.355

其中：

$$误差 = y - y^*$$

$$\mathrm{MAPE} = \frac{\sum \dfrac{|y^* - y| \times 100}{y}}{n}$$

式中，n 为样本量；y 为实际值；y^* 为预测值。

27.2.3　力学性能再现性分析

通过所建智能预测模型生产线产品的再现性试验（按照 GB/T 6379.2 方法）得到相关力学性能指标的 MAPE 值，与智能预测模型所计算的力学性能 MAPE 值进行比较分析。

由表 27-2 可见，在 634 组模型的预测结果中，各力学性能指标的 MAPE 值均小于再现性实验值，模型的预报精度比试验检测精度更高。各指标中的模型预报结果的上四分位与下四分位之差都小于再现性实验值，模型预报的结果更集中。

表 27-2　再现性实验与模型预测精度对比（MAPE）

项目	样本数量	屈服强度 MAPE						抗拉强度 MAPE					
		均值	最小值	最大值	中位数	下四分位	上四分位	均值	最小值	最大值	中位数	下四分位	上四分位
再现性试验	48	3.667	0.036	10.228	2.747	1.482	5.602	2.912	0.011	7.004	2.889	1.889	3.789
模型验证	634	1.453	0.001	5.768	1.234	0.6	2.132	1.045	0	5.698	0.881	0.415	1.476

项目	样本数量	伸长率 MAPE						样本数量	冲击功 MAPE					
		均值	最小值	最大值	中位数	下四分位	上四分位		均值	最小值	最大值	中位数	下四分位	上四分位
再现性试验	48	6.35	0.336	19.373	5.711	3.247	8.959	30	12.549	0.09	52.69	6.747	2.098	21.694
模型验证	634	2.745	0.002	14.178	2.313	1.002	3.845	634	6.597	0	33.803	5.128	2.367	8.974

27.2.4　在线智能预测系统建设

系统自动接收现场采样信息、制造执行系统（Manufacturing Execution Systems，MES）相关信息，从质量云平台数据库中获取相关在线生产数据，自动计算出所需取样样本的屈服强度、抗拉强度、伸长率和冲击功等力学性能指标；根据实验室信息管理系统（Laboratory Information Management System，LIMS）取样指令，把相应取样结果发送给LIMS系统，在MES系统中与其他指标一起生成产品性能标识（见图27-3）。

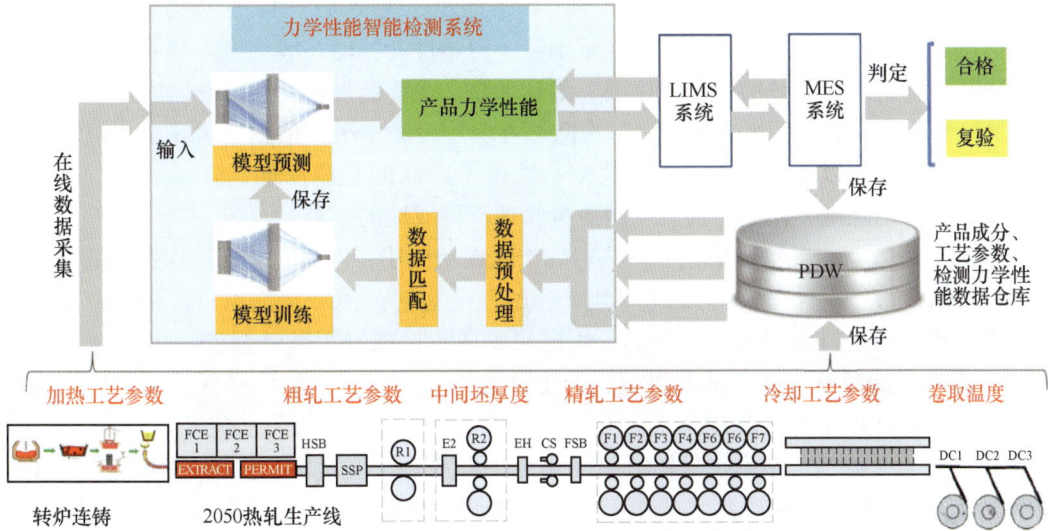

图27-3　力学性能预报系统数据流程

系统涉及的生产工艺环节和数据处理过程，参数范围不仅包括转炉连铸到卷取温度的全过程，还包括MES、LIMS系统的相关参数和与MES、LIMS系统的集成关系，形成了一个完善的在线智能预测生产过程系统。

力学性能智能预测系统运行界面如图27-4所示。

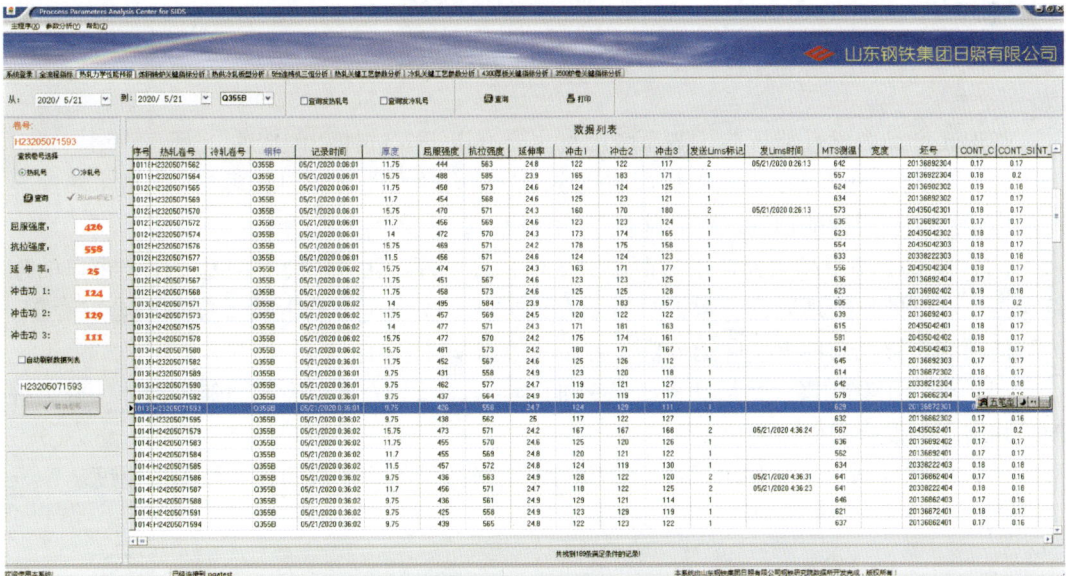

图27-4　力学性能智能预测系统运行界面

27.3 应用的成效

（1）应用业绩。项目成果在山钢日照公司热连轧产线成功应用，进行力学性能预测的产品有碳素结构钢及低合金高强度结构钢钢带，力学性能智能在线检测系统在热连轧已成功运行 3 年多时间，系统的预测精度高、稳定可靠。预测结果精度在±6%以内达到 90% 以上，MAPE（平均绝对百分误差）≤4，均低于再现性检测水平，预测结果完全可以取代检测实验；系统投用以来，提高了生产效率，缩短了产品的检测周期，降低了生产检验成本，减轻了劳动强度，已成为提升产品质量管理不可或缺的系统。

（2）经济效益。项目成果在公司热连轧产线成功应用，产品有碳素结构钢及低合金高强度结构钢钢带，累计完成 443.69 万吨产品的性能智能预测分析。项目投用后，提高了日照钢铁精品基地的生产效率，降低了生产检验成本，减轻了劳动强度。根据公司 2020年、2021 年、2022 年销售、质量报表相关统计数据，从提升产能、降低成本、提高成材率方面，该项目共计创效 2245 万元。

（3）社会效益。本项目技术把工业大数据、人工智能等算法引进到钢铁产品力学性能检测领域，构建出预测精度高、适用于普碳钢和低合金钢产品的力学性能预报检测模型，预测结果精度高、系统稳定可靠。在钢铁行业内，每个钢铁企业都需要对钢铁产品力学性能进行检测，该技术的广泛推广应用，可以提高极大地提升生产效率，降低生产成本，节省人力资源，在行业内有巨大的推广应用价值，具有重要的意义与创新性。首次制定了钢铁产品力学性能智能预报检测相关团体标准（T/CISA 199—2022《钢铁行业 碳素结构钢及低合金高强度钢钢板钢带力学性能智能预判检测方法》），并创新性地规定了对力学性能智能检测模型适用性的评价方法，在冶金行业中将智能制造应用于产品性能检测中并标准化尚属首次，具有重要的意义与创新性。

27.4 项目创新点

热连轧产品力学性能智能预测系统项目主要有以下先进性和创造性。

（1）开发了一套基于工业大数据的热连轧产品力学性能智能预测系统。实现了热连轧产品力学性能在线智能预测，有效降低了生产成本，提高了生产效率。

（2）建立了基于超融合技术的钢铁质量私有云平台。融合了特有的基于工艺窗口的连续型工业数据的预处理方法、数据整合及存储方法，实现了异步异构数据的整合及存储，为智能预测系统及其他上层应用提供了可靠的数据基础平台。

（3）开发了利用属性约简获得质量关键因素，建立与人工神经元、随机森林、分类等模型相结合的混合智能预测模型。

（4）研究并制定了一种再现性试验检测方法来衡量和验证智能预测模型的精度。

28　钢铁工业产线级能源精益化管理系统

北京科技大学设计研究院有限公司

能源管理

简　介

　　基于多协议、多层级、高频度的能介相关数据采集系统，通过能介集中监控、能介精细化核算、设备耗能机理模型评估以及基于大数据挖掘的分析与预测等技术手段，建立面向产线级的数字化、可视化、模型化、智能化的能源精益化管控系统。实现能源与设备、工艺、成本的多业务协同，深挖过程控制层、单元执行层能耗降本潜力，形成计划—执行—复核—改善的能源闭环管理体系，推动产线能源绩效的持续改进。

　　能源精益化管控系统总体架构如图 28-1 所示。

案例介绍

图 28-1　能源精益化管控系统总体架构

28.1　解决的问题

钢铁工业智能制造发展目标之一是绿色化，即实现能源与资源高效利用，减少消耗，降低能耗成本。2020年9月22日，国家主席习近平在第七十五届联合国大会上提出"碳达峰""碳中和"，进一步推动构建我国能源利用发展新格局。2022年1月24日，国务院印发关于"十四五"节能减排综合工作方案，提出到2025年，全国单位国内生产总值能源消耗比2020年下降13.5%。随着智能制造技术发展和国家"双碳"战略推进，针对车间产线的能源管控技术越来越受到重视。

目前企业能源管控系统存在的痛点：（1）数据源庞杂，管控平台分散，感知能力差，能源运行状态缺少有效监测手段；（2）能源统计颗粒度粗，无法实现按品规、工序、设备等不同维度和粒度的能耗分析，能源与工艺、设备协同分析能力不足，多以人工比对分析为主，无法定位到能耗异常根因；（3）设备低效运行、能源浪费情况严重，缺少评估办法，闭环管理能力不足，能源过程管控缺少手段，能源管理要求落地实施困难。

产线级的能源精益化管控系统系统，可以帮助企业解决以上问题，建立完备的产线级能源管理体系，降低能耗成本，提升企业竞争力。

28.2　实施的路径

28.2.1　能介集中监控平台

围绕产线能源精益管控需求，通过工业互联网边缘计算网关，实现数据采集、协议转换、边缘处理。从DCS系统、PLC系统、高压综保系统、现场分布式仪表本体等不同源头，将能介计量仪表、能介工艺仪表等能耗数据采集到统一数据中台。实时记录各仪表的瞬时、累积数据并输入数据库，利用统计学方法、经验模型对各仪表的历史数据进行分析，得出其数据波动范围，建立能介数据动态阈值，对超阈值运行情况进行报警。根据仪表的树状关系图，建立总表与分表的数据校验功能，计算总表与分表数据差异的历史置信区间，对差异值超出正常范围的情况进行报警，提示可能存在管路泄漏或仪表故障。实现基础数据的高效、可靠获取和实时监测。

能介集中监测界面示意图如图28-2所示。

28.2.2　精细化能耗统计核算与深度分析系统

（1）产品级能耗核算。基于物料跟踪系统、ERP以及MES系统，获取产品固有属性、工艺路线、生产过程实绩等信息，通过建立各种能源介质消耗机理模型、区域时间切片模型，从时间维度、空间维度、工序维度进行能耗的精准、细化统计。采用不同的分摊模型和均摊模型，实现产品级能耗精准核算，用以建立不同品规产品能耗样本库，计算不同品规产品能耗基准值，为精准对标提供依据。

（2）机理模型与操作追溯相结合的设备能效评估分析。针对主要能耗设备（如转炉、LF炉、加热炉、主电机等），建立设备耗能机理模型。计算设备能源分界面能介流，输入

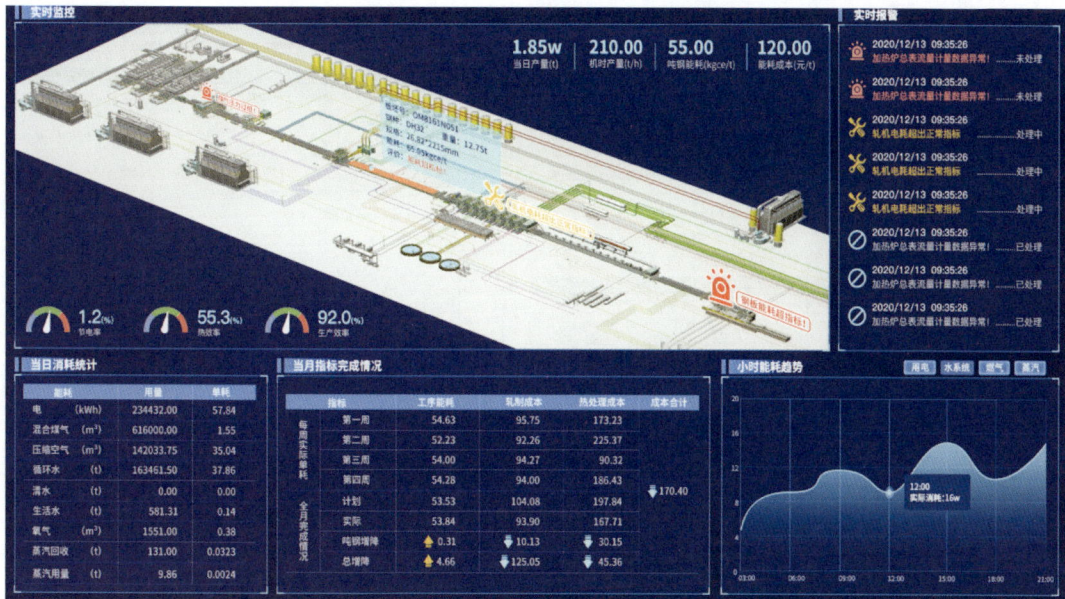

图 28-2 能介集中监测界面示意图

界面（如电能消耗、燃气消耗、物料物理化学转换内能等）、输出界面（如煤气生成、蒸汽生成、钢水钢坯热能、轧件形变能等）、界面逸散（如周转损失、辐射热能损失、机械摩擦损失等）的能源平衡，综合评估设备能源利用效率。采集、储存设备运行期间的状态数据及操作数据（如煤气回收时机、LF 电机功率曲线、板坯升温曲线、轧制力曲线等），通过对设备操作流程的追溯，分析影响设备能效的操作因素。结合设备本体能效与操作流程，深度分析设备能源利用水平，改变不合理操作习惯，充分发掘设备潜能，使设备能效最大化。

（3）基于大数据挖掘的能耗分析功能。借助产品级能耗核算的数据输出，耦合能耗统计核算数据与生产过程参数，形成能耗与过程参数的数据对，数据对实时存入数据库，形成大数据样本库。通过聚类分析、相关性分析、概率分布、回归拟合、神经网络等数据挖掘分析技术，进行能耗异常原因分析、影响因素权重计算，指导改进流程和优化参数，建立最优能耗生产模式。

电耗拟合分析及权重计算界面示意图如图 28-3 所示。

28.2.3 经济运行监测与闭环管理体系

（1）经济运行状态监测。通过监听物料跟踪系统发布的生产事件，循环判断产线主要生产事件状态（如轧机咬钢事件、连铸机拉速、转炉吹炼开始事件等）和物料在线情况，自动判断产线停机、待料、正常运行状态。结合产线不同生产状态期间的经济运行制度，从数据中台获取一级自动化系统各主要能耗设备的运行状态信号，判断不同状态期间设备是否按节能制度运行，对未执行节能制度的情况进行报警，使产线始终处于最优能耗运行状态，杜绝能源浪费。

（2）闭环管理体系。生产前：能源绩效策划，基于产品能耗样本库、设备能效历史数

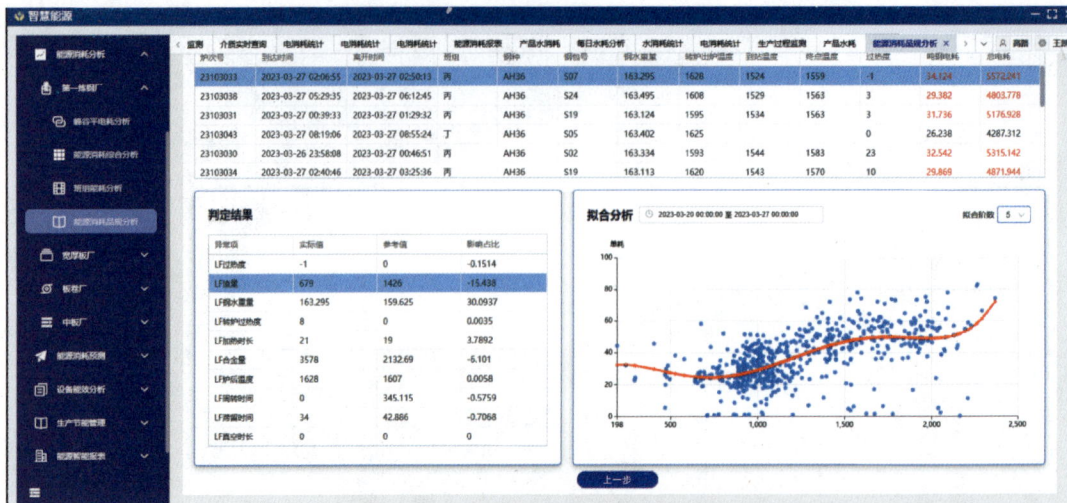

图 28-3 电耗拟合分析及权重计算界面示意图

据、经济运行制度，在生产作业前，生成能耗预测值、产品能耗基准值、节能运行计划等指标。生产中：通过实时监测系统，与生产前各项计划指标进行比对，异常情况实时报警推送到指定人员，及时进行纠正。生产后：多维度、多形式的分析工具，用以追溯异常、明确根因、指导优化，形成完整的 PDCA 闭环能源管理体系。

28.3 应用的成效

28.3.1 应用业绩

目前，能源精益化管控系统已应用于炼钢、宽厚板轧制、热连轧、管材、带材等多类型产线，为鞍钢、南钢、大冶特钢、凌源钢铁、承德建龙等多家钢铁企业提供高效的能源管理服务。相关的应用业绩见表 28-1。

表 28-1 应用业绩（2020—2023 年）

序号	项目名称	客户	应用类型	产线类型	项目年份
1	鞍钢热轧厂 1780 产线能源介质智能化管理系统	鞍钢股份有限公司	板材	热轧单工序	2020
2	南钢板材全流程智能制造项目——智慧能源	南京钢铁有限公司	炼钢、板材	全流程	2021
3	建龙钒钛高科 258 无缝管工序级能源介质管理系统	承德建龙特殊钢有限公司	管线	热轧单工序	2022
4	大冶特钢 460 无缝钢管智能制造精益化能源管理系统	大冶特殊钢有限公司	钢管	热轧单工序	2022
5	凌源钢铁 900 中宽带材产线精益能源管理系统	凌源钢铁有限公司	带材	热轧单工序	2023

28.3.2　经济效益

产线级能源精益化管理系统的上线运行，极大调动了产线班组人员对能耗管理的积极性与主动性。细化的能耗核算模式，将区域能耗成本展示到每个所属岗位，激发了基层员工的节能意识。能耗数据与生产过程信息的耦合及深度分析，为生产工艺过程的优化提供了科学的数据支撑。产品级能耗数据的核算，实现了排产计划优化，合理利用峰平谷电价差，降低能耗成本。节能管理功能，通过报警推送，最大程度避免了停机期间的能源浪费情况。

应用项目企业中，炼钢厂煤气回收由 0.85GJ/t 左右，提升到 0.9GJ/t，LF 电耗同比减低 2% 左右，轧线电耗平均降低 5%，轧线加热炉及热处理炉燃耗平均降低 1%。

28.3.3　社会效益

（1）依据国内主要钢企数据，按炼钢吨钢能耗（标煤）16kg/t、宽厚板板材轧制工序能耗（标煤）64kg/t、热轧板带轧制工序能耗（标煤）48kg/t、无缝钢管轧制工序能耗（标煤）89kg/t 计算，应用能源精益化管控系统后，预计可降低 1% 工序能耗，以炼钢厂 500 万吨、宽厚板轧线 100 万吨、热轧板带轧线 100 万吨、无缝钢管轧线 50 万吨年产量计算，上述类型产线全年降低工序能耗换算为标煤量为 236 万吨。随着能源精益化管控系统的普及，将对减少大气污染、减缓生态恶化、实现紧迫的碳达峰与碳中和目标起到积极的促进作用，能够助力我国钢铁企业全面加速构建绿色低碳循环发展模式，产生极大的经济效益和社会效益。

（2）通过项目开发、实施实践，不断将前端理论与我国钢铁企业优秀实际经验相结合，推动理论的发展与落地。培养了一批理论知识丰富、实践能力强的复合型人才，不断壮大我国在相关领域的技术与人才积累。

（3）依托项目的建设与应用，提升了相关企业能源管理人员的专业技能水平，为企业构建了现代化的能源管理体系，解放了相关企业的人力资源，降低了能源管理人员的劳动强度，使人才更多地投入到企业高级管理与研发领域，极大地提升从业人员的发展潜力。

28.4　项目创新点

通过推动产线自动化、信息化与智能化的深度融合，形成了一套适用于产线能源管理的完备的智能化体系平台，主要创新点如下。

（1）利用边缘数据计算、大数据存储等技术，实现产线能源数据的集中统一管理，使企业具备能源数据的实时监测、预警、追溯能力，提高了能源系统的安全性、稳定性。

（2）通过结合产线物料跟踪系统、ERP、MES 系统，建立能耗均摊、分摊核算模型，实现了低颗粒度、高精度的产品级能耗核算。为能耗分析、管理提供精准的基础数据。

（3）耦合能源消耗数据与生产过程参数、工艺参数、设备状态参数，将统计学、机理模型、机器学习等技术手段运用于产线能耗分析，实现了产线能耗异常的深度分析，促进了能源与设备、生产、成本的高度协同。

（4）通过计划生成、实时监测、深度分析等功能模块，使企业形成完备的 PDCA 能源闭环管理体系。智能化的设计理念，使能源管理手段由人工管理模式走向自动化管理模式。

29 钢铁能源智能调度平台

上海宝能信息科技有限公司
能源管理

简　介

　　宝能钢铁能源智能调度平台是以系统性优化为目标，即对能源系统的调度管控采用更集中、更优化的方式进行，其核心是进行装置级、系统级及多系统联合优化。具体体现在多介质系统综合平衡、工序之间的供需协同、区域物流-能流的协同等多个方面，采用智慧模型和机器学习等技术，以时空扩展为基础，提供粒度更细、范围更广、效果更好、使用更便捷的一体化平台。

　　总体架构如图 29-1 所示。

能源智能调度平台总体架构

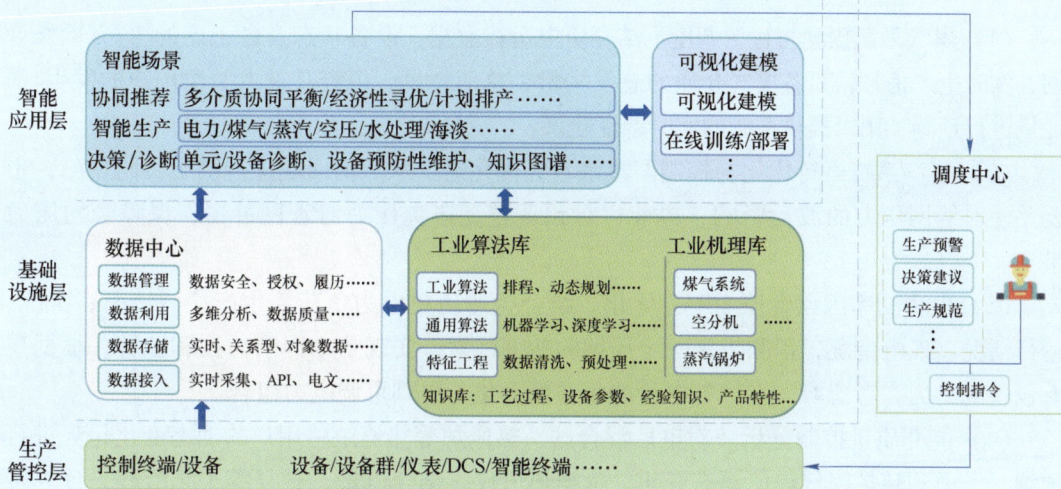

图 29-1　总体架构

29.1　解决的问题

　　能源调度和平衡管控是钢铁行业能源管控的重要核心功能，需要确保能源系统不仅满足生产的需求，而且满足合理和经济性的需求。宝能钢铁智能调度平台的设计目标主要包括：

（1）多介质设备监控基于协同综合设计，打破专业界限，以整体平衡管理为出发点。

（2）与生产系统的核心装置相结合设计，关注相互制约，以双向协同管控为出发点。

（3）状态可视化设计以调度为中心，简单直观，交互智能，以提高调度效率为出发点。

（4）提供在线智能调度决策支持，优化平衡调控手段，以满足节能、环保、经济等多种管控目标为出发点。

（5）提供必要工具和集成信息，具有自适应性和高准确率，以确保安全可靠生产为出发点。

通过智慧能源调度平台，把调度经验提炼为调度技术，用调度技术规范调度行为，变估计为预测，精准调控，减少放散，提高应急处理响应，对工业能源管控数智化具有重要的技术价值和实践价值。

29.2 实施的路径

本产品聚合了宝能信息多年来在智能调度领域积累的工艺、技术、知识产权等，涵盖工业能源智能模型与优化关键应用场景。

29.2.1 典型应用

（1）煤气平衡预测与智慧调度。结合历史运行数据、设备状态及各工序的生产/检修计划、实时生产信号，对各煤气介质的总发生量、总消耗量、柜容及重点关注用户的发生/消耗量进行预测，用以提供系统的实时调度建议。

（2）蒸汽系统运行优化与控制。蒸汽系统优化需要从产消两端进行网络协同预测，主要关注对管网压力的波动影响，提前进行预调整，避免压力对管网冲击，保障管网压力平衡。

（3）电力功率因素管控与电力优化。结合企业历史电力负荷、生产检修情况、工况、运行情况、发电情况，预测未来一定周期的功率因素，实现功率因素监控和预警。根据现有设备的出力，考虑峰、平、谷电价的收益最大化，得到可调电力组合。

（4）能介质量控制分析。对电厂混合站、热风炉等热值敏感用户的动态变化趋势进行预测，考虑到转炉煤气热值动态变化，依据热值仪，结合流量、管径等工艺流程，计算转炉煤气到达混合站的传输时间、进入混合站后混合煤气的热值波动范围，得到输出热值和输出量，计算电厂、热风炉热值适应范围，保证生产安全。

（5）蒸汽-燃气-电力协同优化调度。多能源调度模型是以保证煤气平衡、无放散，余热高效利用，蒸汽管网压力稳定为基础，以煤气、蒸汽、发电等多种能源转化效率和成本最优为目标，结合不同机组平衡能力和可调用户优先级，作出调度优化选择并将输出结果与实际调度场景相结合，实现煤气、蒸汽和电力系统的整体平衡与运行优化。

29.2.2　关键技术

（1）场景化建模技术。从业务场景出发，将复杂数学模型进行模块化设计，针对企业实际生产状况进行集成，构建满足业务需求的数据预处理、能源预测、智能决策、能源评估等内容的智能计算平台。从关键场景的特定需求出发，深入机理和工艺特征，挖掘行业共性和个性化需求进行针对性建模，通过模型组合方式，实现积木式的 AI 平台，重点解决 AI 应用的通用性、复用性、适应性等问题。

（2）多重数据预处理技术。针对工业现场常见的高噪声、缺失情况（如均匀缺失、大规模集中缺失）、异常等情况，建立组合式特征工具，对数据进行针对性去噪、填补、检测、清晰等预处理。

（3）多时间尺度预测技术。基于能源系统流量、储量、压力、温度等运行数据，通过灰色关联度分析等方法挑选预测变量的主要影响因素。针对短期预测功能，结合质量守恒、动量守恒等机理公式，建立机理-数据混合驱动的短期预测模型。针对长期预测功能，结合企业生产计划、检修计划等工艺信息，采用粒度计算的方法建立能源消耗量与生产计划等时间长度的信息粒子，通过模糊推理的方式进行长期预测。

（4）设备集群优化控制技术。基于底层设备模型，结合设备运行机理，通过设备运行性能曲线，在设定工况点附近，分析设备运行的安全性、经济性以及节能性。根据各单元操作边界限制，在 PID 控制的基础上，建立 MPC 控制模型，克服干扰，减少扰动，调配集群中各设备变工况至最优工况点附近运行，达到整体最优化。

（5）多能流协同智能优化调度技术。针对工业能源系统电、热、气等不同形式能源的协同优化问题，以耦合设备为切入点，基于"预测—调度—决策"思想，建立智慧决策平台。首先根据用户提供信息（如设备参数、管道拓扑结构），基于图论等方法自动生成相应的约束条件；然后根据目标函数以及约束的特点，判断模型的类型；最后针对不同的模型采用不同的求解算法，如基于分支定界法进行混合整数规划求解，基于遗传算法、粒子群算法进行非线性规划求解。

（6）管网多指标综合评估技术。考虑工业能源系统中能源之间的耦合关系，从能源环节、装置环节、用户环节、管网环节等提炼相应的指标，如间断供热率等。研究不同指标间的关联关系，建立多指标综合评价体系，然后借助网络分析法等方式确定指标的权重。

（7）智能模型参数自适应优化技术。采用元学习、强化学习等技术手段，对上述各模块中数学模型的参数进行在线自适应辨识，达到优化模型表现的目的。参数寻优过程同样会借助并行计算等技术设备，保障计算效率可满足实际应用需要。

29.3　应用的成效

29.3.1　应用业绩

目前该解决方案已实现 4 个项目全部或部分应用，包括湛钢、马钢、太钢、昆钢等多家大中型先进钢铁企业，覆盖钢铁企业电、热、气等多种能源介质，功能包括工业数据预处理、产消多尺度预测、设备智能控制、系统级运行优化调度、多能源综合模拟仿真、设备机群仿真优化等，形成了具有行业通用性的综合智能调度优化解决方案。

平台的主要效益包括以下几方面：

（1）降低企业智能制造门槛。平台支持可视化建模工具，能够有效降低智慧能源管控的进入门槛。通过建模平台及一系列周边设施，能够有效解决80%场景下的能源调度管理和决策相关问题，并使得企业能够更好地适应当下快速迭代的市场和技术节奏。随着产品线的持续迭代，我们将持续降低AI应用的成本。

（2）有效提升能源系统的调度管控水平。产品的多个短期预测和优化模块，包括多尺度预测等都是为能源调度专门优化设计。在产品模块的帮助下，能源调度通过对各能源介质潮流和主要用能设备运行工况的监控，进行能源系统的平衡调整，优化系统的操作和异常条件下的智能、自动的合理管控，实现对能源系统生产、输配、能源使用、运行操作等的全方位在线管理，可显著提升能源系统的调度管控水平，并减少人工投入，达到节能降本的目的。

（3）有效提升异常条件下的能源系统处置及确保稳定运行能力。确保信息透明，保证故障处理的及时和高效，并能有效防止信息单一、孤立导致的误操作、误调度和指挥失误而扩大事故。系统提供的对故障及处理过程的分析工具和算法库等，都将有助于推动自动化决策和预警，并结合相关人员对异常和故障的及时正确反应，指导企业通过建立典型故障分析和应急事故预案，使事故流程处理标准化，有效提升异常条件下的能源系统处置及确保稳定运行能力。

（4）有效提升能源系统与公司生产系统的协同管理水平。生产过程及所需的水、电、风、气能源介质，一次能源和二次能源介质的生产、转换、输送、平衡、调配，构成了能源系统管控的基本功能并形成一个综合协同系统。改进基于生产约束的能源平衡，将显著改进协同效应，提升能源管控的综合经济性。

通过系统分析实现能源系统动态平衡，指导企业采用最佳运行方式，一般可为企业降低能耗3%～10%（视企业现状条件不同而不同）。

29.3.2 经济效益

在经济运行约束条件下，形成综合多目标优化方案，可以让企业在节能降本、减少放损等方面取得明显成效。典型案例及效益如下。

案例1：湛钢智慧能源系统

自2021年11月上线，截至2022年6月，湛钢智能调度项目共降低LDG满柜时间约50%，累计1400min，累计节能降本约145万元；余热蒸汽累计减少放散0.48万吨，累计节能降本约25万元；BFG累计放散减少1780km³，累计节能降本约216万元。

案例2：马钢智慧能源系统

马钢智慧能源系统于2021年1月上线，对比2020年度，马钢通过智慧能源系统平台的能源集控积极调配和动态精细化能源管理的分析和决策，有效降低能源加工成本。实现焦炉煤气放散率降低0.0938%，转炉煤气损失率降低2.43%，吨钢转炉煤气回收率提高2.5（m³/吨钢），压空电耗降低2.78（kW·h/km³），蒸汽损耗降低2.32%，能源加工成本降低8.45元/吨钢。

29.3.3　社会效益

（1）自主知识产权工业人工智能平台。宝能信息是国内工业企业能源管理的先驱探索者，多年以来一直致力于将各类先进技术投入高能耗企业的能源管理应用时间中。本产品的应用将是工业企业能源管理领域内第一款既能够有效降低 AI 应用门槛，又结合真实业务场景的产品，能够有效提高整个行业的能耗管理水平，达到国内乃至国际领先的水平。

（2）提高企业能效管理水准，促进国家节能减排政策落地。构建于企业能源大数据之上，将人工智能技术实际用于工业企业的能源系统管控信息化，实现能源中心技术的升级及多维度拓展。以国家相关产业政策为指导，以能源系统价值管控、动态、精细、即时的供需匹配典型场景为研究方向，必将工业企业节能管控优化工作推向一个新的高度。

29.4　项目创新点

（1）面向制造过程多扰动模式下的能源优化调度。在冶金等能源密集型行业的制造过程中，往往会出现时间、温度、质量、设备等方面的随机扰动事件，一般的静态调度方法难以应对高度动态的生产环境。需要针对不同尺度的调度问题，通过"能耗计划约束—制造过程调度—能源调度再优化"方式，获取制造/能源协同调度问题的最优方案（见图 29-2）。

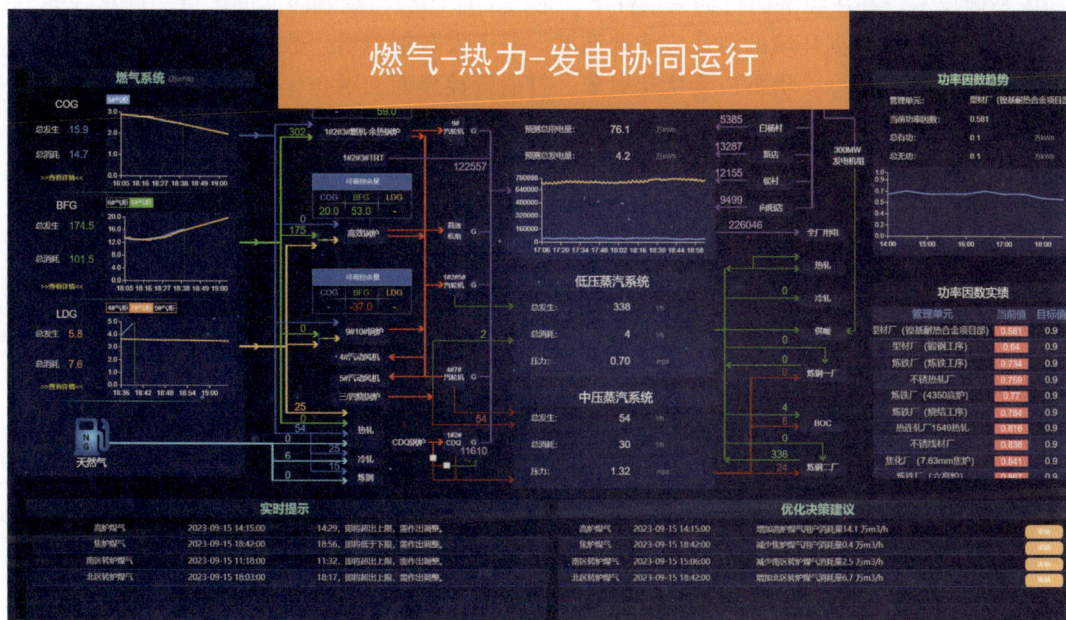

图 29-2　燃气-热力-发电协同优化示意图

（2）多目标协同优化的能源智能调度。从生产过程中存在的产消不平衡、设备跳机等情况出发，通过多目标优化模型（综合考虑能源消耗最优、操作时间最优等）、专家经验等多种方法设计设备排产方案，以获得制造/设备/能源等经济性协同最优的排产方案。

多目标协同优化如图 29-3 所示。

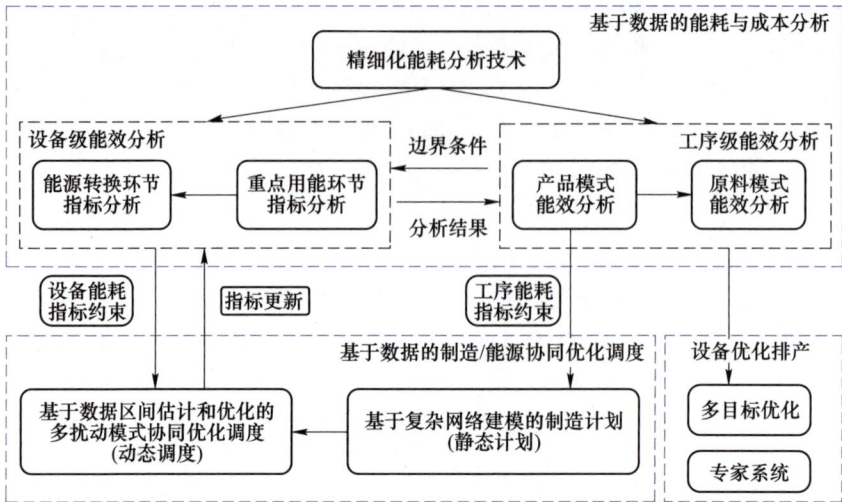

图 29-3　多目标协同优化

（3）机理模型与数据驱动模型融合的复杂能源系统优化平台。以供需平衡及工序衔接匹配为主线，研究其在不同时间尺度下和能源设备空间位置匹配的装置群优化及跨区域多约束平衡技术，并在经济运行约束条件下，形成工序匹配与控制协同的多目标优化方案。

（4）基于大数据环境的自适应能源调度。基于大数据分析、数据驱动建模和智能优化技术，以能源系统的"状态"为优化对象，打通管控界面，融合生产计划、生产实绩、设备参数和运行数据、能源计量信号和状态、能源质量等各类复合数据，开发了基于状态转移模式、预测评价模式、渐进优化模式和专家系统模式相融合的综合能源管控解决方案，结合强化学习、元学习等技术，配合可视化建模工具，构建全工序、多介质、多维度、多模态条件下的自适应系统，使得模型应用在企业原燃料结构调整、工况变化等情况下能够保持较好的适应性。

30　基于工业互联网的智慧能源管控平台

上海优也信息科技有限公司
工业互联网

简　介

以河南安阳钢铁（以下简称安钢）为场景，以构建钢铁行业工业互联网平台为契机，以能源资源配置优化、能源运行管控能力提升为宗旨，先行对包括煤气/蒸汽/压空等介质进行数字化监控与智能化调度升级改造，设计开发基于精益运营规则、源于大数据建模驱动、采取自主策略推送的智能化运行调度管理系统，即"能源智能导航系统"作为"安钢智慧能源管控平台"一阶段实施目标，以此持续推动安钢在能源资源运营有效性方面得到显著提升。

项目总体架构如图 30-1 所示。

案例介绍

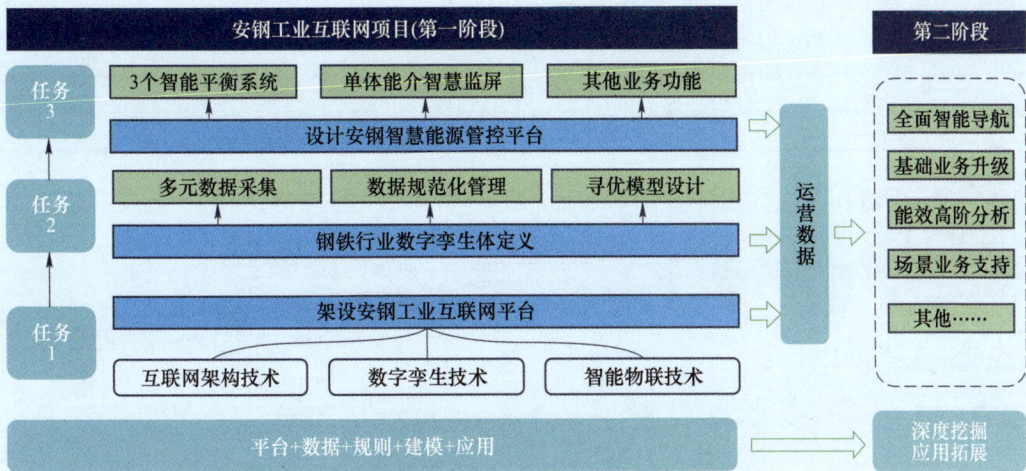

图 30-1　项目总体架构

30.1　解决的问题

（1）提高能源资源利用效率，降低吨钢能耗。基于工业互联网技术开发的能介智能化应用，利用专业知识和大数据技术的相关模型、算法，提供时效最优的实时调度策略，实现从粗放管理向精准管控转型，提高资源回收利用率。

（2）提升企业基于数字驱动的决策效率。企业现有能源计量存在不完善、基础数据不全面的情况，难以实现"数据指导生产"的管理主旨。借助此类项目的实施完善计量基础设施，搭建能源大数据中心，为未来实现数据驱动的生产管控一体化提供夯实的数据基础。

（3）促进能源业务协同效率提升，为管理赋能。钢铁企业能源运行过程中关键的能源生产、输配、发生、放散等环节复杂，通过利用工业互联网和大数据技术，消除能源系统各环节信息孤岛及协同壁垒，提高协同效率。

（4）助力智能制造转型升级，增强核心竞争力。国内钢铁行业数字化、智能化水平不断提升，特别是能源系统作为钢铁企业管理创效的重要突破口，能源智能管控系统项目的实施，有助于提升整体数字化、信息化水平，进一步增强企业核心竞争力。

30.2 实施的路径

30.2.1 以重构的业务管控流程设计功能支持

为高度数字化呈现能源运行调度业务，同时最大化以软件信息能力+算力算法替代人工的智能化操作为目标，对安钢的运行调度流程实施管控模式和执行流程上的梳理与重构，即以"信息收集→状态感知→异常识别→诱因分析→策略推送（策略设计→角色推送）→执行跟踪→统计分析"的运行管控闭环流程，来设计调度指令从产生到下达全过程信息化、数字化、智能化的功能支持。

智能化调度业务流程如图30-2所示。

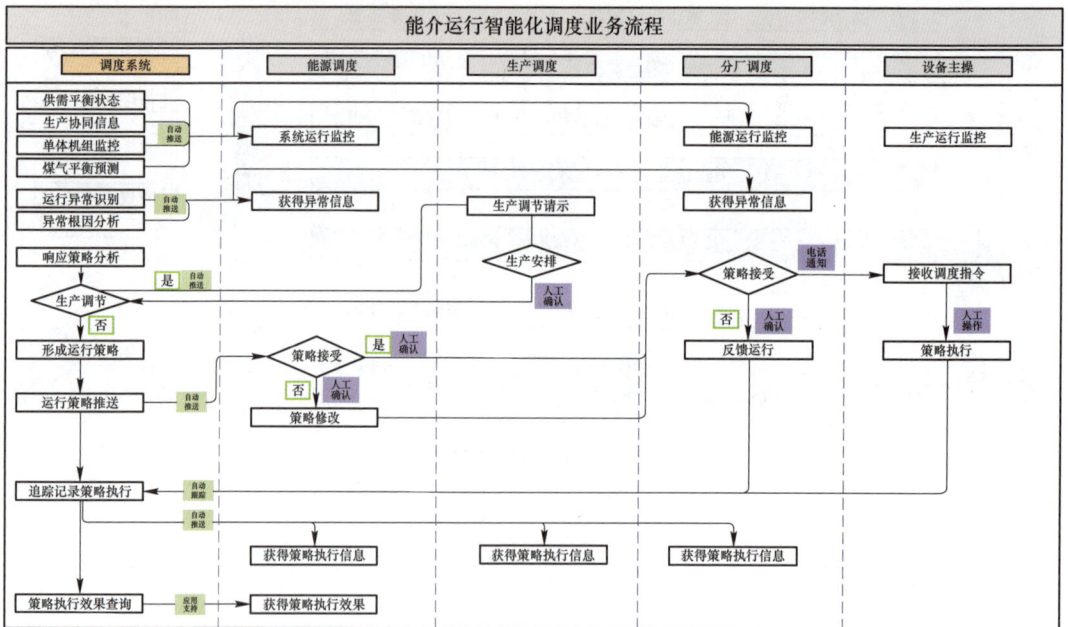

图30-2 智能化调度业务流程

30.2.2　基于角色设计定制功能及系统运行逻辑

（1）结合安钢组织架构和业务从属关系，按运行调度管理职责和角色，设计从能源运行调度到机组主操的自上而下的业务逻辑与信息流，即服务于公司全员的"企业全景导航"→服务于能源运行/调度为主的"单介质全网监控"→服务于生产厂部调度为主的"全厂能效监控"→服务于设备主操为主的"单体设施智慧监屏"，如图30-3所示。

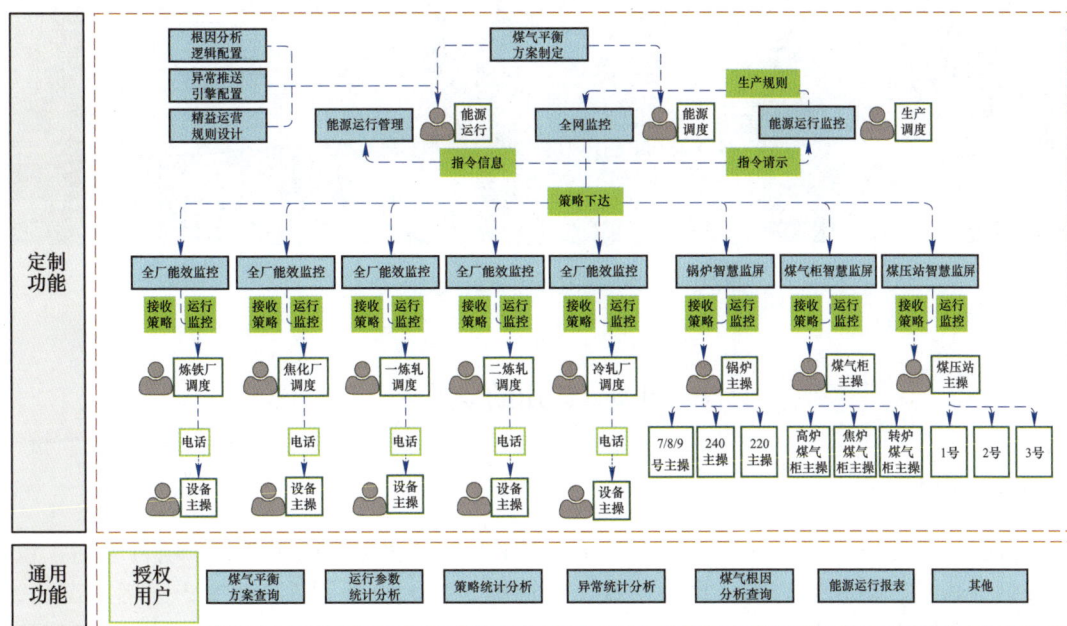

图30-3　系统功能框架及运行示意图

（2）按角色和业务管理需要，实施功能定制化和通用性设计。

30.2.3　植入精益理念和运营工具的能效高阶分析

（1）设计动态异常感知+诱因分析的根因分析引起。以精益运营视角审视安钢能源系统运行场景，提炼挖掘系统异常影响因素，构建根因逻辑分析架构，实施从"系统状态跟踪""产供用平衡分析""工序主因分析"到"影响根本因素分析"等的层次和维度，向用户推送异常诱因分析，如图30-4所示。

（2）支持策略执行有效性统计分析，分介质/分周期统计策略推送条数、执行条数、未执行条数，支持明细查询与追溯等。

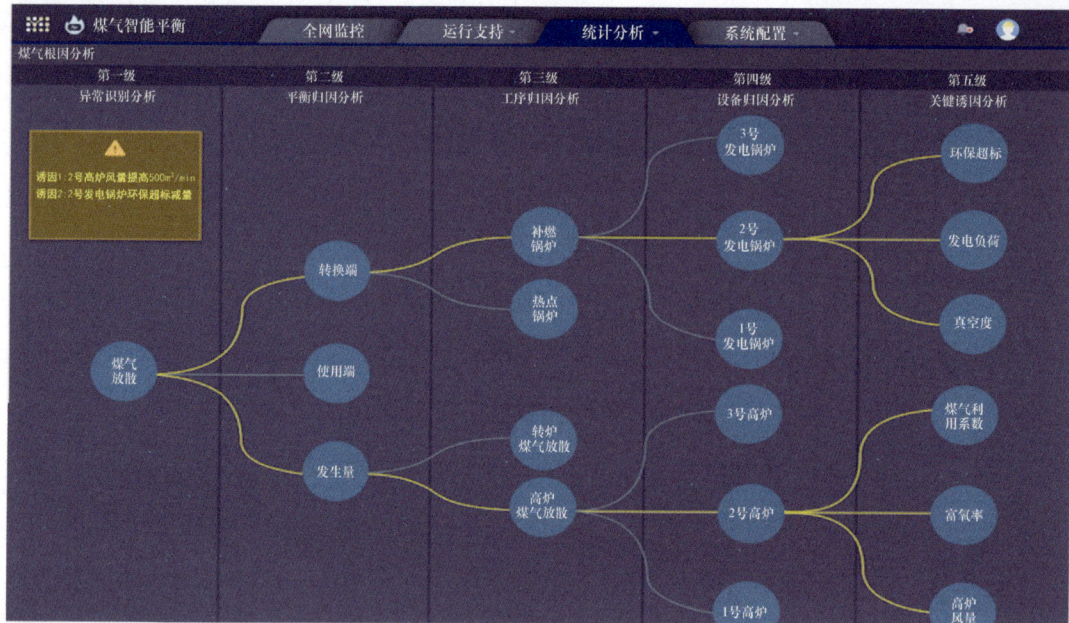

图 30-4 动态能效根因分析推送示意图

30.3 应用的成效

30.3.1 应用业绩

目前基于优也 Thingswise iDOS 工业互联网平台的解决方案已实现多个项目应用，包括安钢、武钢、湖北新冶钢、青山钢铁、山钢等 5 家大中型钢铁企业，3 家铝加工、2 家电厂及 2 家造纸企业等，成果从钢铁行业拓展到了有色、发电、造纸、粮食加工等领域，形成了一套完整的基于工业互联技术的能效提升应用解决方案。相关的应用业绩见表 30-1。

表 30-1 应用业绩（2021—2022 年）

序号	项目名称	客 户	应用类型	产线类型	项目年份
1	能源智能导航系统	安阳钢铁集团有限责任公司	宽厚板	全流程	2022
2	5G+AR 点巡检系统	安阳钢铁集团有限责任公司	板卷	全流程	2022
3	智慧热电管理系统	平煤神马集团	板卷	全流程	2022
4	智慧热电管理系统，设备管理系统，KPI 管理业绩管理系统	中铝矿业有限公司（河南）	板卷	全流程	2022

序号	项目名称	客　户	应用类型	产线类型	项目年份
5	质量管理系统	中铝矿业有限公司（包头）	铝业	全流程	
6	大冶特钢 460 钢管灯塔工厂精益数字化应用平台——智慧质量	大冶特殊钢有限公司	钢管	热轧单工序	2022
7	铝电解智慧管理系统	伊川电力集团	板卷	全流程	2021
8	燃煤电厂全景智能优化系统	上海上电漕泾发电有限公司	板卷	全流程	2021
9	智慧热电管理系统	岳阳林纸股份有限公司	管线	热轧单工序	2021
10	智慧热电管理系统	山鹰纸业股份有限公司（浙江）	板卷、中板、高线	全流程	2021
11	智慧热电管理系统	黑龙江象屿粮油科技有限公司		热电联产	

30.3.2　经济效益

30.3.2.1　直接经济效益

（1）降低煤气放散损失，提高煤气回收利用价值。

1）通过策略化资源调配和智能化调度，推动煤气系统资源组合和配置效益最大化，从而实现煤气资源放散损失减少并趋向"零放散"（非事故状态）。

2）基于炼钢转炉煤气回收数据分析，通过策略化回收设置与煤气柜精益控制，提高吨钢转炉煤气回收量 $2\sim3m^3/t$。

3）增加焦炉煤气边际效益。通过煤气资源的价值化配置，将焦炉煤气资源按确定的供应机制，差异化和选择性地对用户实施供给，从而实现焦炉煤气资源边际效益年化收益500 多万元。

（2）增加余热回收利用，提高余热发电价值。通过蒸汽资源合理调度，推动余热利用价值提升，扩大产线余热入网，提高余热发电负荷，减少因蒸汽不足导致燃气锅炉对外送汽。

（3）降低压空运营损失。通过系统提供的实时资源平衡分析，支持不同模式下的空压站集群策略化供应，减少资源排放损失，降低空压机综合电耗 $10\%\sim12\%$。

30.3.2.2　间接经济效益

（1）平抑系统管网波动，稳定生产。通过对高炉/焦炉煤气管网压力波动的调控和优化，促进煤气系统管网窄幅波动，稳定煤气供应及产线生产。

（2）优化窑炉燃烧，提升精益运行水平。通过对工业炉窑关键运行数据监控、分析、异常识别，支持单体智能诊断及"单体-集群-系统"控制优化。如降炉窑低排烟损失、改善加热质量、增加热炉时机产量等。

（3）降碳减排。项目的实施有助于进一步降低能源放散损失，优化炉窑效率，提高能源利用率，降低碳排放量，为企业创造碳减排收益。

（4）提升企业数字化运营水平。通过能源流、设备状态、生产物流等信息融合和价值关联的能源大数据构建，将业务数字化，整体提升能源管理数字化运营水平，为后续企业数字化升夯实数据基础。

30.3.2.3　社会效益

（1）本项目属于基于工业互联网平台设计研发的工业智能 APP，项目涉及的问题点属于行业普遍存在的共性问题，在安钢实施后具有较好的社会推广价值，具有解决行业共性问题的能力，为推动钢铁行业能源高质量可持续发展提供了借鉴和参考。

（2）由于企业对于自身能源资源的最优配置、数字化展现、智能化调度业务支持在系统管控原理和指导思想方面存在异曲同工的情况，因此本项目跨行业可推广性较强，不仅适合钢铁行业，还适合有色、石油、化工、园区等大型流程行业的能介系统智能平衡与决策。

30.4　项目创新点

通过工业互联网与大数据等新技术与流程行业深度融合，形成一套完整的面向钢铁行业的智慧能源导航技术与数字化管控平台，主要创新点如下：

（1）植入精益理念与运营工具的应用加持。以精益运营视角审视安钢能源资源调度配置运营的有效性，洞察业务管理中的价值洼地和快赢机会，推动调度管控机制完善、执行流程优化；并在建模和应用研发中紧密结合精益运营方法和辅助工具，使软件功能充分释放和诠释精益运营管控要求，帮助企业在能源资源的损失洞见、运营高效、改善持续方面获得应用服务加持。

（2）采用先进的互联网架构搭载工业应用。采用互联网架构实施数据采集、处理、模型设计、应用前后端开发，从下向上分为物联数采层，数据层、模型层、数字孪生层和应用层。

（3）可通用定制的行业数字孪生体结构。以安钢场景为构建对象，把场景中各个能源系统从产出—消亡的生命周期、端到端业务流程、单体-多体-跨工序-跨系统的运行管理涉及的产线、机组、设备设施及其他管理要素，进行物理世界与数字空间的虚实映射和数字化描述，形成可重用复用的数孪体（数字底座）。

（4）以"策略推送+信息导航"方式实施能源运行与资源调度。结合场景组织关系、管理流程，设计"状态感知—异常识别—诱因分析—策略设计—策略推送—执行跟踪—统计分析"的能源运行智能调度的管控流程。从而实现能源运行调度业务从"人工"向"信息化+智能化"升级，从"经验"向"规则建模+数据挖掘"转变。

图 30-5 所示为钢铁能源运行调度在管控模式上的创新与突破。

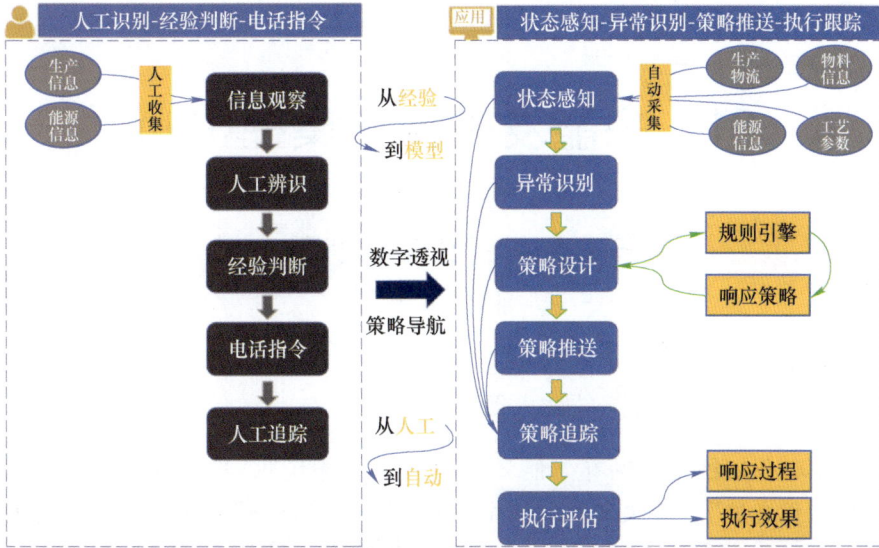

图 30-5　钢铁能源运行调度在管控模式上的创新与突破

（5）建模驱动自主异常识别与根因分析。设计规则引擎，自上而下按"系统异常识别→平衡归因分析→工序归因分析→设备归因分析→关键诱因分析"的层级，梳理设计异常表象与根本原因的从属、因果等逻辑关系，形成各能源介质的根因分析逻辑、分析架构。

（6）采用基于预测的前馈干预+实时判断的后馈响应的双重模式实施动态寻优。

31 余能发电智慧集控中心

广东省韶关钢铁集团有限公司
能源管理

简 介

基于大型联合钢铁企业现有"能源流"和"业务流"，建设智能发电管控系统以及整合现有"信息流"，首次实现钢铁企业能源"三流合一"。对 4 个余能发电站的相关系统进行适应性改造升级，实现煤气发电智能生产、煤气系统经济调度、蒸汽供热高效利用。首创冶金行业多业务发电集控，重构发电生产组织方式，实现五个"集中"，实现冶金发电行业由"集控"向"智控"的进阶、发电生产的流程再造和管理创新。

项目总体架构如图 31-1 所示。

图 31-1 项目总体架构

31.1 解决的问题

钢铁工业是典型的流程行业，涉及工序多，边界条件复杂，管理、控制难度大。韶钢能源环保部余能作业区 1 号 2 号 CDQ、3 号 CDQ、LSP、BSP 四个余能发电站的控制系统、电气综保、同期以及励磁等电气系统、阀门和仪表系统、汽水水质监控系统、视频监控系统、火灾报警系统等存在生产方式多样化且分散、集控度低、效率差、"信息孤岛"现象严重、与能介其他系统耦合程度不高、自动化程度低等问题。按照公司"四个一律"的要求，通过余能发电集控项目实施，从设备单体—单个机组—发电集控—能源发电生产调度进行逐级自动化、数字化和智能化改造，在不同层面进行上下串联打通、信息耦合，实现公司对整个余能发电流程的重构，提升大发电系统的可靠性、安全性、智慧性。

31.2 实施的路径

为将韶钢余能发电集控打造成为行业首创的示范性智慧制造项目，应贯彻落实以下设计理念和实施路径：

（1）发电流程优化。以物能级配为科学指导，进行发电流程的优化，开展发电集控方案的设计。

（2）岗位深度融合。以高效、安全为前提，对作业流程及岗位进行深度融合。使工序流程简洁清晰、岗位职责明确、人员工作高效。

（3）集中操控安全保障。以先进、可靠、适用的自动化、信息化、智能化技术，为行业首创的"远距离"集中操作监控安全保驾护航。

（4）整体思路和长远布局。余能作业区5个发电机组及其配套设备设施首先智慧集控，高效电站一期、二电站及电动鼓风、高效发电二期将陆续进入发电智慧集控，至此将建立起完整的韶钢能环部发电智慧集控，对所有发电机组实现"生产三化""四个一律""五个集中"基本目标，达到现场装置、控制设备自动化，生产过程智能化以及发电管理智慧化的全新高度水平。

按照公司"四个一律"（即生产操控室一律集中，人工操作一律机器代人，设备状态点检与运维一律远程，服务环节一律上线）和智慧制造目的（机械化换人，智能化减人）的要求，发电系统集中监控操作已经迫在眉睫。

项目建设的必要性主要体现在以下几个方面：

（1）提升本质安全的客观要求。余能发电基础设施改造是为了满足安全生产管理、风险事件控制和生产运行指标控制提出的客观需求，符合韶钢战略发展要求。以集控中心的建设来倒逼各电站开展安全工作，扎实做好现场设备的消缺和整治工作，不断提升电站和水质监控系统的自动化水平；减少设备故障和现场操作，降低现场人机结合的频次，提升系统的本质安全，改善工作条件。

（2）加强工序协同的客观要求。余能发电属于下游工序，生产操作存在明显滞后，只能根据上游工序变化进行被动调整。本次改造将通过操作监控集中、数据互联互通，双管齐下，使上下游的生产操作紧密联系、高效协同。

（3）提高发电站及水质监控系统控制水平的客观要求。本次改造将通过设备基础能力的提升，完善控制功能，实现设备的远程操作和监控，并能准确地、迅速地响应工况变化，以较少的岗位实现大量设备机组的操作监控，大幅提高劳动生产率。

（4）主工艺单元精细管理的客观要求。汽水水质监控系统工艺本身是为了应对恶劣水质条件而开展的工作，但人工间歇监测和调配加药都具有滞后性的特性，特别是针对余能利用这种负荷变化频繁的情况，人工加药已经显得不合时宜；此外，人工离线监测相比仪表的在线分析不仅存在响应不及时的问题，更有因为种种外在因素带来误差的风险，无法保证监测结果准确性，影响电厂精细化管理工作的开展。

（5）管理扁平化的客观要求。余能发电由于发电成本相对低廉，在正常回收期内，其运营成本不高，经营压力较低。正是由于发电成本相对低廉，对余能电站来说，运行方式的创新将是提高经营指标的主要因素。集控中心可解决余能电站及汽水水质监控系统运行操作分散的难题，形成统一部署决策，有利于负荷调度。通过本次设备改造，辅助设备和系统参数监控能力也得到很大改善，为扁平化管理提供技术支撑，提高了电站运行的安全性、可靠性及自动化水平。

（6）余能发电智慧集控的要求。为实现韶钢余能发电作业区操作监控集中化、信息化、智能化、人员最优化的目标，一方面，强化发电生产的集中管理水平与生产安全的管控，提升余能发电管理决策分析与智能化辅助技术手段；另一方面，外部能量流的高度整合以及制造流程与能量流网络的信息融合为统筹公司级能源调配提供重要基础，有利于发挥集中操作监控的协同优势，对于打造行业首创的发电生产管理新模式，建设韶钢余能发电智慧集控具有十分重要的意义。

韶钢智慧发电中心如图 31-2 所示。

图 31-2　韶钢智慧发电中心

31.3　应 用 成 效

31.3.1　应用成效

通过余能发电集控项目实施，完成设备单体—单个机组—发电集控—能源发电生产调度的逐级自动化、数字化和智能化改造，在不同层面进行上下串联打通、信息耦合，实现公司对整个余能发电作业区流程的重构，提升大发电系统的可靠性、安全性、智慧性。具体改造效果如下。

（1）余能发电操作室一律集中。通过对原有控制设备和就地设备进行适应性改造，实现所有余能发电机组操作室一律集中、运行监控人员集中、运行监控画面集中、运行逻辑组态集中、发电生产管理集中；并预留二电站和高效发电操作室迁入的位置。余能作业区操作控制室减少 6 个，4A 指数从 75% 提升到 85%，操作室一律集控指数（ACC）提升 10%。

（2）创新余能发电运行模式，实现岗位融合。将传统的、分散的余能发电机组的控制室进行集中布置、统一监控，通过物理位置的变化促进全能值班员的培养，培养"一人多机""一专多能"，实现岗位融合，相比较 2018 年 12 月，最终优化减员 20 人。

（3）打破信息孤岛，深挖数据价值，实现智慧发电。基于企业现有"能源流"和"业务流"，打破信息孤岛，互联互通重新定义发电流程，整合现有能源信息化相关数据，建设智能发电管控系统，搭建机组最优运行模型、炉机协调优化控制模型、蒸汽优化供应模型、煤气系统经济调度模型等，大幅提升机组自动化、智能化，实现钢铁企业能源流、业务流和信息流的"三流合一"。

（4）探索 VR 技术在冶金行业的应用。数字孪生 VR 技术首次应用于冶金行业燃气发电领域，通过虚拟现实技术，在三维可视化的环境下动态展示电厂全厂环境和实时数据，以及重要大型设备的详细结构。将集厂区漫游、生产信息展示、信息查询、安全教育、新员工培训等功能于一体。

数字孪生 VR 系统界面如图 31-3 所示。

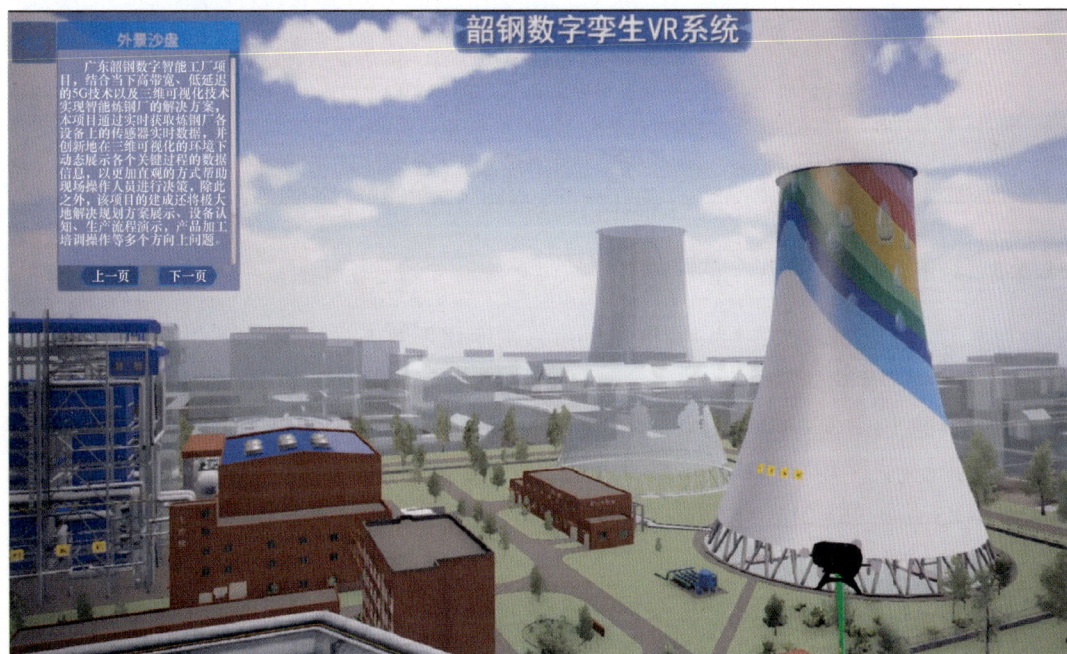

图 31-3　数字孪生 VR 系统界面

31.3.2 应用业绩

目前该技术解决方案已实现 15 个宝武集团基地项目应用，在韶钢、宝钢、重钢、太钢、马钢等大中型钢铁企业形成了一套完整的基于工业互联技术的智能发电管控技术与平台的应用解决方案，相关的应用业绩见表 31-1。

表 31-1 应用业绩（2020—2022 年）

序号	项目名称	客 户	应用类型	产品类型	项目时间
1	韶钢余能发电智慧集控项目	广东韶钢松山股份有限公司能源环保部	CDQ、BSP、LSP 机组、1×135MW 双超 + 1×135MW 亚临界	DCS+电气+信息化+智慧发电中心	2020 年 5 月
2	宝钢能环部新建发电运行中心项目	宝钢股份有限公司能环部电厂	1×150MW 亚临界	DCS+电气+信息化+智慧电厂	2021 年 3 月
3	宝钢湛江钢铁三高炉系统项目电厂厂级生产监控信息系统（SIS）和智慧电厂运行及数据中心	宝钢湛江钢铁有限公司	2×135MW 亚临界	信息化+智慧电厂	2021 年 6 月
4	重钢能源环保部智慧发电项目	重庆钢铁股份有限公司能源环保部	CCPP 机组、CDQ 机组、3×80MW 亚临界机组、余热机组	DCS+电气+信息化+智慧发电中心	2022 年 7 月

31.3.3 经济效益

（1）项目改造完成后，可以降低在负荷急剧变化下暂态过程的热应力，以保护设备，延长运行寿命，及减少备件费用，合计减少年制造费用 85 万元。其他制造费用按固定资产静态投资的 3% 计算，年费用为 149.96 万元。减少劳动定员 20 人，人均工资及福利费用按 14 万元/（人·年）计算，年节约人工成本 280 万元。则改造完成后每年节约经营成本：280+85-149.96＝215.04 万元。

（2）机组最优运行模型效益。

1）降低主汽温度的控制误差各 5℃，提高允许的运行温度各 5℃时，对机组热耗的改善分别为 0.103%～0.107%。

2）降低主蒸汽压力控制误差，每提高 0.1MPa，可改善机组热耗约 0.0467%。

3）降低烟气含氧量 1%，可提高锅炉效率约 0.215%。

4）降低辅机单耗和排烟温度，提高锅炉效率约 0.2%。

四项合在一起效率至少提高约 0.672%～1.5%，效率按 1%计算，则机组按年运行 300 天，平均负荷为 34MW，年发电为 $244.8 \times 10^6 kWh$，效率提高 1%，即多发电 $244.8 \times 10^4 kW \cdot h$，$1kW \cdot h$ 按 0.5 元计算，直接效益达 122.4 万元。

（3）炉机协调优化控制模型的效益。通过炉机协调优化控制模型的运行减少机组非故障退汽停机时间，提高机组可用率，每年至少少停机 1 周的时间（2018 年全年总共退汽停机时间达 1368.8h），按平均负荷为 34MW 计算，即每年累计多发电 571.2 万 $kW \cdot h$，$1kW \cdot h$ 按 0.5 元计算，多产生经济效益达 285.6 万元。

（4）蒸汽智慧平衡模型效益。

1）现有平衡调节方式：调度指令下达至单个或多个汽源供应点，以达到提高管网整体或局部压力的目的，满足用户的需求。

缺点：蒸汽利用效率相对较低，有提升空间。

2）蒸汽智慧平衡模型应用后调节方式：通过该模型运算，结合二电站和余能的各发电机组效率不同的特点，按照效率优先原则，在保证蒸汽用户的压力前提下自动适时调节单个或多个汽源点的供应量，达到效率高的二电站不供汽，CDQ 机组只抽汽外供而不通过减温减压外供汽，效率低的 LSP 机组多供汽，提高全系统的发电量。

效益测算 =（CDQ 供汽减少量／CDQ 汽耗率 - CDQ 供汽减少量/LSP 汽耗率）× 0.5 +（二电站供汽减少量／二电站汽耗率 - 二电站供汽减少量/LSP 汽耗率）× 0.5 =（4 × 8000/45 - 4 × 8000/63）× 0.5 +（21 × 8000/45 - 21 × 8000/63）× 0.5 = 101.59 + 533.33 = 634.92 万元

说明：余能 CDQ 近 3 年平均供量为 21t/h，二电站近 3 年平均外供量 21t/h，LSP 近 3 年平均供量小于 2t/h，模型应用后二电站在正常的工况下不外供，CDQ 供汽至少减少 4t/h。

则总的效益为：215.04+122.4+285.6+634.92＝1257.96 万元/年。

31.4　项目创新点

通过推动工业互联网与大数据等新技术与流程行业深度融合，形成一套完整的面向钢铁行业首创的创新性发电全流程质量智能管控技术与平台，主要创新点如下：

（1）以工艺的作业流程创新为驱动，为能介集中操作监控中心建设科学规划的路线图。

（2）以三电实施方案为核心内容，通过三电专业的细致、合理的实施方案，为智慧集控的建设奠定基础。

（3）以智能化为抓手，通过大数据、智能化等，为智慧发电中心提供技术支撑，助力余能发电集控的少人化。

（4）以开发"主动调节模型"为功能模型，并建立煤气-蒸汽-电力能源综合平衡和调度优化模型。

（5）以发电过程中的自动化、信息化、标准化为基础，以管控一体化、大数据、云平台、物联网为平台，以智能传感与执行、智能管理与学习的智能发电管控系统作为应用，实现更加安全、高效、清洁、低碳的生产目标。以数据分析为主，为发电生产过程提供改善生产的运行指导和服务。

（6）以虚拟现实技术，实时获取发电设备上的各种传感器仪表的监测数据，在三维可视化的环境下动态创新展示，打造一套数字智慧电厂虚拟现实展示系统。

32　智能物流一体化管控平台

北京首钢股份有限公司
物流管理

简　介

　　构建物流一体化管控平台，建立统一运输资源管理体系，实现数据集成和资源集约化管理，依据业务场景打通物流从计划到执行作业的一体化管控。借助电子围栏、车载终端等软硬件设备和技术，结合各库区库存情况、车辆状态、运输计划等建立物流调度模型，对厂内的转储互供、临时任务实现智能调度。基于天车定位技术、5G网络、图像识别等建立调度模型，实现库内仓储出入库作业的智能调度，减少线下沟通环节，提高库内作业效率。

　　项目架构如图32-1所示。

案例介绍

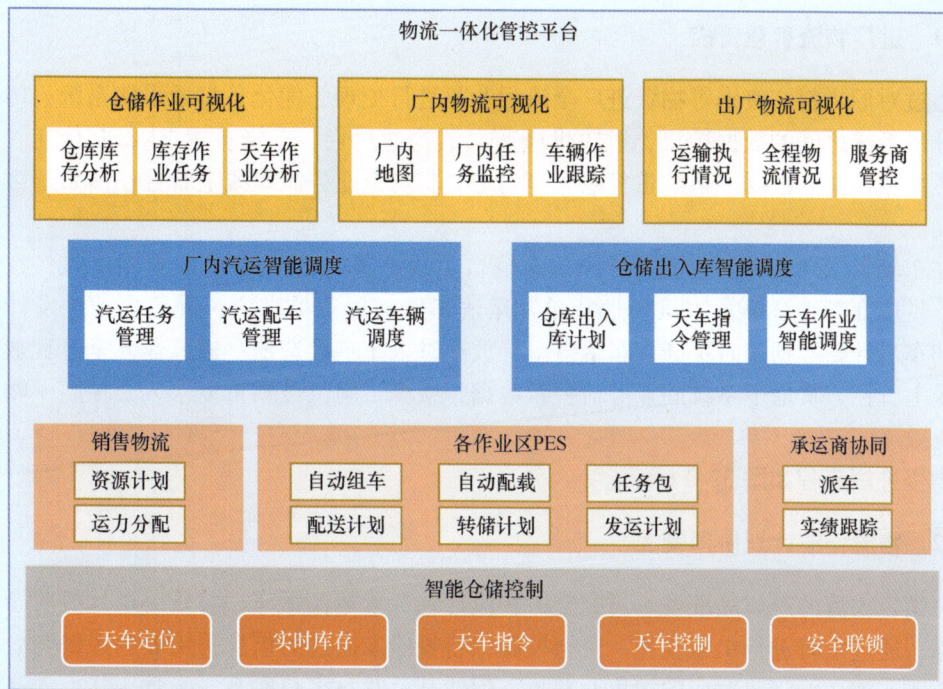

图 32-1　项目架构

32.1 解决的问题

（1）钢铁行业涉及的流程多、线条长、应用场景广，仓储运输过程中涉及的环节及相关装备同样点多面广，虽然目前已建立了相关物流信息化系统，对所有作业计划、作业实绩实现了信息化管理，但仍需要投入大量的人力、物力进行数据的维护，作业效率偏低，各系统之间数据割裂，存在信息孤岛，管理难度偏大。

（2）钢卷火运装载过程受库区位置、目的地、路线、铁路局装载方案等限制较多，装运过程装载率较低，并且同库房装车跨度大，天车效率低下，因此影响了钢卷火运发运的整体成本。

（3）仓库内人为制定天车作业计划，入库、出库不易形成关联关系，尤其是多种天车作业类型同时存在时，经常发生矛盾需要现场协调，组织难度大。

（4）钢卷入库过程中，操作人员习惯就近码放，尤其是物料类型复杂的库，经常出现多种类型物料混合码放的情况，在出库时容易发生倒垛等情况，增加了库区矛盾和钢卷夹伤的可能。

（5）物流数据实时性不足，现场作业完成后录入系统，中间存在一段时间的实物与系统数据不符的情况，而且人工记录存在输入错误的风险，无法满足业务日益增长的需求。

32.2 实施的路径

32.2.1 进厂物流智慧管控

通过对原燃料、废钢等物资进厂全流程业务进行梳理、优化，打通采购系统、门禁系统、计量系统之间的数据接口，解决供应商电话沟通送货、车辆备案 EXCEL 传递、进出厂纸质单据传递、数据多系统重复录入等问题，实现全业务流程线上管控，多系统数据贯通联动。

在车辆备案环节，供应商对进出厂车辆自主线上备案，环保 RPA 自动审核；在送货环节，供应商基于订单自主维护送货单，运输车辆与送货单绑定，进厂自动触发计量申请，卸车后计量数据实时更新，车辆自动释放，进入车辆候选池。进厂业务全流程业务的闭环线上管控，贯通了系统间业务流程及数据，减少了岗位数据重复录入，提高了物资进厂收货效率。

物资进厂流程如图 32-2 所示。

32.2.2 物流作业计划协同管控

对销售物流的产成品准发—过定金—物流计划—承运商派车—发货—送达签收全程进行跟踪，通过定时进行销售委托、资金校验，将校验未通过的信息采用业务系统与企微互联的方式，推送给订单对应的销售业务员，促使其及时与客户联系、配款，从而提高库存周转，降低库存。通过创建运力自动分配模型、汽运发运计划自动编制模型、铁运计划自动配载模型，实现所有物流计划的自动生成，满足用户对交货周期、物流质量和物流成本

解决方案-物资进厂流程设计   北京首钢股份有限公司
                                        BEIJING SHOUGANG CO., LTD

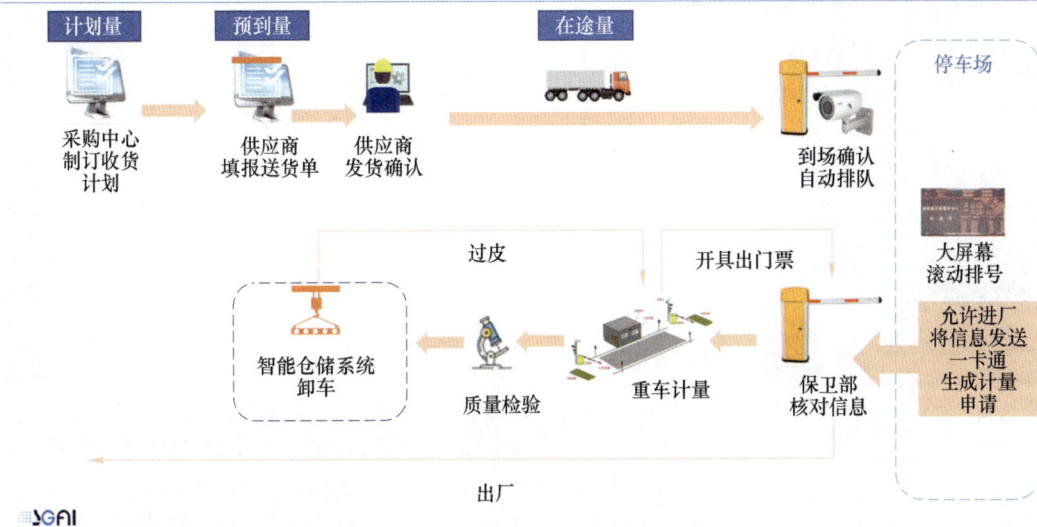

图 32-2 物资进厂流程

等物流需求。辅助物流人员整合物流资源，自动编制物流计划，提升物流效率。

32.2.3 智能仓储

智能仓储是在天车具备格雷母线、重量传感器、指令执行终端的基础上，集成一套基于库区管理规则的算法模型，形成入库、出库、装车、卸车、上料、下线、倒垛等各类仓储作业任务指令，并按照任务优先级发送到指定天车执行，实现仓储及物流管理的自动化、合理化、高效化和可视化，达到加快库存周转、提高仓库利用率的目的。算法模型依据库区跨、区、垛位的基本情况，结合不同物料种类的库内码放规则，集合库存、物料属性和发货计划及产线排产要求，同时根据所有天车的状态及任务执行情况，充分考虑天车在库内的实时空间位置，采用数据挖掘方法构建出入库模型，实现库区管理高效化。

32.2.4 厂内物流智能管控

通过物联网、5G 等技术对厂内物流车辆在运输过程中的速度、位置、任务、驾驶员等信息进行全流程高精度、动态、连续性可视化管理，以汽运智能调度系统为中心，实现物流与生产等多系统联动。将车辆在图形化中进行直观展示，并全程监控车辆运行动态，对异常数据及时报警，对行驶路线进行记录与追溯。增加运输过程管控力度，减少无效运输时间，同时记录关键时间节点信息，为运输效率分析奠定数据基础。

在新的可视化跟踪模式下，平台可直接击穿沟通层级，对司机进行直接调度。同时，智能调度算法可根据车辆位置、任务、线路等信息，自动匹配最合理的任务，最大程度上减少车辆空驶的时间，有效提高车辆周转效率和满载时间，从而增加运量。

厂内物流智能调度系统如图 32-3 所示。

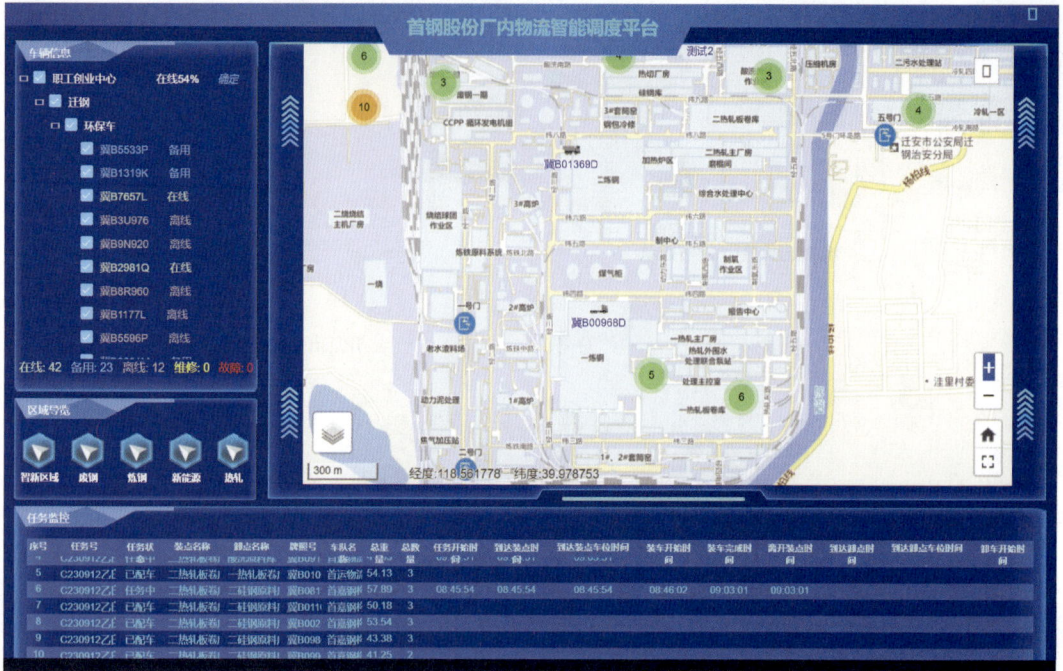

图 32-3　厂内物流智能调度系统

32.2.5　出厂物流智能管控

通过出厂物流智能管控，为客户提供集约管理、统一资源调配、整合物流资源、规范化服务，实现数据全局共享，各级管理者及时掌握业务进展及业务实时数据。

实现出厂物流无纸化，由司机在移动端与相关专业、岗位、门卫进行互动，确认装车信息，并进行核验出厂，全流程由系统对接代替纸质单据的传递。

通过与汽、铁、水相关外部系统实现对接，获取各类运输载具的实时跟踪信息，实现物流全程可视化跟踪。

实现数据分析、展示一体化，从宏观到微观对物流进行整体把控。按照客户、销售合同、材料等不同维度对整体进行展示及分析。

32.3　应用的成效

通过推进首钢物流一体化管控平台的建设，提高了公司物流管理水平，实现了物流系统数据实时同步，从根本上解决了数据准确性的问题，同时大幅度减少了现场人员的工作量，业务人员通过系统可以实时掌握现场情况，大大提高了业务处理效率，从计划管理、调度管理、现场管理多个维度提升管理水平。

（1）库存量占用同比下降了 10% 左右；承运商对车辆状态实时掌握，运输计划、派车任务通过系统传递，运力组织平均时间由 3h 缩短至 2h；平台间物流信息共享，杜绝实物到港物流信息滞后现象，提高车船直取业务量，平均滞港时间由 6 天降低至 4 天。

（2）平台通过调度功能的实现，打破沟通层级 6 个，大幅减少了不必要的线下沟通，解放了整个链条上的所有参与者。针对单车运输效率实现提升 5%，针对整体运输效率实现提升 3%，最终实现了整体物流管控水平的升级。

（3）智能仓储管理实施后，模型可结合原料生产时间、产品外发方式与流向等因素进行分类集中码放，减少库内无效二次倒垛量 20%，从而降低天车夹伤率 3%，按照物料种类细化，降低原料卷夹伤率 2.5%，成品卷夹伤率 1.5%。同时提升天车运转效率 5%，实现产量不变情况下的运力提升。

（4）引入铁运自动配载的算法，建立物流规则引擎，通过引用大数据复杂算法，实现火车车皮智能配载，提高火运满载率，确定每个车皮装载钢卷码放具体位置，提高装车效率 15%，实现装车净载重平均提升 5t/车。随着货运结构的变革、"公转铁"政策的推进，通过物流优化大幅提升了铁路货运比例，目前平均已超过 60%。

32.4 项目创新点

32.4.1 火运钢卷自动配载模型技术

通过与上游系统对接，提前获知车皮入库情况，并根据火运资源情况、装载方案、流向信息等约束条件，建立火运车配载算法，实现自动配载，用以解决钢卷装火车过程装载率较低，影响整体火车发运成本的问题。

首先根据当前库存模块，将库存按照钢卷所在区域、流向、发运优先级进行处理，再根据当前区域对进火车的型号匹配相应装载方案，火运装载必须满足铁路局统一下发的装车要求，不同的钢座架有不同的装载要求，装运钢卷的火车载重大致分 60t、70t，每种车型会有适配的装载方案，整体钢卷与钢座架之和不能超过火车载重。按照当前区域火车车皮与装载方案的匹配，通过单车车货匹配模块来匹配一节火车车皮与钢卷的最优装载方式，对进每个库房的火车-勾车会对应多个车皮，每个车皮匹配好钢卷。

根据当前车皮在仓库中对应的区域，按照符合的装载方案信息、物料重量及垛位编码，计算满足装车要求最优配载。每个车皮可匹配的装载方案可能存在多个，并且每个装载方案匹配的结果也是多个，需要根据匹配出的结果计算出重量最大，并且天车行进距离最短的配载方式。

32.4.2 天车自动调度模型技术

根据天车的待执行任务，结合天车实时信息、吊装物品信息等当前执行情况，为天车计算出下一任务及优选路径，解决吊放天车作业交叉任务全自动避让及行走路径自动化控制问题。该技术需一级控制系统、二级模型进行相互配合，实现天车指令全自动生成、下发。

天车调度模型包括计划选择模型、多层垛位预约模型、天车选择模型 3 个主要模块。多层垛位预约模型是该系统的核心。由于现场工况的复杂性，该模型设计为规则可配置的方式。在通用规则的基础上，可以根据现场不同的垛位功能，在规则表中进行规则配置，例如废卷区、汽运发货区、火运发货区、可利用材钢卷堆放区、检验区等，多层垛位预约模型根据规则表的所有规则，依次与鞍座信息进行比对，筛选出符合规则的鞍座，并根据不同规则赋予鞍座不同的优先级。当优先级最高的鞍座唯一时，直接选择优先级最高的鞍座；当优先级最高的鞍座不唯一时，根据当前鞍座及周边钢卷信息计算出参数更相近的钢卷旁边的唯一鞍座，或者根据需求选择距离最近的唯一鞍座。对于预约完垛位后的任务，最后一步需要进行一次天车选择优化。优化的目的是尽可能地减少各天车之间的干扰。

根据天车待执行动作任务实时判断天车运行状态、天车控制模式、任务优先级、障碍区信息、其他系统连锁消息，从动作任务池中选择任务进行寻路计算。任务优先级的设定分为动态优先级和静态优先级两种，静态优先级根据优先级动态表读取。动态优先级的设定主要是根据天车避让过程中动态调整，两台天车冲突时，本次需要避让的天车在完成本次避让后，优先级加1，这样做的目的是为了保证静态优先级比较低的天车也有机会能够执行任务。从任务池中选择需要下一步执行的任务指令，改指令包括源垛位和目标垛位，通过AI算法，计算从源垛位到目标垛位的路径。天车左右避让的规则主要是利用决策树来完成，程序遍历整个规则树来得出最后的结论，是向左避让还是向右避让。

32.4.3 小吨位钢卷的火运自动装载技术

通过5G网络的搭建，使无人天车控制、视频信号传输、网络安全监测等方面的技术落地应用的同时，研究新型电磁吊技术，进一步提升装车的精度，实现整体装车效率的快速提升。

新型电磁吊技术包括驱动机构、支架、拉索、吊耳、滑动固定座、锁链、磁头、第一到位传感器、第二到位传感器以及PLC可编程控制器，解决现有技术中的电磁吊自动化程度低、磁头升降精度低、建立和消除磁场的时机控制差的技术问题。

驱动机构设置在支架上，驱动机构通过拉索与吊耳相连，滑动固定座可竖向滑动地设置在吊耳上，磁头通过锁链连接在滑动固定座上。磁头通过滑动固定座可竖向滑动地固定在吊耳上，并设置第一到位传感器检测滑动固定座和吊耳之间的相对滑动，从而检测钢卷落地和磁头下落完成钢卷吸附的状态，从而通过PLC可编程控制器控制驱动装置停止下落，并开始拉升或者解除磁头的磁场，释放钢卷；通过设置第二到位传感器检测吊耳与钢卷的距离，从而控制磁场的建立，实现磁吸附钢卷，准备吊运。通过自动化的位置和到位检测，实现下降、拉升、磁场建立和解除的自动控制。

无人天车的自主运行，实现了24h不间断作业，高精度定位作业，保障了小吨位钢卷无人库区的实现。

33 长材（线材）成品平面智能库区解决方案

宝信软件（安徽）股份有限公司
仓储物流

简　　介

以库区管理系统及天车调度系统为核心，利用天车无人化控制技术、信息化技术、网络通信技术和传感器技术，结合天车防摇、3D 扫描、地面安全防护、视频监控、设备状态监控等智能化技术，实现多系统数据交互、库区物流信息全覆盖、库区内设备和产线协同作业等功能，达到库区智能化调度、远程自动化作业、精确信息化跟踪等目的。

项目总体架构如图 33-1 所示。

案例介绍

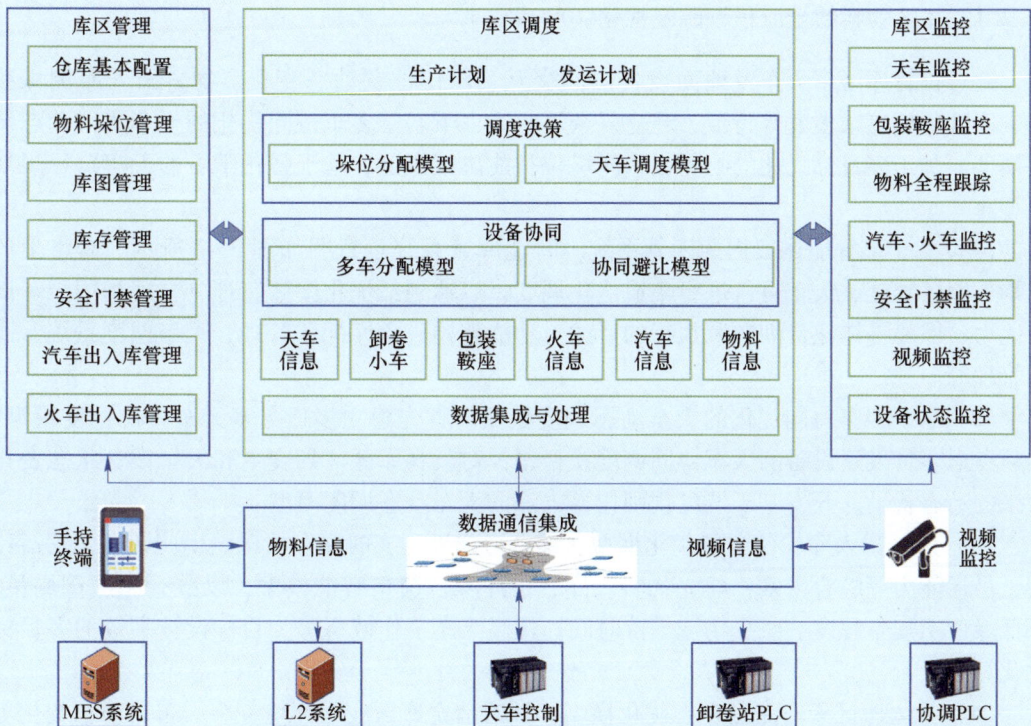

图 33-1　项目总体架构

33.1　解决的问题

长材（线材）成品平面库区自动化水平低、劳动定员多、操作环境恶劣、安全生产和职业健康风险高、作业规范化和生产效率低，是严重制约长材（线材）库区智能化、无人化发展的瓶颈。近年来国内外研究机构逐步实现了针对带卷的智能无人化管控技术；而在占钢铁产能45%的长材领域，还未能实现该技术的成功应用。长材（线材）库区智能无人化技术的突出难点在于无固定垛位堆垛，密集多层码放，产生物料形变与位移，定位困难，易导致重心偏离吊具发生掉落事故；同时，长材（线材）物料规格繁杂，库位变动复杂、自动装卸车、多车作业与高节奏生产，对库管系统要求极为苛刻。

根据国家《钢铁行业"十三五"规划》的指导思想，随着钢铁企业工业4.0、中国制造2025的建设需求，钢铁企业都积极着眼于工厂智能化建设发展，通过技术创新实现在绿色、智慧等方面的领先地位，推动产业转型升级，形成新的增长动能，培育新的竞争优势，不断提升核心竞争力。库区作为钢铁生产流程中物流衔接和生产节奏控制的重要枢纽，是工厂智能化建设的基础，智能库区的研发与应用，可从根本上改变库区的工作模式，实现智能库区，对提高生产效率、降低生产成本、改善产品质量具有重要意义。

33.2　实施的路径

33.2.1　库区物料的全流程跟踪及优化调度系统

针对长材库区多天车及地面设备协同交互、垛位位置动态变化、物料出入库倒垛频繁、库区环境复杂多变等特点，建立复杂时空约束下基于多车协同优化的天车集群动态调度模型、基于多目标优化的物料出入库垛位智能决策模型、基于强化学习的天车路径规划模型。

（1）基于多智能体架构的库管系统。智能库管系统示意图如图33-2所示。需将生产计划、库区物流、天车运行进行集成优化调度，以达到最优化库区管理、合理利用天车调运能力、保障一体化计划顺利执行的目的。功能架构包含库配置管理、天车调度系统、库图管理等。

（2）基于多车协同优化的天车动态调度模型。首先建立多任务多天车集群调度模型，然后考虑多种发运设备的天车协同调度模型，针对长材库区计划变更和天车设备状态变化带来的动态扰动，开发基于调度规则挖掘方法的天车动态调度模型。

（3）库区出入库垛位智能优化模型。综合考虑库区实时库存情况、生产计划、发运计划、吊运能力等综合因素，建立物料入库、出库垛位决策智能模型，以减少库区倒垛量、降低垛位不规整程度、减少物流等待时间、提高天车工作效率等为目标设计高效的多目标优化算法。

（4）无人库区天车路径动态优化模型。针对冶金库区实际环境复杂、布局动态变化等问题，设计了基于强化学习的无人天车路径规划方法，通过与环境的实时交互和自主感知，解决无人天车在复杂库区地图和不确定环境中的路径规划问题。

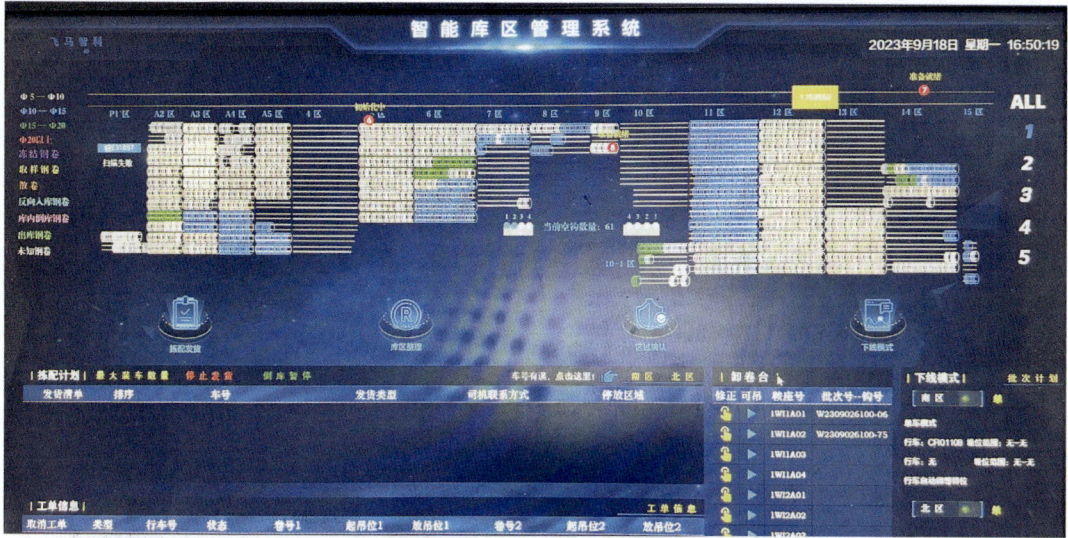

图 33-2　智能库区管理系统示意图

33.2.2　长材库区多源信息三维重构与环境感知技术

针对冶金长材库区视场大、库区物料密集码放、运载工具多样的特点及问题，开发了基于非重复扫描激光雷达的车辆与车载物料识别、基于线扫描激光雷达的高线库区地图构建与特征识别等关键技术，实现了冶金库区物料、运输车辆以及车载物料的精确定位，完成了对库区的数字化重构与精准感知。

（1）基于非重复扫描激光雷达的车辆与车载物料识别。为了实现无人天车系统在线材库区对汽车等运载工具以及车载货物的准确识别，搭建了基于非重复扫描激光雷达的固定式检测系统，基于随机采样一致性平面拟合的库区时间坐标系自动标定，开发了基于概率密度的车辆特征识别模型、基于投影降维栅格化特征的棒材位置外形识别模型以及基于主成分方向降维圆形拟合的线卷位置识别模型。

（2）基于线扫描激光雷达的高线库区地图构建与特征识别。为了实现无人天车系统在高线库区对线卷以及火车准确识别，本项目搭建了基于线扫描激光雷达的随动式检测系统，提出了动态扫描三维点云地图构建模型、高线库区线卷点云分割模型，以及火车车厢位置识别模型。最终实现了高线库区的激光点云建图、线卷的分割与准确识别、火车车厢位置的精准定位。

多源信息三维重构与环境感知如图 33-3 所示。

33.2.3　库区无人天车的精准控制模型

针对长材吊运过程所面对的定位精度要求高、易挤压形变、易位置变化以及吊运稳定性要求高等特点，创新开发了基于机器视觉库位识别的精准定位控制、运行过程吊具防摆控制、多段路径协同过渡控制、四轴联动控制以及多车动态防撞控制等关键技术，突破了

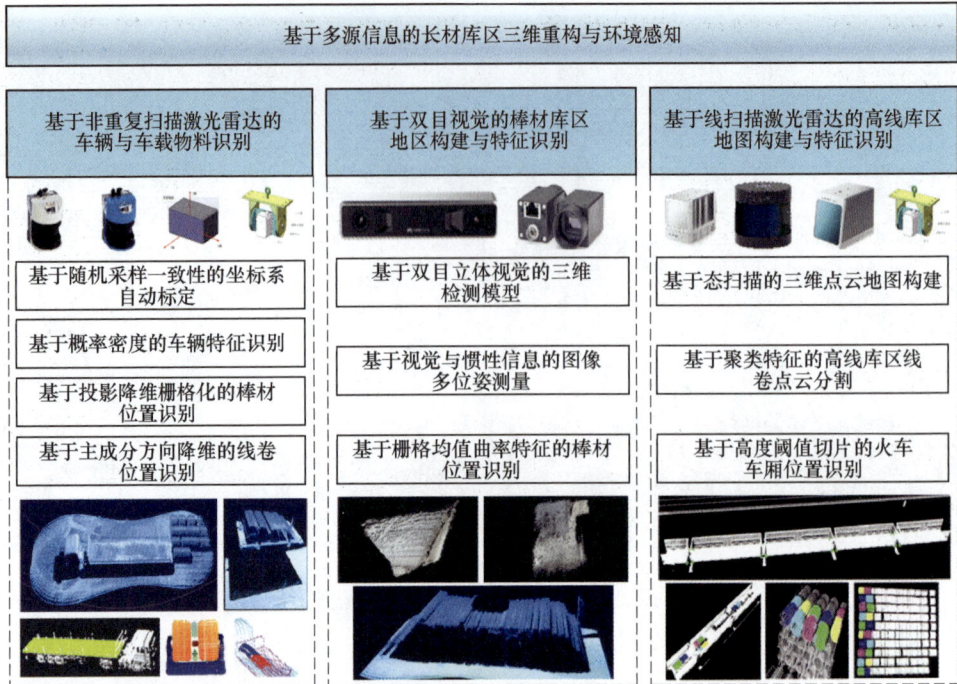

图 33-3 多源信息三维重构与环境感知

冶金库区无人天车技术瓶颈，实现冶金智能库区的高效率、高稳定性无故障运行。

（1）基于机器视觉库位识别的精准定位控制。长材吊运过程中，由于物料本身的重力以及多层码放积压等因素引起的钢材形状变化以及位置变化，会导致定位控制不准确，甚至发生行走过程中掉落等问题。为此，本项目开发了基于机器视觉库位识别的精准定位控制技术，在整个定位控制过程中，实现以下关键控制环节：

1）基于库管发送目标与视觉扫描修正的起吊一次+二次定位控制；

2）基于称重与视觉扫描校核的起吊称重+位置校核控制；

3）基于库管发送目标与视觉扫描修正的落吊一次+二次定位控制；

4）基于视觉扫描的落吊位置校核控制。

（2）运行过程吊具防摇摆控制技术。针对冶金库区吊运过程的防摇摆控制要求，本项目开发了具有高可靠性与稳定性的自主知识产权防摇摆控制技术。防摇摆控制系统是无人天车精准定位控制的重要环节，由测角度仪、红外标记和防摇摆控制模型组成，控制模型包括开环速度设定控制与闭环加速度控制。其中，开环速度设定控制，通过在当前位置与目标位置之前设置多段速度曲线，避免摆角过大；闭环加速度控制，能根据实测的天车晃动角度、天车实际位置、速度信息，计算天车加速度调整量，并将该加速度调整量传递到传动变频器，即可控制天车大、小车速度。

（3）四轴联动与多段路径协同控制技术。为了最大缩短天车从初始位置到目标位置的运行时间，提高天车的运行效率，本项目在无人天车系统中加入了四轴联动运行功能。基于多段路径协同过渡控制技术、防摇摆控制技术以及四轴联动控制技术的组合，通过设定速度曲线的自动调整，在通过规避区域时，可依照原来大小车速度无静止通过，有效缩短天车的运行时间，在规避危险区域时能节约 20s 左右的运行时间，实现天车的安全、高效运行。

33.3　应用的成效

33.3.1　应用业绩

在马钢特钢高线成品库项目实现了首台套高线无人化库区应用，攻克了库区钢材三维料型检测、基于机器视觉的电磁吊精准吊运、多智体天车地面协同调度优化等技术难点，实现了智能库区内天车 7×24h 的无人全自动操作，以及全自动的汽车入库、出库装卸操作。在节省人力的同时，大大提高了生产调度效率；并通过解决库区生产瓶颈释放产能，在长材平面智能库应用技术领域属于世界首创。在此基础上，研究成果进一步推广应用于马钢港务原料厂、安徽长江钢铁综合料场、马钢炼铁高炉抓渣等项目。相关的应用业绩见表 33-1。

表 33-1　应用业绩

序号	单位名称	应用的技术	应用对象及规模	应用起止时间
1	马鞍山钢铁股份有限公司	冶金库区无人化智能化管控关键技术	特钢高线成品库全无人化	2020 年至今
2	马鞍山钢铁股份有限公司	冶金库区无人化智能化管控关键技术	港务原料总厂堆取料机	2019 年至今
3	马鞍山钢铁股份有限公司	天车无人化控制技术	炼铁总厂 3 台天车	2021 年至今
4	安徽长江钢铁股份有限公司	天车无人化控制技术	综合料场堆取料机	2020 年至今
5	安徽长江钢铁股份有限公司	全流程跟踪及优化调度技术	炼钢厂、轧钢厂	2021 年至今
6	马鞍山钢铁股份有限公司	三维重构及特征识别技术	北区硫铵产线	2020 年至今
7	马鞍山钢铁股份有限公司	全流程跟踪及优化调度技术	特钢大棒精整线	2020 年 8 月至今
8	马鞍山钢铁股份有限公司	冶金库区集控技术	粉末冶金集控中心	2019 年至今
9	湖南湘钢瑞泰科技有限公司	冶金库区集控技术	耐火材料集控中心	2021 年至今

33.3.2　经济效益

以马钢特钢高线成品库项目为例，通过智能库区的建设，经测算年直接经济效益约

1489.49 万元，具体测算如下。

（1）减少运营成本，减员增效，提高人均吨钢产量。提升设备运行稳定性，延长设备维护周期，减少库存备件量。极大改善了劳动环境，降低了劳动强度，可减少相关操作、维护人员 18 人，总体降低人力 60% 以上；根据测算，按人工费用约 20 万元/年，直接降低人工费用 360 万元/年。

（2）降低能耗，响应绿色发展号召。通过建设无人天车与智能库区项目，所有用能设备选用高效节能型设备，将在制动过程中产生的再生能源加以合理利用和回收，同时通过智能库管系统的优化，更加合理地调度天车作业，降低了天车的使用率，有效减少了能源消耗，经测算节能约 30%，减少电费 29.49 万元/年。

（3）减少表面擦划伤，提升产品质量。经测算之前年均因吊运擦伤产生的降级产品约有 10000t，每吨降级产品约 300 元，通过精确定位、防摇摆、防撞等控制，挽回相关损失约 300 万元/年。

（4）特钢新产品产能释放。通过优化调度，降低了倒垛率，提升了产品质量，解决了产线的特钢类新产品的产能瓶颈，新产品从原有的 3000t/年提升到 35000t/年，增加效益约 800 万元/年。

33.3.3 社会效益

（1）推动企业生产模式变革。无人化库区的实施，极大提高了冶金企业生产全流程的智能化管控水平，推动了企业生产模式变革。将工作人员从恶劣工作环境、繁重体力工作中解放出来，降低了安全生产风险和运行成本，培养了一批智能工厂环境下的技术开发与应用人才，为行业技术升级奠定了扎实的基础。

（2）推动企业绿色转型发展。通过一系列技术研发，实现库区的精细化控制、精细化操作、精细化管理，提高了库区物流中转以及设备运行效率，规范化操作流程，减少设备故障，提高了产品质量，减少能耗，助推企业双碳达标，不断向绿色发展转型。

（3）推动智能工厂技术进步。现阶段我国冶金智能工厂建设正处于技术快速迭代、不断攻关升级的进程中，长材智能库区的技术成熟，对于整体产线的少人化、高效化，全流程数据信息流断点、孤岛的消除以及跨工序协同管控业务的实现，在技术层面起到了积极的推动作用，具有非常重要的意义。

（4）推动产学研用深度融合。项目集成产学研各类资源，形成平等协作、优势互补、联合推进的运行机制，在纵向上提升了企业技术创新组织管理能力，在横向上深化了产学研联合协作机制与模式，具有较强的示范意义。

33.4 项目创新点

通过攻关长材库区多源信息感知、机器视觉驱动天车精准控制、多智能体协同优化调度几方面关键技术，研发了整套的冶金库区相关的无人化智能化管控平台，主要创新点如下。

（1）研发了冶金库区物料的全流程跟踪及优化调度系统，包括物料垛位智能决策、多车集群动态调度、天车路径规划等关键模型，有效降低倒垛率，提升库区运行效率。

（2）研发了库区、运输车辆及车载物料三维重构和特征识别的激光雷达检测设备，实现瞬态高精度扫描检测。

（3）研发了长材库区无人天车的精准控制模型及设备，具有机器视觉闭环定位控制、吊具防摇摆模糊变增益控制、多路径协同过渡控制、多车防撞动态控制等功能，保证了库区无人吊运的安全、精准、高效。

（4）通过开发融合工业 5G 与数字孪生技术的长材库区集控系统，提升了整个库区智能化水平。

34　双高棒智能成品库解决方案

重庆钢铁股份有限公司
仓储物流

简　介

重庆钢铁双高棒智能成品库设计开发的 WMS 采用基于 IOT 的高频、多源、多协议数据采集 iXBus 平台，在多个异构业务系统之间进行资源整合，实现 MES 系统、L2系统、L1 系统之间互连互通、数据共享，信息流、实物流同步到达，智能推送作业计划，推荐最佳库位和行车作业指令。此外，对行车进行无人化改造，基于新一代的SRS 识别新技术、高精度定位、三联动防摇技术实现行车的全自动吊卸功能及多台行车之间的协同调度。将物联网、传感网与现有的互联网整合起来，通过精细、动态、科学的管理，实现物流的自动化、可视化、可控化、智能化、网络化，从而提高资源利用率和生产力水平。

项目系统架构如图 34-1 所示。

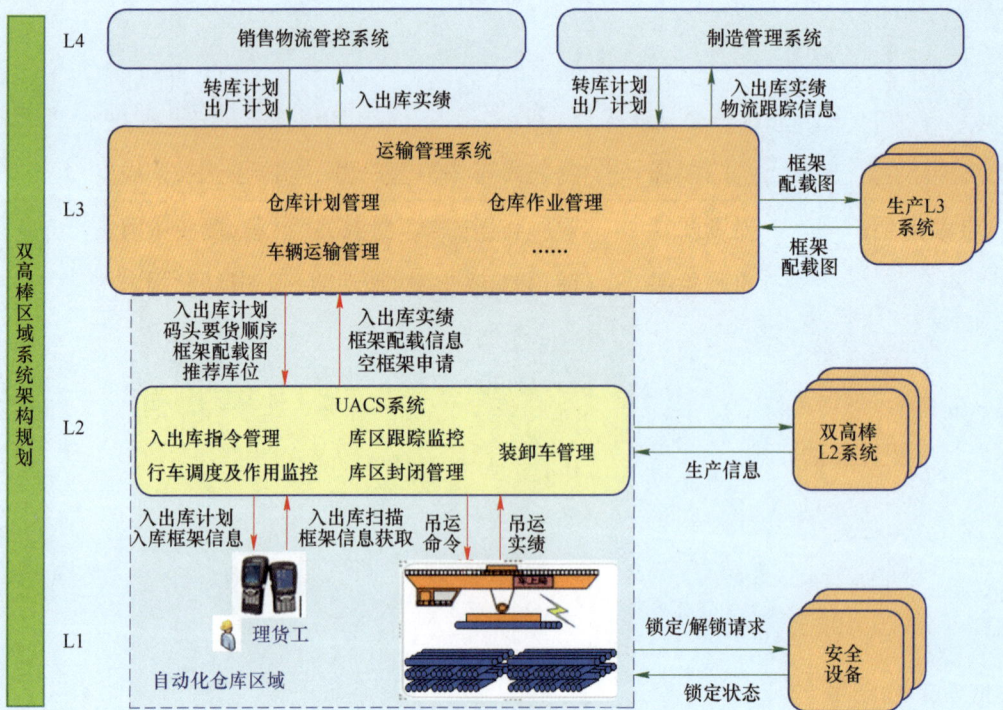

案例介绍

图 34-1　项目系统架构

34.1   解决的问题

钢铁工业是典型的流程行业，涉及工序多，边界条件复杂，在当前人工作业模式下的痛点主要体现在：（1）人机交互的作业环境，安全风险较大；（2）人工操作过程中容易出现误操作，造成安全、质量危险；（3）操作人员劳动强度大；（4）上下游信息不互通，人工效率低下。

因此，当前国内钢铁企业已大量使用无人全自动行车：（1）宝钢 1580 钢卷库实现行车自动化作业；（2）八一钢铁热轧钢卷库实现行车自动化作业；（3）唐钢 1580 产线成品钢卷库实现行车自动化作业；（4）湛江钢铁物流部全天候码头实现港机少人化作业。

目前虽然在棒材成品领域的无人行车无相关案例，但其他领域无人行车相关技术已比较成熟。因此重庆钢铁以双高棒项目建设为契机，将智能化信息化技术与钢铁技术相结合，打造双高棒智能成品库。

此项目按照宝武集团"四个一律"标准开展实施，对标国内外行业领先标准，整合采用一系列前沿技术。"一律集中"——所有现场操作人员统一集中在集控室工作，通过集控系统对所有的库区作业及行车作业进行监控和管理，改善了现场作业环境，提升了人员工作体验；"一律远程"——所有对库区生产现场的监测运维全部通过远程实现，通过无线、5G 技术的落地应用，将库区各种类型数据远程展现在运维人员面前；"一律机器人"——所有现场生产物流业务的完成全部由无人行车自动作业，借助工业 4.0 自动化控制技术和计算机人工智能技术，实现无人行车变身"物流机器人"。

34.2   实施的路径

为了保证现场人员安全，提高棒材在库区信息的准确性，提高库区的使用率，以及提高棒材出入库的准确性和效率，该系统从双高棒生产动态管控系统（简称三级系统）获取棒材成品的基本信息，跟踪机组的下料信息，根据模型推荐的位置，生成相应的吊卸指令，发给行车，实现行车的全自动吊卸功能，将棒材存放在库区最佳位置。收到装车计划时，可以精确选到计划中符合规格和钢种的棒材，并定位棒材在库区内的位置，生成相应的指令。系统实现了行车自动化吊运棒材功能且多台行车之间可以协同调度。

主要技术如下。

（1）多模态感知技术的融合应用。通过融合高精度三轴定位、激光扫描、图像识别等技术，经过点云获取、点云处理、点云特征识别对目标棒材进行三维重建，智能识别定位棒材组的中心坐标，将吊运物料实时成像，准确定位物料起吊位置和角度，为无人行车提供"智能视觉"功能。

（2）四轴防摇技术。在原有 x、y、z 三轴防摇控制的基础上，引入对旋转的防扭控制，同时实时监测行车运行数据，智能分析数据走势，并对已经出现或即将出现的超幅摆动行为进行智能介入纠正，保证行车安全稳定高效运行。

（3）高效的自适应装车作业。通过对车辆数据、物料数据、装车过程数据的分析与计算，对装车作业场景进行语义分割与场景理解，实时调整物料装车时对车厢的自适应位置定位，在保障安全的同时，提高了车辆装车作业空间的高效利用率。

（4）无固定垛位的多层堆垛模型。结合棒材的码垛工艺，通过智能库区管理系统库管码垛规则的差异化配置，在同一个硬件平台上，实现最大限度地适用仓库堆垛方式多样化、不同朝向要求等多样化特殊场景。

（5）基于 iXBus 技术的 WMS。iXBus（宝信企业服务总线）是一个符合 SOA 架构的应用服务集成产品，可以在多个异构业务系统之间进行资源整合，实现系统之间互连互通、数据共享、业务流程协调统一等功能，灵活地构建可扩展、可管理的分布式企业应用。iXBus 管理控制台基于 BS 模式提供了许多功能，方便用户将外围系统接入 iXBus 平台，以及进行消息交互的管理和维护工作。只要是通过系统身份验证的平台管理员，都可以基于控制台界面对平台进行管理。

通过无缝衔接内外部软硬件系统，WMS 采用大数据技术对订单数据进行分析，科学规划垛位使用，提高库容；并通过运输网络数据感知结合库位推荐策略引擎，统筹仓库作业计划任务，简化行车吊运路径，减少吊运距离，提高吊运效率。

WMS 主监控画面示意图如图 34-2 所示。

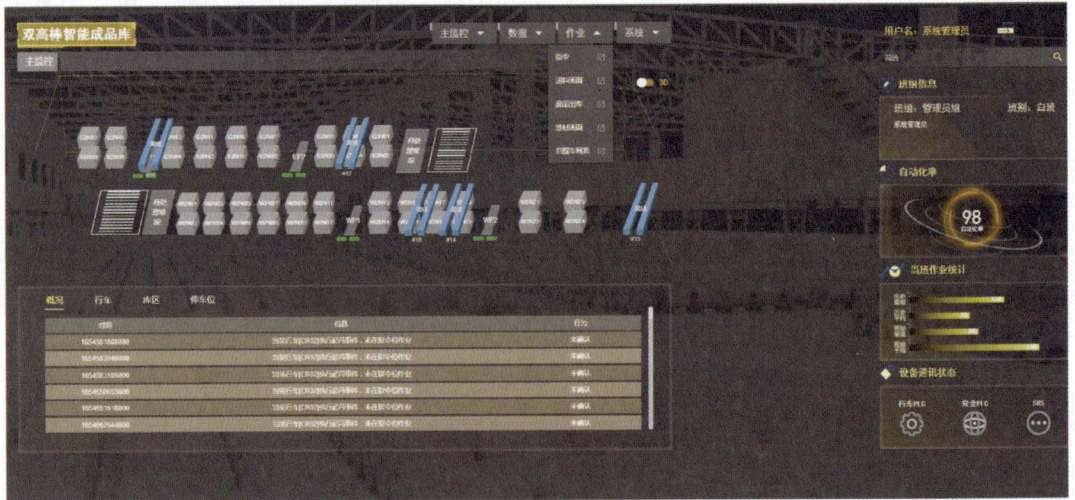

图 34-2　WMS 主监控画面示意图

34.3　应用的成效

34.3.1　解决行业问题

钢铁工业作为国民经济的支柱产业之一，战略地位至关重要。《中国制造 2025》将钢铁工业作为重点发展十大领域的基础之一，加快钢铁工业的智能制造技术升级，实现信息化和工业化深度融合，将为钢铁行业带来新一轮的变革和创新驱动，是钢铁企业发展的必然趋势。随着物联网、人工智能等信息技术的发展，钢铁企业正在向以智能工厂为载体，以关键制造环节智能化为核心，以端到端数据流为基础，以网通互联为支撑的智能制造模式转型。其中，行车与库区的智能化建设，成为智能工厂建设极具代表性的一项技术。

在传统的人工驾驶的有人行车工作中，单台行车要完成一次吊运，需要一名行车工操控行车，一名起重指挥员指挥行车吊运以及一名发运室人员通过对讲机和计划单来传递吊运信息。这样的流程既烦琐又复杂，但凡其中任何一个环节出错，都会导致材料信息的缺失或出错，同时危险系数高。

此外，钢铁行业作为依赖大量人工岗位的劳动密集型行业，尤其是在库区内作业的大量人员，长时间疲劳作业，效率低，同时人机交互较多，安全隐患也高。随着人工成本的逐步增长，给企业运营带来成本压力。

随着数字化和信息化的技术发展，基于无人行车的库区管理系统也逐步完善，智能库区管理系统实现了将离散化的信息进行汇总管理，与上下游实现了互联互通。

（1）信息流与实物流一致。贯通上下游信息，物流信息全程跟踪并记录，实时反馈给MES系统，打通整体信息流。

（2）提高生产安全性。无人化行车的智能调度，降低了人员与设备之间的交互频率，减少了可能的伤害事件，消除安全隐患，带来了极大的安全效益。

（3）提升产品质量。通过精准定位系统、激光识别系统、闭环防摇等先进技术，相较于人为吊运，减少了吊运过程中对物料造成的损坏，更合理地使用设备，并极大地延长了设备使用年限。

（4）提高总体效率。在拥有完整信息流的条件下，通过全局优化算法和动态堆位分配技术，对行车实现智能调度，实现库位合理化、物料储备最大化、路径优化等，提高物料热送热装比例。

（5）优化人力资源配置。取消行车操作人员，减少地面指吊人员，优化人力资源配置。

（6）提高劳动生产效率。无人化行车执行24h智能调度，除去基本的维护，24h待命。

（7）智能化运维。通过信息化的管理和库区自动化，实现对库区的实时监控、数据分析、问题反馈等功能，降低运营维护成本。

34.3.2　经济效益

（1）进行成品库智能化改造后，实现无人操作，预计可减少成品库每班人员（其中地面指挥4人，行车工6人）10人，共减少定员4×10＝40人，人员成本按11.5万元/年计，折算效益约460万元/年。

（2）智能行车提升成品库区域整体运转效率，每年减少非计划停机时间24h，折算效益为140万吨/6800小时×24小时×350元/吨≈173万元。

智能成品库上线后，每年带来的效益约633万元/年。

34.3.3　应用成效

无人行车与智能库管系统，助力企业实现库区少人化操作，增强库区精细化管理，并显著提升库区运行效率，主要体现在以下几方面。

（1）无人化操作：改善工人的劳动环境，降低劳动强度，无需行车驾驶员，减少地面操作人员，标准化作业实现精准定位。

（2）简化业务流程：实现库房物料动态跟踪及可视化，取消手动出入库、盘库等传统流程。

（3）提升设备、信息、人员安全：标准化工作流程结合防撞、防摆控制提升设备运行稳定性，实现设备状态在线诊断，降低故障率，延长维护周期，减少库存备件。物料信息可跟踪追溯，避免信息错误、丢失，通过物流信息统一部署，贯通与上下游工序的生产计划排程，推动智能工厂生产效率的全面提升。改善了工作环境，降低人与设备之间的交互，消除安全隐患。

（4）提升库区运行效率：通过简化班组交接、盘库等业务提升工作效率；通过智能库区调度优化物料码放，降低倒垛/倒卷率；通过高效多车协同作业等技术，提升极限工况生产能力；提高库区运行效率。

（5）减少行车不必要的作业，优化物料的运输路线，提高作业效率，减少物料的无效吊运次数，减少吊运过程中对物料可能造成的伤害；改善产品品质，消除质量异材，提升企业形象。

（6）提高库区利用率，加快物流周转，提高库区和资金的使用效率。钢铁企业无人行车的应用作为智能制造的典型代表，集多项前沿技术于一身，国内研发方兴未艾，多种应用场景还有待突破。本项目使用的技术可运用于多个场景，例如钢卷、板坯等，今后将逐渐将本项目使用的系统产品化。

34.4 项目创新点

主要创新点具体如下。

（1）多模态智能感知技术的融合应用。突破现有思维定式，借助人工智能等多种手段，提升智能感知技术水平，实现对库区内多场景的感知与理解。

（2）WMS 技术创新。不仅着眼于库区生产等现场数据的处理，更要挖掘数据本身能量，通过数据挖掘、神经网络、机器学习等技术手段，为现场生产和行车运行提供智能化生产数据。

（3）无固定垛位的多层堆垛实时推荐模型。在库位推荐的模型中，根据棒材的规格，结合垛位的尺寸信息与计划，采取动态库位推荐算法模型，推荐使当前棒材摆放库容最优的垛位。此外，对库区中存在的棒材进行"碎片管理"，即对库区的棒材位置进行库位优化。

35 钢铁智能仓储标准技术研发与应用

鞍山钢铁集团有限公司
智能供应链
智能制造标准成果转化

简　介

鞍山钢铁以先进的数字技术、物流技术、标准化技术为支撑，从强化产业链供应链自主可控能力重点工作和存在的问题着手，实施智能低碳仓储技术及标准的研发与应用，从而实现提升产业链供应链自主可控能力目标；构建钢铁物流服务标准体系并研制相关标准，解决构建新发展格局标准短板的问题；当然，这些问题是紧密围绕着企业的"效率提升、服务引领、技术领先、成本变革、智慧制造、生态融合"六大能力提升而开展的，是推动鞍山钢铁高质量发展的坚甲利器。总体思路见表35-1。

案例介绍

表 35-1　总体思路

针对问题	重点研究内容	形成的关键技术	转化的仓储标准		
钢铁仓储绿色化需求	"物"的标准化技术创新与应用	低碳仓储技术标准化研发与应用	国家标准	GB/T 37099—2018	《绿色物流指标构成与核算方法》
			团体标准	T/CISA 044—2020	《钢铁企业绿色高质量发展指数》
钢铁仓储智能化需求	"网"的标准化技术创新与应用	鞍钢智能云仓互联系统技术研究与应用	行业标准	YB/T 4878—2020	《钢铁物流数字化仓储系统规范》
				WB/T 1118—2022	《数字化仓库基本要求》
				WB/T 1119—2022	《数字化仓库评估规范》
			国际标准	P3145	IEEE《智能工厂中的线边智能仓通用技术要求》
供应链风险	"流"的标准化技术创新与应用	基于智能低碳的采购物流管理平台技术研发与应用	国际标准	P2934	IEEE《智慧工厂的物流作业流程规范》
			行业标准	WB/T 1071—2018	《钢铁物流统计指标体系》
				YB/T 4807—2020	《钢铁企业物流成本构成及计算》

续表 35-1

针对问题	重点研究内容	形成的关键技术	转化的仓储标准		
供应链风险	"链"的标准化技术创新与应用	物联网监管仓技术研发与应用	团体标准	T/CAMT 3—2019	《物联网监管仓技术与管理规范》
				T/CAMT 1—2018	《钢铁物流企业信用评价指标体系规范》
新发展格局中标准缺失、高质量发展对标准要求	国家级物流服务标准试点及相关标准体系建设	钢铁物流标准体系建设研究（标准 425 项，其中国标 90 项、行标 54 项、地标 3 项、团标 8 项、企标 270 项；3 项国际标准立项）	行业标准	WB/T 1094—2018	《铁矿石仓储服务规范》
				WB/T 1092—2018	《钢铁物流包装、标识规范》
				WB/T 1086—2018	《煤炭仓储服务规范》
				WB/T 1087—2018	《煤炭仓储设施设备配置及管理要求》
			地方标准	DB21/T 2670—2016	《仓储服务技术与管理规范》

35.1 解决的问题

（1）降低单个企业的仓储成本，提高供应链上下游企业的整体供应链绩效。

（2）通过物联网监管仓标准的研制和推广应用，提高钢铁仓储的风险管控能力；同时为供应链金融做好技术保障，解决钢铁仓储最棘手的风控难题。

（3）通过智能系统中的机理模型，优化物流方案，降低社会物流动作，减少供应链上下游不合理的物流作业带来的碳排放，实现"节能减排"的目标。

35.2 实施的路径

35.2.1 技术研发与应用

（1）互联互通，数据驱动。实现钢铁仓储物流要素互联互通、仓储业务数字化，实现物流系统全过程透明可追溯；仓储数据业务化，以"数据"驱动决策与执行，为物流生态系统赋能。

（2）深度协同，高效执行。实现钢铁仓储供应链上下游企业之间深度协同，基于仓储系统全局优化的智能算法，调度整个仓储系统中各参与方高效分工协作。

（3）预测决策，学习提升。软件定义物流实现预测和决策，推动仓储物流系统程控化和自动化发展；通过大数据、云计算与人工智能构建云仓平台，在感知基础和物流业务机理模型基础上决策，在物流实际运作中不断升级，提高物流风控能力、优化物流方案，实现节能减碳。

35.2.2　技术专利化、专利标准化，做好标准制定和发布

（1）技术研发应用情况。"鞍钢智能云仓互联系统技术"已应用并获得 2018 年冶金科技进步奖三等奖，在钢铁行业推广；"基于智能低碳的采购物流管理平台技术""基于业财融合的财务共享 2.0 系统技术"已上线，并分别获得 2018 年、2019 年中国物流与采购联合会信息化优秀案例奖，在物流行业推广；"物联网监管仓"技术标准在 2019 年发布并在钢铁流通行业广泛应用，2022 年申报了百项优秀团标；钢铁物流服务标准体系建设及智能仓储相关标准的编制发布、实施应用和推广，获得国家标准委审核高分通过，鞍山钢铁被国标委授予钢铁行业唯一的"国家级物流服务标准化试点单位"称号，标准被广泛推广。

（2）发表的论文见表 35-2。

表 35-2　发表的论文

序号	论文名称	发表情况
1	《鞍钢智能云仓互联系统》	《中国物流与采购信息化优秀案例集》（2018）
2	《基于智能低碳的采购物流信息化平台构建》	《中国物流与采购信息化优秀案例集》（2019）
3	《钢铁物流 2019 年发展现状与 2020 年展望》	《2020 年中国仓储配送发展报告》
4	《产业数字化建设开启鞍钢物流新篇章》	《鞍钢》2021 年第 3 期
5	《鞍钢股份配送库目的港信息系统的应用》	《中国物流与采购信息化优秀案例集》（2016）
6	《钢铁企业物流财务共享 2.0 价值创造服务体系建设》	《中国物流与采购》2017 年第 21 卷第 21 期（总第 538 期）
7	《钢铁企业智慧生态物流系统的构建与实施》	《第十一届中国钢铁年会论文集》
8	《推动全供应链高质量发展的钢铁物流标准化体系建设》	《鞍钢》2019 年第 4 期
9	《2021 年钢铁产业链供应链发展回顾与 2022 年展望》	《中国供应链发展报告》（2020–2021）

（3）申获专利见表 35-3。

表 35-3　申获专利

序号	编　号	相关专利
1	ZL2017 1 11283323.6	一种配置模型在系统开发中的应用方法
2	201711460120.X	一种钢铁智能工厂的平台构建方法
3	软著登字第 1758920 号	鞍信智慧物流管理系统 V1.0

（4）标准制定情况见表 35-4。

表 35-4 标准制定情况

序号		转化的仓储相关标准	
1	国际标准	P3145	IEEE《智能工厂中的线边智能仓通用技术要求》
2		P2934	IEEE《智慧工厂的物流作业流程规范》
3	国家标准	GB/T 37099—2018	《绿色物流指标构成与核算方法》
4	行业标准	WB/T 1094—2018	《铁矿石仓储服务规范》
5		WB/T 1092—2018	《钢铁物流包装、标识规范》
6		WB/T 1086—2018	《煤炭仓储服务规范》
7		WB/T 1087—2018	《煤炭仓储设施设备配置及管理要求》
8		WB/T 1071—2018	《钢铁物流统计指标体系》
9		YB/T 4807—2020	《钢铁企业物流成本构成及计算》
10		YB/T 4878—2020	《钢铁物流数字化仓储系统规范》
11		WB/T 1118—2022	《数字化仓库基本要求》
12		WB/T 1119—2022	《数字化仓库评估规范》
13	地方标准	DB21/T 2670—2016	《仓储服务技术与管理规范》
14	团体标准	T/CAMT 3—2019	《物联网监管仓技术与管理规范》
15		T/CAMT 1—2018	《钢铁物流企业信用评价指标体系规范》
16		T/CISA 044—2020	《钢铁企业绿色高质量发展指数》

35.2.3 通过参与到钢铁智能制造标准体系的建设，以技术、标准的推广实施推动行业的发展

钢铁行业在国家智能制造标准化总体组的指导下，于 2020 年开始建设"钢铁行业智能制造标准体系"，截至 2023 年 3 月共有 122 项标准研制，其中 11 项行标、111 项团标；共发布 50 项，报批 7 项，在研 65 项。鞍山钢铁在工信部、国标委指导下，在中国钢铁协会大力支持下，联合冶金工业信息标准研究院共同召集钢铁行业智慧供应链领域的相关单位组建产学研检用的联合研发团队，加速智能制造标准的研发与应用，发挥标准对促进制造业转型升级、引领创新驱动的支撑作用。

35.3 应用的成效

本项目已在鞍钢股份有限公司应用，具有较强的行业可借鉴性和可复制性。项目中"鞍钢智能云仓互联系统"已复制到"鞍钢营口港务有限公司""中铁铁龙鲅鱼圈分公司"等公司。项目中"物流财务共享 2.0 系统的开发与应用""基于智能低碳的采购物流管理平台技术"获得中国物流与采购联合会信息化优秀案例奖，在我国物流行业推广实施。项目经济效益显著，直接效益为 4969 万元/年；团体标准"物联网监管仓技术和管理规范"在国内多家企业应用，2022 年申报了工信部组织的百项团标应用示范项目；因本项目属于一定范围内成员单位共同使用、重复使用的项目，所以正在继续将相关业务转化为标准，以"标准引领"的作用推动行业的高质量发展。

35.4 项目创新点

（1）破解钢铁仓储难题。钢材仓储最大痛点之一是"钢贸商跑路"事件带来的"钢材仓储信用危机"，也是做"钢铁供应链金融"面临的难题。将物联网监管仓技术转化为标准，成为钢铁行业共同使用、重复使用的规范性文件，破解了"供应链金融"的关键难题，提升了"关键技术控制力"。物联网监管仓标准的技术创新点是采用行车定位、重量传感及钢材标签 OCR 识别技术，有效识别行车吊装钢材的行为和重量，动态计算钢材吊装出入库及库存量，在使装卸、找货、理货效率极大提高的同时，物联网的动态装卸数据对库存风险管控起到关键作用。钢铁仓储最大的难题是"经济性"，对于存多少、如何降低物流成本和存货资金成本、怎么存、如何减少不必要的物流动作降低仓储费用，这些都需要"智能技术、业财融合技术"的助力，鞍山钢铁自主研发的"财务共享 2.0 系统"和"钢铁物流成本计算系统"很好地解决了这些问题，钢铁物流成本计算和钢铁物流统计技术也被转化为行业标准。

（2）挣脱行业技术桎梏。率先研发并应用了"鞍钢智能云仓互联系统""基于智能低碳的采购物流管理平台技术"，提高了供应链柔性，提升了产业间联系的紧固性、产业组织灵敏性，降低了供应链成本风险，提升了"数字技术对钢铁仓储的引领力和产业链条整合力"。其创新点具体为：一是将模式识别技术应用于钢铁产品仓储物料跟踪过程中，实现基于支持向量机（SVM）的钢卷喷标识别技术的开发与应用，弥补条码或二维码因污损导致物料不能被识别的问题，提供一种全新的物料识别方式，提高整体识别率。本项目使用支持向量机识别钢卷喷标，在有扎带遮挡、锈迹影响的情况下，实现整体识别率 99% 以上。二是在钢铁产品仓储管理过程中，建立基于增强现实技术的钢铁产品仓库模型，实现作业路径仿真，将钢铁产品仓库实时数据、仓库模型与动态仿真结合起来，实时体现仓库的实际运行情况。本项目基于 Unity 3D 技术的增强现实技术，建设 3D 库区模型，模拟作业路径提升仓库作业效率。三是利用云计算技术研究供应链各环节信息需求，建立完善的信息系统机制，加强信息协同，提高物流运营效率，推动服务转型。为物流节点各环节（包括仓库、码头、客户）提供协同服务。供应链协同主要提供鞍钢智能云仓互联系统与鞍钢整个供应链环境以及第三方的供应链环境的协同工作功能。其包括计划协同、采购协同、区域协同、需求协同、产能协同、订货协同、加工协同、配送协同、财务协同、供应链协同监控、VIP 协同通道、第三方协同等业务能力。系统通过供应链协同监控功能完成对于供应链协同情况的实时监控。

（3）服务"钢铁仓储物流"。在国内首创企业钢铁物流服务标准体系，通过本项目建设标准体系内标准 425 项，项目期间鞍山钢铁已发布仓储相关标准 15 项，1 项国际标准、1 项国家标准、9 项行业标准、1 项地方标准、3 项团体标准，1 项国际标准已立项编制。高分通过国家标准委评审并被授予国内钢铁行业唯一的物流服务标准化试点项目。基于提升产业安全可控角度解决新发展格局中钢铁仓储标准缺失问题，给出了"智能低碳"解决方案，也提升了钢铁企业"标准制定主导力"。

36 钢铁企业面向全环节的安保融合智能管控平台

首钢京唐钢铁联合有限责任公司
安全管控

简 介

以智能化为抓手，以平台为支撑，将安全管理核心工作分解为"人、物、环、管"全过程、全环节、全区域、全岗位的管控，为提升安全管理核心工作的智能化水平，以数字化、智能化赋能"人、物、环、管"能力要素，构建1+N智能安保融合管控体系（1个平台，N个应用场景）。针对人的不安全要素，布置了一张由1500个视频监控组成的监控网络，构建30种机器视觉智能识别算法模型，针对10类重大危险源、44台冶金铸造天车、164个具有重大风险设备设施关键点位、15845个有限空间全量数据形成信息库。构建64种监控分析预警模型，实现面向全环节的安保融合智能管控，将隐患消除于萌芽状态。

项目总体架构如图36-1所示。

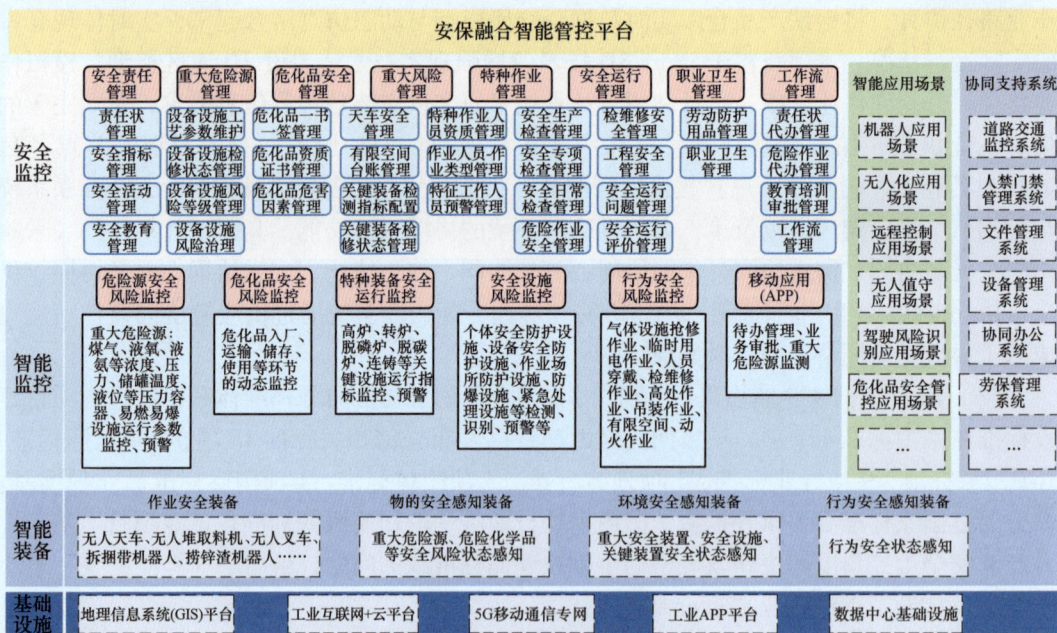

案例介绍

图 36-1 项目总体架构

36.1　解决的问题

大型钢铁企业面临生产工序多、流程长、工艺复杂、人员流动无序、安全隐患分布广等诸多不安全因素，对提升安全管理水平，确保安全生产形成巨大挑战。亟须解决以下几方面的问题。

人的方面：对人的不安全因素缺少有效发现和管控手段，隐患事故屡禁不止，高风险作业管控不全面。

物的方面：设备设施本质化安全与企业发展不适应，安全风险辨识管控存在差距，重大危险源安全管控不到位，各类隐患事故反复发生。

安全环境：有毒有害、灼烫伤害、机械伤害、起重伤害等危险区域较多、分布广泛，防控难度大。

管理方面：流程冗杂、效率低下、管理不全面。

责任落实：企业主体责任落实不到位，"一岗双责"落实有死角。

36.2　实施的路径

36.2.1　全环节安保融合智能管控平台

基于 5G 通信技术及北斗高精度定位，GIS 地理信息管理，物联网、大数据、AI 算法、Jflow 工作流技术，结合安保"人、物、环、管"核心工作，制定安保管控策略，围绕安保多场景、多业务协同管控需求，设计了涵盖"人、物、环、管"核心的面向全环节安保融合智能管控平台系统架构，实现从高容量的视频和设备运行数据采集到视频分析和数据分析，再到数据转换的、业务协同匹配的全过程、全区域、全岗位管控。该平台体系架构灵活，支持新系统接入及后续升级改造，支撑多元化，一方面能够支持在固定、移终端的应用，另一方面在应用功能的设计上，以组件化和服务化理念为支撑，达到高内聚、低耦合的实施效果，形成具有企业特色的安保融合智能管控应用平台。主要包括基于机器视觉技术的仿真算法模型库、视觉学习算法机理模型库，将模型进行数字化、程序化、标准化，供不同场景快速调用，基于设备运行数据对设备状态进行实时监测，降低安全隐患，通过故障机制分析与智能诊断，建立设备故障诊断解决方案。

安保智能管控解决方案架构如图 36-2 所示。

36.2.2　人的不安全因素管控

（1）人的不安全岗位。京唐公司针对需要重体力人工劳动，有环境风险、有毒有害、有安全隐患的岗位，如拆捆带、贴标签、更换卷曲卷筒、捞锌渣、取样、加保护渣、试验样品搬运等岗位，构建机器人应用场景，逐步实现机器人全替代人工岗位。

首先采用大型装备无人化、远程控制等策略，聚焦制造环节，推进生产过程的智能优化，一方面，选取热轧产线、冷轧关键产线进行试点，对操作室进行物理位置及功能层面的整合，实现远程集中操控；另一方面，采用大型装备无人化、远程控制等策略，持续打

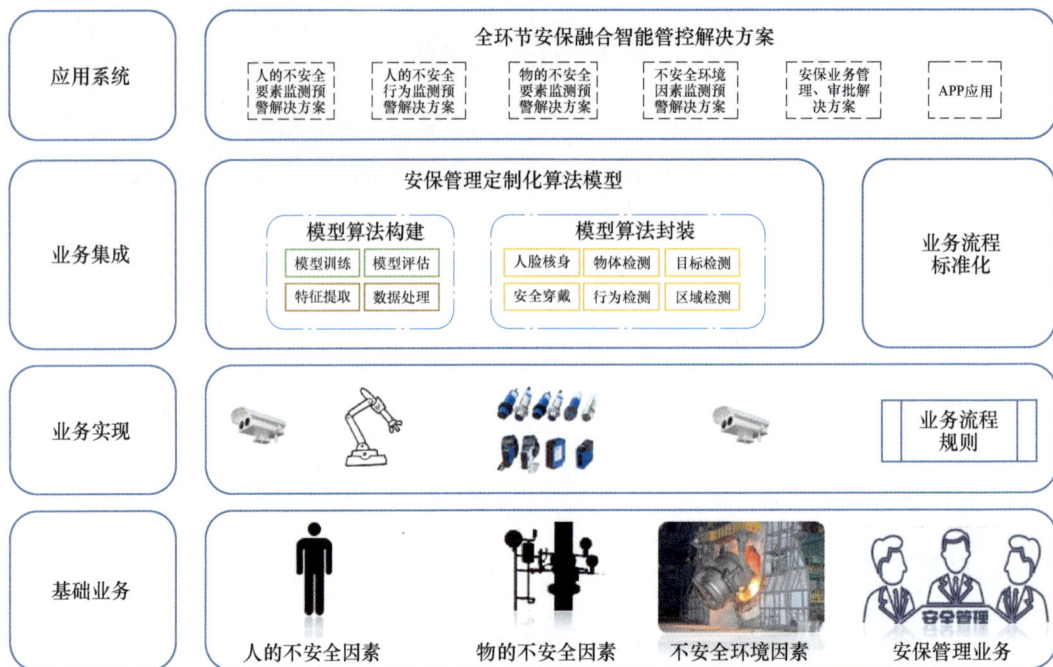

图 36-2 安保智能管控解决方案架构

造炼钢板坯库、轧制产线原料库、成品卷库、中间库的物流库区无人天车应用场景。其次，基于工业互联网技术，通过智能化改造升级，实施堆取料机无人作业，散货码头卸船机远程控制，焦炉四大机车远程控制，皮带运输系统自动清料，烧结智能控制无人操作，球团智能控制无人操作，烧结、焦炭、混匀矿、汽运石灰石等原燃料取制样无人值守等应用场景。通过打造无人化、远程控制、无人值守应用场景，在提升劳动效率的同时，改善作业环境、降低安全隐患、促进职工企业和谐发展。

（2）人的不安全行为。通过视频感知装备，利用智能视频分析和深度学习神经网络技术、AI 算法，构建劳保用品、防护器材、违章动火、侵入限界等 30 种不安全行为智能算法，实现安全隐患区出入、高风险作业措施落实的远程监控和智能感知，对有限空间作业、动火作业中气体监测相关不安全行为进行识别、监控、研判预警。

36.2.3 物的不安全因素管控

针对重大危险源、危险化学品、特种装备等物的不安全状态，应用 5G 技术及北斗高精度定位、GIS 地理信息管理、AI 视觉技术建设园区交通智慧监控系统，对车辆运输物料线路、重要路口强化监控，实现危化品入厂、运输、储存、使用等环节的动态监控，基于安全管理平台，对高炉、转炉、脱磷炉、脱碳炉、连铸等关键设施进行运行指标监控、险情预警，信息实时推送等。

36.2.4 不安全环境因素管控

（1）动火作业场所管控。基于智能视频分析、机器视觉技术、深度学习神经网络技术，构建烟、火识别和分析算法，应用于智能感知设备前端、微服务平台、算法服务器，对烟雾和火焰进行自动识别，动态识别烟雾和火焰的发展，转换识别报警，实现对动火作业行为及作业场所的在线智能管控。

（2）重点场所智能管控。引入 AI、机器视觉、5G 等技术，结合不同场景，搭建不同机器视觉算法和分析模型，有效综合运用于厂区重点区域、厂区/厂房大门等场所人禁、门禁管理业务，实现对不同场景信息实时收集、传输、汇总、存储、在线分析和精准评判、发布等安保业务的在线智能管控。

（3）消防设施智能管控。通过物联网和信息技术，实现所有自动消防设施的物联通信、数据采集，设置预警阈值，基于大数据、智能算法构建消防设施在线监测与预警机理模型，对消防设施在线监测，在线预判运行状态，实现对消防设施的在线智能管控。

36.2.5　安保业务智能管理

通过安保管理体制机制、业务流程治理，构建安保管理业务标准化流程，形成业务审批、安全教育培训、安全检查、隐患治理、职业健康等安保管理流程化、标准化管理体系。如应急管理，基于安全事件联动响应处置机制和应急处置预案库，识别潜在安全隐患空间分布，实现协同侦测与应急处置，对采集的数据信息及时进行分析，发布应急辅助决策和警情，实现安全事件处置的智能决策和快速响应。

（1）安全责任管理。通过对安全责任状签订、指标分解等项目全流程动态管控，有效落实企业安全生产主体责任，压实一岗双责和全员岗位责任制。

（2）安全风险管理。通过对重大危险源、危险化学品、特种作业实时数据监控和实时视频监控等措施，切实做到关口前移、风险得到有效受控。

（3）安全运行管理。通过数据动态分析和各类作业过程管控，彻底实现对安全风险超前预测预控，有效遏制隐患发生，确保安全生产长期稳定的问题。

（4）安全应急管理。通过与双控系统联动，对应急预案、应急演练、应急器材进行动态监管，确保应急管理取得实效。

（5）相关方管理。面向数量大、人数多的相关方群体，以信息化的手段，强化相关方行为过程管控，提高相关方安全行为规范。

（6）职业健康管理。通过对劳保系统、职业卫生管理的动态管控，创建一个良好、健康的作业环境。

（7）工作流管理。主要对责任状签订、危险作业审批、教育培训审批等实现线上办理。

36.2.6　APP 应用

结合操作人员及相关方人员的实际，开发移动应用 APP，各级人员可以通过移动端，实现在线审批、视频监控、状态监控等，提高工作效率。

36.3　应用的成效

36.3.1　应用效果

首钢京唐公司将安保"人、物、环、管"的核心管理工作有机融合于系统平台，对安保管理全过程、全环节、全区域、全岗位等进行管控，实现工作效率提升、管理痕迹可视、管理数据可靠、履职体现到位。

智能管控平台效果示意图如图36-3所示。

图 36-3　智能管控平台效果示意图

目前，该解决方案可实现对 50 个项目的应用，实现对重大危险源、关键设备、具有重大风险设备设施关键点位、有限空间的全量数据采集，并形成数据库。实现在新钢、迁钢等 10 家钢铁企业，机电等 4 家加工企业的应用，成果从钢铁企业拓展到机加工领域，形成一套完整的基于机器视觉技术、数据驱动、机理模型与平台应用的面向全环节安保融合智能管控的解决方案。

36.3.2　经济效益

将危险作业审批由线下改为线上，每次审批节约时间约为 1h，可将检修作业设备提前投入生产 1h，每年创造效益约为 600 万元。

通过信息系统自动提取、感知等技术的运用，减少了用于日常点巡检人员，每年节省人工成本 100 万元。

通过系统的线上运行，取消了传统的纸质台账，每年节省大量印刷费用约 500 万元。

在唐山市钢铁行业内进行复制和推广，计划先期在唐山市 21 家钢铁企业进行推广应用，推广费用每家 200 万元，共计 4200 万元。

每年创造效益总计约 6400 万元。

36.3.3　社会效益

"钢铁企业面向全环节的安保融合智能管控平台"可有效保障企业各级人员安全生产职责准确、高效落实，对安全专业管理的各流程进行全过程管控，达到每项流程的每个阶段均有明确的专人负责，遇有未按要求或未在时限内完成的工作系统会自动提前预警、事后报警，并自动生成考核意见。该系统为集成智能感知、安全风险动态识别、风险预警、应急联动的全环节安全管控生态系统，开创了钢铁企业建设全面安全管理信息化、智能化平台的先河，在行业内具有很好的复制性和推广性，受到了市、区两级政府应急管理部门认可，在 2021 年 10 月举办的全国冶金安全峰会中进行了推广，受到国内冶金行业的认可，计划先期在唐山市 21 家钢铁企业进行推广应用。

36.4　项目创新点

通过应用 5G 通信技术及北斗高精度定位，GIS 地理信息管理，物联网、智能视频分析、大数据、AI 算法、Jflow 工作流等技术构建面向钢铁企业面向全环节的安保融合管控平台，提升了安保管理工作的智能面化水平。主要创新点如下：

（1）结合安保"人、物、环、管"核心工作，制定安保融合管控策略，以数字化、智能化赋能"人、物、环、管"能力要素为抓手，构建 $1+N$ 智能安保融合管控体系（1 个平台，N 个应用场景）。

（2）通过对安保融合管理体制机制、业务流程治理，构建安保融合管理标准化流程，形成业务审批、安全教育培训、安全检查、隐患治理、职业健康等安保融合管理流程化、标准化管理体系。

（3）基于系统协同优势，以安全管控平台为核心，充分发挥园区交通智慧监控系统、文件管理系统、设备管理系统、人禁门禁管理系统、劳保管理等专业系统协同优势，形成多专业协同、信息共享、多元化支撑融合模式。

（4）形成危化品管控"一张图"，利用 5G 通信技术及北斗高精度定位、GIS 地理信息管理、物联网构筑危化品管理"一张图"和全流程管控模式。

37 基于态势感知的安全管理系统

攀钢集团西昌钢钒有限公司院
安全管控
智能制造试点示范项目

简 介

基于态势感知的安全管理系统，以海星工业互联网平台架构为基础，以安全生产法及相关法规为指导，以视频 AI、大数据分析、物联网等技术为手段，建设覆盖全员、全过程的智慧安全管理平台。实现安全管理体系化、数字化，使安全风险可感知、可分析、可预测、可管控，提升企业安全本质化水平。实现《"工业互联网+安全生产"行动计划》要求的"快速感知、实时监测、超前预警、联动处置、系统评估等新型能力体系"。

项目总体架构如图 37-1 所示。

图 37-1 项目总体架构

37.1　解决的问题

基于态势感知的安全管理系统，通过"工业互联网+安全生产"，实现安全管理体系化、数字化，使安全风险可感知、可分析、可预测、可管控。充分降低企业安全风险。解决了传统安全管理以人防为主，缺乏技防手段的现状，实现现场违章、安全隐患"看得见，抓得着，管得住"。以下痛点已充分解决：

（1）现场违章行为管控难度大、查处难；

（2）安全法规、标准落实执行不到位，缺乏督查手段；

（3）安全管理缺乏系统化，无分析量化手段；

（4）现场防护手段多为提示、警示性设施，缺乏硬防护手段，无法阻止违章行为及安全事故的发生。

37.2　实施的路径

针对钢铁行业生产特点，按照"工业互联网+安全生产"整体思路，基于云-边-端的思想，以海星工业互联网平台架构为核心，充分融合人工智能、大数据分析、工业视频、物联网、集中控制和智能装备等先进技术，构建智慧安全管理系统+安全态势感知平台与全方位、多维度、本质化钢铁企业生产安全一体化体系。

按照工业互联网云-边-端的思想进行部署，前端部署感知设备，边缘计算部署 AI 识别服务，云端部署智慧安全 SaaS 服务。该平台研发过程中采用功能通用化、标准化、模块化技术研发策略，以提高平台的行业适用性，并可根据不同场景快速定制，形成具有企业特色的安全管控平台。

37.2.1　智慧安全管理（SMS）

SMS 以安全生产法、安全生产标准化、职业健康安全管理体系、安全预警技术标准、双重预防机制等为依据，以信息化手段为载体，构建标准化、智慧化的安全管理平台。以降低企业安全风险、保障稳定生产为目标，规范及优化企业安全管理业务，强化各级管理者安全履职，量化安全态势，动态掌控安全风险和事故隐患，对问题建立闭环跟踪机制。实现知识积累、信息共享，使安全管理与现场安全管控实现有机协同，实现安全管理的高度连续性和可追溯性。

智慧安全管理一级、二级应用功能模块 42 个，主要包含：

法律法规的承接与践行，安全大数据预警模型建立，安全隐患与风险源分级管控，安全班组建设管理，八大特殊作业票开具与闭环管理，安全素养管理，职业健康管理，安全生产费用管理，安全生产项目管理，安全生产事故管理，企业、员工及业务协作单位相关安全资证管理，应急预案检查与演练管理，移动 APP 应用。

37.2.2　智能安全态势感知（SSS）

智能安全态势感知平台通过接入各类物联网感知数据，依据深度学习等算法模型进行

AI分析识别，挖掘相关安全态势信息，捕捉现场安全风险及隐患，对"人的不安全行为""环境的不安全因素""设备的不安全状态"进行实时分析研判，动态掌控生产现场安全状态，联动相关处置预案，与智慧安全系统有机协同，实现违章与隐患的闭环管控，控制安全风险。SSS界面示意图如图37-2所示。

图37-2 智能安全态势感知界面示意图

37.2.3 面向钢铁制造行业的安全识别模型

针对钢铁行业应用场景的复杂性，考虑影响安全的基本因素及危险源，形成模型的通用性、可复制性，目前已完成危险区域入侵、安全帽佩戴识别、人员定位、人员倒地识别、报警仪佩戴识别、人员睡岗、玩手机、车辆违章载人、管道泄漏识别等30多个安全AI识别模型，如图37-3所示。

37.3 应用的成效

37.3.1 应用业绩

该方案已经在攀钢集团西昌钢钒有限公司、攀钢集团攀枝花钢钒有限公司、五矿集团等公司顺利进行了实践和落地使用，并正在攀枝花钢城集团公司、中国铜业集团、龙佰集团等企业推广。成果从钢铁行业拓展到了有色、物流等领域，形成了一套完整的基于工业互联技术的安全管理系统。相关的应用业绩见表37-1。

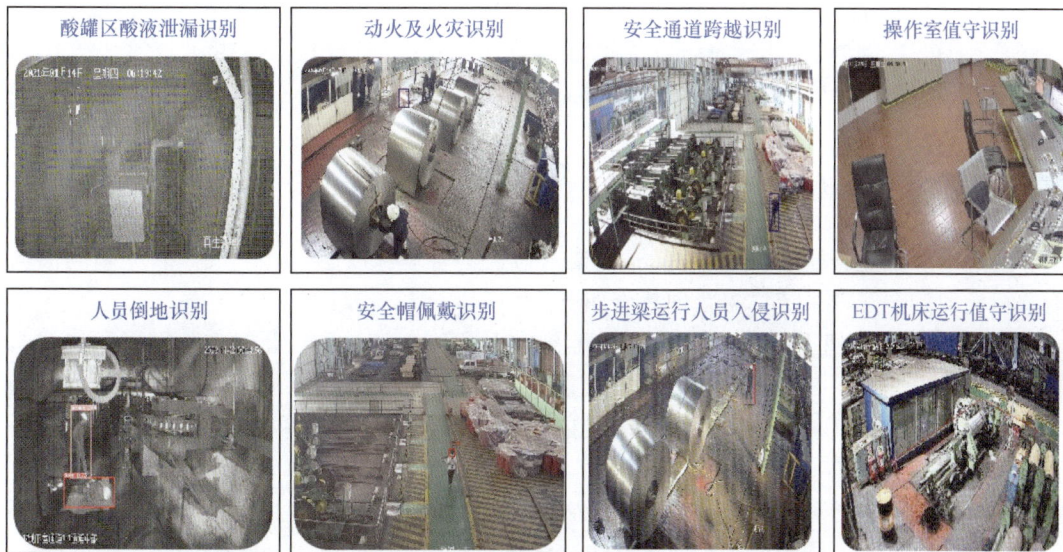

图 37-3　安全识别模型

表 37-1　应用业绩（2021—2023 年）

序号	项目名称	客户	项目年份
1	攀钢集团西昌钢钒有限公司智慧安全项目	攀钢集团西昌钢钒有限公司	2021
2	攀钢集团攀枝花钢钒有限公司智慧安全管控平台	攀钢集团攀枝花钢钒有限公司	2021
3	东莞物流园安全态势感知	五矿集团	2022
4	攀枝花市生产安全态势感知平台	攀枝花市经信局	2023

37.3.2　经济效益

基于态势感知的安全管理系统，基本形成"工业互联网+安全生产"能力体系。将现场被动监控转变为主动 AI 识别预警，人工巡检管理转变为 24h 实时监测管理，被动安全检查转变为主动实时值守。安全管理从人防过渡到以技防为主，科学管理。通过智能管理模式的转变，给企业安全方面带来了直接效益：

（1）运用该解决方案已有效预防了多起生产安全事故的发生，减少了人员伤亡，节约了安全管理成本；

（2）生产安全管理效率提升了 20% 以上；

（3）工厂在安全方面每年投入的人力减少了 50% 以上；

（4）及时发现多个设备隐患，降低设备故障 6%，提高设备综合利用率 20%，减少了因设备造成的安全事故。

37.3.3　社会效益

项目的实施体现了该方案将工业互联网平台结合视频人工智能分析的手段用于提升企业安全管控水平的能力，实现了安全生产的快速感知、实时监测、超前预警、联动处置、系统评估等新型能力体系；同时，将人工智能应用于安全管理，对于探索各行业安全生产及安全管控方式，场景算法也具有一定的借鉴作用。系统的投用，有效降低了企业安全风险，丰富了企业安全管控方式，切实体现了安全管理的"安全第一，预防为主"的方针。

37.4　项目创新点

通过推动工业互联网与视频 AI 等新技术与安全管理深度融合，形成一套完整的面向冶金行业的安全管理系统，主要创新点如下。

（1）开发模式基于工业互联网平台开发，赋予工业生产安全管控快速复用和迭代的能力。

（2）打破传统工业企业现场安全管理的模式，将人工智能的算法用于安全行为的判断和管理。

（3）以安全生产法等标准提炼出的标准化管理业务及基于企业常见的不安全行为 AI 分析模型，能针对不同企业的特点进行快速优化和复用。

（4）安全管控 7×24h 实时在线，解决管理真空，降低安全风险。

（5）将数据分析技术结合视频分析，运用视频联动，实现实时管控，降低延迟。

38　智慧安全体感培训中心

中钢集团武汉安全环保研究院有限公司
安全管控

简　介

　　基于可视化、实物仿真、虚拟现实、数字投影等多种现代科学技术，针对冶金行业传统安全教育培训的痛点，结合八一钢铁工艺特点和安全管理需求，建设了八一钢铁智慧安全体感培训中心。旨在强化实际操作培训，积极推进科技创新成果转化，拓展智慧运用场景，完善八一钢铁安全培训体系建设，提升安全培训效能，提高员工安全意识和技能，构建高度适应八一钢铁发展和安全管理需求的"体感+VR 事故体验"的培训新模式。

　　项目效果如图 38-1 所示。

案例介绍

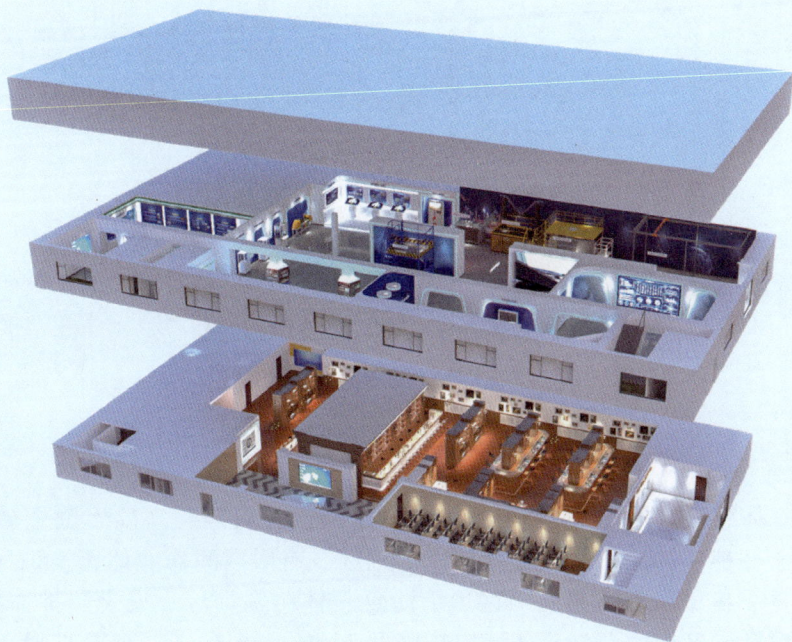

图 38-1　项目效果

38.1　解决的问题

主要解决冶金行业中传统的以书本讲解为主的灌输式教育方法存在的不足。传统的安全培训教育主要强调学习过去的知识，重在记忆，是以教师为中心，在课堂中学知识的一种知识到实践的培训过程。体感培训则是集实训性与实用性为一体，增强实用性，摆脱同质性，寓教于乐，让学员在亲身体验中接受互动式教育，使其同时获得感性认识和理性认识，避免"填鸭式"教育；让学员全方位、多角度、立体化地亲身经历感受安全教育培训，重在学员的领悟和体会，是以学员为中心，强调在具体的情境中学习知识的一种实践到知识的过程。

在冶金行业中推行新的员工安全培训模式，将科技性与警示性相结合，通过现代科学技术将作业现场的隐患或违章作业呈现或再现，在培训过程中让学员亲身体验违章作业产生的后果以及带来的伤害情形，使学员在亲历模拟事故的过程中受到震慑，理解并获得知识，提高员工安全培训效果。

38.2　实施的路径

每个体感实训区的培训内容和形式按照先辨识事故类型的风险，再选择体感的内容和形式，最后设计体感培训效果的顺序设计技术路线，技术路线如图38-2所示。

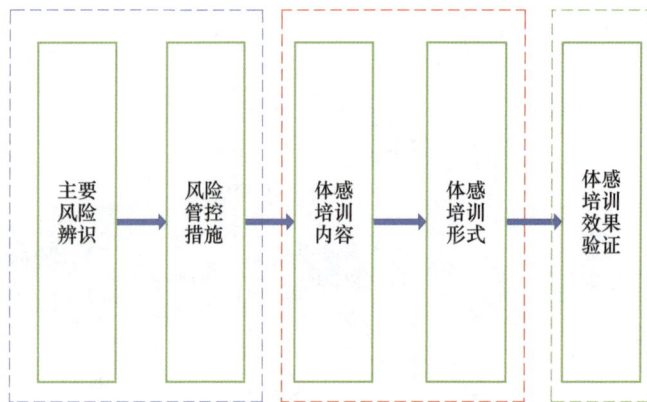

图 38-2　体感实训区设计技术路线

智慧安全体感培训中心建设包括煤气伤害体感实训区、高温熔融金属体感实训区、起重伤害体感实训区、电气伤害体感实训区、有限空间作业体感实训区、高空作业体感实训区、机械伤害体感实训区、消防急救体感实训区、安全防护体感实训区、低碳冶金风险认知区和职业健康体感实训区共 11 个功能区，1 个 VR 体验区和 1 个多媒体教培区。

实训区效果如图38-3所示。

（1）煤气伤害体感实训。煤气伤害体感实训区通过煤气隔断装置、煤气水封、挂锁上

图 38-3　实训区效果

牌体验、复式防泄漏排水器体验和智能触屏一体机等设备对从事煤气作业的管理人员、作业负责人、监护人和作业人进行安全体感培训，提升作业人员对于煤气水封、煤气排水器等典型操作的技能。

（2）高温熔融金属伤害体感实训区。采取高科技投影手段1：1还原现场作业环境，对从事炼铁、炼钢、铸造等工艺相关人员及安全管理人员进行沉浸式交互感应投影体感培训，主要对高温熔融金属吊运作业关键环节进行培训，让员工掌握正确作业要求和体验因错误操作产生的事故后果。

（3）起重伤害体感实训区。主要对从事起重设备操作人员、指吊人员及相关的管理人员进行培训。培训内容包括起重伤害体感培训、钢丝绳吊具展示培训和起重器具展示培训。

（4）电气伤害体感实训区。电气伤害体感实训区设置线路过载短路体感设备，人体触电体感设备，静电、粉尘爆炸体感设备和电弧灼伤体感设备四类体感设备，对从事电气作业人员及涉及三方挂牌作业人员进行培训，培训内容包括漏电体感培训、线路过载体感培训、人体触电体感培训和电弧灼伤体感培训。

（5）有限空间体感实训区。有限空间体感实训区通过模拟有限空间作业操作环境，对从事有限空间作业的管理人员、作业负责人、监护人和作业人进行培训。

依据《有限空间作业安全管理标准》《有限空间作业安全管理程序》等企业现行制度、规程，讲解有限空间作业风险及防控措施。借助有限空间实物，了解有限空间作业流程、作业环境和作业规范，亲身体验有限空间作业中照度不足、缺氧窒息和操作不便等场景特点。

（6）高空作业体感实训区。高空作业体感实训区以洞口坠落为原型，对从事检维修和登高作业人员进行培训，培训内容包括高处坠落体感培训和安全带知识培训。通过模拟洞口临边高处作业时突然失衡坠落的过程，体验高处坠落冲击力；了解安全带的使用操作，让体验者了解高处作业洞口的危险性和无防护措施的严重后果。

（7）机械伤害体感实训区。机械伤害体感实训区主要对从事机械设备操作人员及相关的管理人员进行培训，培训内容包括带式输送机体感培训、钻床模拟体感培训、皮辊挤压模拟体感培训和齿轮卷入模拟体感培训。

（8）消防急救体感实训区。消防急救体感实训区以两套智能心肺复苏设备和一套虚拟灭火体验设备为主，主要对企业全员和相关方全员进行培训，培训内容包括心肺复苏培训和消防模拟灭火实操培训。

（9）安全防护体感实训区。培训内容包括物体打击体感培训、安全防护用品培训、安全标志知识培训、面部防护体感培训和防割手套性能培训。

（10）职业健康体感实训区。设置噪声危害认知、粉尘危害认知、毒物危害认知等三种体感设备，主要对企业接触粉尘、噪声、毒物等职业病危害因素的作业人员进行专项培训。

（11）低碳冶金风险认知区。培训内容包括富氢碳循环高炉工艺风险培训、高炉开炉作业培训、管式加热炉、顶燃式加热炉点火安全操作培训和安全检查要点培训。培训对象主要包括八一钢铁全员、相关方全员。低碳冶金风险认知区以智慧屏为载体，主要对八一钢铁低碳冶金工艺相关人员进行培训。

（12）VR仿真实训区。通过VR双人蛋壳椅、VR仿真实训机等设备对企业全员和相关方全员进行培训，事故体验培训包括高处坠落体验、触电事故体验、物体打击事故体验、机械伤害体验和中毒窒息事故体验等；应急处置培训包括高处坠落应急处置、物体打击应急处置、坍塌事故应急处置、起重伤害应急处置、车辆伤害应急处置、火灾事故应急处置、触电事故现场的应急处理、单人徒手心肺复苏操作和创伤包扎应急处置培训等。

38.3　应用的成效

38.3.1　应用业绩

八钢公司智慧安全体感培训中心建筑面积约 $2850m^2$，项目总投资 1600 万元，能同时容纳学员 145 人，可满足八钢公司每年 2 万人次的安全培训需求。项目的成功实施，有效解决了八钢公司传统的以书本讲解为主的灌输式教育方法存在的不足，推行了新的员工安全培训模式，通过将作业现场的隐患或违章作业呈现或再现，在培训过程中让学员亲身体验违章作业产生的后果以及带来的伤害情形，提高了企业员工的安全培训效果，降低了员工在安全生产中的违章率和企业安全事故发生率。相关的应用业绩见表38-1。

表 38-1　应用业绩（2021—2022 年）

序号	项 目 名 称	客　户	应用类型	项目时间
1	新建武钢有限安全体感培训中心项目	武汉钢铁有限公司	安全体验场馆	2021 年 11 月
2	八一钢铁安全文化中心建设项目	新疆八一钢铁股份有限公司	安全体验场馆	2022 年 4 月
3	湖北新冶钢特种材料有限公司安全培训体验场馆项目	湖北新冶钢特种材料有限公司	安全体验场馆	2022 年 10 月

38.3.2　经济效益

智慧安全体感培训中心创造的经济效益并不表现为每天产生直接的现金收入，而应从隐性收入方面评估，即通过智慧安全体感培训中心的建设创新员工培训模式，提高安全培训工作效能，提升员工安全意识及技能水平，减少安全事故发生率。

（1）降低安全培训成本。企业每年在人员安全教育培训上的投入大幅度减少，包括节省了面授课程反复重复的投入，节省了考核前准备、考核后整理统计的人力成本投入，同时也节省了场地、设备、外部培训交通、后勤及外委培训时间成本。安全教育培训成本累计下降 30%。同时，除自身的培训需求外，还可为外部单位提供安全教育培训，为八钢公司创造收入。

（2）提高安全培训效率，增强安全培训质量。进行有效安全教育培训后，违章发生率降低 70%，减少甚至杜绝违章的发生。智慧安全体感培训中心安全体感区的建设，通过利用安全体感设备、多媒体、体感实训考试答题系统等一系列方式，让员工实际感受到事故带来的损害，有效提高了安全教育质量，从多方面为员工安全教育起到有力的保障，把事件带来的损失降低，带来了经济效益。

相较于外部的安全教育培训更加先进、稳定，安全培训的内容更加贴合八钢公司在安全培训上的实际需求。在技术上，八钢公司的智慧安全体感培训中心将保持 5 年左右的先进性，10 年左右的可用性。

38.3.3　社会效益

将智慧安全体感培训中心融入八钢公司的安全管理、安全培训教育和安全文化建设体系中，达到资源充分共享，最大限度减少了重复工作。同时，安全体感区培训内容更加全面、高效，能针对八钢公司风险隐患关键节点设计安全教育培训内容，对各个工种设计不同的安全教育流程，不仅提高了安全培训的效率，而且充分利用了现有资产。

智慧安全培训中心建设是八钢综合提升规划的重要一环，项目建成后能够完善八钢板块规划，在一定程度上夯实企业安全基础，创新安全文化。可整合八钢周边文化旅游项目和研学资源，接待行业、系统、地方等培训参观体验，打造本区域研学实践教育的示范性新阵地，带动相关产业链的发展，持续推动周边地区经济发展，具有一定的实用性、创新性、示范性和引领性，助力八钢在新疆地区乃至全国树立典范，提高企业知名度和美誉度。

38.4　项目创新点

通过智慧安全体感培训中心的建设，将安全培训与人工智能、虚拟仿真等新技术相融合，创新安全培训模式，推动产业升级，形成了一套面向冶金行业的智能安全体感培训技术和设备，主要创新点如下。

（1）基于虚拟现实技术的冶金行业安全培训 VR 课件开发。基于计算机技术与虚拟现实技术，结合冶金企业现实作业环境和安全操作规程，根据行业风险及事故特点，设计开发一套 VR 安全体验培训课件，还原高危作业事故场景，具有沉浸感强、可操作性强、用户参与度高等显著特点，让培训学员感受违章、违规作业带来的后果，提高学员的安全意识。

（2）基于 CAVE 沉浸式虚拟现实显示技术的高温熔融体感设备。具备交互式投影技术（CAVE）的高温熔融金属事故安全体感产品，属国内首创。选取高温熔融金属喷爆、倾覆事故等典型事故进行熔融金属吊运模拟场景仿真建模，同时结合人体动作识别技术，针对各类熔融金属典型事故原因，设计熔融金属作业事故体感流程，形成了一套沉浸式 CAVE 投影空间，用于高温熔融金属作业风险培训的体感设备，实现学员与模拟场景的人机交互。

（3）基于电子元件感应技术的煤气隔断装置培训体感设备。利用电子元件感应技术，辅助智能触屏一体机，研发了一套展现蝶阀与盲板的煤气隔断装置培训设备。设备还原了仿真式煤气管道与阀门，并结合交互触控屏技术和声光电技术，让体验者快速掌握煤气隔断的处理流程，并用烟气模拟煤气流向效果，隔断流程清晰可见，操作结束后系统自动对操作结果进行评判。

（4）智慧安全体感培训管控平台的开发与应用。结合智慧安全体感中心建设实际，开发了智慧安全体感培训管控平台，管控平台包含安全培训管理系统、体感验证管理系统和安全准入管理系统，统筹管理各项体感设备的运行情况及学员的操作结果，并将培训操作结果可视化，形成智慧安全体感培训在线监管一张图，实现培训项目管理、人员管理、培训档案管理、统计分析和培训效果评估一体化管控。

（5）创新冶金行业安全培训模式。采用虚拟仿真培训，利用计算机多媒体技术对冶金行业等复杂工艺和设备的相关技术内容进行影像化、形象化，寓教于乐，让学员在观看、参与、体验的过程中，有效地把"听、看、做"思维与行动结合在一起，深入了解安全事故的危害性和引发的后果。从理论与实践方面为我国冶金行业智慧安全体感培训中心的建设提供支撑。

39　基于 5G 和工业互联网的固废循环利用绿色智能工厂

江苏永钢集团有限公司

绿色低碳

简　介

为贯彻落实习近平总书记"推动各种废弃物和垃圾集中处理和资源化利用"的指示要求，公司践行绿色发展理念，推进资源循环综合利用，以集聚化、产业化、市场化、生态化为导向，规划建设占地 375 亩（约 $2.5 \times 10^5 \mathrm{m}^2$）、总投资 6.77 亿元的循环经济智能工厂。

智能工厂以绿色循环经济为建设核心，信息化、智能化和数字化为抓手，致力于建立安全、绿色、优质、高效和低消耗的工业集群。并于 2019 年获得国家发改委和工信部批准，成功以循环经济智能工厂为主体申报张家港市大宗固体废弃物综合利用基地，成为全国首批 50 个基地之一。

智能工厂内部不仅建立起先进完善的大宗固废综合利用体系，并且智能工厂项目的利用率、技术装备水平和智能化管理程度均达到国内领先水平，成为绿色发展的一面旗帜。

智能工厂包括 3 个管理中心和 3 个生产车间，钢渣 3D 打印车间将钢铁冶炼过程中产生的钢渣进行热焖、筛选、精磨处理，打印出硬度不低于传统混凝土硬度的建材成品，如景观用房等建筑构件；冶金尘泥循环处理车间选用先进的转底炉法处置钢铁冶炼流程中产生的冶金尘泥，形成"直接还原铁"，同时实现锌等金属的回收。建筑垃圾综合处理车间则是社会及工业建筑垃圾资源化处理线，形成无机混合料、再生砌块、再生干混砂浆等产品的生产能力，构建了建筑装潢垃圾再利用产业链。

通过钢渣 3D 打印车间、冶金尘泥循环处理车间和建筑垃圾综合处理车间三大车间的建设，形成了先进完善的大宗固废循环利用综合体系，掌握了原料处理、配料、收锌、回收原料中的碱金属制备工业盐、3D 打印油墨配方等多项核心科技，建设了国内领先的绿色智能工厂。

案例介绍

永钢固废循环利用绿色智能工厂如图 39-1 所示。

图 39-1　永钢固废循环利用绿色智能工厂

39.1 解决的问题

（1）工厂处理原料是含水率较低的冶金粉尘，大部分含有重金属离子，而粉尘在运输、储存和加工过程中扬尘量大，即使现场操作员工穿戴完整的劳保用品，长此以往也会吸入大量粉尘，对人体产生危害，存在大量 3D（Dirty—环境恶劣、Difficult—困难复杂、Dangerous—危险劳动）劳动岗位。

（2）工厂生产线长，原料冶金尘泥成分波动较大，为保证连续生产，不得不实时监控中间产品与最终产物的质量指标，但是依靠现场操作员工人工调整设备与工艺参数，存在前后段工艺信息传递不准确、有效信息滞后性高、操作难度大的问题。

（3）由于转底炉连续生产，现场设备生产运行与运维数据不断产生，传统工厂无法收集现场海量的有效运行数据，且不能在极短的时间内收集用于指导生产实践的关键数据。

（4）为保证工厂生产的正常运行，需要对现场设备进行定期巡检，但是人工巡检效率低，部分巡检位置具有高处作业、气体泄漏等安全隐患。

（5）传统工厂人员定位不清晰，仅依靠对讲机完成人与人之间信息交流，对于安全事故突发情况缺乏及时的救助。

39.2 实施的路径

基于钢渣的 3D 打印建材车间、冶金尘泥循环处理车间、建筑垃圾综合处理车间应用的相关技术全球领先，也是我公司深入贯彻习近平总书记关于"推动各种废弃物和垃圾集中处理和资源化利用"的指示要求，践行绿色发展理念，推进资源循环综合利用的深入实践。

39.2.1 3D 劳动机器化

3D 劳动机器化如图 39-2 所示。

图 39-2 3D 劳动机器化

在厂区区域全覆盖多种类的机器人，取代传统人工操作，如无人行车，无人行车采用 3D 面料扫描设备，使原料堆积状态更准确地转化为电信号，可展示完备的模型信息，提高了无人行车的稳定性与可靠性，操作人员只需在后台指定目标区域并给出行车运行指令，就可由行车自动完成上料、卸料工作；同时还可以将多样的数据可视化，实时采集数据及预警，以灵活的动态视角定位、系统的结构高亮展示等功能，为无人行车的日常生产、调度、控制等作业提供可视化的数据服务。使用锌粉自动打包机器人取代员工进行氧化锌粉的打包，同时通过上位机与自动打包机器人通信，自动完成锌粉生产计划下达，锌粉的自动入库及发货，不仅提高了生产效率，同时也可以防止冶金粉尘对工人的健康危害。DRI 料仓依托自动物流系统实现自动出库发货。

39.2.2　安全环保智慧化

转底炉数字化车间三维示意图如图 39-3 所示。

图 39-3　转底炉数字化车间三维示意图

配备高精度人员定位管理系统，结合移动定位技术和 5G 通信技术，为员工配置智能定位手环，随时监测人员健康和活动状态。智能手环发送的人员定位坐标数据通过转底炉数字化车间，结合 BIM 三维模型自动生成人员模型，实现厂区人员定位的功能。人员模型位置根据人员坐标数据实时刷新集成显示，通过显示面板，汇总展示各区域人员位置信息，让厂区内所有人员位置都能实现可视化、可控化。管理人员可以根据实际需要实时查看相关人员的实时位置、历史轨迹、出入生产区门禁数据、人员基本信息等，通过图形化的展示界面实现对厂区人员的整体智能化管控。人员定位与电子围栏协同工作，可实现对重点区域的管控，非授权人员进入该区域现场，手环会报警提醒，同时终端定位进行声光报警，中控室数字化车间的报警系统模块会实时联动报警。

此外，利用 AI 技术与物联网技术实时监控转底炉污染物排放，建立环保一体化平台（见图 39-4），通过 AI 烟雾检测摄像头，实时监控转底炉区域各个逸尘点，一旦发现逸尘情况，系统自动抓拍照片，并通过环保一体化平台的手机 APP 实时推送报警信息，确保现场员工安全。

图 39-4　环保数据实时监测管控

39.2.3　生产过程智能化

生产过程智能化如图 39-5 所示。

图 39-5　生产过程智能化

由无人行车送入生产线的冶金尘泥，通过利用原辅料系统集成、5G、RFID 电子标签技术，实现物料的全流程跟踪与管控，同时物料的质量、运输、成本信息随物料同步传输，确保物料的质量是有保障的、可追溯。此外，可将强力混合机、压球机和链算机等相关设备运行参数与运维参数送往转底炉中控室，利用生产管理系统分析处理，中控室借由反馈的数据信息直接控制工艺参数，实现现场无人化生产。

利用在线微波水分检测系统实现原料水分的实时检测，利用在线成分分析系统实现原料成分的在线实时检测，利用在线红外热成像监控系统实现转底炉炉内状态实时监测，利用在线设备预测系统实现重要设备振动温度的实时监测及故障预测；同时还设有智能检化验室，将前端多处工艺参数与后端产品多项质量指标统一传送至中控室，由中控室"智脑"实时操控工艺参数控制产品质量，同时操控系统"自动"与"手动"模式可自由切换，当生产稳定时，打开"自动"模式，中控室电脑将根据现场反馈参数自动调节生产工艺，保证产出物产量与质量；当出现意外情况时，发出生产报警，可改为"手动"模式，由中控管理人员直接控制调整，查询事故原因，保证生产稳定。

39.2.4　能耗管理精益化

能耗管理精益化示意图如图 39-6 所示。

工厂在设计之初即构建了专属的能源管理并接入集团能源管理平台，不仅可以实现循环再利用智能工厂内部的能耗数据采集和管理，还能支撑永钢公司级的能源调度和管理要求，通过公司级的能耗管理向下层层追溯，可以做到工序、班组、产品的能源精细化管理，大幅减少能源浪费。工厂的能源综合管理系统中建有产耗预测模型，可实现工厂对水、电、氧、气（汽）等消耗的实时监控、指标超预警功能；还建有物料消耗的配料计算模型，在满足成品质量要求的前提下，实现原辅料最低成本配比，利用能源综合管理系统，处理分析转底炉能源消耗的实时监测数据，建立产耗数学模型，并通过可视化技术展现在工厂中控室。通过数字模型预测车间水、电、气（汽）等能耗，完成数据分析改进、

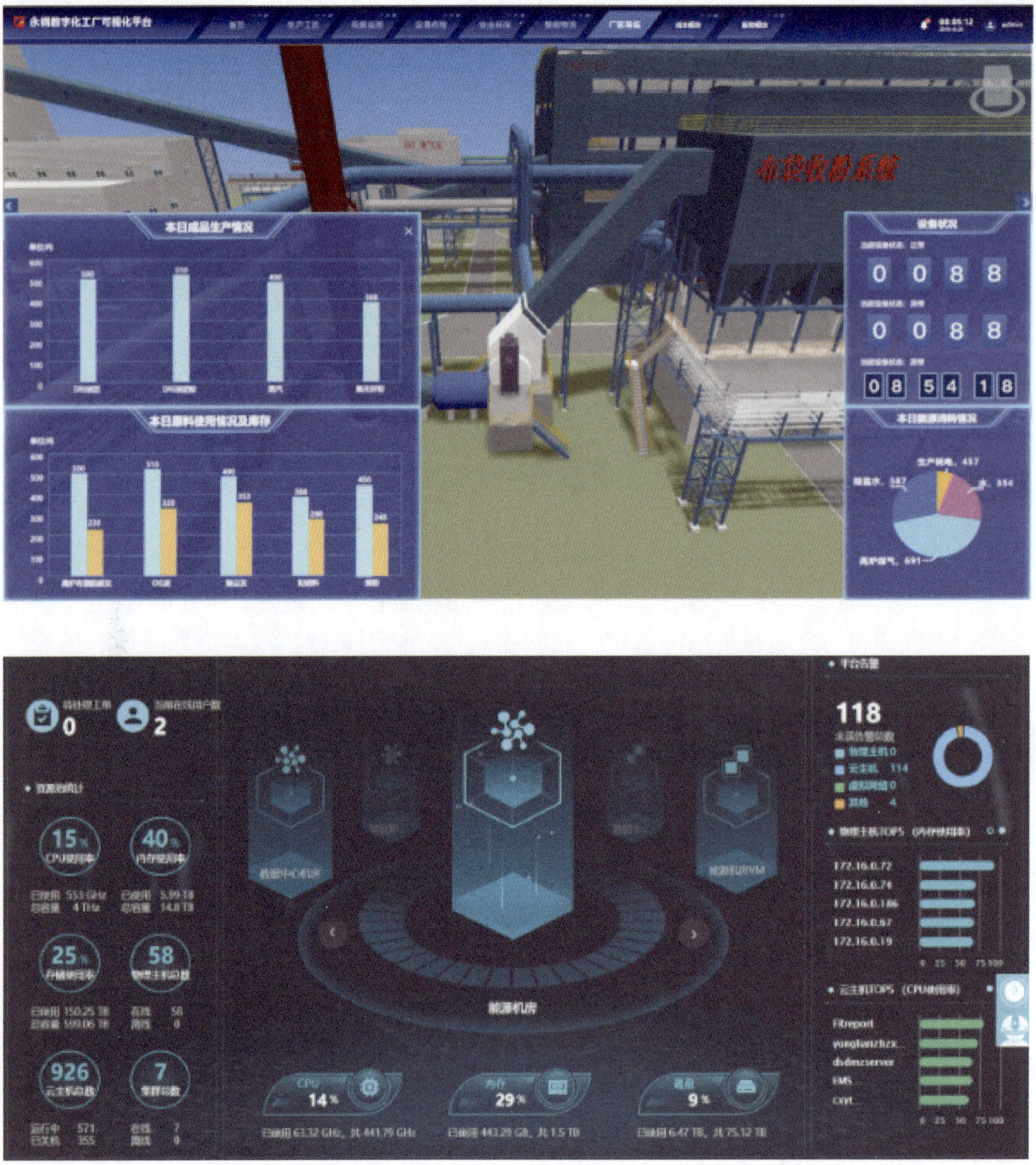

图 39-6　能耗管理精益化示意图

能耗异常监测、实现指标超预警，从而控制转底炉能源消耗，实现资源的优化调度和有效
管理。

　　针对煤气、电能等重点管控项进行管控，应用信息化系统，采取对热风炉转底炉最佳
空燃比的调控，风机与水泵实时运行工况在线监测、及时调整措施来达成转底炉能耗管控
的目的。其中针对耗能最多的热风炉与转底炉等设备，由中控室发出指令，能源综合管理
系统接收到指令后，自动调节煤气流量与助燃空气流量到达设计温度并保持稳定。

　　能源综合管理系统对工厂内高压电耗、污泥烘干热风炉煤气、干球烘干热风炉煤气、
转底炉本体煤气、总管氮气、总管的消耗进行监测超，当出现规定偏差时立即报警，中控

通知专业维保处理；同时使用的流量计具备定期维护信息提示功能，水、电、气流量计仪表根据设计校验周期，自动生产校验计划，根据高压电机实测振动值自动生成电机下线维保计划。通过设施设备的定期维保和检修，降低设备异常故障率；同时通过设施设备的全生命周期管理，分析设施设备的关键指标趋势，提前发现异常问题，提早处置，从而减少备件消耗。

39.2.5 设备管理智能化

设备管理智能化示意图如图 39-7 所示。

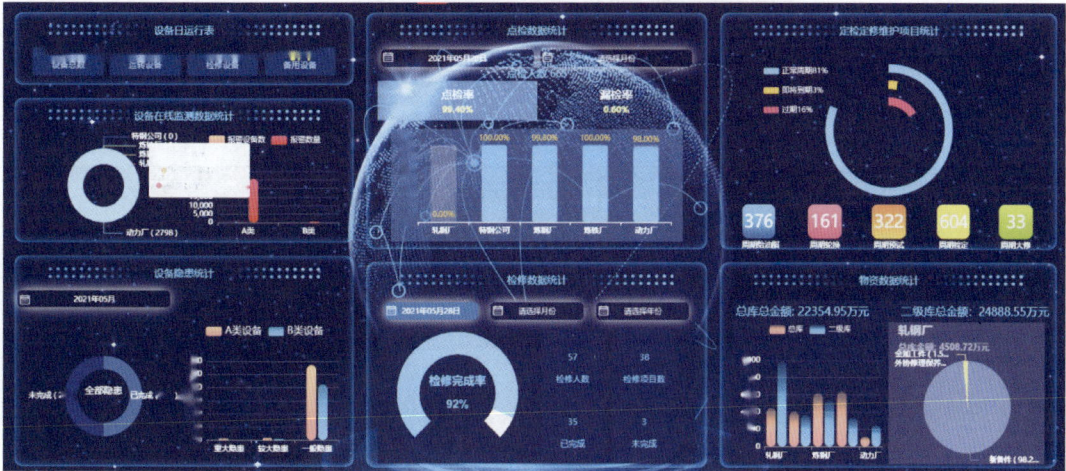

图 39-7 设备管理智能化示意图

中控室通过"智脑"在接受现场低延时一级数据后，利用集成生产控制管理系统自动处理分析生成二级报表，同时将多样的二级数据可视化，实时刷新集成显示，图形化的展示界面实现了对厂区设备的整体智能化管控，为工厂的日常生产、调度、控制等作业提供可视化的数据服务，并且自动存储一级数据，方便后续查找相关问题原因。同时实时采集的设备运行参数信息与运维参数信息，可以通过大数据模拟分析最优的设备运行参数曲线，结合模型算法实现预防性的设备诊断、预警与维修，保障设备的科学合理使用，避免突发性设备故障。

39.2.6 物料管理信息化

不同于传统人员点检的产品入库、储存和出库方式，智能化工厂利用信息化技术，实现智能仓库对入库的产品自动统计，并上传至生产管理系统，在中控室实时显示。运输车使用 RFID 技术识别，入库出库也由成品自动发货系统"一键出库"完成，成品自动发货系统利用地磅计算运输车质量变化并反馈至生产管理系统，记录每次成品出库量。例如氧化锌粉，当布袋收粉器压差上升到阈值时，MES 系统发出指令二维码，通过击打布袋除粉器，使氧化锌粉落入刮板机，并通知自动打包机回收刮板机上氧化锌粉，送至吨袋中，同时生成的二维码可跟踪每袋锌粉的库存与出库。

39.2.7　点巡检数字化

点巡检数字化如图 39-8 所示。

图 39-8　点巡检数字化

利用数字建模技术让 3D"虚拟员工"代替真人进行巡检。在 BIM 模型技术的支持下，通过设置一名"虚拟员工"，按照预先制定的巡检路线，代替真人在现场巡检，以这名"虚拟员工"的视角查看相关设备数据，实现无人点巡检。"虚拟员工"点巡检的效率是普通员工的 3 倍左右，在"虚拟员工"巡检过程中，只要有一处设备发生故障，中控大屏上就会发出警报信息，工作人员能第一时间发现问题并迅速采取措施。

39.3　应用的成效

固废资源综合利用智能工厂的实施提高了固废综合利用水平，实现了绿色、低碳、环保发展。其中钢渣 3D 打印车间，利用废钢渣进行热焖、筛选、精磨处理，打印出硬度不低于传统混凝土硬度的成品。从这里打印的垃圾分类房、生态厕所、公交站台、景观绿化墙等已成为引领环保建筑的新潮流。通过自主开发全固废打印"油墨",实现油墨成本较外购下降50%,实现成本下降的同时保证了产品绿色化、低碳化。

冶金尘泥加工车间项目减碳效果显著,与传统长流程工艺相比,产品金属化球团加入高炉使用每吨可减少二氧化碳排放约 0.58t,该项目的投用,年可减少二氧化碳排放 6 万多吨,为企业低碳发展做出贡献。按照当前行业常规处理方式,冶金尘泥的处理成本约 100 元/t,公司的冶金尘泥处理工艺,配套了完整的信息化智能化系统装备,目前处理成本已降至 52 元/t,处理的效率成本大大改善。

建筑垃圾综合处理车间的再生钢渣骨料开发技术,减少了天然石料的开采,保护了自然环境;每天可消耗 160~200t 钢渣和建筑垃圾等固废,产出 800~1600m³ 耐磨、抗滑、"吸水"特性好的透水砖用于海绵城市建设;同时与智慧城市建设接轨,信息化、工业化与城镇化深度融合,建立全过程收运与处置管理,实现从建筑垃圾的产生源头、收集运输、末端消纳处置的全程化闭环管理。确保建筑垃圾的流量、流向有迹可查,保障建筑垃圾的有效消纳与资源化处置所需原材料的保运,并可帮助政府治理堆装超载、沿途遗撒、乱倒乱卸、扬尘污染和"三黑"等问题。

39.4　项目创新点

(1) 先进的设计理念。按照黑灯工厂开展设计,工厂设计和专业管理围绕工厂数字孪生、生产控制集成、原辅料管理数字化、设备管理数字化、安全环保智能化、成本管理数字化、3D 岗位劳动无人化开展。

(2) 先进的工艺流程。该工厂是目前世界唯一配料不加碳,唯一对原料进行水洗,唯一利用回收原料中的碱金属制备工业盐的冶金尘泥加工工厂。生产工艺装备世界领先,掌握了原料处理、配料、收锌、回收原料中碱金属制备工业盐等多项核心科技,实现了全球领先的运营指标,解决了钢铁企业固废循环利用中的多项行业难题,为社会固废利用和行业发展起到了示范作用。

(3) 先进的生产装备。国内已建成的各冶金尘泥加工车间项目均采用德国进口设备,本项目创先使用了全国首台国产化压球机和强力混料机,打破了进口设备的垄断地位,运行使用国产化设备生产能力和设备性能指标远超进口设备标准;创新性地采用闭式圆筒冷却系统,在提高冷却效果的同时实现了生产环境质量的提升。

(4) 先进的信息技术。实现了智能工厂基于 5G 的无线覆盖,解决有线布线困难、延时等问题,运用 5G 专网+MEC 边缘计算组网方案传输各种数据,综合延时小于 30ms,搭建基于数字孪生的工厂底座,运用三维立体建模实现项目的虚实连接、数据迭代、模型优化。

(5) 先进的油墨配方。3D 打印的油墨配方工艺是核心技术,公司将钢渣经过热焖、筛选,与建筑固废、相关辅料等合理配比后,制成打印所使用的"油墨"。该油墨凝固后的强度与 C30 混凝土接近,十分坚固,且环保低碳。

第四章

智能工厂 ZHINENG GONGCHANG

40　智能矿山建设示范工厂

河北钢铁集团沙河中关铁矿有限公司
矿山
智能制造试点示范项目

简　介

项目以中关铁矿采选工程大数据为背景，开展全矿采选大数据集成分析、大数据集成建模及智能管控平台研究与实践，并建成国内首家冶金矿山全矿井大数据智能管控平台。针对分散的数据孤岛、各工艺作业协同程度低、关联性差等难题，项目以提高效率、降低安全风险和劳动强度为核心，将采选等各工艺现场约18000点的工控数据在数据中心进行汇聚与存储，同时按照时间域、系统域、工序域进行分类、对比、关联、分析与展现。将各工艺数据进行统一的采集、汇总、分列、洗涤，建立全矿井大数据智能管控平台，通过数据驾驶舱及直观展现矿山各区域流程和地质资源管理板块准确可靠地排产出采矿计划及设计。对矿山重要数据进行饼图、直方图、曲线图、表格等分析，实现整个铁矿生产过程的自动化、信息化、智能化的高度融合，达到减员增效、节能降本的目的。

项目总体架构如图40-1所示。

案例介绍

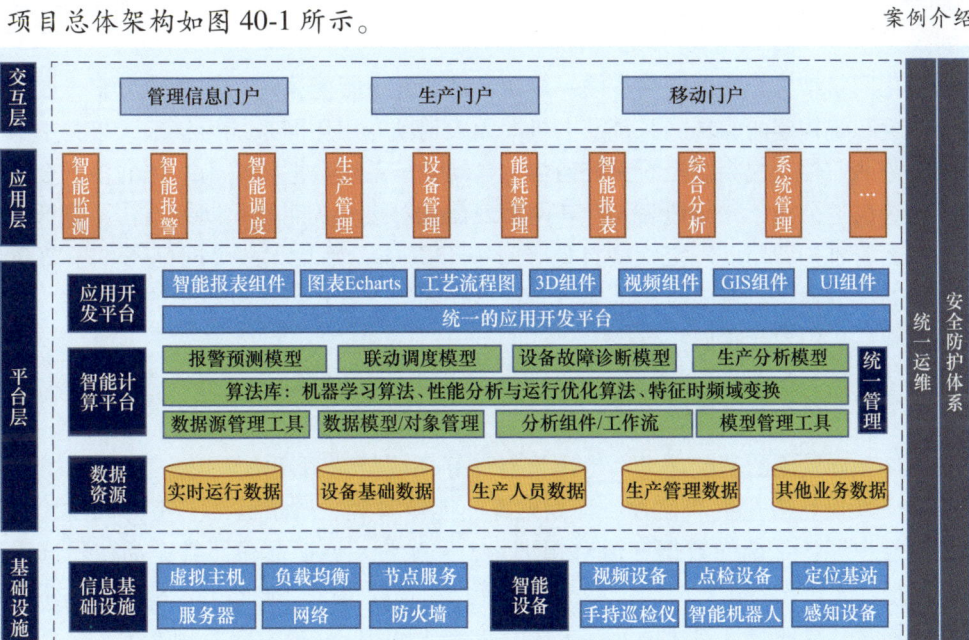

图 40-1　项目总体架构

40.1 解决的问题

近年来，我国在矿山数字信息化建设方面取得了一定成果，主要表现为：首先在主流技术方面：在决策分析方面，具备矿山行业特有算法的定制化软件已有应用；在管控方面，工控组态软件、各种矿用定制软件、矿山 MES 已得到广泛使用；在展示方面，三维建模、动态实时展示等技术已逐步成为主流。其次在装备发展方面：在集成平台方面，已形成具备集成展示与存储的平台；在传输网络方面，万兆工业以太环网已在矿井得到应用，千兆网络更是得到广泛采用；在传感装备方面，除能满足常规的各类标准要求外，故障诊断等高端功能已开始得到应用。但在实际应用方面，目前的应用主要偏重监测与控制，在矿山管理方面，已初步具备管控一体化能力；在决策方面，智能决策、大数据分析处于刚起步阶段，技术相对落后，存在信息化和智能化投资不足、复合型人才缺乏等问题，两化融合水平偏低，落后于国内其他行业。本项目可推动智能矿山一体化智能管控平台的应用及技术进步。

40.2 实施的路径

40.2.1 搭建智能云平台

运用虚拟化技术、故障实时动态迁移技术、资源共享高效利用技术、USB 共享及云桌面技术，实现全矿业务系统数据采集、上传、计算与分析等功能，消除各系统数据孤岛，为生产、设备、安全、能源、质量等提供数据支持。

40.2.2 搭建多网合一的信息高速公路

为简化网络结构，实现网络传输一体化，结合井下智能采矿系统整体方案，制定以井下安全避险系统构建的双环网系统及电机车无人驾驶专用环网系统为核心，集井下人员定位、安全监测监控、视频监控、无线通信、自动化子系统数据传输为一体的多网合一的全矿地下信息高速公路，并与地表光纤环网实现信息对接。从而简化网络结构，降低建设投资，减少运营维护费用。系统网络自愈时间小于 20ms，平均无故障时间不少于 200000h，能及时诊断出故障点以便维修，可提供多种形式的接口方式，具有较强的扩展性，满足目前及后续智能矿山建设扩展需求。

40.2.3 搭建一体化智能管控平台

在硬件基础设施的基础之上，构建智能计算环境与应用开发环境，主要包含平台层、应用层和交互层。通过生产监控、计划跟踪、能源管理、质量监测、生产调度、设备管理、成本管理等各系统的数据穿透对掘进量、采矿量、原矿品位、精矿品位、选矿回收率、金属量、生产设备运行时间、停机原因、产品销存情况、矿堆出入矿量通过不同时间维度对计划量、完成率、累计量进行统计。并通过异常联动报警对影响安全、生产的数据及趋势进行预警，并对相关报警进行应急预案关联。具体包括以下几方面。

（1）能源分析与集中统一智能管控。结合现有工序能源消耗情况，建立矿山能源生产管控驾驶仓，对各系统关键工序能源数据进行采集、存储、分析和管理，及时发现能源使用的不合理现象并优化流程，实现能源监控和能源管理流程的优化与再造；建立以数据为依据的能源消耗评价体系，对全矿关键工序能源进行集中统一管理，最终实现能源调度的扁平化在线高效节能管控，通过能源监控指导和优化生产，降低能源成本。

能源管控驾驶仓示意图如图 40-2 所示。

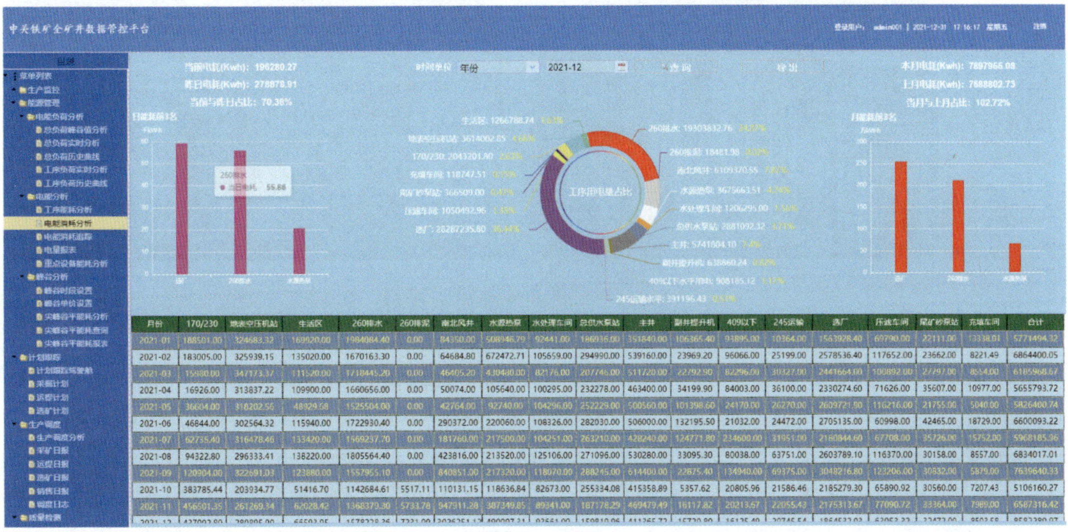

图 40-2　能源管控驾驶仓示意图

（2）生产调度智能化管控。集成矿山各作业区的生产数据，将采矿、运提、上料、磨磨选、压滤、充填、精粉销售等生产环节的生产数据及设备运转、能源消耗、出矿量、视频监控系统等数据集成到生产作业数据填报页面当中，将生产指标、设备和能源数据等接至集控中心；通过系统集成，自动获取各项生产指标，实现调度报表自动生成，实现数据的无缝集成和"不落地"传递，提高调度指令的及时性和准确性。

生产调度画面示意图如图 40-3 所示。

（3）智能业务营销。对矿山主导产品的采购及销售数据进行汇总分析，利用表格、饼图、曲线图等方式进行直观展示，实现业务营销信息化管理。系统可通过业务类型、客户、物料与时间统计销售完成的总车数、总皮重、总毛重等，进行销售查询、采购查询、物料发运查询等；通过绘制不同客户、不同物料的销售量曲线图，分析销售情况，为管理者提供决策依据。

（4）建立质量监测系统。建立质检监测模块对产品过程质量数据进行采集、计算、汇总，实现质量数据的统计与分析、异常报警、发布和共享等。主要质检指标包括按日统计原矿的全铁含量、亚铁含量、硫含量，综合精矿的全铁含量、亚铁含量、硫含量、细度、水分。质检取样指标包括按日统计不同客户销售铁精粉的全铁含量、亚铁含量、二氧化硅、水分信息。

（5）地质资源管理。利用三维采矿软件创建符合矿山生产实际的进度计划流程，包括

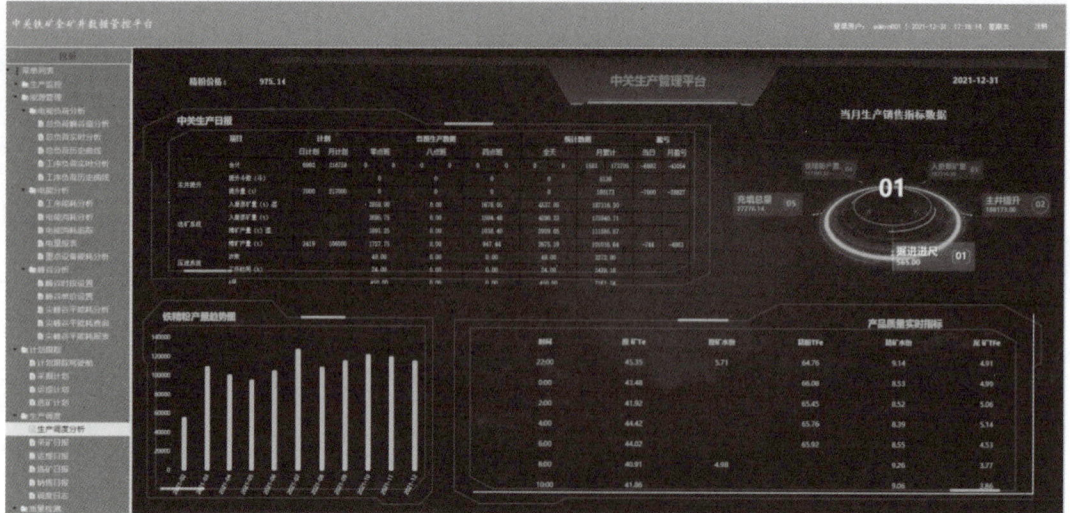

图 40-3　生产调度画面示意图

建立矿体模型、构造模型、工程模型以及品位模型，进度计划模型、配矿方案选定等，通过流程优化，现场三维模型资源整合，利用数据库技术把成果数据进行集中管理，实时动态掌握采矿环节。

（6）数字孪生实现全场景三维可视化。通过三维可视化技术集成全矿传感器实时数据、运营管理数据、视频监控数据等，将数据、算法和决策分析结合在一起并建立模型，通过虚拟映射实现实转虚和虚控实的控制过程。最终集成生产监控、能源管理、质量监测、业务营销、人员定位与监测监控等模块，建立三维可视化模型，实时展示矿山总体、各生产车间及以上模块的实时状态数据，实现生产监控的精细化管控。功能模块包括生产监控三维建模、三维地图、矿产资源三维可视化、井下人员定位与监测监控系统三维可视化等。

生产工艺综合智能管控。通过生产监控、计划跟踪、能源管理、质量监测、生产调度、设备管理、成本管理等各系统的数据穿透对掘进量、采矿量、原矿品位、精矿品位、选矿回收率、金属量、生产设备运行时间、停机原因、产品销存情况、矿堆出入矿量通过不同时间维度对计划量、完成率、累计量进行统计。并通过异常联动报警对影响安全、生产的数据及趋势进行预警，并对相关报警进行应急预案关联。

40.3　应用的成效

（1）应用业绩。该项目在河钢矿业中关铁矿及其他矿山得到成功应用，建成了集全矿数据采集、存储、展示与管控于一体的高度智能化分析平台。针对分散的数据孤岛、各工艺作业协同程度低、关联性差等难题，实现了海量数据采集技术和预处理技术创新，从查询效率和结果两个方面都得到提升；将现场采选等各工艺现场约 18000 点的工控数据在数据中心得到汇聚与存储，同时按照时间域、系统域、工序域进行分类、对比、关联、分析与展现。将各工艺数据进行统一的采集、汇总、分列、洗涤，建立全矿井大数据智能管控平台，通过数据驾驶舱及直观展现矿山各区域流程和地质资源管理板块准确可靠地排产出采矿计划及设计。实现数据展现与智能综合管控技术创新，平台展示画面内容包含生产监控、能源管理、计划跟踪、生产调度、质量监测、业务营销、综合分析等全矿井数据内容，其综合分析模块可将上述模块关键数据进行关联，综合分析上下游工序间、不同班组、不同月份间数据变化对设备效率、生产消耗、企业成本、产品质量、销售业绩等指标带来的影响，实现生产组织的智能决策和智能管控。

（2）经济效益。平台每秒存储数据量 150000，数据压缩比 25%~95%，生产排产计划指标准确率趋近 95%，数据创效产出率提高 15%，生产综合效率提升 15%，取得较好的经济效益。

（3）社会效益。"全矿采选大数据集成建模及一体化智能管控平台"以生产运行控制为核心，围绕生产安全、生产设备、生产能耗进行计算分析，进一步联动控制现场生产节奏，实现整个铁矿生产过程的自动化、信息化、智能化的高度融合，达到减员增效、节能降本的目的。该技术获得软件著作权 2 项，为钢铁行业的技术进步和智能工厂的全面建设提供了应用示范和技术引领。

40.4　项目创新点

通过推动大数据、数字孪生等新技术与流程行业深度融合，形成一套完整的全矿井采选大数据集成建模及一体化智能管控平台，主要创新点如下：

（1）实现集数据采集、存储、展示及智能管控于一体的智能分析平台技术创新。研发建立统一的数据分析、展示平台，通过对生产管控、能源管理、计划跟踪、生产调度、质量检测、业务营销等数据采集、汇总、处理与展示，实现对全矿采选生产数据的综合分析及智能管控。

（2）实现 3D 建模和自动化系统高效融合：通过 3D 建模和自动化系统相互融合，实现对全矿区重点设备及重要场所情况及生产数据采用"一张图"的方式进行实时展示及大量数据的采集、清洗、加工、存储、分析展示等。

（3）实现能源智能管控：建立能源生产管控中心，完善能源数据信息的采集、存储、管理、有效利用和能源集中管理，优化管理流程，建立客观能源消耗评价体系，实现重点关键工序能源智能管控。

（4）实现数字孪生技术创新：通过三维可视化技术、快速建模技术，集成工厂实时监控设备传感器技术、摄像头、传感器实时数据以及运营管理数据等，最终满足三维数字孪生工厂的管理需求。三维可视化平台可实现实转虚、虚控实的过程，将数据、算法和决策分析结合在一起，建立模拟虚拟映射的过程，实现生产监控的一体化、精细化管理。

41 先进优特钢全流程智能制造示范工厂

中冶赛迪信息技术（重庆）有限公司、山东莱钢永锋钢铁有限公司
全流程
智能制造试点示范项目

简 介

该项目是行业首创的基于统一工业互联网平台的全流程绿色智能工厂。该项目打破了基于 ISA95 的钢铁企业传统信息化架构，首次成功实践"一个平台+三个一体化"这一新型钢铁行业智能制造架构，从"一云+六网"的 IaaS 层、统一数据及组件服务的 PaaS 层到工业模型及功能模块超过 1800 个的 SaaS 层进行一体化打造，功能涵盖企业全流程工序和所有部门业务，实现了全流程生产要素和过程的数字化。

项目总体架构如图 41-1 所示。

案例介绍

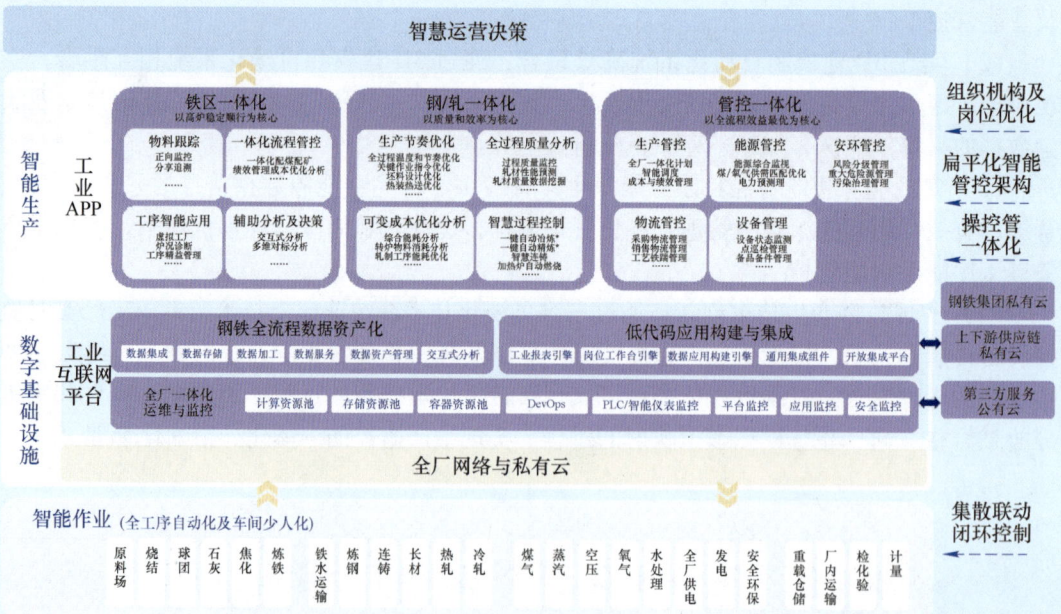

图 41-1 项目总体架构

41.1　解决的问题

2000 年以来，我国钢铁企业在信息化、数字化方面研发与投资逐步加大，有了一定的基础：一方面，生产过程基础自动化在许多大型企业实现了普遍应用；另一方面，企业信息化建设上，MES 生产制造执行系统、ERP 经营管理系统、OA 协同管理系统、电子商务等信息化系统不断建设应用。但随着钢铁企业对高质量发展要求越来越高，传统架构显现出了"数据孤岛"效应严重和系统间融合难度大等严重问题，无法满足企业对敏捷适应市场变化、优化资源配置效率、减少浪费和不断提升生产的需求。传统架构已经不适应钢铁企业智能制造的需求，已经成为业内共识，但是钢铁生产过程属于多阶段混合型连续生产过程，其中既包含连续式生产工序，也包含间歇式生产工序；这一过程中，物料量大、属性多、不确定性大，物质流和能量流耦合，钢铁行业的智能制造如何建设既能解决传统架构的问题又能成为企业高质量发展的抓手逐渐成为行业的难题。

41.2　实施的路径

中冶赛迪 2018 年开始建设的韶钢铁区集控开了钢铁行业智能制造先河，以高炉的稳定顺行和铁水成本最低为目标，围绕着钢铁企业的炼铁单元，整合供料、烧结、焦化等单元，利用一体化的架构和平台、生产管理智能应用、生产操作控制系统等的联动和集成，实现了钢铁企业区域集控综合性变革，取得了巨大的经济效益。

在铁区集控实践的基础上，针对永锋工厂全流程，中冶赛迪在行业内首次设计了"一个平台+三个一体化"这一新型钢铁行业智能制造架构，在一个平台上支撑永锋临港基地全流程管操控业务。以工业互联网平台为数字底座，以铁区一体化、钢轧一体化、管控一体化这三个一体化为依托，纵向打通数据传送链路，打造了覆盖全基地的数据"高速公路"，实现了数据不落地，信息无断点，构建覆盖生产、成本、质量等多维度的智能应用，实现铁区、钢轧、能源、物流生产的精益管控。

41.2.1　建设智能工厂基础设施

规划建设"一云+六网"智能工厂基础设施架构，既保证各类业务数据交互，又满足工控安全要求，云端加边缘计算，整合全网算力，主、备两数据中心使得核心数据和运行安全得到最大化保障。

云数据中心是基于云计算架构，计算、存储及网络资源松耦合的新型数据中心，模块化、自动化程度高，六张网包括生产网、控制网、办公网、视讯网、融合通信网和数据采集网，有效保证了通信的可靠性、稳定性、时效性，同时确保了现场网络的安全。

项目建设 37 个节点网络机房，连接现场几万台设备，采集超过 50 万点数据，支撑永锋临港工厂数字化体系，实现了全流程生产要素和过程的数字化。

41.2.2　建设工业互联网平台

项目建设了统一的工业互联网平台，智能工厂依托工业互联网平台，实现全厂数据统一采集、统一处理、统一存储；并基于平台实现人机料的数字化，为全厂生产管控智能应用提供基础支撑，构建智能工厂信息化框架和基础，支撑工厂打造自主持续进化能力。围绕生产管控，实现生产要素、生产过程数据全生命周期管理，支撑生产要素、数据以及应用的横向扩展，支持数据应用不断迭代深化，使生产数据持续创造价值。

主要包括 PaaS 基础平台、数据工作台和业务工作台 3 大部分，PaaS 基础平台主要为云平台提供基础管理能力，实现海量数据的高性能存储和计算和应用与数据安全标准体系管理；数据工作台提供底层数据管理的专用组件，实现数据可控制、可计量、可变现，为上层智能应用提供统一、规范、完整的数据服务；业务工作台依托数据模型赋能机理模型，高协同效率与作业规范性，支撑扁平化组织和专业化管理。

依托于其工业互联网平台，实现了全厂统一的数据采集平台，建立了从传感器、控制系统、数采平台、数据管理、数据应用的统一管理平台，并具有良好的扩展性，支持后续设备的扩展和维护。

41.2.3 建设智能应用

针对铁区一体化、钢轧一体化、管控一体化这三大业务板块，项目建设了包括有智能料场、铁区智能管控、炼钢智能管控、炼钢物流、轧钢智能管控、智能仓储、能源管控、全厂物流、质量与实验室管理、远程计量、环保、安全、设备、KPI 看板、生产计划、智能调度、工序成本、生产实绩、全厂一张图、轻推协同平台等 20 个板块共 1800 余项的工业模型及功能模块。

铁区一体化主要包括智能料场和铁区的智能管控，覆盖管理铁前界面的料场和生产工序的智能管控，包括料场的智能化无人控制以及配料管理、高炉炉料跟踪、高炉出铁管理、参数预警与监控、智能诊断报告、槽位监测、可变成本管理等内容。

钢轧一体化主要包括炼钢智能管控、炼钢智慧物流、轧钢智能管控以及轧钢仓储，主要实现打通炼钢→轧钢生产界面，实现整体生产过程全物料跟踪过程可控，实现炼钢车间各生产工序的节奏管控、全流程温度管控、全流程成分管控、生产综合管控等智能管理功能，轧钢产线的过程控制精益管理，实现整个轧钢厂的生产管理和车间仓库库存管理。

管控一体化以全厂"铁、钢、轧"生产为核心，以"人、机、料、法、环"为抓手，包括生产管控、能源管控、物流管控、设备管控、安环管控等多个功能模块，从计划成本层面管理融合全厂生产工序，从数据层面统一管理生产实绩，从管控层面管理全厂的能源、设备和物流、物料质量、人员安全、环保监测，让生产组织有针对的创新，实现降本增效，实现实现全厂生产绩效透明化、成本量化；实现了生产与能源的无边界协同，做到生产与能源有效衔接；全厂运输物流管理数字化；实现全厂设备的全生命周期管理；实现质量一贯制；全面实时掌控生产情况，及时决策。

通过工业互联网平台及上面的智能应用，实现了基于 IT/OT 完全融合的人、物、资源、信息、平台之间的信息互联互通和数据综合应用，目前永锋临港基地生产管理纵向贯通公司经营和操作执行，横向协同各工序环节。通过铁区、钢轧、能源全流程价值整合和协同优化，实现网络化协同及智能化决策；基于扁平化平台架构，通过端到端的信息融合，实现生产决策系统与现场智能装备的无缝衔接；突破现有单变量、单工序和独立控制的视角，建立工序内和全流程工序间的系统级智慧作业体系，以 KPI 为抓手构建全员全过程持续小幅高频改进、高效协同的 PDCA 循环，实现精益智能管理模式在永锋临港的落地。

41.3　应用的成效

中冶赛迪承建的永锋临港智能制造项目，通过基于工业互联网平台、大数据技术的应用，落地生产管、操、控各环节的精细化管理和智能化决策，促进智能精益管理在永锋临港的落地。通过降低高炉燃料比、降低炼钢合金成本和钢铁料损耗、优化轧钢成材率和钢坯消耗率等手段提高生产成本控制能力；通过优化物流运输和能源管理降低物物流和能源成本。项目的成功实践大幅提高了永锋临港在产、供、销各环节的成本控制能力，大幅提升企业综合竞争力。

2021 年 6 月，相关系统陆续上线，仅半年时间，永锋临港全流程智能钢铁厂实现吨钢成本较永锋钢铁本部平均下降超过 100 元，预计年节约成本超 2 亿元；人均吨钢产量超过 1500t/年（全员口径），达到行业领先水平。

新架构下的智能工厂建设带来了生产管理、生产操作、企业运营、管理架构等综合性变革，结合永锋多年的精益管理经验，实现数字精益，不仅对钢铁行业智能制造具有引领和示范意义，也在复杂流程行业以数字化推动精益管理与创新方面具有重要的带动引领作用。

41.4　项目创新点

项目具有架构领先、技术先进、效益大、示范作用显著等特点，项目的主要创新点如下。

（1）基于统一的平台进行设计：智能应用全部架构在统一的工业互联网平台上，数据采集预处理、数据存储、应用构建和集成、与外部系统的交互、硬件资源管理、系统备份容错容灾等都由平台统一管理。

（2）以业务为核心而不是功能为核心进行系统设计：抛弃了传统信息化项目实施中功能先入为主的设计理念，从业务和流程出发，梳理用户需求，以需求的价值点为核心，对系统进行了重新设计。

（3）以架构创新带动生产模式创新：精益智能是未来钢铁行业的发展方向，全流程的智能工厂带来了管理模式和生产模式的创新。

（4）以数据的微创新促进企业生产经营不断自优化：发挥智能工厂的平台特性，为永锋提供微创新的平台，各层级员工可以通过平台数据的挖掘和应用不断进行微创新，使企业成为能够不断自优化的组织。

42 薄板坯连铸连轧
智能制造示范工厂

武汉钢铁有限公司

钢轧

国家智能制造示范

简 介

采用工业互联网、工业机器人、5G 等先进技术，完成了"自动炼钢""智能浇钢""高效轧钢""远程运维""智慧物流跟踪系统"等智能化改造项目建设，突破多项技术瓶颈，极具推广价值。智能工厂以集约的原则对系统和画面的整合提升控制系统的集成度，高度的人员和信息的集中模式，不仅提高了生产效率，而且更易系统性科学决策。

实施架构如图 42-1 所示。

图 42-1 实施架构

42.1　解决的问题

党的十八大以来，钢铁行业围绕《中国制造 2025》制造强国的战略目标，取得了显著的成果；党的十九大报告明确指出，加快建设制造强国，加快发展先进制造业，推动互联网、大数据、人工智能和实体经济深度融合，智慧制造进一步加快产业升级。在政策落地方面，宝武集团提出实施智慧制造要坚持目标引领，通过"少人化""集控化""一键化"，打造极致高效、安全的智慧钢厂，并对现场管理提出"四个一律"的目标，即制造环节做到操作室一律集中，操作岗位一律机器人，运维一律远程，服务环节一律上线。武钢有限公司积极响应国家的号召，在宝武集团智慧制造纲领的指导下，全面推进智慧制造，发挥后发优势，以打造绿色智慧城市钢厂示范企业为目标，全力进行智慧制造的建设。

武钢 CSP 产线是武钢有限公司的一条主要产线，建于 2009 年，拥有 2 套共 3 工位的 150t 铁水罐脱硫处理设施、2 座 150t 顶底复吹转炉、2 座 150t LF 精炼炉、2 台 150t RH 真空装置、2 台薄板坯连铸机、2 座均热炉、1 座七机架精轧机、1 条运输链、1 条平整线等装备，CSP 炼轧一体的短流程工艺，具有生产节奏快、制造效率高等特点。产品最薄规格厚度为 0.8mm，最大宽度为 1600mm；年设计产能 248 万吨。产品涵盖各种规格集装箱板、硅钢、耐候结构钢、汽车结构钢等。由于炼钢、连铸、轧钢三大区域子系统众多，操作室分散，每处均需配备操作人员，不同岗位之间无法高效协作，人员不够精简。操作岗位均处于主要装备附近，操作人员易接触高温、粉尘、噪声、煤气，不利于操作人员的身体健康。热轧厂 CSP 分厂主要工序如脱硫、转炉、LF 钢包炉、RH 真空炉、铸机均有高温液态金属，操作人员处于高危环境，存在较大的安全风险。各工序岗位相对独立，且距离较远，不同工序岗位人员之间信息不能面对面沟通，易造成信息不畅或传递失误。因岗位分散独立，无法有效利用监控等装置使岗位人员掌握全流程生产现状，不利于提升效率。

42.2　实施的路径

42.2.1　建设 CSP 操控中心

2019 年连铸电气楼六层改建成 620m² 的 CSP 分厂新建连铸连轧生产操控中心。操控中心按工序分为 3 个区域。将炼钢区域（脱硫、转炉、LF 炉、RH 炉、一二次除尘）、连铸区域及轧钢区域所有一级操作（包含某些单体成套设备的监控站）和 L2~L4 相对应的终端集中到集控中心，实现集中操作、监控、管理。操控中心是"四个一律"纲领落实的载体，是智能感知技术和界面智能技术应用的体现。以人工智能、物联网、智能检测技术、图像识别技术、控制技术、工业互联网技术为基础的操控中心集控设计，带来以下改变：

（1）以集约的原则对系统和画面整合提升控制系统的集成度，提升员工的劳动效率。

（2）全新的操控中心建筑、室内设计，给操作人员提供安全、舒适的工作环境。

（3）多工序操控集中，有助于提高厂内工序的协同效率和厂与厂之间的协同效率，为公司推进扁平化管理打下基础，提高厂级管理效率。

（4）多专业操控集中可以提升专业管理效率，也有利于公司将高端专业人才集中管理使用，如设备状态管理；CSP 操控中心的建成，突破了多项技术瓶颈，实现了操作集中、操维集中、信息集中的高效生产组织。"U"字形布局，整合了从铁水脱硫、转炉炼钢、炉后精炼、薄板坯连铸，到钢坯加热、精轧、卷取等炼钢轧钢生产全过程的操作与控制。对全厂关键设备 550 台套的状态信息进行自动采集与分析，实现设备远程运维。用于信息交互的"智慧之眼"，通过数据将"人、机、物"实现全面互联。智能生产节奏甘特图、均热炉内板坯数字孪生、KPI 指标动态跟踪等人工智能软件的开发应用，为产品生产过程贴上全流程、全方位的数字信息，使产品生产的质量、成本、交货期实现高效精准控制。

42.2.2　建设连铸连轧数据智能应用平台

CSP 智能应用平台基于宝武工业互联网 xln3IPlat 打造，宝武工业互联网 xln3IPlat 将新一代信息技术与制造业深度融合，运用云-边-端架构，构筑云边协同工业 PaaS，聚集设备、技术、数据、模型、知识等资源，推动形成数据驱动、软件定义、平台支撑、服务增值、智能主导的新型制造体系助力制造业数智化转型和高质量发展。系统架构图如图 42-2所示。

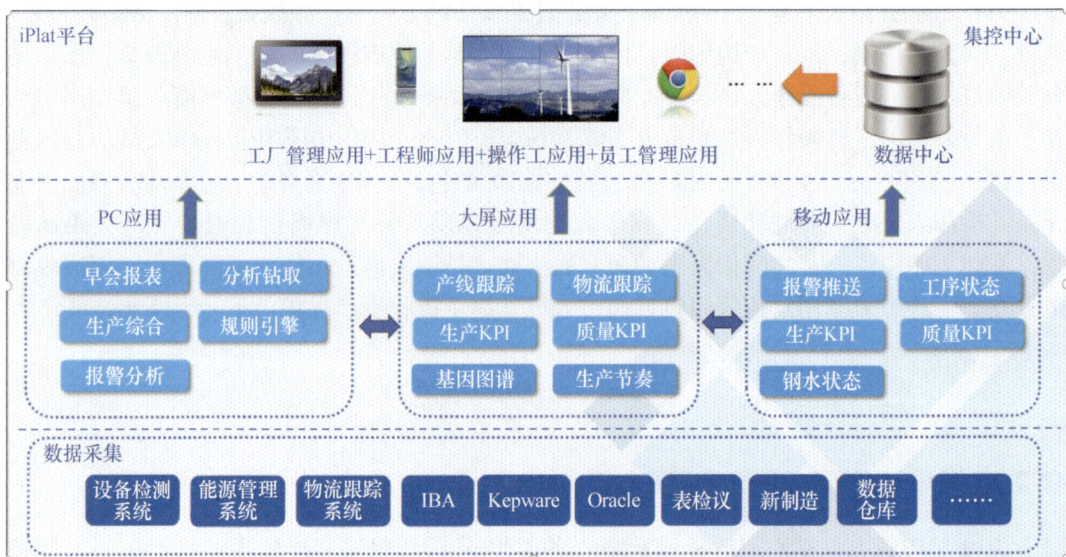

图 42-2　系统架构图

智能应用平台通过 xln3IPlat 边缘层的数据接入组件，根据不同的通信协议，实现现场数据的采集和协议的转换，经过高性能实时数据库缓存，然后进行数据清洗和整合后发送到上层数据应用平台。边缘数据服务包括钢铁流程行业全 IP 多源异构扁平化和边缘数据服务两大部分。与宝信合作，依托 xln3IPlat 平台层提供的中台服务能力，基于人机可视化交互需求，从生产、质量、成本方面开发了 7 大功能模块，建立 CSP 生产控制指挥舱导航系统。生产质量 KPI 对生产、质量控制水平、合同完成进度进行动态跟踪、全天候监控。使用 3D 和数字孪生技术，直观形象地展示全产线的生产状态，打造虚拟工厂原型，建立指挥舱导航系统。生产节奏可视化，以甘特图的形式，进行时间和空间双维度呈现，为生产精准控制提供决策依据。动态成本跟踪，对生产过程的原料、辅料、备件、能耗成本进行动态跟踪分析，评价每炉钢、每块钢的控制水平，指导管理及操作人员优化工艺，实现成本最低，效益最优。质量控制，生产过程按照工序分成 10 个控制计划，关键控制参数616 个点全部实现自动采集，过程数据与标准规则实时比对和分析，实时报警并推送。"基于工业互联网的 CSP 产线集中管控平台应用"编入了工业互联网产业联盟汇编出版的《工业互联网应用模式案例集》。

（1）智能物流跟踪。机器视觉技术与格雷母线定位技术紧密结合，对厂内铁包、钢包、天车、台车全方位无死角 xyz 三轴精准定位，通过视觉捕捉位置信息进行安全联锁，并实现了铁水、钢水到钢坯的跨工序信息对齐。通过抓取各类传感器数据，以 3D 形式将天车、台车及铁包、钢包等生产核心信息进行了有机的串联，相关监控人员能通过该画面直观、全面了解铁钢包的去向及炼钢区域各工位的运转状况，通过 3D 特有的直观属性，能为使用者带来身临其境的感受。

（2）生产可视化。通过对真实产线的等比例建模，以 3D 的形式实现了对脱硫、转炉、LF、RH、连铸、均热炉、轧机、层冷、卷取各工序的生产状态进行动画实时展示，对各工序关键信息进行实时数据推送。通过工序模型和工序信息两方面的有机结合，实现了对产线的真实还原，相关人员能全面直观了解整体产线的生产状况信息，为决策提供了有效支撑。

（3）生产节奏可视化。展示从转炉、氩站、真空炉或者钢包炉到铸机的实时生产节奏，包括每个工序的耗时，帮助技术人员实时分析各个工序的生产是否正常。

（4）数字钢卷。实时更新最新的一卷钢卷的质量指标，比如平直度、凸度、CT 等，能直观了解实时钢卷信息。

（5）基因图谱。基因图谱通过可视化手段，以流程图形式展示了生产出的成品卷在CSP 区域各工艺段内涉及的各种数据，包括设备数据、操作记录、能耗数据、缺陷数据、工艺数据和成本数据等，通过将这些数据进行多维整合建模，和钢卷进行实时关联匹配，从而可以对钢卷、板坯、钢水、铁水的整个生产过程的各方面的数据进行追溯。通过钢卷基因图谱不但能直观了解和钢卷相关的各类生产信息，更能为后续产品质量分析提供有效依据，为碳中和、碳达峰提供可靠支撑。

（6）环保监测。展示脱硫、精炼、转炉区域的风机转速和烟尘浓度等，方便相关人员实时了解环保信息。

（7）煤气监测。在 3D 地图上，实时展现全厂煤气区域 CO 浓度，正常状态显示绿色，煤气超标时显示红色。

（8）关键绩效 KPI。基于边缘数据平台内置的数据管理模块，管理者可实时进行数据查询和对各类生产和管理数据进行关联。运用数字可视化技术，将现场生产流程、关键生产、质量 KPI 转换成可视化图形，给管理者提供一个更加直观、形象、精确和实时可视化工厂管理体验。

42.2.3　实时掌上移动系统

各工艺区域是通过工业以太网及办公网络实现互联。分为一级网（基础自动化控制系统，硬件包括 PLC、VME 等）、二级网（过程控制系统，硬件包括 HP ML350、DL380 等服务器）与办公网（管理系统，硬件包括 HP DL380、ML580 服务器等）。在设计 APP 系统时，考虑到系统对各区域实时生产管理的需要，采用多层 C/S 与 B/S 混合架构实现所需功能。其中 C/S 架构使用 C#开发后台程序采集实时生产数据，B/S 架构采用 . net mvc 实现对数据的安全有效分析，最终将所需数据于 Android 端进行展示。

42.2.4　基于大数据平台 CSP 智能工厂创新应用（一期）

2021 年按公司大数据中心统一管理、分布（节点）部署的要求，构建了青山属地大数据中心，为武钢有限公司的生产、经营提供数据服务。基于青山属地大数据中心的 CSP 智能工厂创新应用，是本次大数据中心的试点项目之一。项目完成后将实现基于公司大数据中心和各专业系统、面向 CSP 产线视角的数据融合应用；事前分析取代事后分析，聚焦生产过程稳定性、提升质量管理水平；聚焦工序成本管控，实现成本动因分析，提升现场成本管控水平；优化制造过程管控，提升产品制造能力，促进产品实物质量水平提升。

42.3　应用的成效

42.3.1　应用业绩

（1）突破的关键技术。自动炼钢技术运用了五大安全监测模块、八项新型关键技术，实现转炉的吹炼、副枪测量、出钢、脱氧合金化、倒渣、炉后钢水吹氩、自动关氩、自动卸氩、钢水转站全工序全自动运行，全面拓展"一键炼钢"内涵。通过薄板坯高效连铸技术，铸坯最高拉速已达 6.0m/min，为行业最高水平。通过结晶器在线调宽功能，实现客户多订单的柔性组批生产，单浇次在线调整量已达到 523mm，为行业最优。通过高效轧钢技术，实现批量生产 ≤1.2mm 极薄材规格产品的能力，最薄可轧 0.8mm。两项软件获 2021 年度全国冶金行业计算机软件成果。武钢有限热轧厂 CSP 分厂自动炼钢项目（技改）自动出钢系统获 2021 年度全国冶金行业计算机软件成果二等奖。武钢有限热轧厂 CSP 分厂操控中心软件设计开发获 2021 年度全国冶金行业计算机软件成果三等奖。

（2）劳动效率提升。CSP 智能工厂一期完成后，52 人远离"3D"作业环境，为职工提供了更加安全、舒适的工作环境，迈向"有钱有闲有趣"的美好生活，有效提升了职工的安全感、幸福感。现场 13 个操作台、8 个设备值班室撤并后，实现了 56 人的减员机会。

（3）生产效率提升。与 2019 年相比，CSP 智能工厂一期完成后生产效率提升 12%。

42.3.2　经济效益

通过脱硫、转炉、精炼、连铸区域的集中采用系统、网络、画面重构建立统一操作平台方案。集中后 L1、L2 和 L3 终端减少，操作人员逐步优化。通过岗位梳理，合计优化 4 个岗位，给 CSP 厂带来一定的经济效益和社会效益，评估效益体现如下。

（1）岗位优化带来的经济效益。

岗位优化年经济效益＝4个岗位×4班×18万元/人＝288万元

岗位优化带来的年经济效益为288万元。

（2）效率提升带来的经济效益。异常状态快速响应，快速决策，提升工序协同能力，减少事故时间，增产0.5%，年提升产量1.176万吨，协同增效552.72万元/年；信息集中、共享，数据深度挖掘，产线状态动态可视化，实现生产组织精细化，减少节奏积压，提升效率，减少炼钢工序时间7分钟/炉，增效362万元/年。

效率提升带来的经济效益914.72万元。

42.3.3　社会效益

操控集中，符合当前高质量发展、人文发展的社会发展的趋势，大力推进智慧制造工作，提升CSP厂社会形象。

42.4　项目创新点

（1）技术水平的先进性。应用了最前沿智能制造技术，打造智慧制造样板线，引领行业标准，主要包括5G通信、数字孪生、视觉感知、格雷母线检测、工业机器人、激光测距、音视频采集、人脸识别、红外检测、移动APP、大数据等技术。已应用和将开发铁钢界面智慧管控平台以及脱硫远程扒渣、自动炼钢、智能物流跟踪、一键精炼、智能浇钢、高效轧钢等技术，在炼钢、连铸及轧钢生产制造方面有示范引领作用。

（2）目标产品的先进性和市场前景。由于CSP产线适应性较强，工艺调整灵活，产品品种规格覆盖面广，品种开发空间大，特别是在生产薄规格热轧产品方面具有得天独厚的优势，目前武钢CSP产线可批量生产厚度1.2mm以上规格的热轧产品，是"以热代冷"、高强"轻量化"用户的理想选择。最终产品以组织性能优、板型控制好、尺寸精度高等优点深受客户肯定，现已批量生产碳素结构钢板、低合金钢板、高强度结构钢、集装箱板、汽车结构钢、船用结构钢、中高碳钢等15个系列产品。产品广泛应用于机械、化工、造船、汽车制造、轻工等众多行业，可以卷、板、酸洗等多种状态交货。智能化工厂的推进，使CSP产线过程控制能力实现高质量提升，能够解决国际上困扰同类产线的普遍难点，具有突破产线工艺瓶颈的可能性，使得CSP产线率先具备远期批量化生产高表面要求热轧原料的技术装备能力。本项目的实施使得各工序作业效率大大提升，过程控制目标精准度增加，可控性更强；过程的稳定带来产品质量的稳定，使得产线远期具备批量化生产高表面要求冷轧原料的可行性；薄规格冷轧原料使得下游工序能够生产出规格更薄、强度更高的高附加值产品，行业推动力剧增。CSP产线现阶段仅能生产1.2mm薄规格强度750MPa高强系列钢种，强度级别980MPa及以上品种还未实现批量化试制；本项目的实施，使得钢水纯净度控制水平得到突破性提升，浇铸稳定性得到较大改善，轧制稳定性得到进一步提高，使得产线远期具备批量化生产超高强薄规格热轧钢卷的可行性，对于钢铁行业"以热代冷"总体发展趋势意义重大。

（3）其他特色。

1）消灭现场"3D"岗位，创造生产、生活、生态相融合。

2）实现从炼钢到轧钢全工序操作的集中。

3）实现操作到运维的高度集中。

4）实现信息高度集中、共享。

5）促进作业流程优化及组织架构重组。

43　高端钢材智能制造示范工厂

北京京诚鼎宇管理系统有限公司
全流程
智能制造示范

简　介

　　本方案打造的数字化工厂平台是国内钢铁行业第一个覆盖料场、炼铁、炼钢、轧钢等全流程业务的产品，通过创新数据组织和展示方式，集成展示工厂设计和建设信息、动态生产工艺信息、设备动作和运维信息、管网管线信息、物流和安防信息，完成了"数字化设计—数字化交付—数字化运维"的全面贯通，真正实现了全生命周期的数字化管理。通过数据流、信息流与工作流的数字化，实现工厂更高效的运营与管理模式。

　　数字化工厂建设总体路线如图43-1所示。

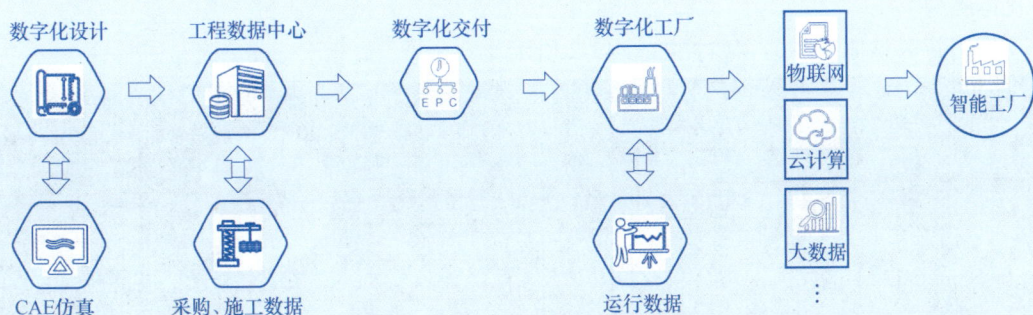

图 43-1　数字化工厂建设总体路线

43.1　解决的问题

　　近年来，伴随着制造业转型升级的大潮，数字化工厂逐渐成为国内外制造企业关注的重点。经过多年发展，业内已达成共识：要实现智能制造，首先要打造数字化工厂平台。我国传统的钢铁企业由于生产流程复杂，工艺设备种类繁多，缺乏成熟的数字化设计，全流程数字化平台一直没有得以应用。

传统的钢铁企业由于缺乏数字化的支持，出现很多困扰企业进一步发展的问题。

（1）钢铁企业缺乏持续的整体规划管理和展示平台，各阶段的项目规划和产品升级规划前后冲突，反复拆建，给企业带来很大损失，缺乏贯穿整个工厂生命周期的"一张蓝图"。

（2）缺乏有效的整体数字化平台，各类基础数据（设计数据、生产数据、运维数据）互不连通，形成各种信息孤岛。

（3）随着工厂的不断改扩建，产能升级，企业的图纸、文档等软资产版本混乱，缺乏统一管理。

（4）企业的生产经验无法有效沉淀传承，生产运维水平因人而异，无法实现标准化的生产操作和设备运维，人员一旦流失，企业损失严重。

出现上述问题的主要原因是缺乏贯穿工厂全生命周期（规划期、建设期、运维期）的数字化工厂管理平台作为企业各类运营管理业务的统一载体。所以打造钢铁企业全生命周期的数字化工厂管理平台已经成为钢铁企业刻不容缓的任务。

43.2　实施的路径

（1）数字化工厂管理平台。结合 BIM 技术、GIS 技术建立数字化工厂管理平台，作为公司生产运营管控的信息集成载体，实现公司的生产、能源、物流、安防、设备的一体化智能运营管控。建模整体分两个层级：公司级、工序级。通过对企业的全厂总图设计资料，建立公司级三维模型，结合公司相关重要工艺流程（如炼铁、炼钢、热轧、冷轧等），根据已有的三维、二维图纸资料建立重点工序级三维模型，最终满足公司级智能调度和数字化运维的需求。

唐钢新区整体生产运营监控如图 43-2 所示。

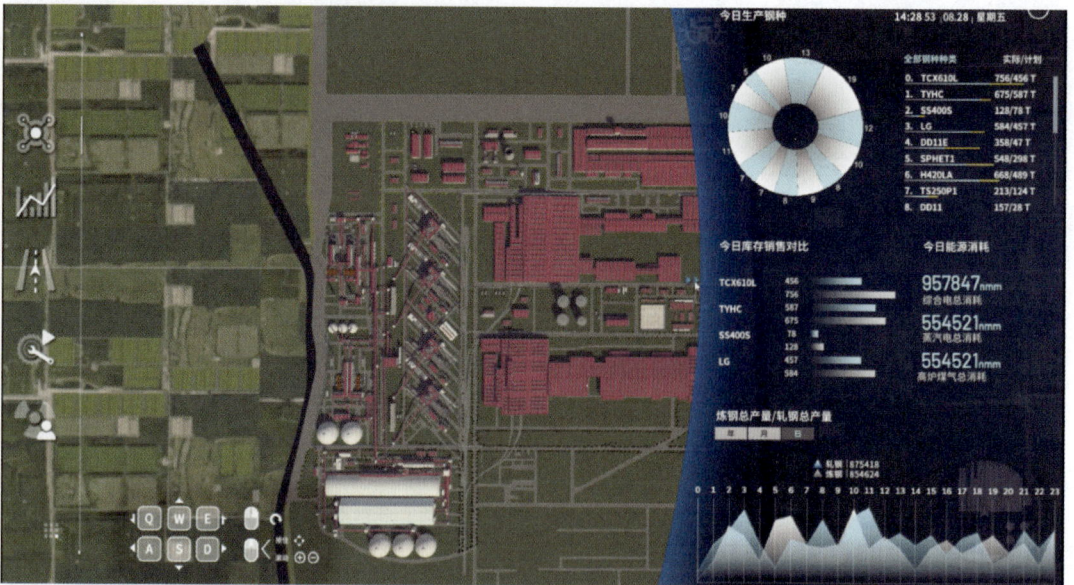

图 43-2　唐钢新区整体生产运营监控

（2）工厂综合展示。用户可以在三维数字化平台中设定漫游路线、漫游速度、漫游视角，系统可以模拟第一视角在全厂三维 BIM 模型中自动漫游，进行虚拟工厂、车间、产线、生产设备等的参观，在不进入实际工厂的前提下，协助来访者或新入职员工快速了解整个厂区的工艺布局、主要生产线和生产设备等基本信息。

（3）资产透明化管理。三维数字化工厂作为企业的资产管理平台，以三维设备对象为基础，实现对前期设计图纸和相关文档的标准化电子化管理。平台以设备编码为核心，通过设备结构树展现各产线和设备之间的关联关系，用户可通过设备结构树快速了解当前设备的结构、设备在产线上的安装位置、相关的运行参数、厂家信息、备件更换情况等。

（4）智能设备运维信息集成。智能设备运维管理以设备的三维 BIM 展示为基础，主要实现在线设备的运行参数监控管理。包括全方位数据整合、智能化设备装配指导、设备的智能化巡检及设备智能监控和快速故障处理。

（5）智能管网安全监控管理。平台中智能管网安全监控管理可以全面将隐蔽工程可视化，通过阀门仪表数据的采集和分析，对企业"生命线"进行全面监控预警，同时针对管网日常运行数据进行分析，反过来提高日常管网及主干电缆安全管理的效率，降低运营成本。平台可以通过实时监测管网相关的压力、温度，结合能源供需平衡和企业安全标准进行自动分析，对整个管网实现全面监控和安全预警管理。当发生危险事故时，可以对危险事故（如爆管、泄漏影响、能源供需平衡、管损等）进行智能化分析，同时集成事故应急预案，通过平台可以实现紧急调度指挥。

（6）物流调度管理。数字化工厂管理平台集成厂区内部主要的道路信息，通过和物流系统通信，实时读取厂前区车辆、厂内运输车辆的位置坐标信息，并在三维工厂模型上动态跟踪展示车辆的位置信息变化，协助物流调度人员动态掌控公司内部的物资调拨情况和厂内车辆位置。

（7）视频监控集成。系统通过和视频服务器相连获取工厂内各路摄像机的监控视频信号，并将历史视频或实时视频直接显示在三维工厂模型内。用户可以通过点击模型中不同位置的视频监控模型查看当前位置视频监控内容。

（8）浸入式培训操作考核。通过三维数字化平台，可利用 VR 和 AR 技术实现全场漫游、虚拟工厂参观等功能。

通过管理平台也可以对新员工进行入职培训，对设备检修人员进行设备维护和操作培训，并针对各项培训提供全面的平台考试功能。用户可通过 AR 进行模拟生产操作，熟悉生产工艺流程。

也可定期对员工进行安全培训，对厂内的危险源进行标注及说明，同时在 VR 和 AR 漫游中让员工了解危险源的位置、影响范围、绿色通道、发生安全事故时的应急措施、逃生路线等。

（9）应急演练仿真。在智慧工厂运营管理平台中，可以对危险源和应急储备物资的位置及相关信息进行标识，可以对可能发生的事故进行应急仿真演练，并对紧急事故进行模拟分析，从而降低发生事故时的损失，提高应对突发事故的能力。

同时通过监控中心调度大屏幕，平台可综合集成包括三维可视化子系统、SCADA 子系统、能源管理子系统、视频子系统等在内的各子系统的信息，从而实现跨系统的应急联动指挥。

（10）三维生产工艺监控和模拟。在智慧工厂运营管理平台中，同时具备在线同步监控和离线运行模拟功能。

在线同步监控可实时查看各个重要工艺流程的实际工艺动作，同步三维模型，保证虚拟环境和现场工艺设备动作的一致性。

离线运行模拟可在非生产环境下模拟整个生产工艺流程的完整运行。通过模拟数据变化，动态驱动三维模型状态改变，根据不同的模拟和参数调整，不断提高生产管理的效率，降低生产运行成本。

工艺监控与模拟示例如图 43-3 所示。

图 43-3　工艺监控与模拟示例

43.3　应用的成效

43.3.1　应用业绩

本方案已成功应用到河钢唐钢新区、五矿营钢、济源钢铁、黑龙江紫金铜业、临沂钢铁等多个企业，实现了钢铁企业在设计效率、施工进度、运维水平、管控效率、节本降耗等方面的显著提升，经济效益和环境效益显著。本方案实现了钢铁工厂设计、采购、施工、运维各阶段数据贯通，使工厂全生命期数据在统一架构下不断富集，为钢铁行业数字化生态建立提供了坚实基础，为产业链数字化改造提供了新的解决思路，促进了钢铁行业数字化转型升级发展。

其中，数字化工厂平台河钢乐亭项目是国内钢铁行业第一个覆盖料场、炼铁、炼钢、轧钢等全流程业务的数字化工厂项目，是充分结合 BIM、GIS、AR/VR 等技术建设的虚拟钢铁工厂。通过创新数据组织和展示方式，集成展示工厂设计和建设信息、动态生产工艺信息、设备动作和运维信息、管网管线信息、物流和安防信息，完成了"数字化设计—数字化交付—数字化运维"的全面贯通，真正实现了全生命周期的数字化管理。通过数据流、信息流与工作流的数字化，实现工厂更高效的运营与管理模式。项目投产以来，累计为河钢乐亭钢铁有限公司带来新增销售额 1.05 亿元，累计新增利润 856.6 万元，累计新增税收 1783.2 万元，累计新增节支 1240 万元。

主要应用情况见表 43-1。

表 43-1 主要应用情况

序号	应用单位名称	应用技术	应用时间
1	河钢乐亭钢铁有限公司	数字化工厂	2019 年 7 月
2	五矿营口中板有限责任公司	数字化工厂	2020 年 6 月
3	陕钢集团汉中钢铁有限责任公司	数字化工厂	2020 年 9 月
4	山西晋钢智造科技实业有限公司	数字化工厂	2020 年 11 月
5	临沂钢铁投资集团特钢有限公司	数字化工厂	2021 年 4 月
6	福建鼎盛钢铁有限公司	数字化工厂	2021 年 5 月

数字化工厂平台的研发成功，为公司赢得了国内多个钢铁企业的数字化合同，累计合同额超过 1 亿元人民币。同时，河钢乐亭数字化工厂项目代表公司参加了国际及国内的多个数字化比赛，取得了优异成绩。为公司在业内创造了更广泛的影响力，奠定了公司在国内数字化领域的领先地位。

获得的奖项分别为：

（1）"2020 全球基础设施年度光辉大奖赛"荣获光辉大奖；

（2）中国冶金建设协会 BIM 竞赛获得一等奖；

（3）中冶集团"BIM 技术应用大赛"获得一等奖；

（4）中国勘察设计协会"创新杯"获得二等奖。

43.3.2 经济效益

2020 年陕钢集团汉中钢铁能源管控中心项目、五矿营钢新建智能生产管控大厅项目、山西晋钢智能制造项目等共计新增销售额 1.28 亿元，新增利润 661.59 万元，新增税收及附加 199.4 万元。

2021 年临沂特钢智能管控中心项目、福建鼎盛智能制造项目、河北天柱集团数字化管控及高炉集控项目等共计新增销售额 2.498 亿元，新增利润 1047.6 万元，新增税收及附加 422.7 万元。

经济效益见表 43-2。

表 43-2 经济效益 （万元）

年 份	新增销售额	新增利润	新增税收
2020	12825	661.59	199.4
2021	24983	1047.6	422.7
累计	37808	1709.19	622.1

43.3.3 社会效益

本方案解决了钢铁企业长期以来存在的各类基础数据互不连通、钢厂设计建设图纸文档等无法有效支撑工厂运维、生产及运维经验无法得到有效传承等问题，项目成果深度融合数字化技术与工程技术，推动了钢铁制造业的数字化、网络化、智能化变革，探索了一条创新型的冶金智能制造领域的工业化道路，促进了钢铁工业的数字化、智能化转型升级。

43.4 项目创新点

数字化工厂平台打破传统，建立全新的工作方式，将钢铁企业生产管控模式、车间管理、设备管理、管网管理从多个分散的子系统汇总到基于数字化的集中管控平台。从以下五个方面，革新工厂管理和运维。

（1）全面智能化设备运维：包括设备全方位的数据整合、智能化设备装配指导、设备的智能化巡检及设备智能监控和快速故障处理。

（2）全面能源管网监控和预警：通过对管网的全面隐蔽工程可视化、阀门仪表数据的采集分析、管网日常运行数据分析，实现能源管网的全面监控预警，提高管网日常安全管理效率，降低运营成本。

（3）全面管控物资调拨及物流调度：通过整合物流车辆的位置、运输物资、路线等信息，实现对物资调拨及物流调度的全面管控。

（4）全面提高应急处置能力：通过对危险源、应急储备物资在三维场景的显著标识、各种场景的应急流程模拟，全面提高应急处置能力，降低潜在的事故风险和损失。

（5）大幅提高培训效率：通过虚拟现实及增强现实技术，实现工艺、安全、设备运维等科目的虚拟场景培训考核，大幅提高培训的效率，极大降低培训的成本。

44　高速优特钢线材
智能制造示范工厂

青岛特殊钢铁有限公司
轧钢
智能制造试点示范项目

简　介

2021 年青岛特钢以建设智能制造示范工厂为目标，以五六高线为试点，实现全产线高度智能化、信息化、少人化，整体实现减员降本、增产增效，提升经济指标。通过"智能集控—操作集中化""智能运维—信息数字化""智能设备—装备智能化"三大方向整体推进，同步跟进基础产线建设进度，将现有尖端技术及成熟解决方案投入工程应用，切实提升经济效益，打造同行业内技术领先的智能制造产线。

案例介绍

项目总体架构如图 44-1 所示。

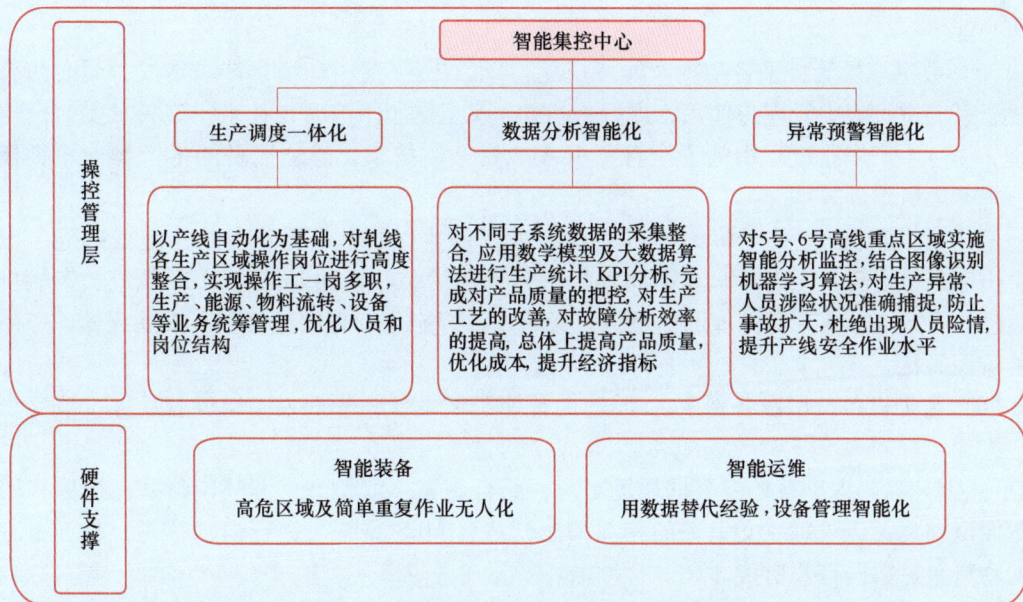

图 44-1　项目总体架构

44.1　解决的问题

我国钢铁制造业能耗占全社会的 12%，同时单一企业在生产过程中的能耗、人员老龄化方面也面临严峻挑战。而本项目建设为这些问题的解决提供了独有思路和解决方案，以现代信息技术、创新设备管理模式为手段，开展设备状态监测、工况优化、故障诊断、预测性维护、能效优化等服务，实现设备的全寿命周期管理，从而提高设备能源利用效率，减少污染物排放，强化风险防范，降低运维成本，实现节能降耗和效率提升；采用智能挂标机器人、自动包护角装置等智能设备能够实现生产过程无人化，提升生产效率，降低安全隐患；建立智能集控中心实现产线操作的集中化，提高协同效率。

44.2　实施的路径

（1）Ability 大数据分析平台实现全线约 24000 点的数据采集，实现数据集中化，针对生产、设备及能源方面进行智能分析，对生产运行提供指导。

（2）图像识别预警系统结合机器自学习技术，对重点工位进行 AI 识别，发现异常状况进行预警，同时联动一级自动化设备进行相应动作，防止事故扩大化。

（3）主机设备状态监测系统与油品分析系统实现轧线主机设备的实时监测，达成设备的预知性维护。

（4）物料追踪系统实现坯料从加热、轧制到称重下线入库的全流程的追踪，防止混坯混料事故发生。

（5）全流程质量管控系统主要针对产品质量进行监测，实现产品质量追溯、评级、预测等功能。

（6）数字孪生管控平台实现产线可视化，1∶1 还原现场轧线生产的情况，同时集合上述子系统进行集中管理与使用，提升人机协同效率；运用 UWB 技术实现人员实时定位管理，提升生产作业过程中的安全性；引入 AR、VR 技术，建立完备的生产操作培训模块，提升人员培训效率。

（7）智能物流+立体仓库，对每个盘卷进行单独存放，采用运卷小车完成卸卷、码库、出库，另设 2 台无人天车在不同发货口完成发货装车，同时结合 MES 系统、车辆排号管理等子系统，实现盘圆库的信息化、无人化、智能化、高效化管理，成品仓储、产品发货流程简化。

（8）智能设备，增设各种全自动/辅助智能机械设备，降低人工岗位劳动强度或完全取代人工。

1）钢坯喷码识别系统，根据现场工况，结合炼钢下线钢坯实际喷码形式，设置扫码或图像识别装置，对每一支钢坯的相关信息，结合 MES 系统，进行识别核对，与上游工序的物料跟踪数据有效衔接。

2）加热炉全视场测温，在加热炉内安装多个温度传感器，对每支钢坯的温度进行分段采样并实时跟踪，在炉内监控画面上进行分布式标注，便于加热炉操作工更直观地掌握炉内钢坯的加热情况，所采集数据亦可供加热二级模型使用。

3）智能挂标，盘圆卷自动挂标牌系统项目结合 MES 系统实现自动打印标牌，集成化的自动挂标机器人可自动制标，并通过图像算法确定合适位置自动挂标，从而实现替代人工挂标，减少挂标人员，提升标示准确度，降低安全隐患。

4）自动包护角，在打包机本体上安装自动包护角的装置，并配套相关电控系统，实现全自动包护角，减少包护角岗位人员。

44.3 应用的成效

44.3.1 经济效益

主要为由产品精度提高、人工成本节省、能源消耗减少带来的效益。

（1）产品质量提升方面。一检合格率：2021 年为 99.82%，2022 年为 99.875%，提升 0.055%。

（2）故障停机时间减少从而提升设备 OEE。2021 年为 79.5%，2022 年为 88.65%，提升 9.15%。

（3）人均日产量。2021 年为 928t/d，2022 年为 1326t/d，提升 42.9%。

（4）能源消耗方面。月均吨钢煤气耗：2021 年为 210.99m³/t，2022 年为 88.88m³/t，降低 57.9%；月均吨钢电耗：2021 年为 228.31kW·h/t，2022 年为 190.74kW·h/t，降低 16.5%。

（5）人力成本降低。80（人）×15（万元/年）= 1200 万元/年。

44.3.2 社会效益

项目实施后，品牌提升与示范推广效益明显，随着我国钢铁制造产业的结构和技术升级，智能制造作为一项战略，在制造业的下一阶段发展中必将成为一项主流技术和核心竞争力。这一方面对本示范项目的成长性将起到良好促进作用；另一方面，本项目的成果也具有很好的前景和推广价值，可以推广至中信特钢其他车间，进一步推广至中国钢铁业乃至整个制造业，提升中国智能制造水平。

44.4 项目创新点

随着"工业 4.0"时代的到来，各种智能化关键技术蓬勃发展，工业大数据、数字孪生、工业互联网、人工智能、边缘计算等技术也广泛应用于青岛特钢五六高线。

44.4.1 数字孪生管控平台

数字孪生管控平台采用 BIM 与 GIS 技术对产线进行 3D 孪生复制；采用 UWB 超宽带技术实现对人员的实时管理与定位；采用 AR/VR 技术建立浸入式培训室，提升员工培训效率。

（1）先进性、成熟性、实用性。根据钢铁企业设备特点，采用成熟并具有良好业绩的技术、设备、平台，确保系统具有较长的生命周期，既能满足当前的需求，又能适应未来的发展。

（2）可靠性。高效稳定的系统，能提供全年365天全天24h的连续运作。对于安装的服务器、终端设备、网络设备、控制设备与布线系统，必须能适应严格的工作环境，以确保系统稳定。服务器系统具有负载均衡和多机互相冗余功能。

（3）高效性。注重各子系统的信息共享，提高整个系统高效率的传输和运行能力。采用高效的国际标准通信规约，提高通信效率和网络的规范性。

（4）实时性。设备和终端以及软件数据处理必须反应快速，满足实时性的需求。

（5）完整性。提供与相关外围信息化系统的通信功能，并在整体系统的运行上确保信息的完整性。

（6）安全性。通过在系统部署相关安全措施，确保系统各个层次的安全；同时采用人员定位管理功能，加强人员监管，提升作业安全性。

（7）可扩展性。本系统在设计的各个方面实现系统扩展的便利性和在线扩展的技术可行性。能够通过对系统的扩展，满足后续产线扩建要求。

（8）可维护性。从应用系统的设计、硬件设备的选型等方面考虑通用性、开放性，在系统局部发生故障时，运行维护人员能尽快发现并能及时处理，快速恢复正常运行。具有在线的修改能力，提供远程可维护功能。

44.4.2　Ability 大数据分析平台

质量分析依赖于数字钢卷信息，结合工艺设定要求，对生产全流程包括加热炉、轧制过程、水箱控制、风冷控制、吐丝温度等关键过程表现建立评分机制，质量评分以数值、颜色直观展示。当发现质量出现异常或评分不够理想时，就需要快速定位到具体的设备和工艺过程。根本原因页面提供了详细的信息，对涉及质量影响的因素按照加热炉、轧制区、活套、冷却、风冷辊道、冷却风机分门别类以热图的方式展示过程的性能优劣。红黄绿几种颜色具备非常直观的辨识度，以此准确和快速关联具体的根本原因，指导直接快速对根本影响因素进行检查和调整，做到出现微小偏离时可快速纠正。还可以根据轧制设定分析，快速了解工艺参数设定的偏差，定位偏移的工艺参数并进行优化调整。质量分析还具备使用SPC控制图在SPC监控页面对关键的影响参数进一步分析的功能。细化的SPC监控可以准确分析关键过程参数的偏离度、过程能力、控制上下限等，从而从根本上对设备自身状态和控制性能进行调整改善的可能，提供直观的指导意见。黄金卷就是从不同维度（产率、质量、成材率、能耗等）对不同钢种、尺寸、环境等影响因素分析。按照细分规则（钢种、尺寸、环境等）对过程数据、检化验数据的整合和分析可以得出同等或者类似工艺条件下大量钢卷的表现评分，从而得出对标后的最优表现钢卷集，即为"黄金卷数据库"。"黄金卷数据库"的工艺参数的实际表现可以作为工艺参数设定优化的有力参考。

44.4.3　主机设备状态监测与油品分析系统

（1）全采样技术。传统数据采集策略通常为定时采集，即每隔确定的一段时间采集一条数据。对于变速、变工况（轧机）设备而言，运行工况复杂，采用传统采集方式采集的无效数据较多，且难以进行对比，例如：轧机轧制钢板时有钢和无钢有差别，轧制的规格有时也不同，这就造成历史数据很难对比分析，对于现场技术人员和远程诊断分析师发现并分析定位故障带来不利影响。针对变速、变工况设备的运行特点，针对性开发了全采样专利技术，该技术可以实现 24h 不间断采集设备运行数据，其结合两种智能保存策略，第一种保存策略：设备运行有效值、峭度指标、歪度指标等指标超限后，系统自动保存有效运行数据，精确分析定位故障；第二种保存策略：与设备转矩、转速、温度等工艺量数据结合，如针对轧机监测，采集站接入轧机工艺信号，结合工艺量进行数据采集，确保系统准确设备运行的最有效数据，为后续精确分析、精准定位故障提供有效数据支撑。

（2）计算阶次技术。对变速设备进行振动波形采集时，当将采集的时域波形通过快速傅里叶变换，得到的频谱往往会出现频率模糊的情况，使得诊断分析时十分困难，难以准确定位问题根源，通过软件计算阶次技术，将原来的等时间间隔数据采集转变成为等角度采集，通过此方法得到的频谱避免了频率模糊的情况，提高了频谱分辨率，对于精确定位故障价值重大。

（3）故障机理建模。采用故障机理建模技术，针对设备的差异性，深入研究各类设备的结构特征、工艺特征、故障特征等，结合行业专家的经验知识与逻辑模型，输出与设备相匹配的智能监测模型，通过精细模型算法，建立高精度的设备零部件模型，使设备故障诊断至零部件级别。

（4）AI 技术。利用 SVM、决策树、KNN、集成算法、神经网络等 AI 技术，对海量数据进行统计性搜索、比较、关联、聚类等分析，挖掘得到设备各种监测参数与设备不同状态之间的对应关系及数据背后隐藏的规律，收集设备不同数据，可自动生成对应设备的特定性能衰减状态和健康指数曲线，实现寿命预测。

44. 4. 4　图像识别预警系统

基于视觉图像获取、图像智能分析技术，采用视觉智能设备和视觉分析技术代替人眼，结合视觉智能检测算法，进行生产工艺过程、人员行为，以及设备状态的图像识别、预警和联动。能够针对设备状态、人员行为以及危险区域边界进行监控和检测，规避了采用传统人工观察而出现的错检漏检，及时发现异常情况并事后快速处置，以达到保生产、管人员的目的。

44. 4. 5　智能物流+立体仓库

（1）实现自动化、智能化的"一个流"生产模式，依托先进轧制生产线、P&F 输送线、重载物流设备、立体仓储、无人行车，实现产品不落地、人员定岗定机的作业模式。产线设备依托于集中控制系统及 MES 平台，实现整体协作。

（2）人员定岗定机，依托自动化设备规范人员作业，改善工作环境，提高工作效率；依托电子看板、PDA 等人机交互信息化设备，规范人员操作、同步产线信息，细化管理颗粒度，从而降低用人需求及管理难度，实现对人员行为的管理，提高作业效率、人员产出，从而降低用人成本，将传统的一线工人变为符合智能化转型的高等技术人才。

（3）以自动化设备为基础，以人员转型为导向，以信息化贯穿管理升级，打造全面覆盖人、机、料、法、环的多维度智能化产线，多点突破，实现全方位的智能化升级转型。

45 无缝钢管智能制造示范工厂

承德建龙特殊钢有限公司
轧钢
智能制造试点示范项目

简　介

本项目是河北省钢铁行业数字化转型专项行动（2020—2022年）的重点项目。项目分三层进行建设，针对无缝钢管生产设备管理维护差、产品质量全生命周期追溯难、生产线数据贯通难度大、物流仓储效率低等行业痛点，联合北京科技大学等多家供应商，在前期建立自动化生产线、MES及EMS系统的基础上，搭建数据治理及集成平台、智能成品库等，配备大量智能检测设备，推动传统无缝钢管生产模式变革，覆盖生产作业、质量管控、设备管理、安全管控、能源管理、环保管控、计划调度、仓储配送、模式创新等多个环节的21个智能制造典型场景，致力于打造世界首条"无缝钢管智慧工厂智能制造示范生产线"。

总体建设思路如图45-1所示。

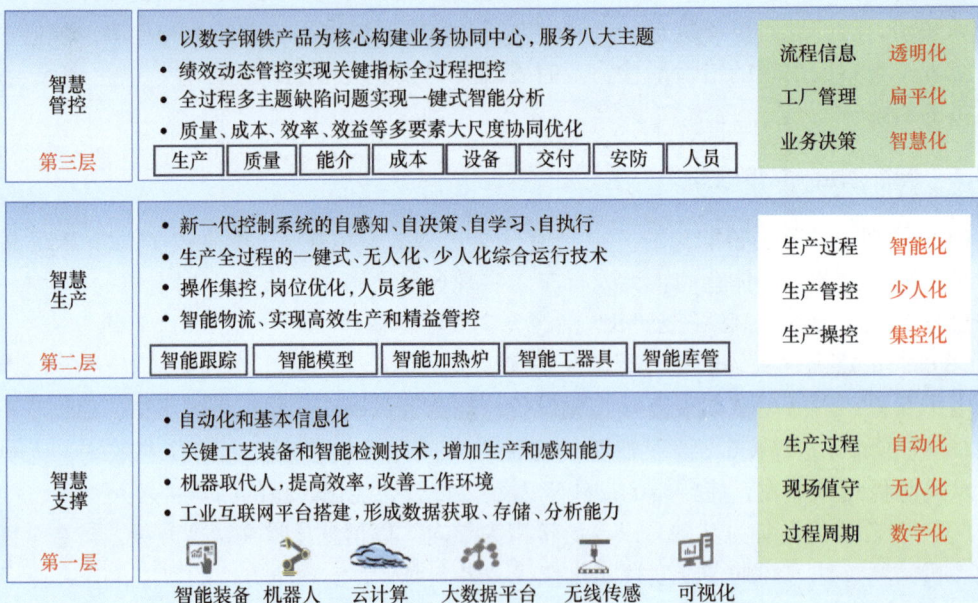

案例介绍

第三层 智慧管控	• 以数字钢铁产品为核心构建业务协同中心，服务八大主题 • 绩效动态管控实现关键指标全过程把控 • 全过程多主题缺陷问题实现一键式智能分析 • 质量、成本、效率、效益等多要素大尺度协同优化	流程信息 透明化 工厂管理 扁平化 业务决策 智慧化
	生产　质量　能介　成本　设备　交付　安防　人员	
第二层 智慧生产	• 新一代控制系统的自感知、自决策、自学习、自执行 • 生产全过程的一键式、无人化、少人化综合运行技术 • 操作集成，岗位优化，人员多能 • 智能物流、实现高效生产和精益管控	生产过程 智能化 生产管控 少人化 生产操控 集控化
	智能跟踪　智能模型　智能加热炉　智能工器具　智能库管	
第一层 智慧支撑	• 自动化和基本信息化 • 关键工艺装备和智能检测技术，增加生产和感知能力 • 机器取代人，提高效率，改善工作环境 • 工业互联网平台搭建，形成数据获取、存储、分析能力	生产过程 自动化 现场值守 无人化 过程周期 数字化
	智能装备　机器人　云计算　大数据平台　无线传感　可视化	

图 45-1　总体建设思路

45.1 解决的问题

（1）传统的无缝钢管生产企业物料跟踪以炉次、批次为主，随着个性化、小批量的需求日益增加，对物料的精准跟踪需求迫切，从坯料开始到成品结束，无缝钢管经过多次锯切，物料谱系跟踪难度大，需要跟踪每根钢管的质量情况和使用情况。目前通用的无缝钢管跟踪设计无法满足智能化生产的发展要求，需要建立以物料为核心的跟踪系统，解决数据孤岛问题。项目在国际上首创采用机器人标识+机器视觉识别+软件跟踪技术，实现无缝钢管物料全流程逐支跟踪，实现每支物料从坯料上线到成品下线的全过程的准确识别和定位跟踪。

（2）截至目前，钢管生产企业库区行车都是人工驾驶模式，库区钢管存储也多使用料架形式"一"字形堆放。钢管吊运效率低，人员使用多，而且未使用信息化手段建立数字库区，库存情况依靠人工管理。本项目采用智能行车，钢管下线、入库、倒库、出库装车全部实现全自动无人操作；钢管存储采用码垛、可变宽度料架等多种方式，通过智能库管系统实现库存管理信息化，实现库区无人化，提高库区周转效率。

（3）解决产品大部分质量问题仅限于"事后监控"，缺乏高效的质量追溯、分析与优化技术以及质量协同控制难等质量管理和追溯难题。项目以工艺为导向，借助数据驱动技术和机器学习算法，通过开发全流程质量管控应用层功能，实现生产全过程的精准质量判定、过程参数监控、质量缺陷分析、过程数据追溯等功能。

（4）解决各个单元信息无法无缝对接，各个系统之间存在信息孤岛，以及数据应用效率低下等突出问题。项目数据治理及集成平台面向无缝钢管连轧生产线整个工艺流程，实现跨工序、多数据源、差异结构、不同粒度的工艺、质量数据的实时数据流处理及数据融合集中存储；对物料生产过程中的时间、位置、事件、状态、图片等数据进行跨时空融合转换并映射到物料空间，构建基于物料的数据立方体。最终构建一个集多源异构数据采集、存储、加工、分析、挖掘的综合性数据平台。

45.2 实施的路径

（1）生产作业——人机协同作业。针对钢管锯切之后端面毛刺清除，组建包含多台相机的多目视觉引导系统以及包含打磨工具、机器人在内的毛刺打磨闭环控制系统，并完成整机成套设备的搭建。

解决人工打磨效果参差不齐、工作效率低、费时费力的问题。解决机器人打磨时钢管姿态难判断、端面位置识别不准确、毛刺定位不精准、无法快速完成毛刺打磨等突出问题。

图 45-2 所示为钢管管端打磨机器人。

（2）质量管控——智能在线检测。针对钢管内表面缺陷检测，组建包含工业相机、镜头在内的图像采集系统。解决了钢管内表面缺陷人工检测标准模糊、检测范围局限于钢管端口、检测结果具象化程度低的问题；解决了钢管内表面缺陷自动化检测时，钢管内部由于光线不足造成的图像采集不清晰、采集设备无法快速伸入钢管内部、传送机构稳定性差的问题。

图45-2 钢管管端打磨机器人

对钢管内表面进行连续图像采集，通过深度学习识别裂纹、折叠、结疤、轧折、离层等缺陷，准确进行缺陷定位，并建立缺陷库及实现缺陷自动分类，在检测不合格的情况下自动报警。

钢管内表面缺陷设备如图45-3所示。

图45-3 钢管内表面缺陷设备

（3）设备管理——智能维护管理。围绕设备对象的管理要素开展质量、成本、效率、全生命周期管理，利用智能化的手段实现设备远程智能运维模式。解决设备管理、故障诊断、过维修、欠维修、指标统计等管理要素收集不及时的突出问题。

集中汇聚各类设备运行数据、管理过程数据，集成应用工业大数据分析、人工智能、工业互联网等技术，建设面向设备全生命周期的设备远程运维平台，优化一系列过程决策机制。

（4）能源管理——能效优化。针对企业节能降耗、低碳发展需求，建立一套智慧能源系统，实现能源的精准核算和能源过程智慧管控，包括重点能耗设备监控、能耗成本统计分析等功能。解决钢管生产在能源计量过程中人工抄数不及时、不准确，信息反馈滞后、能源消耗的科学评估体系缺乏、能耗优化管理手段欠缺等问题。

（5）环保管控——污染源管理与环境监测。识别厂区内无组织排放源、产尘点，并全部纳入监测与管控。通过污染的识别、监控、决策与治理，实现无组织排放的闭环管控。通过减少或杜绝无组织排放的发生，提高污染管理的效率，推动绿色经济发展。该项目在实施过程中的技术诀窍和方法不仅适用于钢厂，还适用于其他涉及污染排放的产业。

环保智能管控平台示意图如图 45-4 所示。

图 45-4　环保智能管控平台示意图

（6）安全管控——安全风险实时监测与识别。传统安全管控手段中，安全巡检人员无法对违章行为全天候实时巡检，违章行为屡禁不止。安全风险分级管控、隐患排查治理信息化和智能化水平低，安全管理水平亟待提升。

本项目建立安全管控平台，基于机器视觉构建未戴安全帽、抽烟、未佩戴煤气报警器、未按要求多人作业、摔倒、误闯禁入区、未穿工装等实时智能识别算法，构建基于 PC 端和 APP 的安全风险分级管控和隐患排查治理双重预防信息平台，实现风险分级智能管控和隐患智能闭环管理。

（7）仓储配送——物料实时跟踪和智能仓储。针对钢管从坯料上线到成品下线全过程的信息逐支跟踪，搭建由基础自动化物料检测信息、在线识别装置、工业机器人以及物料逐支跟踪软件系统构成的 MES 系统和智能仓储系统。采用物料标识及识别、物料逐支跟踪软件系统，实现每支物料从坯料上线到成品下线的全过程的准确识别和定位跟踪。其中，物料标识需要随物料的形态变化而进行调整。标签识别采用相机拍照和在线读码器的方式。物料逐支跟踪软件系统是生产计划准确执行、生产过程精准管控的实现基础，提高与基础自动化系统、过程控制系统的网络通信及数据交互能力，保证生产计划、工艺参数的准确下达和执行，并成为全流程生产管控横向、跨区域的联络线。

建设智能成品仓库，基于物流和信息流控制紧密结合，即在计算机控制软件中设置一套对物流运动进行动态跟踪的信息流系统，实现货物搬运及存取机械化、仓库管理自动化，使产品的储存、管理、周转联成一体，确立合理的储存量，建立了最佳物流组织形式，提高公司物流现代化水平，实现最佳的社会效益和经济效益。智能库管系统根据先进的仓储算法，智能对料位、品种、钢管数量等综合分析，对智能行车进行总体协调和调度，对库位进行智能布位。

智能库——自动装车如图45-5所示。

图45-5 智能库——自动装车

（8）质量管控——质量精准追溯。实现产品质量的事后判定与评价、事中监控与预警、事前预测与管控、质量缺陷分析与追溯、多要素质量协同控制等功能的开发，解决长期以来上下游工序质量窗口模糊、工序部门间纠纷突出、质量缺乏长期稳定性、多维影响因素难以辨别、一些质量疑难杂症长期得不到解决等痛点问题。

以工艺为导向，借助数据驱动技术和机器学习算法，通过开发全流程质量管控应用层功能，实现生产全过程的精准质量判定、过程参数监控、质量缺陷分析、过程数据追溯等功能，推进产品质量过程判定、质量分析与自诊断、工艺模型优化等方面的技术革新，利用信息化手段全方位对企业产品质量存在的问题进行监控、诊断、分析和预控。

45.3 应用的成效

45.3.1 经济效益

本项目通过解决基于工业大数据的无缝钢管智能化工艺控制技术在无缝钢管加工企业应用的一系列科学和关键技术问题，以及基于工业大数据的智能化工艺控制，实现无缝钢管生产工艺和生产管理的优化，在典型无缝钢管加工企业中进行示范应用，提升工艺质量及生产稳定性，本项目经济效益十分显著，具体体现在关键设备数控化率100%，关键设备联网率100%，生产效率提升20%，资金综合利用率提升5%，研发周期缩短10%，运营成本下降10%，产品不良率下降90.94%，优化人员比例40.5%，设备综合利用率提升5%，库存周转率提升9.62%，订单准时交付率提升20%，订单完成周期缩短率20%，服务响应时间缩短15%。

（1）物料逐支跟踪系统实现产品质量追溯，产品不良品率降低5%，提高数据完整性≥98%，减少数据录入时间≥90%，减少生产数据统计工作≥95%。

（2）智能仓储系统优化资源利用，降低人力成本，减少工作量和工作时间，提高仓储控制，确保精细管理和先进先出，确保仓储数据的准确性和时效性，提高客户服务水平，增加营业收入。提高库管系统运行稳定性，库设计工作人员由26人减少至6人。系统建设方案可向无缝钢管、焊管以及其他平面库房进行推广应用。

（3）质量管控-质量精准追溯实现自动判定，判定准确率大于99.8%，促进形成产品质量事中控制和质量一贯制，内部和外部质量缺陷总降级率下降60%，通过过程监控、质量分析、工艺优化等模块，工艺人员的劳动效率提升30%以上。

（4）数据采集及集成平台实现100%开放度，平台稳定性达到99.8%。在该场景进行智能化改造后，相关工作人员工作效率提升30%以上，经济效益明显，该平台的稳定性高，可扩展性强，可满足不同的应用场景开发，具有很高的推广价值。

45.3.2 社会效益

（1）新技术的应用与自主创新。本项目的建设涉及多项新技术的应用与自主创新，如协同制造技术、新兴传感技术、工业机器人技术、先进控制与优化技术、机器视觉技术、分布式云计算技术、无线传感器网络技术、物联网技术等智能制造的关键共性技术的应用与自主创新。通过本项目的实施将提升我国在这些新技术上的应用与自主创新能力和自主集成能力，打破国外企业在这些领域的垄断，扶植和培育我国自己的智能制造装备产业，加快形成我国智能制造技术的核心竞争力。

（2）促进企业数字化转型升级。本项目建设的智能仓储物流、全流程质量在线管控、智慧能源管理、设备运行监控与管理、基于数字孪生的数字化工厂等智能制造新模式，对特殊钢行业实现数字化转型升级，具有积极的借鉴意义。

45.4 项目创新点

（1）建立多融合数字孪生工厂，实现物理实体与数字虚体的实时交互与操控，以"数字钢管"为核心，建设无缝钢管智能化工厂。

（2）智能物料跟踪，国际首创采用机器人标识+视觉识别+软件跟踪技术，实现了从坯料到成品的全流程逐支跟踪。

（3）建立生产过程质量管控系统，对钢管生产全流程实施质量监控和预警。

（4）实现钢管内外表面缺陷智能检测、钢管管端智能打磨，极大程度地提高产品质检的稳定性，实现生产线的少人化、无人化。行业首创以激光扫描+机器视觉技术取代人工目视检查，实现钢管内表面缺陷和平直度检测。

（5）建设无缝钢管生产线工业互联网平台，实现全生命周期的数据采集和处理。

通过智能制造技术应用，推动实现：运营成本降低4.2%；减少数据录入时间≥90%；吨钢燃气消耗平均下降3%；提高数据完整性≥98%；定员比同类钢厂减少40%；一次合格率提高1%；氧化烧损降低0.1%~0.2%；成品库混钢为0。

46 面向个性化定制的钢铁智能制造示范工厂

南京钢铁股份有限公司
智能制造试点示范项目
工业互联网

简 介

南钢 JIT+C2M 智能工厂按照工业 4.0 示范线标准设计，形成一套架构完善、自动化和信息化有机融合的工厂智能制造体系。工厂布局坚持"物流路径最短，设备动作最少，工序配合最好"的高效率低成本原则，保证工厂整体布局紧凑、整齐、美观、合理，设备安全、环保、可靠，实现少人化、绿色化，提升生产效率，节约投资成本。智能工厂的系统架构主要分为基础设施、智能装备、智能控制、智能车间、智能运营五个层级。MES 系统在智能工厂建设中起到枢纽作用，将每个层级进行贯通。通过制造设备、加工单元及生产管理系统间的协同和工艺流程的优化，将单个智能单元集成为数字化柔性生产线。

C2M 智能工厂信息化功能说明如图 46-1 所示。

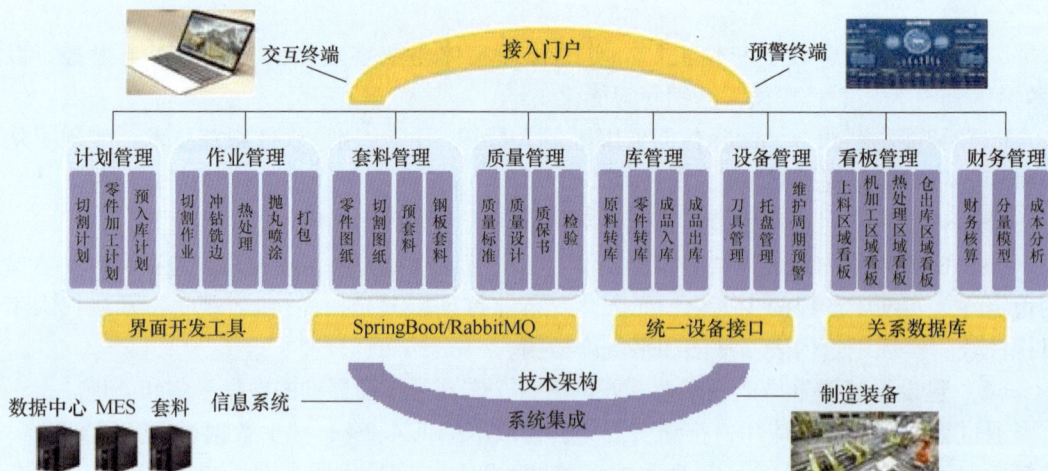

图 46-1 C2M 智能工厂信息化功能说明

46.1 解决的问题

中厚板钢板是钢铁工业的重要产品之一，主要用于航空航天、桥梁建造、汽车制造以及国防装备等领域。在生产制造过程中，由于原材料、轧制设备和加工工艺等多方面的原因，导致连铸板坯、热轧钢板和冷轧钢板表面出现麻坑、麻点、划伤、夹杂、压痕等不同类型的缺陷，这些缺陷不仅严重影响产品的外观，更严重降低了产品的抗腐蚀性、耐磨性和疲劳强度。在轧制过程中，中厚板需要采用热轧工艺，轧制温度更高，环境也更加恶劣，国内外尚无热轧钢板表面在线无损检测的成功案例，其主要原因是以下难题。

（1）热轧环境下钢板表面容易产生雾化效果，并且光线传播容易变形，利用摄像头进行采集的时候容易发生光线偏移，造成图像变形或者影响图像的整体质量，增加图像中的噪声。

（2）受环境、光照、生产工艺和噪声等多重因素影响，检测系统的信噪比一般较低，微弱信号难以检出或不能与噪声有效区分。如何构建稳定、可靠、精准的检测系统，以适应光照变化、噪声以及其他外界不良环境的干扰，是要解决的问题之一。

（3）由于检测对象多样，表面缺陷种类繁多、形态多样、复杂背景，对于众多缺陷类型产生的机理以及其外在表现形式之间的关系尚不明确，致使对缺陷的描述不充分，缺陷的特征提取有效性不高，缺陷目标分割困难；同时，很难找到"标准"图像作为参照，这给缺陷的检测和分类带来困难，造成识别率尚有待提高。

（4）机器视觉表面缺陷检测，特别是在线检测，其特点是数据量庞大、冗余信息多、特征空间维度高，同时考虑到真正的机器视觉面对的对象和问题的多样性，从海量数据中提取有限缺陷信息的算法能力不足，实时性不高。

（5）从机器视觉表面检测的准确性方面来看，尽管一系列优秀的算法不断出现，但在实际应用中准确率仍然与满足实际应用的需求尚有一定差距，如何解决准确识别与模糊特征之间、实时性与准确性之间的矛盾仍然是目前的难点。

46.2 实施的路径

46.2.1 坚持智能设计，集成柔性化产线

（1）发展智能制造，做好顶层设计。智能工厂按照工业4.0示范线标准设计，系统架构主要分为基础设施、智能装备、智能控制、智能车间、智能运营五个层级，深度融合南钢打造企业智慧生命体的战略思想，坚持"一切业务数字化，一切数字业务化"的战略发展路径，做到设计数字化、生产自动化、服务智能化、管理信息化。工厂布局坚持"物流路径最短，设备动作最少，工序配合最好"的高效率低成本原则，工厂整体布局紧凑、整齐、美观、合理，设备安全、环保、可靠，实现少人化、绿色化，提升生产效率，节约投资成本，充分展示了南钢技术实力和企业形象。

（2）链接智能装备，集成柔性产线。工厂以5G+工业互联网为基础，自主实现对数控机床、六轴机器人、桁架机器人以及AGV小车等高端制造装备的端到端集成，通过5G+

工业机器人协同作业，实现上下料分拣、视觉物料识别、热处理设备、抛丸、喷涂、自动打包、自动化立体库等工序智能协同，各工序物料自动串接，对产线全流程数据实时采集，信息互联互通，整个作业流程实现无人化。

南钢和中国移动（600941）携手打造基于 5G 云+专网，在行业内率先利用 5G 技术，构建 5G 虚拟专网，建设 AGV 小车、智能手环、高清视频监控、数据采集、三维检测等多个 5G 应用场景。

46.2.2 开发信息管理平台，实现全流程智慧管理

（1）开发 MES 系统，进行生产质量高效管理。MES 管理系统以深加工产品为中心，对深加工产品进行全流程智慧管理，将南钢在延伸加工领域的营销、生产管理和后期服务等业务有机整合，形成延伸加工信息化体系，提高企业市场竞争力。系统集成刀具管理、财务管理、图纸管理、套料管理、生产作业管理、信息集成、仓储物流等功能，根据订单进行自动预套料、自动选料、自动排产等，可实现生产过程信息化全面闭环管理。

通过 MES 系统进行质量管控，在生产过程中实现对每个订单、每个零件、每个托盘单位产品的工艺和质量的标准指导和管控，减少废次品产生，提高合格率。

（2）开发设备管理系统，保障设备稳定顺行。设备管理系统依托南钢 ERP 平台，建立既符合南钢现有设备管理制度要求又满足智能工厂需求的设备管理系统。通过汇总健全的设备基础资料，结合检修、点检、故障等设备相关流程，实现设备的生命周期管理，以保证设备的长期稳定运行。设备的资料、检修、点检、故障等业务流程实行线上化管理。工作任务通过信息化手段自动生成，在线提醒。对点检、状态监测发现的设备异常在线判断，及时处理并进行追踪。设备履历档案自动形成，数据报表在线统计。

46.2.3 运用数字化建模，进行个性化定制

（1）产品在线建立数字模型。系统对每个工件进行数字建模，每个工件的生产时间和生产成本都被标准化，模型中包含工件尺寸、铣边长度、加工孔径和数量、加工时间、能耗、成本等数据。对用户的特殊工件，可以在用户现场 3D 扫描，通过云端传回工厂建模，用户可以在手机客户端在线定制产品。

（2）产品数字化生产。智能工厂的订单、生产计划与板材主产线通过 MES 和 ERP 系统直接串联起来，实现全流程的 JIT 生产。客户通过 APP 或 CRM 系统在线下单后，会形成订单数据包传递给工厂 MES 系统，系统套料后会生成订单执行计划数据反馈给用户，同时将订单计划形成钢板生产计划数据、工件加工计划数据和仓储物流数据，同时分别传递给板材主线、智能工厂和智能仓库，在订单完成生产后会形成实际执行数据，MES 系统会将计划和实绩进行比对，分析差异原因，优化数据模型，提高系统执行效率和准确率。

（3）产品质量在线检验。包括原料智能尺寸检测、成品工件硬度检测、成品工件平直度检验等检验系统。可实现用户在线参与的验收，提供可信赖、可溯源的产品质量数据。例如原料智能尺寸检测系统和生产过程是系统联动的：自动检测产品的尺寸数据是否满足加工要求，超出范围的系统判定不合格，不能进入下道工序。判定合格，但是尺寸有偏差，偏差的数值会传递给机床，在进行机床工件定位时进行补偿，确保加工尺寸满足要求。

46.2.4 开发电商平台,进行一站式客户服务

(1)开发电子商务平台,提供综合服务方案。为更好地服务用户,南钢开发了基于深加工产品电商服务平台,汇聚更多配套服务商,为用户提供完整的配套产品解决方案,业务上支持多商家、多渠道方、多用户类型,通过自营、招商等运营模式推动零售业务的开展,助力行业更好的发展。

(2)应用产品二维码,开发智能化客服功能。应用产品二维码,和终端用户建立数据直连通道,采集用户使用数据,建立用户数据库,指导用户在不同工作场景下选择最适合的产品和最佳使用方案。质量问题可快速溯源和反馈;同时方便用户连接,为用户带来全新、快捷、可信赖、可感知的服务体验。

46.2.5 建立数字阿米巴,产品效益精打细算

(1)深耕阿米巴信息化,挖掘制造成本潜力。南钢深耕数字阿米巴,持续改善经营,开发专用信息化系统,在企业中倡导"人人都是 CEO"的理念,以最小的成本、最少的费用、最短的时间获得最大的利润,提高竞争能力。智能工厂是数字阿米巴中的一个典型,内部将 11 个成本中心对应成立阿米巴组织,信息系统进行全流程的数据采集,分析设备能耗、刀具使用、耗材、加工时间、产量等数据,每批订单入库,系统自动分析库存周期、交付准时率等数据,依据这些数据,每个成本中心和阿米巴每天进行 PDCA 循环,不断提升运营效率。

(2)以阿米巴为基础,支持经营决策效率。在阿米巴组织基础上,搭建延伸加工经营看板,原则上不限于 MES 系统数据报表,系统将支持 SAP、MES、WMS 等多系统数据源集成报表,形成报表平台。报表平台整合覆盖多系统、多部门,类 EXCEL 操作风格,支持 EXCEL 模板导入,报表进行图形化、配置化操作,支持 KPI 管理指标的设置。经营看板应具备报表、图表、组态画面、手机画面等多种样式的展现方式,实现车间出产实物量、产值、在制实物量、在制资金、工程成本、质量过程分析、员工绩效等管理数据的归集,满足企业对数据的多层次展现、分析要求。数字阿米巴系统在企业经营管理行为上发挥了及时、动态、可控等重要性作用。

46.2.6 依靠 5G 精准定位,安全环保智能管控

(1)开发智能手环,安全智能管控。利用 5G 技术将人、设备等进行精准定位,设置安全电子围栏,对移动危险源和固定危险源进行电子标识。员工进入危险区域或接近危险源,手环震动报警,系统自动提示。智能手环与智能安全帽联动,智能安全帽采用纳米级 ABS 工程材料,通过物联网、实时音视频等技术,实现安全帽的智能化,可实现实时语音对讲、现场视频实时传输、GPS/北斗实时定位、气体检测、照明及一键报警等功能,以改善工人劳动条件,提高工作效率及作业智能化水平。

(2)采用绿色工艺,环保智能管控。加工设备采用环保型切削液,减少异味产生,切削液经过循环处理装置过滤、杀菌后循环利用。喷涂工序采用先进的静电粉末涂装工艺,有机废气采用先进技术处理,处理效率达 99%,实现 VOC 超低排放。机加工过程产生的废屑,在线完成集中收集和压块,废钢块可直接回炉炼钢。对环保要求的监测数据进行在线管理,对异常超标数据进行预警。

46.3　应用的成效

（1）企业效益。JIT+C2M 智能工厂是南钢坚持为用户创造价值的创新成果，是南钢未来服务生态的一个实验性"梦工厂"，对内实现了加工的精益化、柔性化和智能化，并依托工业互联网，连接上下游，跨行业延伸产业链，形成效率最高、成本最优的产业协同模式；对外实现了交付的敏捷化、准时化和配送化，帮助用户进一步降本增效，使南钢同下游用户共同分享价值链增益。传统工厂的订货周期非常长，通常经过"钢厂订货→贸易商→加工厂→贸易商→主机厂→用户"的长流程供应链过程，订货周期 45～60 天，而智能工厂产品由制造端直接触达终端用户，去中间化，提升供应链效率，订货周期仅需 15 天。传统工厂人均生产效率 10～15t/月，智能工厂设计月产能 3000t，人均生产效率 100t/月，效率提升 5～10 倍。

（2）社会效益。通过 JIT+C2M 智能工厂建设，南钢建立新的产品、技术、质量、管理标准，提升产品竞争力，打造产品品牌，可以输出各项标准，提高行业整体的产品质量，共同提高供给侧的制造能力，为生态圈上的需求端提供服务，增强内循环动力。为智能装备、新型网络技术、数据采集终端以及信息化智能化解决方案等新产品、新技术提供丰富的应用场景，充分发挥头部企业的辐射示范效应，加快聚集上下游配套企业，打造产业集群，推动工业生产制造服务体系的智能化提升、产业链延伸和价值链拓展，带动生产智能化、产品高端化，推动新技术新产品的迭代升级，带动相关领域的产业发展。

46.4　项目创新点

（1）自主实现对数控机床、六轴机器人、桁架机器人以及 AGV 小车等高端制造装备的端到端集成，通过 5G+工业机器人协同作业，实现上下料分拣、视觉物料识别、热处理设备、抛丸、喷涂、自动打包、自动化立体库等工序智能协同，实现离散制造模式向流程制造模式转变。

（2）通过深加工产品打穿 C 端到 M 端的通路，采用智能化组板、生产流程优化、大数据质量预判、移动仓储管理和用户交互等措施，实现全要素、全产业链、全价值链的互联互通，打造全新的产业形态。

（3）建立全流程的智慧生产、智慧运营一体化管控体系。培育流程型智能制造、网络协同制造、大规模个性化定制等多种制造新模式的试点示范项目，提升企业品种高效研发、稳定产品质量、柔性化生产组织、成本综合控制等能力。

（4）基于三维数字孪生的技术，构建钢铁企业从原料到成品的全工序数字孪生体，整合南钢各条生产线的生产相关数据，通过"云边端链"的协同网络实现成本、算力、时延等方面最优权衡，最大限度利用数据能力。

47　钢铁制造数智可视化平台

西安天智数字信息科技有限公司
全流程

简　介

天智工业互联网可视化数智平台是对传统钢铁企业 IT 系统的全面升级。结合云计算、大数据、人工智能、5G、互联网等底层技术，相对传统模式在技术架构和数据价值上均有大幅提升。与钢铁传统 IT 五层架构解决方案相比，天智工业互联网可视化数智平台解决方案实现了流程驱动的业务系统转变为数据驱动的平台应用新范式，为钢铁企业提供基于海量数据采集、汇聚、分析的新技术、新方法、新服务和新价值。

天智工业互联网可视化数智平台总体架构如图 47-1 所示。

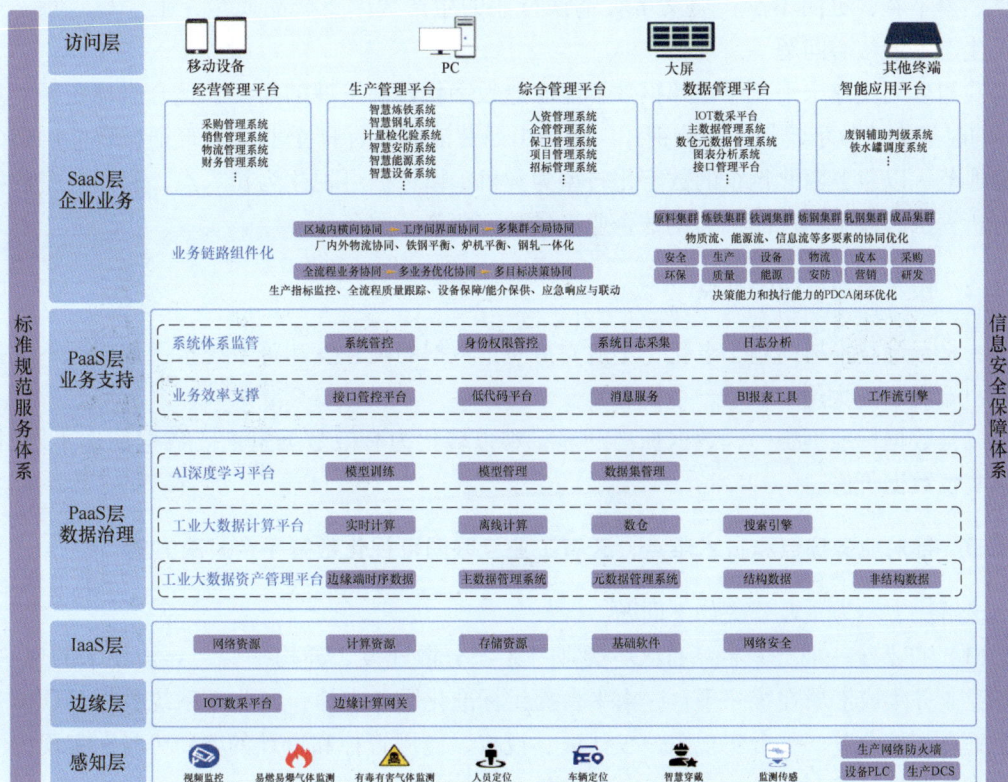

案例介绍

图 47-1　天智工业互联网可视化数智平台总体架构

47.1 解决的问题

47.1.1 业务视角下钢铁企业现状与痛点

作为典型的传统流程工业，工业互联网平台的介入赋予了钢铁行业"由重转轻"的新机遇。与金融、交通、零售、电子制造、汽车制造、家电制造等数字化转型较快的行业比较，钢铁行业的数字化、智能化程度还有待进一步提升。2020年，中国钢铁行业的企业数字化率为30%。钢铁行业的数字化转型从业务层面面临三个方面的痛点和难点。

一是行业生存环境压力大。产能严重过剩，对矿石依赖性大。建在大城市里的钢铁企业面临较大的环保压力，碳达峰、碳中和的远期压力，以及经济增速放缓后钢铁供大于求。

二是管理难度大。钢铁企业规模大、地域广、供应链长、生态伙伴多，是一个资金密集型、设备密集、劳动力密集型的产业，管理层次多、效率低，行业对劳动力的吸引力逐年减弱。

三是现场生产痛点多。钢铁行业流程强、工序多、工业机理复杂度高，制造过程不确定性高，工作环境恶劣，有很多安全风险点。钢铁生产制造全流程都是"黑箱"，包括高炉里的铁水、转炉里的钢水、连铸坯与轧件内部复杂的组织等，具有严重的不确定性，看不见、摸不着，更测不了，但又事关钢铁行业的生产效率、产品质量、工序稳定性、成本、生态等最核心问题。

我司计划支撑未来5年建邦钢铁智能制造数字化转型发展的需要，整合全球资源，用2年的时间打造数字建邦、智能钢厂，成为山西智能制造标杆企业，建筑钢材智能制造的国家典范。以服务西北钢企的数字化转型为契机，以数据可视化为切入点，利用自主的数据分析算法、模型和产品，为钢铁企业提供数字化产品服务。

47.1.2 技术架构方面的难点

一是系统技术架构趋于老化，不能支持海量数据的高并发和跨系统扩展集成，不支持多客户端展示（大屏、PAD、手机等）。

二是数据标准不统一，数据孤岛凸显，难以转化为有效数据资产。数据传递不及时，无法实现数据价值。

47.1.3 针对业务痛点和技术难点，天智工业互联网可视化数智平台解决方案

该解决方案为企业解决如下问题。

（1）打造统一业务平台。打破各类业务系统分散建设、异构平台、异构技术的现状，将各类业务集成汇聚在统一平台，由平台提供标准化服务支撑，各业务系统各司其职，专注于垂直领域业务。平台实现账户、认证、授权、应用管控和审计的5A功能，实现统一身份管理和访问控制。

（2）提升集团性企业的协同办公、协同跨部门管理。打通各业务系统间的功能连接，

通过可配置的业务流程引擎，自定义各类跨系统业务流程。结合实际工作场景，多系统间协同处理复杂业务，满足多部门协同办公需求。

（3）消除数据孤岛，强化数据分析能力。打通各级部门、各业务系统间的数据连接，将平台的基础数据和业务数据统一管理，实现数据全平台通用和共享，通过标准化的数据清洗和集成以及兼容映射，根据业务驱动需要，通过大数据分析技术，深挖数据背后的价值，为决策提供数据支撑。

（4）填平补齐无缝集成。利用全新技术架构，整合企业已有信息化资产，有针对性地扩展新技术架构的系统建设，形成开放的、不断生长的具有自主开发性的工业互联网综合协同平台。

（5）纵横扩展互联互通。平台作为数字化转型底座，为业务系统提供数据治理方案、可视化数据同步、数据分析、分析结果应用，配合动态图表实现数据动态展示；并提供接口 API 生产技术。已有及新建业务系统接入平台之后，可实现跨系统数据汇总、分析、应用（产生图表或提供 API 接口）。

47.2　实施的路径

如图 47-2 所示天智工业互联网可视化数智平台系统在数据中台、AI 中台、基础平台的基础上构建了完备的工业互联网体系，实现了流程驱动的业务系统转变为数据驱动的平台应用新范式，为钢铁企业提供基于海量数据采集、汇聚、分析的新技术、新方法、新服务和新价值。主要包含以下八个板块。

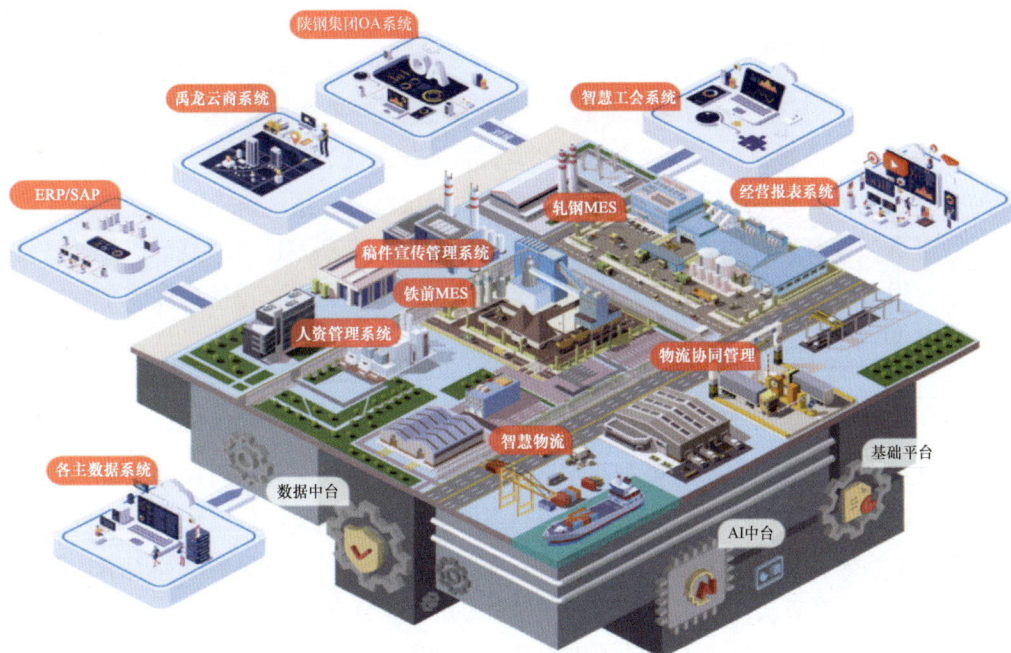

图 47-2　天智工业互联网可视化数智平台系统构建示意图

47.2.1　全域数据治理

平台 PaaS 层数据治理分为工业大数据资产管理平台、工业大数据计算平台、AI 深度学习平台。

（1）工业大数据资产管理平台涉及边缘端数据管理、企业主数据管理系统、数仓元数据管理、业务系统结构和非结构数据统一管理。平台解决方案将数据分为企业主数据、跨系统业务数据、业务数据、边缘端数据，结合专业维度的大数据治理办法逐步有效赋能。

1）主数据管理系统负责企业主数据管理，多个业务口数据采集、多维度管理、多途径数据分发保障业务系统数据消费高效性和准确性。

2）数仓元数据管理系统负责跨系统业务数据管理，业务数据不允许系统间点对点抛送，由数仓支撑上下游数据消费。

3）非跨系统业务数据由业务系统自行处理，保证数据准确性及安全性，为跨系统数据消费做好准备。

4）边缘端数据按照用途分为实时数据和历史数据，实时数据直接通过实时计算或 Web 展示；历史数据采用高压缩比数据库存储。

（2）工业大数据计算平台涉及实时计算、离线计算、数仓、搜索引擎等数据处理及数据管理工具系统。

（3）AI 深度学习平台涉及模型管理、模型训练、数据集管理等算法训练及数据模型创建管理工具系统。平台解决方案：工艺专家+数据分析工程师，挖掘企业数据价值辅助决策智能制造。

47.2.2　系统体系化建设

平台 PaaS 层业务支撑分为系统体系监管和业务效率支撑。

（1）系统体系监管核心是消除系统壁垒，促进系统间融合互通。平台解决方案将系统体系监管分为三个层面：系统业务层融合、系统数据层融合、系统组件融合。

（2）业务效率支撑模块核心是支撑企业运维团队及企业研发团队，高效研发，高效运维。使企业用最小的运维及研发成本实现系统新建和旧系统运维，包括低代码平台、工作流引擎、BI 报表工具、接口管控平台。

47.2.3　应用视觉 AI，辅助人工智能判级

废钢质量检验在钢铁冶炼企业中占有重要地位，现有定级主要靠质检员肉眼识别，难以标准化。废钢定级作业环境较为恶劣，劳动强度大，作业风险高。天智自主研发的废钢人工智能辅助判级系统，基于神经网络算法、深度学习算法、自动识别以及废钢远程监控技术，综合利用多个算法，实现对废钢的实时自动评级。系统实现了快速、稳定、精确的判定，解决了人工废钢质检员人为的识别不准、客观性无法保证等问题；同时也大大降低了员工的劳动强度，促进了废钢检验工作的安全、精准、高效运行。

47.2.4 可视化钢铁炼铁 MES 工厂制造运营执行系统

可视化钢铁炼铁 MES 工厂制造运营执行系统界面示意图如图 47-3 所示。

图 47-3 可视化钢铁炼铁 MES 工厂制造运营执行系统界面示意图

系统通过强调制造过程的整体优化来帮助企业实现完整的闭环生产，协助企业建立一体化和实时化的业务和数据体系。通过基础定义，用户在组织生产时只需要确定产品，系统自动确定相关的物料信息和生产路线。通过现场的数据收集，建立起物料、设备、人员、工具、半成品、成品之间的关联关系，保证信息的继承性与可追溯性。

47.2.5 成本核算自动生成，及时准确

成本核算与分析系统通过建立行政组织与成本中心管理关系，将各项消耗细化为成本科目，由成本中心归集、计算并提供正确而完整的信息给管理层，以协助管理者对其经营活动进行有效控制，获得最佳的绩效；成本系统与各业务系统相互衔接，自动归集能源消耗、各种物料消耗、自制半成品、中间产品、产成品、直接费用、辅助费用、人工工资等数据，取代人工统计数据；支持最小粒度的成本科目划分，并可以通过自定义配置，完成各成本中心的成本核算的适配。

47.2.6 打通采购全流程，实现降本增效

大宗采购管理系统打通内外协同办公，实现采购合同执行、执行付款申请、结算全过程协同，内部采购、法务、仓库、财务等全角色协作；将供应商准入、需求计划录入、采购计划分解、合同签订、采购协同等全流程线上化，打通全程数字化；加上移动端助力，便于用户在移动端进行合同签订、订单签订、付款申请的执行操作，预警信息推送、采购数据分析，保证了用户对采购相关信息的及时获取；一套组织、一个窗口、一个平台实现所有采购业务，流程引擎、消息推送、丰富组件、低代码构建，提供"一站式"业务办理，支撑组织数字化运营。

47.2.7　实现销售业务行为的全链路管理

　　钢材销售管理系统，深度融合钢材销售的混合型营销（直销+渠道代理），打通销售上下游各个环节，实现钢材产成品从市场计划、销售合同/订单、结算，到物流、仓储、配送全流程的业务线上化。通过对市场价格趋势的分析和判断，灵活制定销售价格，并与客户打通订单跟踪、配送服务、结算服务环节。连接客户管理、价格管理、协议管理、合同管理、订单管理、提单管理、结算管理等环节，构建价格模型，与内外部系统灵活集成，实现销售业务行为的全链路管理，帮助企业完成业财一体化闭环管理，促进企业实现数智销售。

47.2.8　数字智能仓储管理

　　数字智能仓储管理系统界面示意图如图47-4所示。

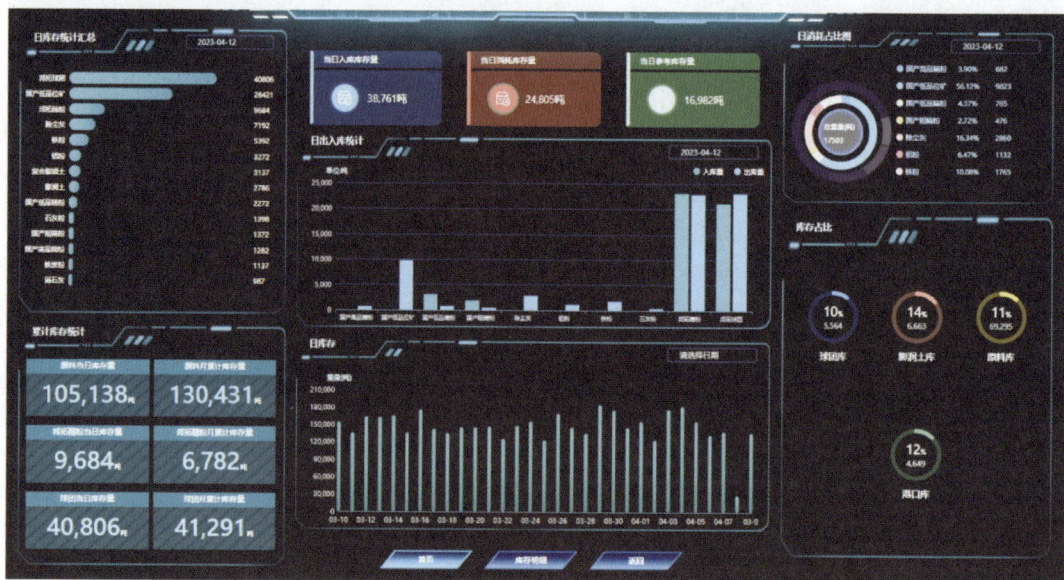

图47-4　数字智能仓储管理系统界面示意图

　　数字仓储管理系统搭建了仓储管理与存货管理的统一平台，通过便捷、直观的方式予以多维展现，及时、准确、全面反映企业实时存货量，达到"可视、可控、可调"的成本精细化核算效果，降低存货风险，助推企业实现数字化仓储，提高企业仓储周转率。

47.3　应用的成效

47.3.1　直接效益分析

　　直接效益分析见表47-1。

表 47-1 直接效益分析

领域	系统	岗位优化	生产提效
采购	采购管理系统	原料采购各品种业务经理岗位1~2人 采购结算员2人 门禁计量人员9人	提高原料采购业务经理日常30%的工作效率 提高业务人员30%的工作效率 提高物流车辆20%进出厂效率
销售	销售管理系统	销售计划员1人 销售结算员2人	提高计划员50%的工作效率
仓储	仓储管理系统	仓储调度员2人 计划员1人	提高各业务单位库存信息方面20%的工作效率 提高库存盘点/库存数据汇总50%的工作效率 提高成本核算员20%工作效率

47.3.2 间接效益分析

间接效益分析见表47-2。

表 47-2 间接效益分析

领域	系统	间接经济效益
采购	采购管理系统	（1）规范业务执行流程，实现原料采购统一平台操作，一次录入，数据共享，实现数据不落地闭环业务管理； （2）实现采购实时监管业务台账，实现业务精细化在线管理； （3）系统集成协同，实现原料业财一体化管理
销售	销售管理系统	（1）统一客户管理平台、统一资金账，建立标准销售系统对外接口，主动适配客户电子化采购需求，增加客户黏性； （2）上下游业务协同数据共享，实现多维度可视化数据对比分析，为销售决策提供有力数据支撑； （3）通过与其他系统的集成协同，实现销售业财一体化管理
仓储	仓储管理系统	（1）统一物料编码，避免各业务系统进行数据交互时因数据口径不统一导致的业务阻塞； （2）统一仓储管理平台，集成协同上下游业务系统，多维展现原料、成品、半成品库存及资金占用情况，数据来源统一，各业务无需再跨系统核对库存数据； （3）实现库存分析预警，提高库存周转效率，达到"可视、可控、可调"，协助成本改善和采购计划提供支持，防范存货风险，提高企业精细化管理能力
集成	原有系统优化	提高各部门及部门间协同工作效率，降低沟通成本，保证系统持续稳定运行，规避管理风险，让业务执行更快捷、高效、准确

47.4 项目创新点

天智钢铁数智可视化平台呈现三大优势：（1）功能丰富度强，支持多维度数据分析；（2）数据示图交互联动；（3）多屏联动展示分享。

天智钢铁数智可视化平台具备自主可控、强工业属性的灵活可配置中台，全面基于微服务架构支持应用需求；功能分层解耦，化解复杂度，降低技术门槛，敏捷开发；一个平台，连接所有的数据，横跨所有的工序，支撑所有的应用领域。

第五章

智能协同 ZHINENG XIETONG

48　基于工业互联网的物料全流程实时跟踪

天津荣程联合钢铁集团有限公司
智能供应链
智能制造试点示范项目

简　介

　　本案例打通内外部物流，使大宗原燃料采购物流（外）、内部生产物流（内）和钢铁产品销售物流（外）进行制造业与物流业深度融合。通过在物流作业节点辅以智能感知设备采集数据信息，构建原材料从订单到运输、入库、使用，产成品从下线到出入库、提货出厂及结算全流程"质"与"量"的数字化，打造智慧物流数据中心和业务流管控中心，实现物流的数字化运营，实现物流的智能化协同，实现物流的智能化协同，从而提高物流效率，加快资金周转，更好地服务生产与客户，做到降本增效，进一步提升供应链整体利润空间。

　　项目厂内外物流相关系统关系总体架构如图 48-1 所示。

案例介绍

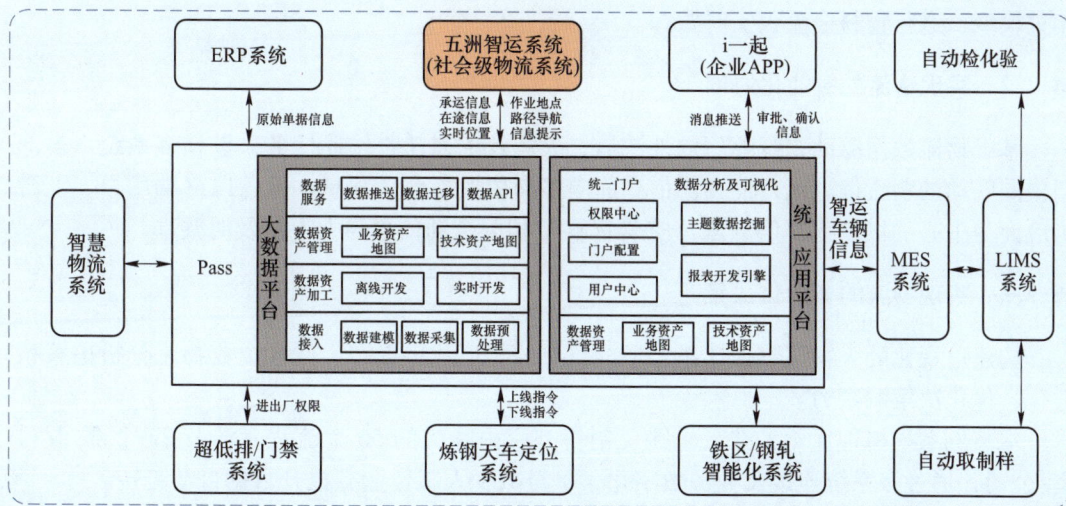

图 48-1　项目厂内外物流相关系统关系总体架构

48.1　解决的问题

虽然钢铁行业内部信息化建设发展比较成熟，但内外部、内部物流没有全线打通，存在钢铁行业物流管理信息化程度低、现代化管理水平不高、物流标准化建设滞后、信息分散等问题。

（1）传统钢铁行业物流管理缺乏整体规划，供应链流程存在较多断点，内外部物流系统建设不完整，铁区物料流信息难以准确跟踪，企业无法对物流全流程的"质"与"量"进行实时追踪。

（2）钢铁行业原材料从订单到运单、运输（内外部）、仓储（港口及企业内部）数据没有贯通，导致大宗原材料占有企业较多资金，资金使用效率有待提升。

（3）社会运力的物流成本高、物流效率低、能耗高等问题不断涌现，将企业采购销售两端的运输需求整合并与社会运力协同优化是企业系统进行生态链升级的关键。

48.2　实施的路径

全面梳理"原料从订单至产成品交付、结算"全流程并开展数字化设计，在关键物流节点增加智能感知设备。通过大数据平台，实现内外部多系统之间的数据流通与共享，从而构建大物流全流程"质"与"量"的数字化及智能应用。

48.2.1　实现物流的数字化运营

建立全厂级智慧物流管理系统，协同联动 MES、ERP、铁区/钢轧一体化智能应用系统、企业 APP（i一起）、炼钢天车定位系统、超低排/门禁系统与外部系统五洲智运，加装物流关键作业点智能感知设备，整合供、产、销物流各环节特性要素及实际数据，构建相关模型，进行物料全流程实时跟踪。

48.2.2　实现物流的智能化协同

基于物流数据驱动，统筹厂内外汽运、火运及工艺铁路作业任务，设计多系统、多部门协同联动的物流信息流，使物流信息面向多岗位按需推送共享；设计以终端用户、上游供应商为中心的供销物料信息流，使"物料"相关流动信息与上下游及时共享。

48.2.3　实现物流的智能化决策

构建可视化的大物流数据体系，形成自有的物流数字资产，促进企业物流分析决策精益化，优化决策洞察力。

本案例系统梳理优化了涉及采购、销售、厂内物流的 56 个流程，涉及 23 个部门/科室/公司，通过多系统连接及业务数字化，尽量减少人工作业，提升数据自动流转。

本案例共集成 8 个系统（含 1 个外部社会级物流平台）：智慧物流系统、ERP、MES、i一起、铁区/钢轧一体化智能应用系统、超低排/门禁系统、炼钢天车定位系统、五洲智运系统，形成集外部车辆从厂外装车发货到厂内卸货作业、工艺铁水运输、产成品下线至出入库、出厂至结算于一体的物流作业信息化管理平台。

升级全厂取制样系统、检化验装置，升级样品管理系统、实验室管理系统（LIMS），实现原材料进厂自动取制样、检化验，数据与采购系统、生产系统、物流系统互联互通。

（1）物料流"量"的数据集成：ERP 系统。ERP 系统在统一数据平台集成、主数据管理、物料管理、订单管理四个方面进行升级迭代。升级涉及多张业务单据内容增加，用于业务精准传递及信息反馈；并在业务单据中增加新功能"随机码"，随机生成 11 位字符用于对外信息对接，外部车辆接到运输任务自动匹配厂内对应单据，厂内信息既不向外部社会级物流系统暴露，又能实现订单到运单的跨系统自动生成，从而减少人为操作失误。在本次升级过程中，ERP 基础信息传递到平台，多项基础数据与数据中台即时同步，达到信息共享。

（2）物料流"量"的数据集成：MES 系统。MES 系统对物料进出厂及远程计量业务进行升级迭代，涉及汽车运单由人工预报升级为系统自动接收，司机使用自助终端机或手机 APP 进行车辆进厂自助取号排队，取消人工验配发卡岗位，车辆检斤业务新增车号自动识别功能，采用 LED 屏的方式自动提醒司机进行下一步的业务事项，质检组批业务由人工组批升级为系统根据一定规则自动组批，并与自动取制样、检化验系统打通，增强了系统逻辑的严谨性，提高司机操作的便捷性，并减少人为干预的因素。

与铁区/钢轧一体化智能应用系统深度集成，通过大数据和人工智能技术动态匹配，形成原燃料全生产环节的信息匹配与跟踪，尤其是构建高炉内的物质流跟踪模型，将物料全流程数字化。

（3）物料流"量"的数据集成：五洲智运（外部系统）。五洲智运系统（外部、社会级物流平台）围绕荣程厂区进出厂物流业务开发园区物流模块，使厂区内部物流与厂外物流信息无缝连接，实现从企业发布订单到社会运输力量抢单，再到车辆进厂排队，导航、发货、交货等业务功能和流程一体化。

本案例对物料全流程流动进行梳理及优化过程中，将货物进出涉及的门禁系统、超低排管控系统一并考虑，对运输车辆是否满足国 6 排放标准、是否有进厂权限一并考量，从而减轻门岗工作，即使社会车辆有运输任务时，进厂也由司机自助完成。

（4）物料流"量"的数据集成：智慧物流系统。智慧物流系统包含物料信息管理、GIS 地图管理、汽车运输管理和工艺铁路管理等功能，通过对接 ERP、MES、铁区/钢轧智能应用一体化、超低排/门禁等系统，接入采购、生产计划、进出厂权限管理、位置等信息，通过数据中心进行请求转发、记录、重试等，集中管理系统间的数据交互，实现物料从订单到运单，到库存，到生产各环节的数据集成，从而对企业采购决策、运输调度、资金管理、生产排产提供决策支撑。

荣钢智慧物流全貌如图 48-2 所示。

（5）物料流"量"的数据集成：企业 APP（i 一起）的园区物流模块。i 一起是荣程自研移动端协同办公平台。本次集成在原有 APP 上实现：

1）车辆排队、进厂管控、车辆记录、跟踪实绩、卸货地点的指派和调整等。

2）对于客户自行安排车辆提货，客户可在移动端随时随地录入信息，从而将订单转为运单，信息自动流转至相关系统，让自提客户实时掌握车、货信息。

运输车辆司机及厂内质检人员移动端示意图如图 48-3 所示。

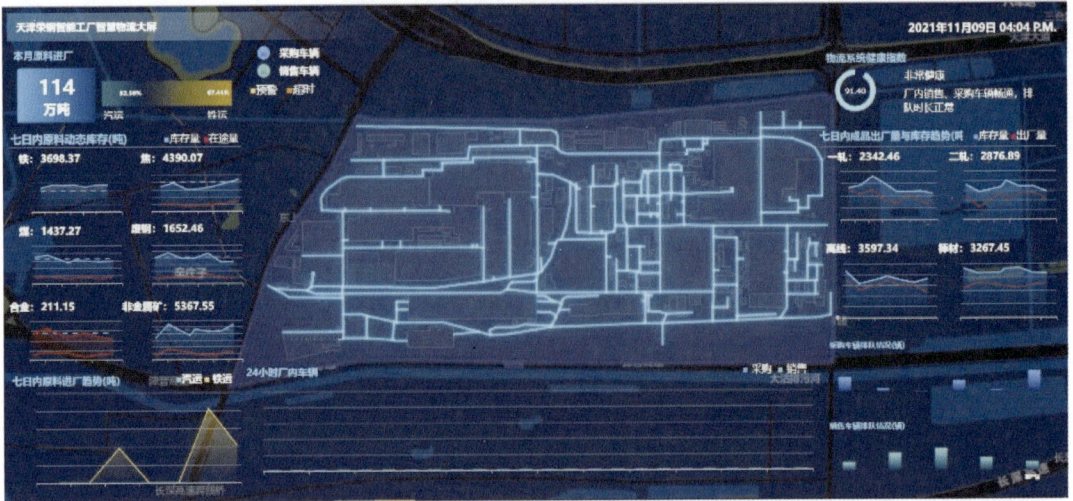

图 48-2 荣钢智慧物流全貌

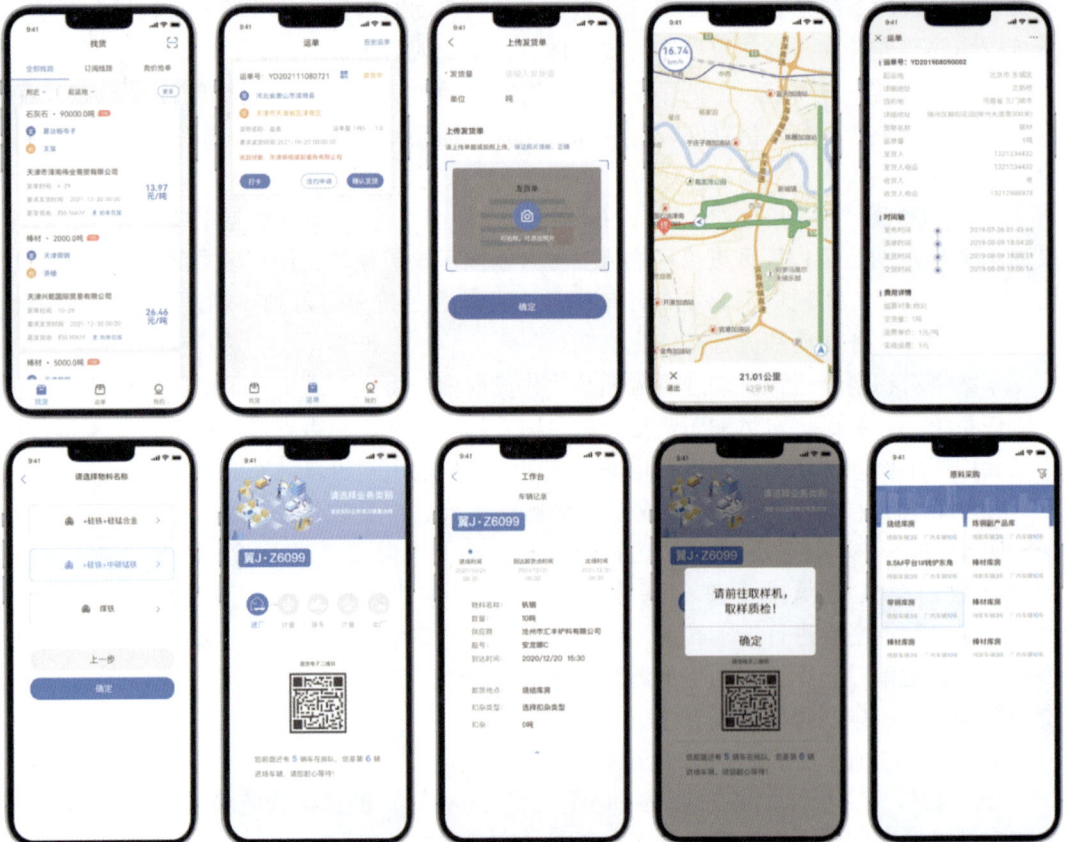

图 48-3 运输车辆司机及厂内质检人员移动端示意图

（6）物料流"质"的数据集成：自动取制样、检化验系统。通过升级全厂取制样系统、检化验装置，升级样品管理系统、LIMS 系统，实现原材料进厂自动取制样、检化验，数据与 ERP、MES、铁区/钢轧一体化智能应用系统互联互通，从而实现物料"质"相关数据的共享共用。

（7）依托数据中台，打通多个系统，实现数据互联互通，并基于大数据开展智能应用。案例依托数据中台（即大数据平台及大数据分析系统）打通物流全流程的多个系统，实现基于 5G 移动互联、物联网和工业互联网的智能生产、智能物流、大数据分析，依托信息系统集成打造产供销物质流"质"与"量"的全流程可追溯。

并在此基础上，基于一定时长的大数据，进行数据价值进一步应用：

1）自动找出厂内车辆作业时间不合理处，清晰指出效率提升点；

2）对资金占用与实际物料使用情况进行综合分析，提升资金使用效率；

3）与生产物料使用情况结合，提升物料采购效率。

48.3　应用的成效

48.3.1　实施成效

本案例通过大数据平台集成内外部多系统，实现物料从订单到运单，到库存，到生产各环节的数据集成，为企业采购决策、运输调度、资金管理、生产排产提供决策支撑。使企业物流运行效率、库存周转方面均有显著提升，物流效率提升 15%，库存周转率提升 10%，订单完成周期缩短 10%，物流成本降低 20%；在运行过程中对于能源消耗也有显著改善，单位产品物流能耗降低 10%。

通过智慧物流系统与其他信息化系统集成，将操作人员从复杂的劳动中解放出来，减少了岗位操作错误率，年人均劳动生产率大幅提高。劳动生产率提高 15%，优化人员占物流体系中总人数比例 10%。

48.3.2　带动效应

在该案例建设完成后，实现了物流的数字化运营、智能化协同、智能化决策。覆盖全厂的数字化物流管理系统，协同其他系统形成数据互通，整合供、产、销物流各环节特性要素及实际数据，进行物流信息跟踪。有效带动价值链智能化水平的提升，整体物流效率提升 15%，物流成本降低 20%，社会运力空车率有效降低，经济效益显著。

（1）形成"智能制造+工业互联网"的双样板。通过建立产供销全流程管控系统，并依托大数据平台打通各系统层级之间的数据壁垒，实现了从"经验+规则"到"数据+知识"的跨越，解决了行业的共性问题，促进行业企业智能制造的转型发展。

（2）凝聚行业企业、系统商和区域内上下游协同发展。持续培养和带动一批本地化配套商，实现产业链区域内上下游的聚力发展。

（3）推广复制。在软件工程、生产制造、大数据、云服务、标准验证等领域有多年实践经验，充分检验标准和模式的可行性，并制定了一套高度标准化行业服务体系，在相关行业进行推广复制。

48.3.3　社会效益

钢铁行业作为国家基建工程不可或缺的重要组成部分，在交通、铁路、建筑、工业、机械制造等行业具有不可替代的作用。该案例完成后，实现了物流成本降低20%以上。该案例通过建立产供销全流程管控系统，依托大数据平台打通各系统层级之间的数据壁垒，实现了从"经验+规则"到"数据+知识"的跨越，解决了行业的共性问题，以智能制造新模式，打开了企业发展新局面，打造了示范标杆，打造一个、跟进一批、带动一片，持续培养和带动一批本地化配套商，实现产业链区域内上下游的聚力发展，促进行业企业智能制造的转型。同时，该场景在行业内具有非常强的可复制性，对于传统冶金企业有着非常强的借鉴作用。尤其是协同设计、协同生产、协同供应链以及协同服务相关核心技术，有着非常强的应用前景。场景建设的技术团队在软件工程、生产制造、大数据、云服务、标准验证等领域有多年实践经验，充分检验标准和模式的可行性，并制定了一套高度标准化行业服务体系，为对接各行业企业，快速有效推广复制到冶金行业和其他流程型企业做好支撑。

48.4 项目创新点

通过构建物质流"质"与"量"的全生命周期数据链条，为后续的大数据挖掘及价值链创新应用奠定了扎实的数据基础。主要创新点如下。

（1）构建冶金行业物料流大数据模型，通过大数据和人工智能技术动态匹配，从原燃料的质与量两个维度信息在时空层面进行跟踪和匹配，构建"物"料全生命周期的质、量数字化跟踪追溯体系。

（2）通过物联网技术，构建了厂内外物流运行监测体系，全面提升全价值链的实用性，实现节能降耗的技术提升和创新。

（3）运用产品质量追溯技术，解决冶金行业物料管理过程中核算管理难、产品质量跟踪难、决策分析难的问题。

49　基于工业互联网的钢铁行业物流场景应用平台

德龙钢铁有限公司
智能示范
物流管理

简　介

依托物联网、智能传感、5G 和北斗定位等技术，建设钢铁行业领域厂内物流检斤和厂外网络货运平台一体化管控体系，实现运输配送全程跟踪、异常预警和配送路径优化，同时打通 MES、EAS 等业务系统，有效集成物流、财务、生产、安环、采销等各环节，实现线上物流闭环管理。

总体实施框架如图 49-1 所示。

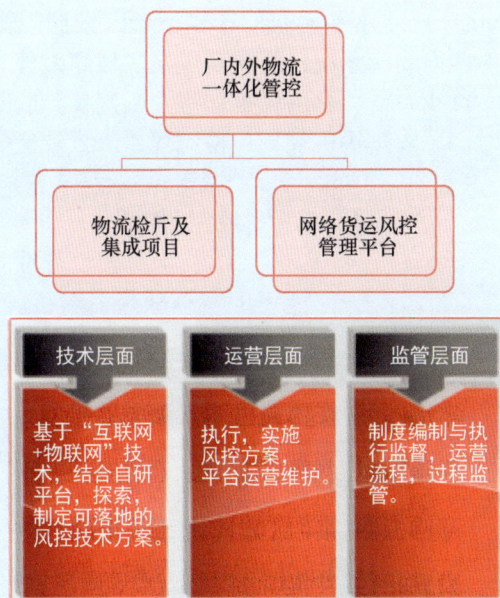

图 49-1　总体实施框架

49.1 解决的问题

德龙钢铁通过调研分析，认为我国经济发展将保持平稳较快增长态势，主要下游行业钢材需求仍将持续增长，但增速有所放缓，钢材需求总量预计会小幅增长。但随着日益严峻的环保形势及冬季采暖季的到来，以及公司生产节奏的加快，对原材料及燃料的供应保障发起了严峻挑战，大宗原材料的及时供应和质量把控着钢铁企业的生死命脉，这也是钢铁企业的成本中心，对燃料存储和质量的管理既是钢铁企业全流程质量管理的源头，也是企业成本管理的重点。

另外，企业上游物料供应商、物流配送体系、下游客户端存在信息孤岛、运输过程无法监控、产销渠道不通畅等问题，无法为生产顺行提供足够保障；车辆在运输途中，易出现偏离路线、停车超时等异常情况，存在丢货、换货等舞弊风险；物料运输车辆入厂时，因业务流程复杂、技术手段落后，导致车辆过磅效率低、人为干预多、业务风险较大；质量检验环节，人工送样涉及多次开箱登记确认，易出现因人工操作不规范或疏忽造成样品异常及信息泄露，如遇恶劣天气造成样品保存和传送困难。如何综合考虑各环节和优化物流过程，利用智能化、移动化的手段提高物流管控效率，建立良好的供销协作机制，是当前急需解决的重要问题。

我司基于工业互联网的智慧物流场景应用，通过智能硬件、工业互联网、大数据等智慧化技术与手段，规避物流风控隐患，对接厂内物流系统，按照风险等级强制要求采取限制措施；提高物流系统分析决策和智能执行的能力，在称重的整个过程里做到计量数据自动可靠采集、自动判别、自动指挥、自动处理、自动控制，最大限度降低人工操作所带来的弊端和工作强度，提升整个物流系统的智能化、自动化水平。

同时建立厂外物流风控管理体系，建立物料运输车辆合理风险管控规则，从货车接单始，平台间断性（3~5min）从北斗平台获取车辆位置，按照规则评判风险等级，将高风险车辆提报至收货公司的厂内物流系统；当在高风险区域超时停车，由平台推送信息至司机，要求拍摄周边环境，自我举证，再由风控部室人工判核。收货单位将根据车辆风险等级进行货物查验工作，对零风险车辆可规划免检流程，降低收货成本，提高效率。

49.2 实施的路径

49.2.1 网络货运平台

网络货运平台以货车北斗定位、电子铅封装置为主，进行车辆轨迹跟踪与异常行为判定。对重点货源设置监控路线，周期性调取车辆位置信息和车速信息并进行实时预警。厂外物流主要涉及公路运输，须保证产销渠道物流渠道通畅，规范车辆进厂、出厂及厂内倒运物流，降低库存、盘活资金，全面提高企业运营效率。通过搭建物流供应链管理系统，将企业上游物料供应商、物流配送体系、下游客户端与钢铁企业统一流程化管理，建立良好的供销协作机制，防止货运车辆运输途中出现不合规的操作行为。

49.2.2 物流检斤系统

物流检斤系统利用计量硬件智能控制、原料车辆取样智能化分配等先进技术手段，集成车辆管理、装车控制、门禁系统、质检管理等应用。

开设客户、供应商门户，实现和企业之间的物流业务交互，并将数据及时回传系统，指导销售、采购、财务、生产等相关部门对计量检斤工作快速响应，做出决策。基于工业互联网的智能物流检斤系统主要实施范围包括采购物流、销售物流业务。运输车辆到达指定位置后，根据系统预设规则进行随机取样，样品由 AGV 无人送样车完成运输。系统整体实现物流数据交互和物料出入厂的全过程自动化管控。

物流检斤总体架构如图 49-2 所示。

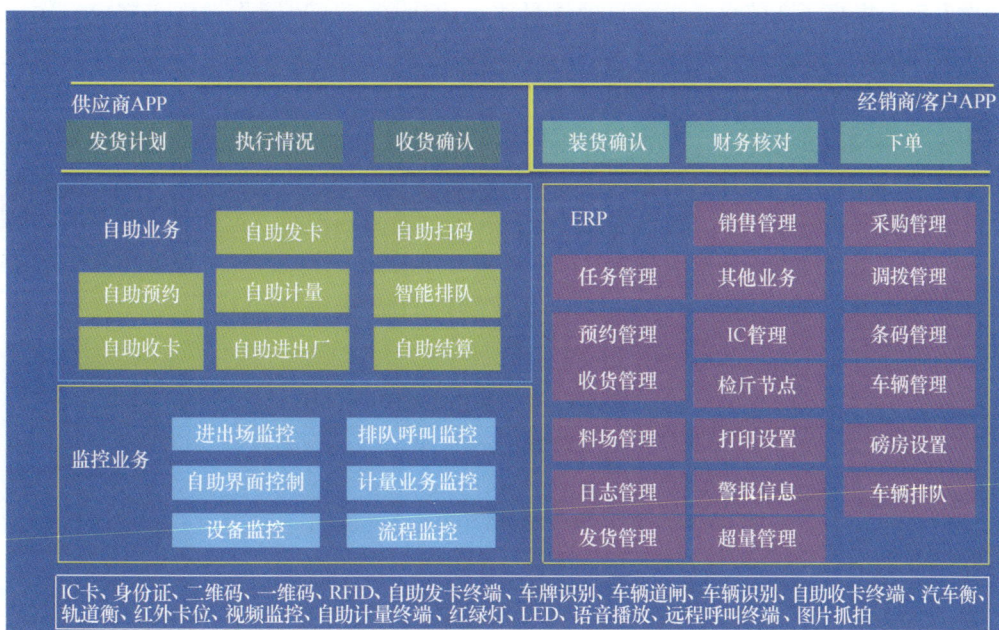

图 49-2　物流检斤总体架构

该应用场景由德龙钢铁自主研发，建设主体主要包含软、硬件两部分，通过引入 5G、北斗定位、高拍仪、NFC 读卡器、车号识别、红外判断智能感应、物联网等硬件通信技术，对远程端计量过程和车辆运行轨迹进行监测和控制。软件系统主要涵盖网络货运平台、物流检斤系统、远程控制系统，同时打通 MES、EAS 等业务系统，有效集成财务、生产、采销、质检等各环节。通过 5G 边缘计算的增强型移动宽带和 VXLAN 技术，有效提升信息数据网络运转的稳定性，确保数据的完整和信息的畅通，为数据传输体系提供高可靠性的基础平台，以避免网络中断风险。通过北斗系统高精度位置服务及轨迹精准定位技术，实现车辆、人员的精准定位、轨迹查询等功能。

49.3　应用成效

49.3.1　企业管理效益

该应用场景通过搭建物流供应链管理系统，形成涵盖港口发运、车辆调度、轨迹定位、风险预警、入厂过磅、质量检验，到最终结算等各个环节的厂内厂外业务一体化智慧物流管控平台，将上游物料供应商、运输车辆、厂内质检、下游客户端与钢铁企业统一流程化管理，可有效规范车辆进厂、出厂过程及厂内倒运货物和质检送样过程，盘活数据流，降低人力成本和业务操作风险，全面提高企业运营效率及运输途中的风险管控能力。2021年德龙智慧物流一体化管控平台被评为国家4A级物流平台，被中钢协评为钢铁行业智能制造优秀解决方案，是唯一的物流管控优秀奖获得者。

网络货运平台还打通多个业务系统环节，消除数据孤岛，实现了数据高效流转，建立了良好的供销协作机制；物流检斤系统的应用使单车过磅时长由3min缩短至30s，车辆过磅频次及运力提高了3倍多，车辆自动计量比率达95%；AGV无人送样车完成一次送样作业仅需20min，往返一次40min，可有效增加运送频次，全面提升了车辆周转效率和物流管控水平。

（1）降本增效作用明显。物流检斤系统和网络货运平台的使用，杜绝人为因素，实现称重数据的自动计量和管理。信息核对与错误处理效率提升，检斤时间由3min/Lb缩短至27s/Lb，借助物联网等技术，对远程端计量过程进行检测和控制，远程集中计量有效防止了计量工作人员与货主串通作弊现象，同时改善计量员的工作条件。以视频和GPS导航定位、设置电子围栏的方式，有效监控物流车辆的行驶轨迹和司机驾驶行为。收益见表49-1、表49-2。

表49-1 物流管控收益表

量化指标	指标解释	目标值	2020年实际值	2021年实际值	2022年实际值	指标单位
物流效率提升	（当前卸车时长小于3h车辆比例−去年同期卸车时长小于3h车辆比例）/当前卸车时长小于3h车辆比例×100%	≥1	1.89	1.92	1.93	%
首次计量完整率	到达库房已计量车辆/需过磅的车辆总数×100%	≥99	99.99	99.99	99.99	%
每月厂内卸车时长小于3h车数占比	每月厂内卸车时长小于3h的车数/每月厂内卸车总数×100%	≥55	68.71	69.54	69.72	%
每月车辆自动过磅平均时长	每月车辆自动过磅总时长/自动过磅的总车数	≥35	28	27	27	s
每月车辆自动过磅占总过磅数量比例	自动过磅车数量/过磅总车数×100%	≥80	83	85	86	%

表49-2 物流管控效率提升表

开单、门岗、地磅人数降低	50%	↓
开票、计量、结算效率提高	400%	↑
进出厂计量作业规范性提高至	100%	↑
每月人员业务差错次数降低至	0	↓
年节省人工成本费用	200万元	↓

（2）技术推广潜力大。德龙物流一体化智慧管控体系是德龙钢铁立足于行业物流现状，根据自身业务流程特点进行自主研发和实施，针对行业痛点问题逐个突破，最终形成的一套可复用的标准化应用产品。该体系不仅解决了自身的物流困境，更是为钢铁行业提

供了成熟的解决方案，系统各模块可根据现场业务进行灵活配置，上线过程周期短、难度低，可与本地系统做接口业务打通。该应用场景为公司物流高效管理、计量安全稳定、质检真实可控发挥显著作用，为保障公司正常生产提供了技术保障，适应企业大物流、大企业现代化管理的发展趋势。截至目前，网络货运平台注册企业 400 多家，注册司机 56840人，注册车辆 62000 多辆，完成运单 250 万单，起到了很好的应用示范作用。

（3）行业示范效应显著。目前，该应用场景已在除德龙钢铁外 10 余家钢铁企业及中小企业投入使用，覆盖河北、天津钢铁产业集群，辐射全国近 20 个省、市、地区。该场景建设有效地将物料资源、运输车辆、自助订单等有机结合起来，通过大数据分析和智能算法进行筛选、比对、配型，构建双向选择平台，优化资源配置，打造智慧物流新模式。

49.3.2　社会效益

"基于工业互联的钢铁行业物流场景应用平台"可有效支撑企业面向行业及产业链上下游合作伙伴进行智慧物流场景升级建设，成为行业优秀场景案例，由此于 2021 年、2022 年相继获得了多个工信部项目支持：德龙钢铁、天津钢铁、天津铁厂的"智能制造试点示范优秀场景""新一代信息技术与制造业融合发展试点示范""工业互联网试点示范"，为钢铁行业的技术进步和智能工厂的智慧领域建设提供了应用示范和技术引领。

49.4　项目创新点

本方案依托工业互联网和物联网，充分利用智能传感、人工智能、图像识别、大数据、云存储、数据加密等新一代信息技术，对物料运输车辆从港口出发到公司发卡、入厂、检斤、检化验、卸货、出厂全过程关键节点全面管控，业务覆盖采购、生产、质检、物流、计量、财务、销售等多个环节，利用计量硬件智能控制、原料车辆取样智能化分配、高性能数据存取等技术手段，通过物流检斤过程的数据采集、清洗、加工、分析、处理，实现对物料出入厂的全过程自动化管控。

通过本项目的运行，打通了 ERP 系统、货运平台、MES 产成品管理、客户报号系统、运费结算等系统，实现检斤业务一体化衔接，消除数据孤岛，保障业务数据不落地，实现业务闭环管理和系统间的有效协同，且可全流程追溯，提高检斤效率，提升服务体验，堵塞漏洞，降低物流成本，防范人为作弊风险。

项目经过多个企业的场景实践，已形成一套成熟的产品应用模式，在服务集团自身的数字化转型的同时，可进行社会化的输出和赋能，引领钢铁行业及产业链智慧物流领域的高质量发展。

50 基于工业互联网标识全程供应链

中天钢铁集团有限公司
智能供应链

简 介

基于工业互联网标识技术，构建钢铁企业面向上下游供应链数据协同、业务互通、服务感知的数字化工业互联网平台，采用5G+工业互联网标识码+可快速部署的供应链微应用，从供应商原料，到生产、下线、检验、入库、成品发货等环节，实现全程供应链标识服务，通过IOT+API技术实现设备和系统、系统和系统、企业之间数据的协同交互，从而带来企业全程供应链的高效运作、服务升级。

项目总体架构如图50-1所示。

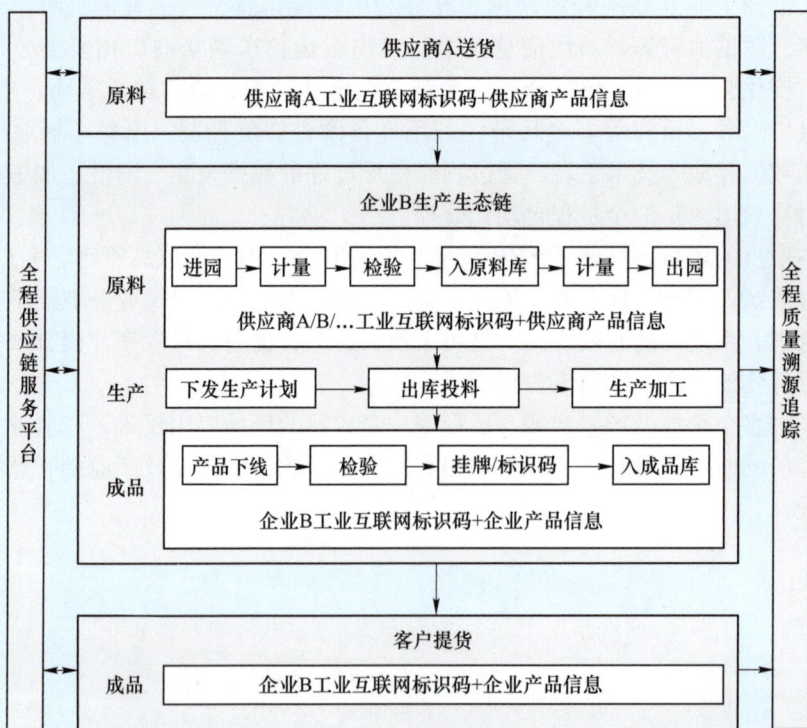

图 50-1 项目总体架构

50.1　解决的问题

由于经济和物价等因素，带来劳动力成本持续上升，对企业经营管理提出了高效率要求，在中国，多数企业处于中低端制造代加工，附加值较低，需要不断提升产品技术和创新力，提升产业价值。

在国内外，现阶段对于全程供应链服务仍处在龙头企业牵头，配套中小企业加入的"跟着跑"阶段。从供应链上游供应商到企业，再到企业供应链下游客户，绝大部分都未完成数据信息层面的打通，数据及服务无成熟的配套体系设计，中小企业由于信息化薄弱，大部分都面临无法实现全程供应链的高效协作和服务。

在走访企业的过程中，通过调查发现，工业企业内部都在逐步开始进行智能化改造和数字化升级工作，但由于历史原因、意识不足等问题，信息化系统各自独立，系统间无法协同，而如果想做到协同就需要企业付出大量的成本，一个系统一个系统的改造，耗时耗力，无法实现工业互联网的高效机制。

同时，上游供应商的货物信息，无法进入企业的信息化系统，通常需要仓库收到货后，再由仓库工作人员人工进行手动输入，这就大大增加了企业的人工成本，并且效率低下。

除此之外，在产品的运输流通环节，由于数据信息未实现互联互通，直接影响物流传送效率，货物需要花更多时间才能到达仓库，直接或间接影响企业生产计划和排程，更严重的将直接影响生产，给企业造成严重的损失。

50.2　实施的路径

50.2.1　技术设计和实施

在技术研发上，基于微服务架构和 K8S 集群管理平台搭建工业互联网平台，为开发人员提供一套快速开发、部署、运维管理、持续开发、持续集成、快速交付的完整流程。平台提供了基础设施、中间件、数据服务等资源，开发人员只需要开发业务代码，提交到代码仓库，系统会自动根据配置进行构建、测试、部署，使用应用的快速开发、快速迭代。

（1）微服务架构。微服务访问的流量大致为：外部请求—负载均衡—服务网关—各种微服务—数据服务。服务网关和微服务通过服务注册和发现来调用其他微服务，各类微服务通过配置中心获取配置信息。

（2）K8S 集群管理。由 3 个 Master 节点构成主节点集群，通过内网的 Loader Balancer 实现负载均衡，主节点集群部署至少需要 3 个节点组成高可用集群，否则会出现"脑裂"现象。主节点主要负责管理集群，协调集群中的所有活动，例如调度应用程序、维护应用程序状态、扩展和更新应用程序。多个 worker 节点组成工作集群，通过外网的 Loader Balancer 进行负载均衡，工作节点可根据应用数量的大小、需求资源的大小进行动态新增。Worker 负责运行具体的应用程序。

（3）DevOps。利用 Jenkins+Gitlab+Harbor+Helm+Kubernetes 实现完整的 CI/CD 流水线

作业。开发人员提交代码到 GitLab 代码仓库，通过 GitLab 配置的 Jenkins Webhook 触发 Pipeline 自动构建；根据 Pipeline 脚本定义分步骤构建：先进行代码静态分析，单元测试；然后进行 Maven 构建（Java 项目）；根据构建结果构建 Docker 镜像；推送 Docker 镜像到 Harbor 仓库；触发更新服务阶段，使用 Helm 安装/更新 Release；查看服务是否更新成功。

在实施过程上，项目通过采用新一代技术来解决技术时效性问题，实现技术先进、高效的开发理念。同时基于 5G+工业互联网标识解析技术，解决企业数据协同打通的难题，通过区块链技术解决数据可信的问题，通过 CA 数字证书实现终端防篡改的需求等。

50.2.2 服务设计和实施

其总体服务设计为从上游供应商到企业到客户，实现从原材料到企业生产产品，再到销售给下游客户的全程供应链服务。

（1）首先，通过采用 5G+工业互联网标识码接入系统+可快速部署的供应链微应用，对供应链上下游企业完成部署国家工业互联网标识快速接入，对企业赋予国家工业互联网标识前缀，对产品信息赋予标识后缀，确保每一个产品都是唯一的。通过标识码进行产品信息的写入和获取。

全程供应链服务生态链如图 50-2 所示。

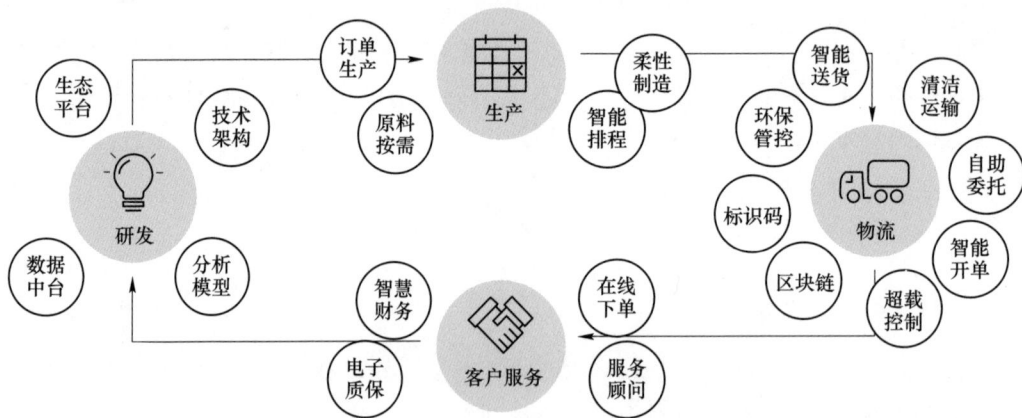

图 50-2　全程供应链服务生态链

在工业互联网标识码的基础上，从原来的断层无法获取，到数据可获取并被串联了起来，从供应商到企业都拥有属于自己产品的标识码和信息数据，且信息可贯穿整个生产生态链，真正做到产品的全程质量可获取、可追溯。让全程供应链服务进入协同时代，构建全程供应链服务生态圈。

（2）基于标识解析技术，产品的流通变得简单起来，基于此，打造企业智慧物流园区，通过搭建进一步完善的供应链服务体系设计，让业务数据实现全程"不落地"。同时，对于上下游供应链的运输者，由于效率+透明度的大幅提升，为运输者提供了"有温度"的服务。

企业智慧物流园区服务流程如图 50-3 所示。

企业智慧物流园区是全程供应链服务设计非常重要的组成部分，将原来人工打单子、

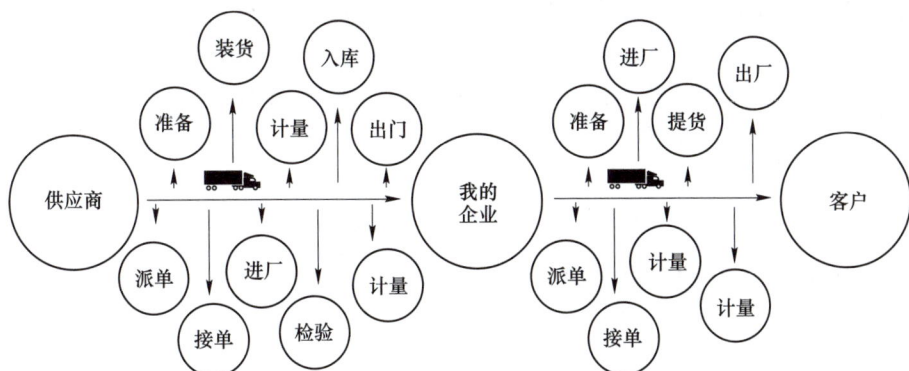

图 50-3　企业智慧物流园区服务流程

制卡、计量、收货等操作，变成由系统自动执行，从进入园区开始，到计量、检验等环节，工业互联网标识码将作为产品的唯一 ID 贯穿其中，作为产品识别的对象，同时在进入园区前系统关联了车牌号，并生成基于工业互联网标识码的行程单，来标识车和车上的货，这就保障了货和车在此次提/送货行程中的绑定关系。

每一次行程对应的行程单做到唯一有效。在智慧物流园区，只需要扫描车号，即可自动获取车上的产品信息。由于数据的协同打通，车与园区的操作环节、系统关联了起来，通过服务平台 APP，在整个提送货过程中，运输者可实现全程导航，自动抬杆进入园区，自动计量，扫码收发货，所有流程清晰可见，即使是部分文化水平不高的部分运输者也可以轻松操作，平台根据数据的统计分析，优化园区运输路线，园区物流更加智慧，运营效率大大提升。

1）上线了数字化电子申请提货单，取消了原来纸质的申请单及传真确认的方式，通过中天云商 APP，来帮助客户和开单员实现高效对接和确认，从而提升开单效率。

2）客户申请提货收到发货通知单后，即可通过 APP 进行快速委托，如果是自提，委托单将直接推送给提货司机进行提货；如果选择代办，将由中天钢铁集团安排司机货车进行配送，解决了之前客户线下纸质派单慢的痛点问题。

3）客户下发委托指令生成司机提货单，提货单信息推送给司机 APP，司机可以在手机上快速完成选单提货和在线制卡。代替原来线下前去结算中心制作实体卡，缴押金，再将提货信息写入卡内的低效提货方式，同时也解决了司机车辆提前在厂外等待，造成社会道路拥挤的社会问题。

4）中天钢铁集团积极落实国家环保政策，推进环保达标的实施，通过平台开发的环保感知系统，司机在来厂前即可获取政策信息，防止开着不达标的车辆无法进厂的情况发生，提升司机服务体验。

5）在环保政策落实上，开发了环保车辆管理平台，通过司机提报，人工审核的方式进行认证。同时对接国家第三方数据平台，从而实现信息的自动录入，方便司机快速完成填报，数据准确无误。辅助认证审核员快速审核，提升效率。

6）针对集团厂区内仓库多、位置分散、名称不统一的问题，从用户体验和科学管理的角度，带动业务一起，完成了所有仓库的标准化命名规范和实施，同时采集所有仓库位置信息,对集团产成品仓库完成了一次标准化升级。

7)面向司机端,经过调研发现,司机群体文化水平不高、年龄偏大,平台开发了引导式提送货系统,将提货流程标准化,同时每一个提货流程减少司机操作,尽量让司机只需点一下,就可以完成当前流程,真正实现智能化提货体验。新系统上线后,司机用户口碑大幅提升。

8)除了引导式提货,我们还为司机开发了"领航辅助"系统,帮助司机快速找库。"领航辅助"系统可根据司机提货信息+标识码进行分析,找到最近的仓库和地磅,智能规划线路,让司机少跑路,快速提货,提升提货效率。

9)在内部管理提升方面,开发了内部运营管理平台,通过标识导寻源、现场调度可以清晰地看到厂内提货车辆信息、道路信息、仓库信息及排队情况,发现情况及时跟踪处理,确保厂内提货的高效运转。

10)为了提升发货效率,平台帮助发货员开发了智能预测系统、智能预约系统,通过多系统连通和标识数据的串联,输入大数据进行分析,做到发货智能预测,快速告知发货员车辆提货信息;预约排队信息,让发货员可以在车辆未到仓库前就提前备好货,同时对已进入库区的车辆进行科学排队,实现提货效率大幅提升。

11)借助行程标识码,将司机提货行程信息第一时间推送给客户,让客户足不出户,即可获取到最新的提货信息,实现"远程提货"。客户满意度大大提升,解决了客户原来的"黑箱模式"提货,客户可以实时跟踪,帮助客户提升采购和供应链物流效率。

50.3 应用的成效

50.3.1 应用业绩

目前,该全程供应链服务设计已在中天钢铁集团落地实施,借助工业互联网标识码,从上游供应商的采购计划到采购实施,再到供应商派车送货,都可以通过供应链服务平台根据工业互联网标识码进行跟踪。

本服务已应用于中天钢铁集团一总部多基地的全程供应链,基于该服务设计,通过内外部的打造,自项目实施以来,每日进入单个基地的企业园区车辆超过千辆,园区的运营承载力提升了近30%。在提送货效率方面,园区由原来的3~5h,缩短至1min内。如果无需计量,15min即可完成全流程提送货。项目应用效果对比见表50-1。

表50-1 项目应用效果对比

应用效果	园区处理业务时效(均值)/h	园区每日业务量(均值)/辆	直销客户占比/%
实施前	3~5	750	50
实施后	<1	1000	60

自上线以来,累计处理30万车次供应链提送货信息,在司机端,经调查问卷显示,司机满意度相较未实施前提升了300%;在客户端,经调查问卷显示,客户满意度提升了200%,且客户可在司机提送货的全程可视化查看提送货动态,真正做到在家就可以"远程提送货"。

50.3.2　经济效益

在良好的服务驱动下，集团直销客户相较未实施前提升了 10%。真正做到了服务、品质、效率、价值的齐升。用工业互联网标识码打造的全程供应链服务大放异彩。

50.3.3　社会效益

（1）在本项目成功经验的基础上，目前中天钢铁正基于所打造的且成功实施的全程供应链服务产品与体系，在冶标院的指导下，由下属信息化公司皓鸣科技发起和主导制定《智能制造钢铁行业应用全程供应链服务平台技术要求》，通过将成功的实施经验转化为行业的标准，来为行业内的企业提供规范标准和实施参考，帮助行业内的企业落地实施，走向成功。

（2）中天钢铁全程供应链服务的成功实施，助力中天钢铁收获诸多科技奖项，其中包括 2020 年中国工业大奖、2021 年工信部工业互联网平台+供应链协同解决方案试点示范、2021 年新一代信息技术与制造业融合发展试点示范、2022 年第二批江苏省先进制造业和现代服务业深度融合试点、第四届"绽放杯"5G 应用征集大赛江苏区域"中天钢铁 5G+工业互联网融合应用"项目二等奖等一大批奖项，进一步为制造业企业树立行业标杆的形象和模范带头作用。

50.4　项目创新点

通过推动标识+应用的实施，企业形成了一套完整的面向冶金行业的全程供应链服务平台，主要创新点如下。

（1）采用新一代技术架构，实现系统微服务化，让开发和部署更加方便，同时不影响生产。

（2）接入国家工业互联网标识解析平台，带动上下游产业链实现数据协同，做到数据不落地，建立信用互信机制。

（3）充分运用区块链、IoT、大数据、国家工业互联网标识码、CA 数字证书等新技术，实现供应链全要素服务升级，产品全流程质量追溯、电子质保书、发货预测、无人计量、智能提送货等成功应用。

打通全场景，借助工业互联网标识+可快速部署的供应链微应用，实现全要素智慧协同，通过 API 进行系统交互，让企业快速实现数字化升级。

烟台市土壤有效锌含量分布图

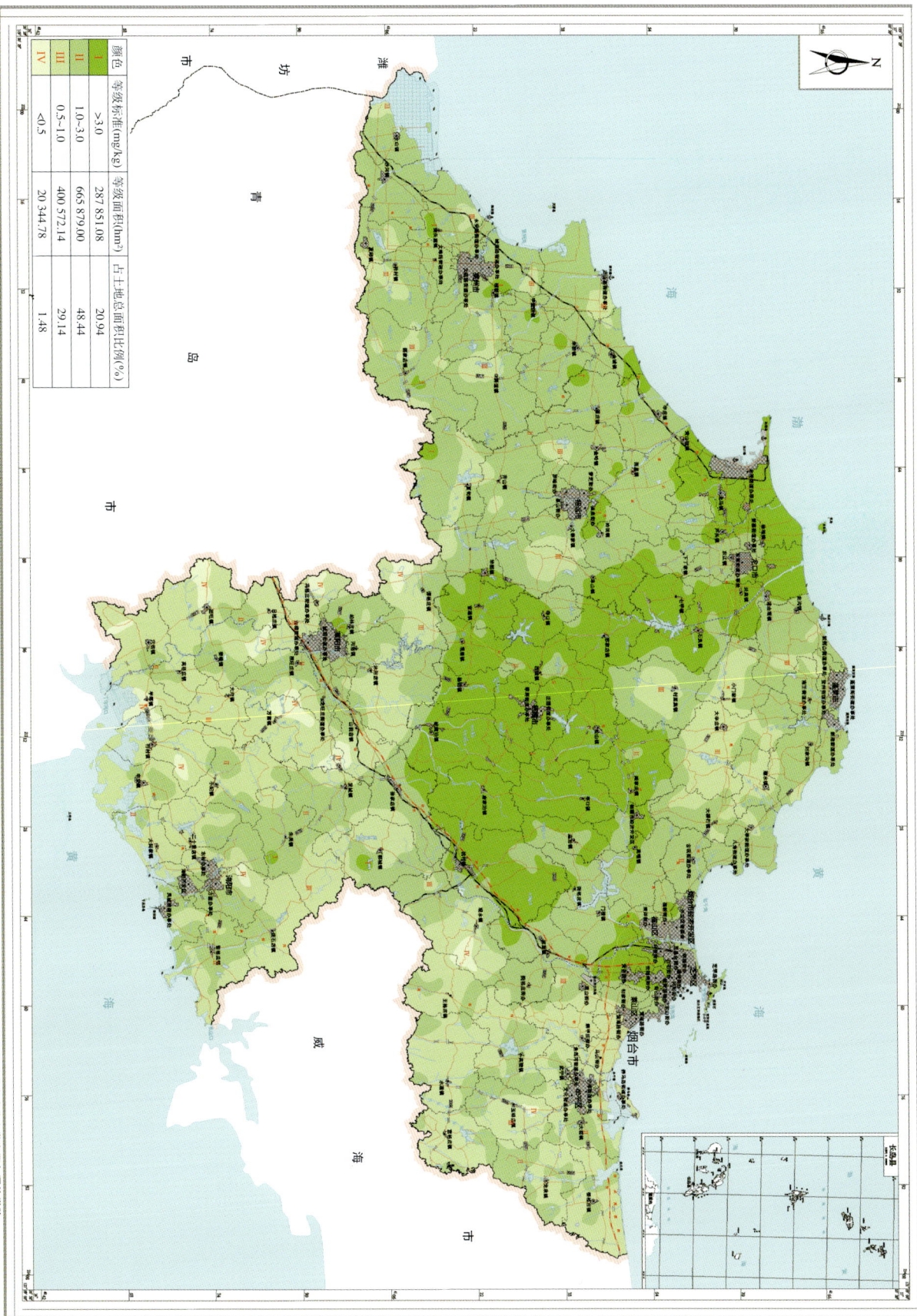

颜色	等级	等级标准(mg/kg)	等级面积(hm²)	占土地总面积比例(%)
	I	>3.0	287 851.08	20.94
	II	1.0~3.0	665 879.00	48.44
	III	0.5~1.0	400 572.14	29.14
	IV	<0.5	20 344.78	1.48

山东农业大学资源与环境学院
山东天地缘本土科技有限公司
二〇一三年五月

1980年西安坐标系 1985年国家高程系

烟台市土壤有效钼含量分布图

颜色	等级标准(mg/kg)	等级面积(hm²)	占土地总面积比例(%)
I	>1.8	1 011 190.33	73.56
II	1.0~1.8	269 843.21	19.63
III	<1.0	93 613.46	6.81

1980西安坐标系 1985年国家高程系

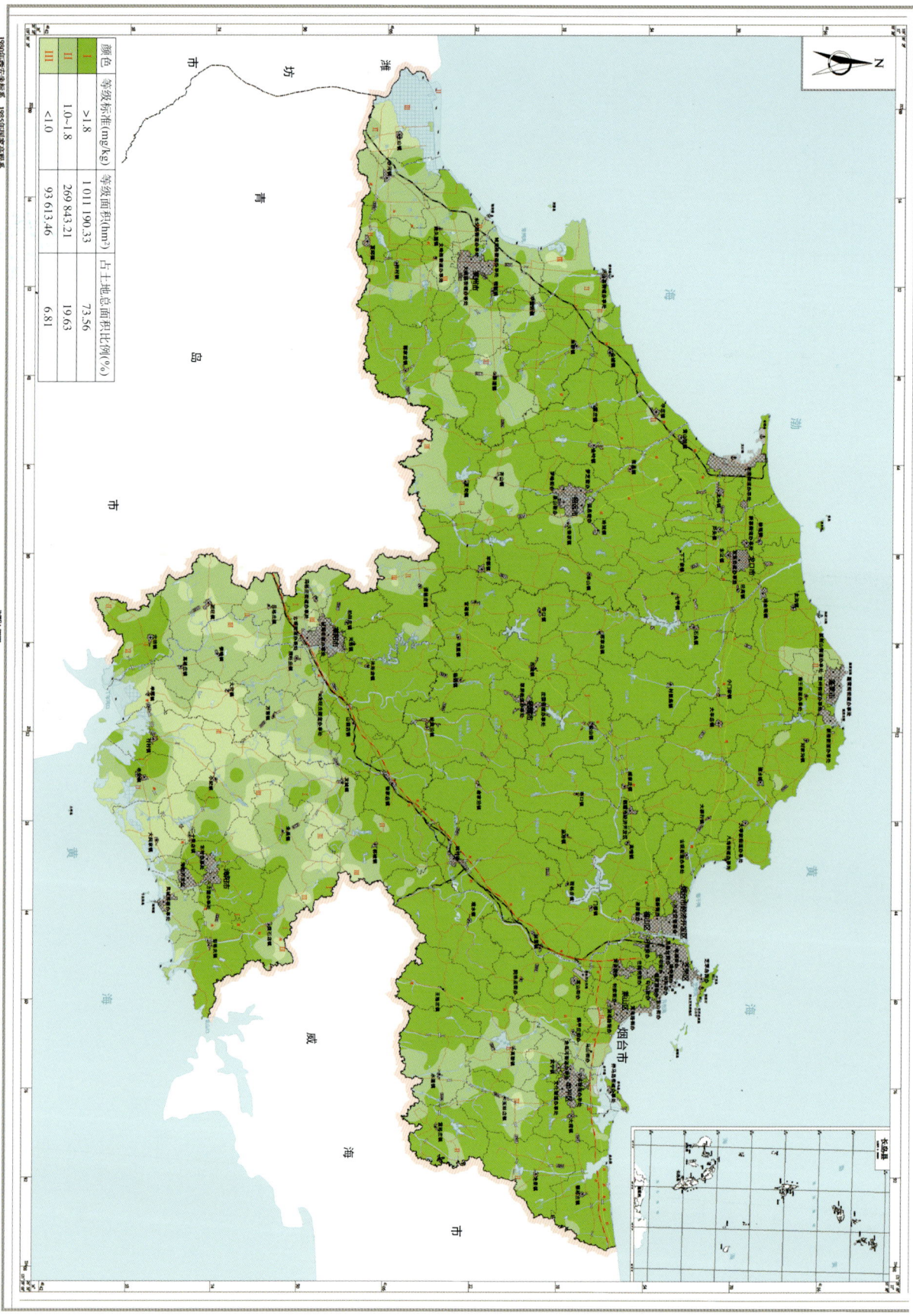

长岛县

山东农业大学资源与环境学院
山东天地亚太国土遥感有限公司 二〇一三年五月

烟台市土壤有效铁含量分布图

颜色	等级标准(mg/kg)	等级面积(hm²)	占土地总面积比例(%)
I	>20	1 154 428.55	83.98
II	10~20	187 776.78	13.66
III	4.5~10	31 067.02	2.26
IV	<4.5	1 374.65	0.10

山东农业大学资源与环境学院
山东天福亚太图土遥感有限公司 二〇一三年五月

烟台市土壤有效钼含量分布图

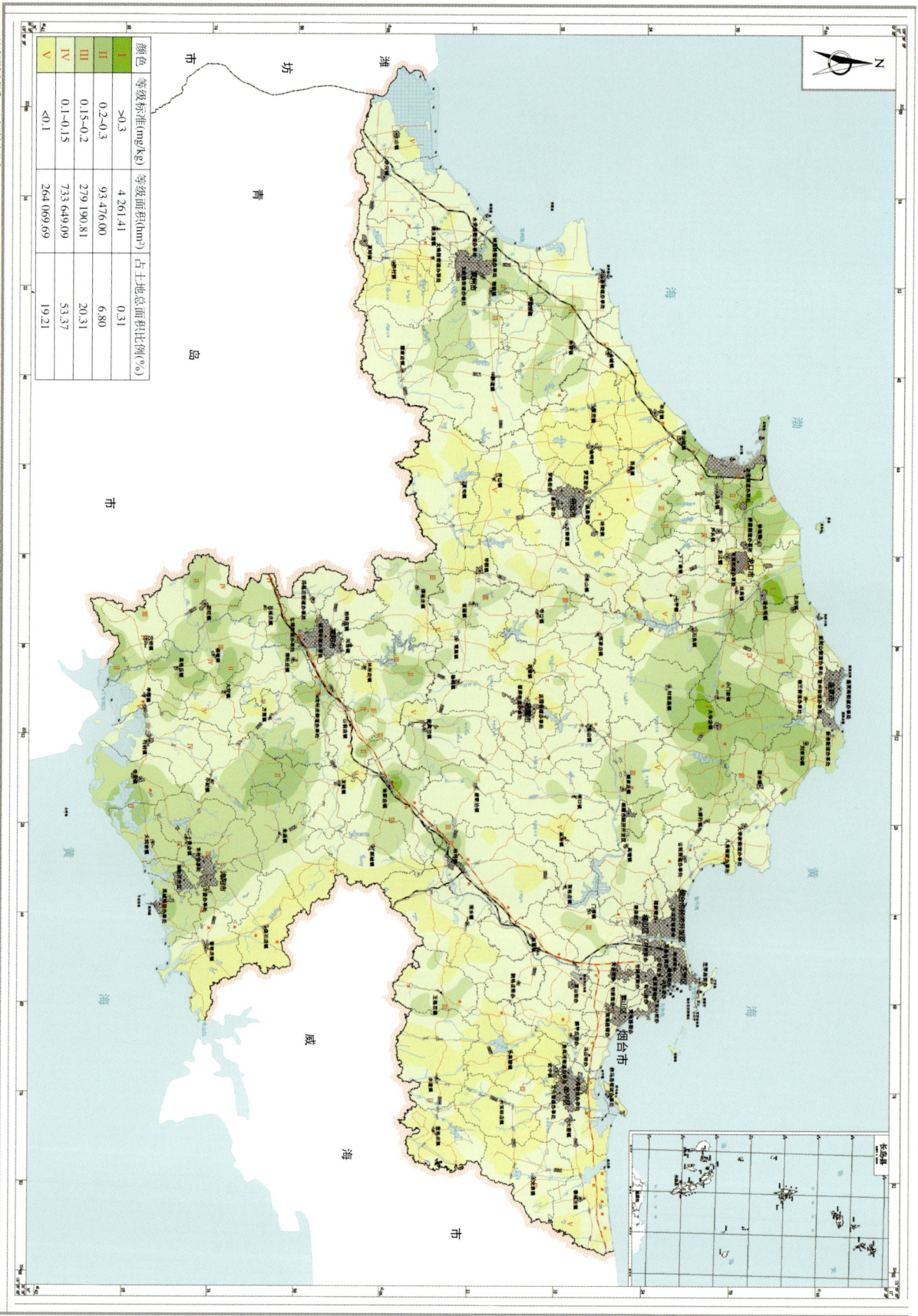

颜色	等级标准(mg/kg)	等级	等级面积(hm²)	占土地总面积比例(%)
	>0.3	I	4 261.41	0.31
	0.2~0.3	II	93 476.00	6.80
	0.15~0.2	III	279 190.81	20.31
	0.1~0.15	IV	733 649.09	53.37
	<0.1	V	264 069.69	19.21

1980年西安坐标系　1985年国家高程系

山东农业大学资源与环境学院
山东天地亚太国土通勘有限公司
二〇一三年五月

烟台市土壤有效锰含量分布图

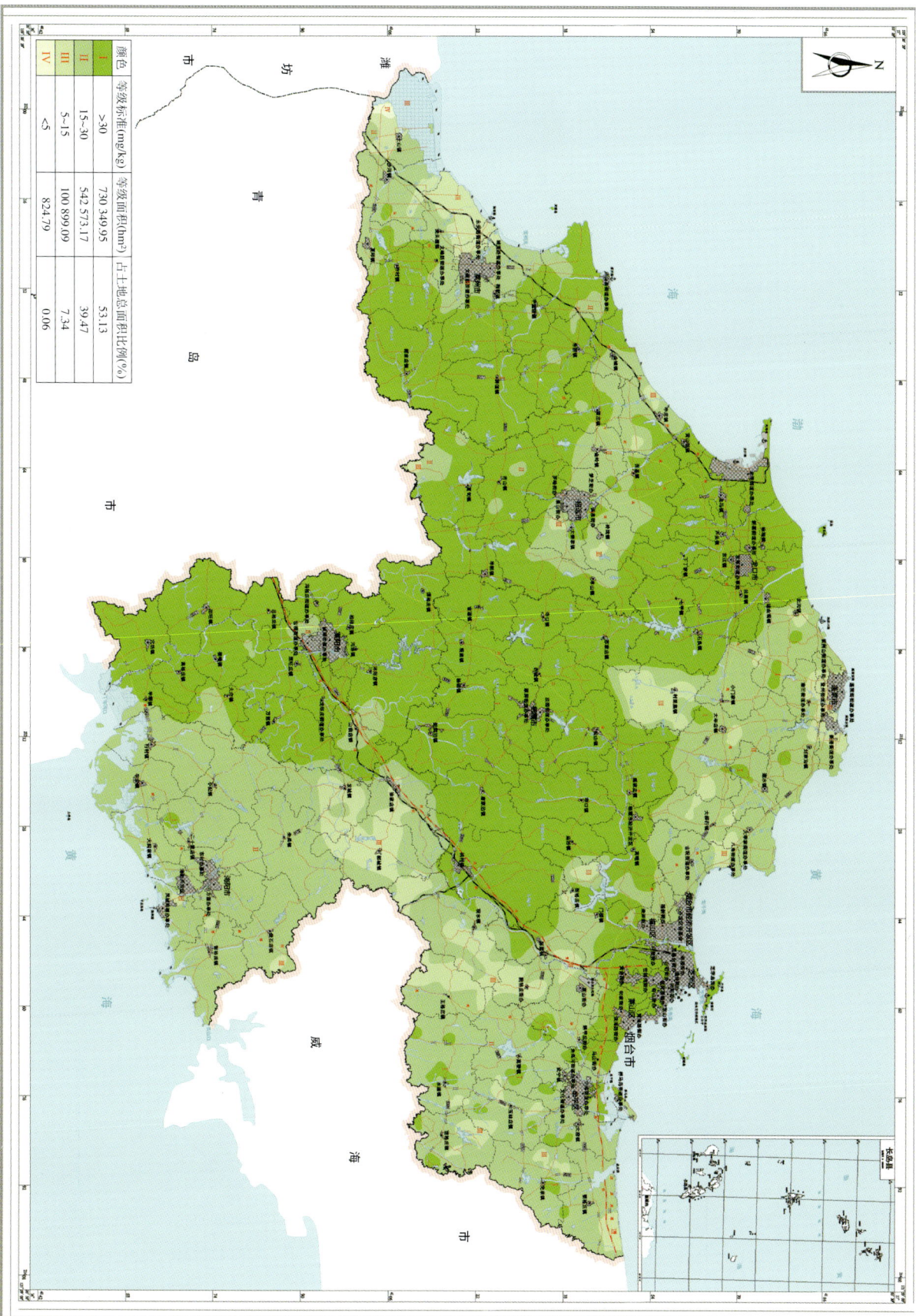

颜色	等级标准(mg/kg)	等级面积(hm²)	占土地总面积比例(%)
I	>30	730 349.95	53.13
II	15~30	542 573.17	39.47
III	5~15	100 809.09	7.34
IV	<5	824.79	0.06

山东农业大学资源与环境学院
山东天地亚太国土遥感有限公司
二〇一三年五月

烟台市土壤有效硫含量分布图

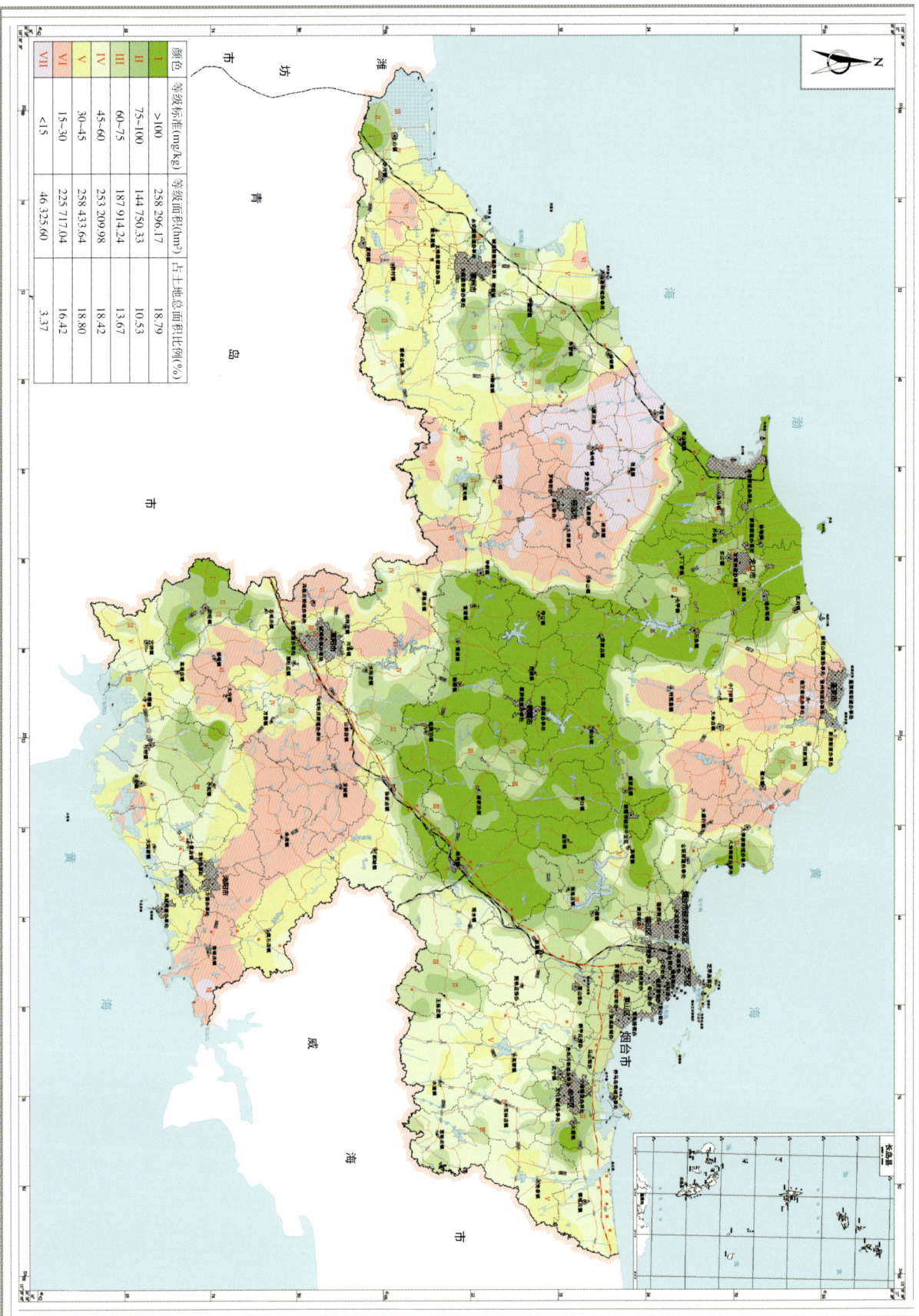

颜色	等级标准(mg/kg)	等级面积(hm²)	占土地总面积比例(%)
I	>100	258 296.17	18.79
II	75~100	144 750.33	10.53
III	60~75	187 914.24	13.67
IV	45~60	253 209.98	18.42
V	30~45	258 433.64	18.80
VI	15~30	225 717.04	16.42
VII	<15	46 325.60	3.37

1980年西安坐标系
1985年国家高程系

山东农业大学资源与环境学院
山东天地亚大图土通者有限公司
二〇一三年五月

烟台市土壤有效磷含量分布图

颜色	等级标准(mg/kg)	等级面积(hm²)	占土地总面积比例(%)
Ⅰ	>120	1 374.65	0.10
Ⅱ	80~120	75 605.95	5.50
Ⅲ	50~80	304 209.38	22.13
Ⅳ	30~50	560 581.05	40.78
Ⅴ	20~30	306 546.28	22.30
Ⅵ	15~20	101 036.55	7.35
Ⅶ	<15	25 293.50	1.84

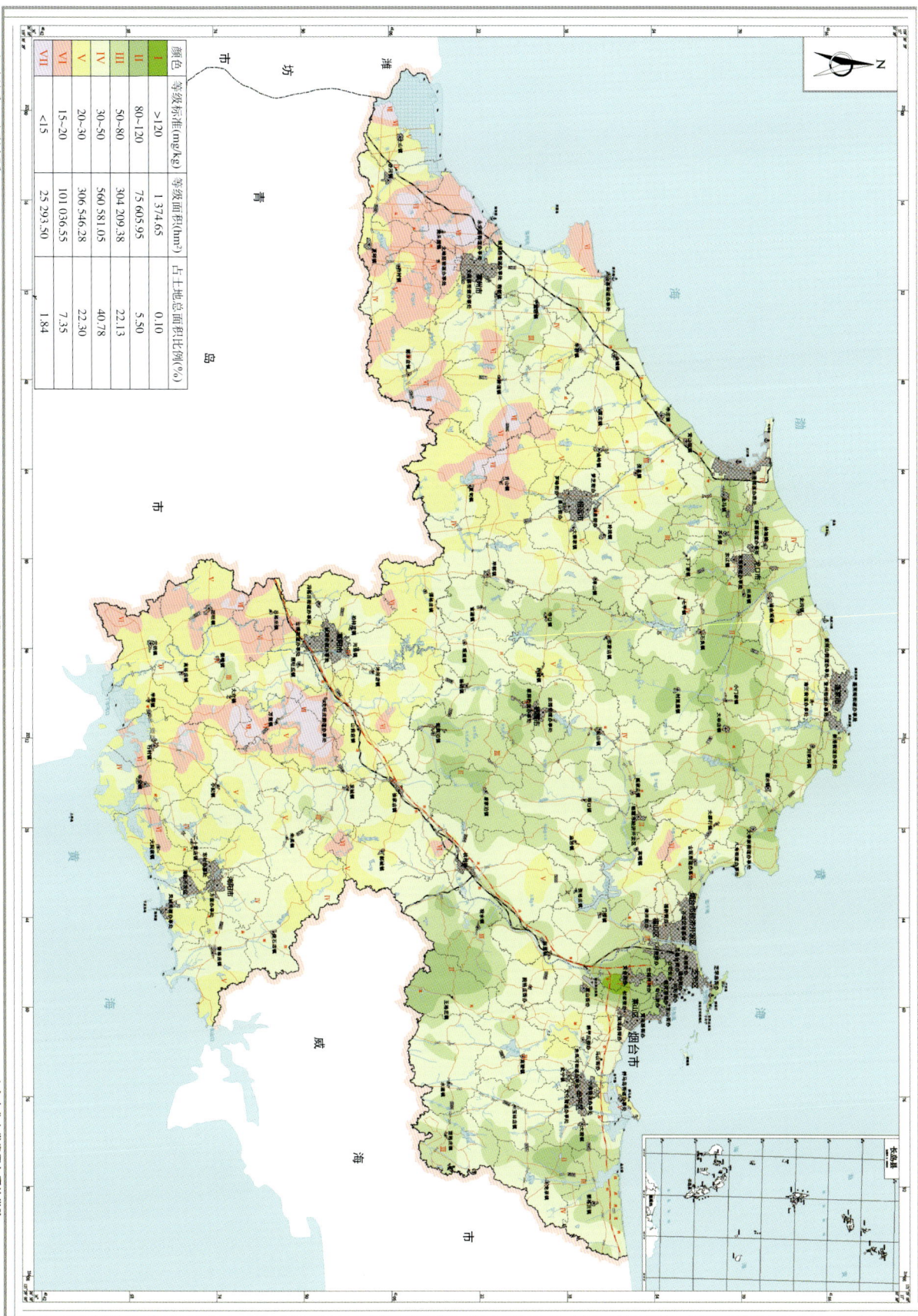

山东农业大学资源与环境学院
山东天地大图土地测绘有限公司 二〇一三年五月

烟台市土壤有机质含量分布图

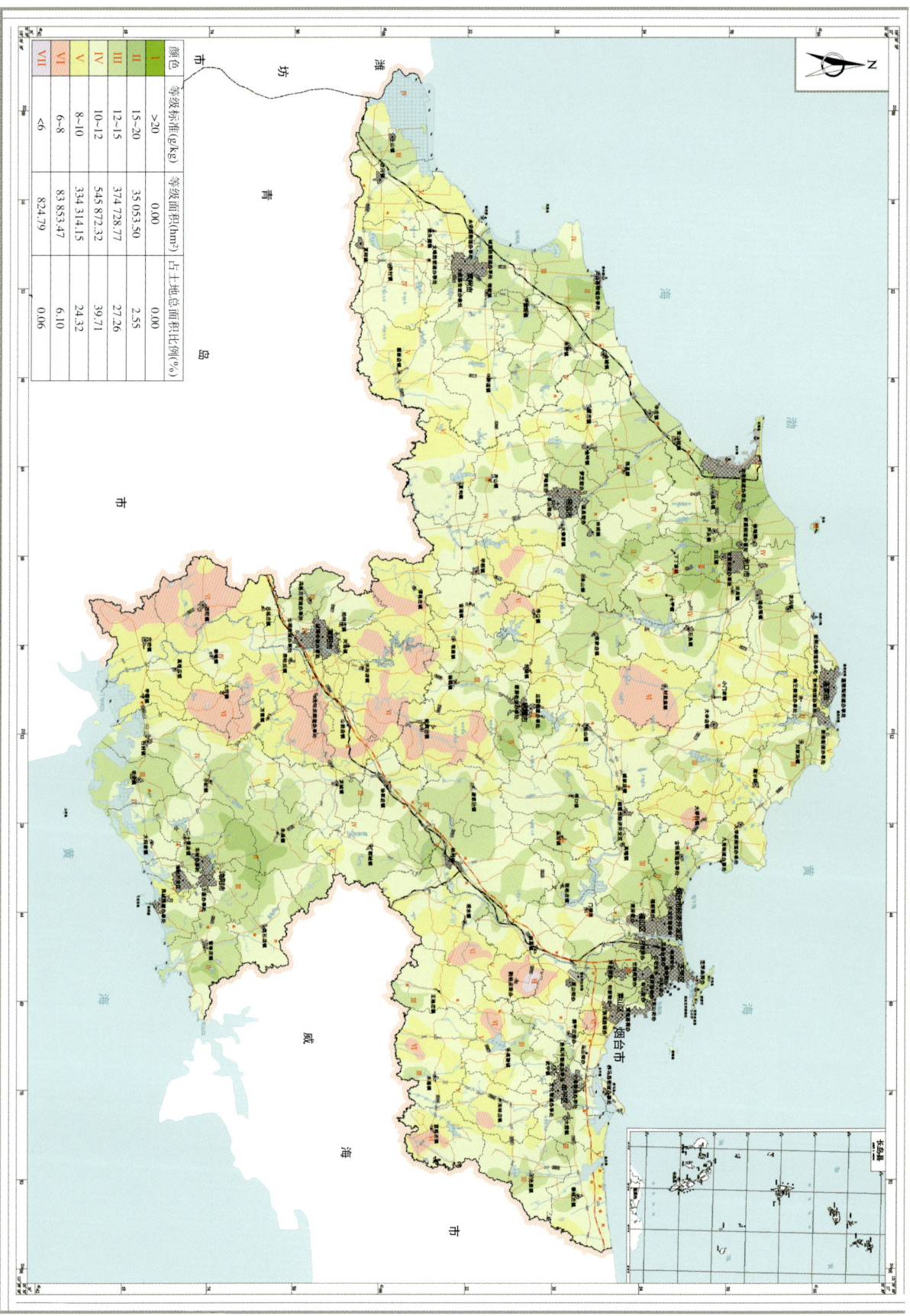

颜色	等级标准(g/kg)	等级面积(hm²)	占土地总面积比例(%)
I	>20	0.00	0.00
II	15~20	35 053.50	2.55
III	12~15	374 728.77	27.26
IV	10~12	545 872.32	39.71
V	8~10	334 314.15	24.32
VI	6~8	83 853.47	6.10
VII	<6	824.79	0.06

1990年西安坐标系
1985年国家高程基准

山东农业大学资源与环境学院
山东天地圣元土壤调查有限公司 编制
二〇一三年五月

烟台市土壤缓效钾含量分布图

颜色	等级	等级标准(mg/kg)	等级面积(hm²)	占土地总面积比例(%)
	I	>1 200	108 459.65	7.89
	II	900~1 200	254 997.02	18.55
	III	750~900	120 144.15	8.74
	IV	500~750	446 485.34	32.48
	V	300~500	421 604.23	30.67
	VI	<300	22 956.61	1.67

山东农业大学资源与环境学院
二〇一三年五月

1980西安坐标系
1985国家高程系

烟台市土壤有效硼含量分布图

颜色	等级	等级标准(mg/kg)	等级面积(hm²)	占土地总面积比例(%)
	I	>2.0	3 711.55	0.27
	II	1.0~2.0	116 020.21	8.44
	III	0.5~1.0	380 364.82	27.67
	IV	0.2~0.5	870 563.94	63.33
	V	<0.2	3 986.48	0.29

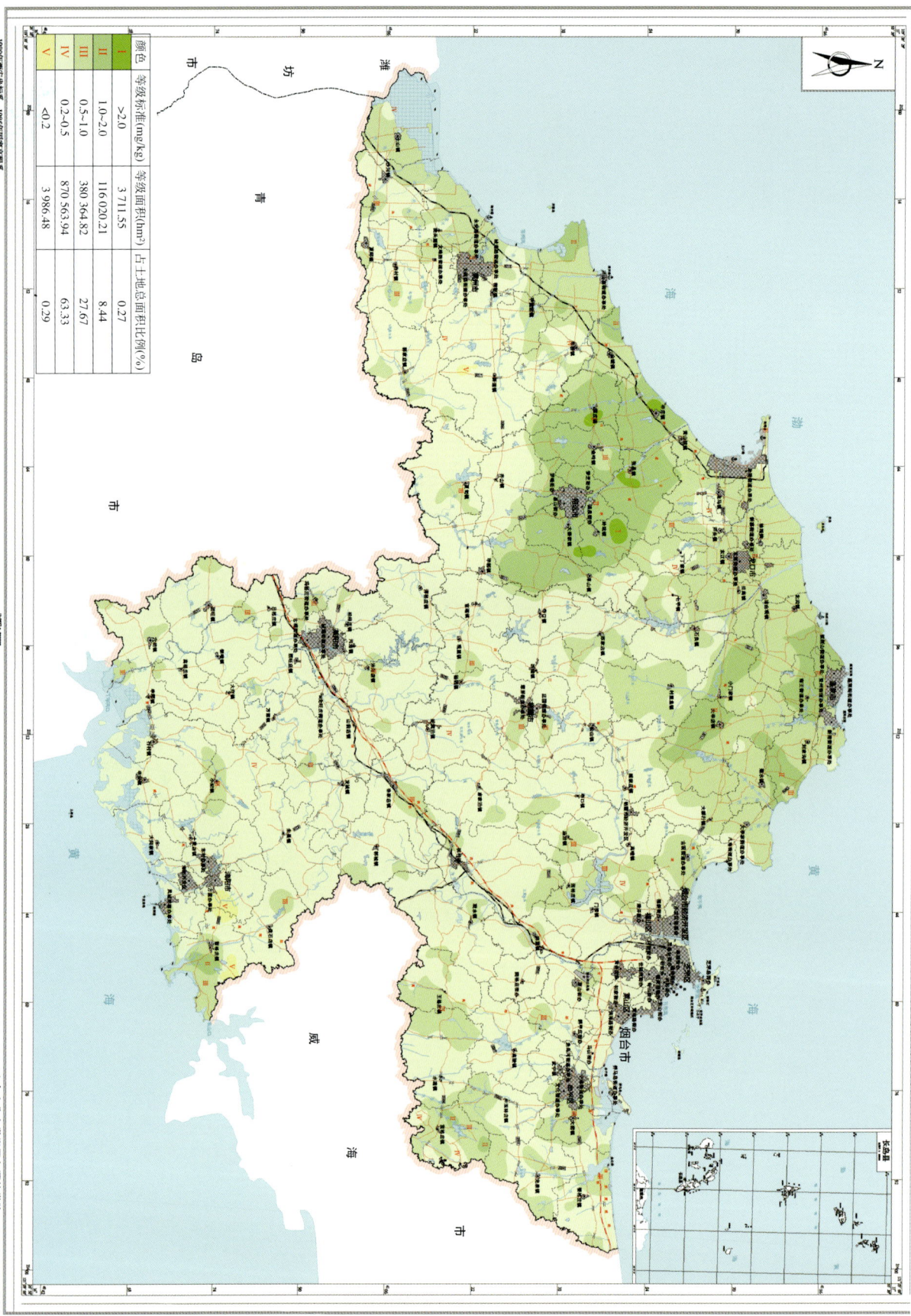

山东农业大学资源与环境学院
山东天地安大图土地整理有限公司
二〇一三年五月

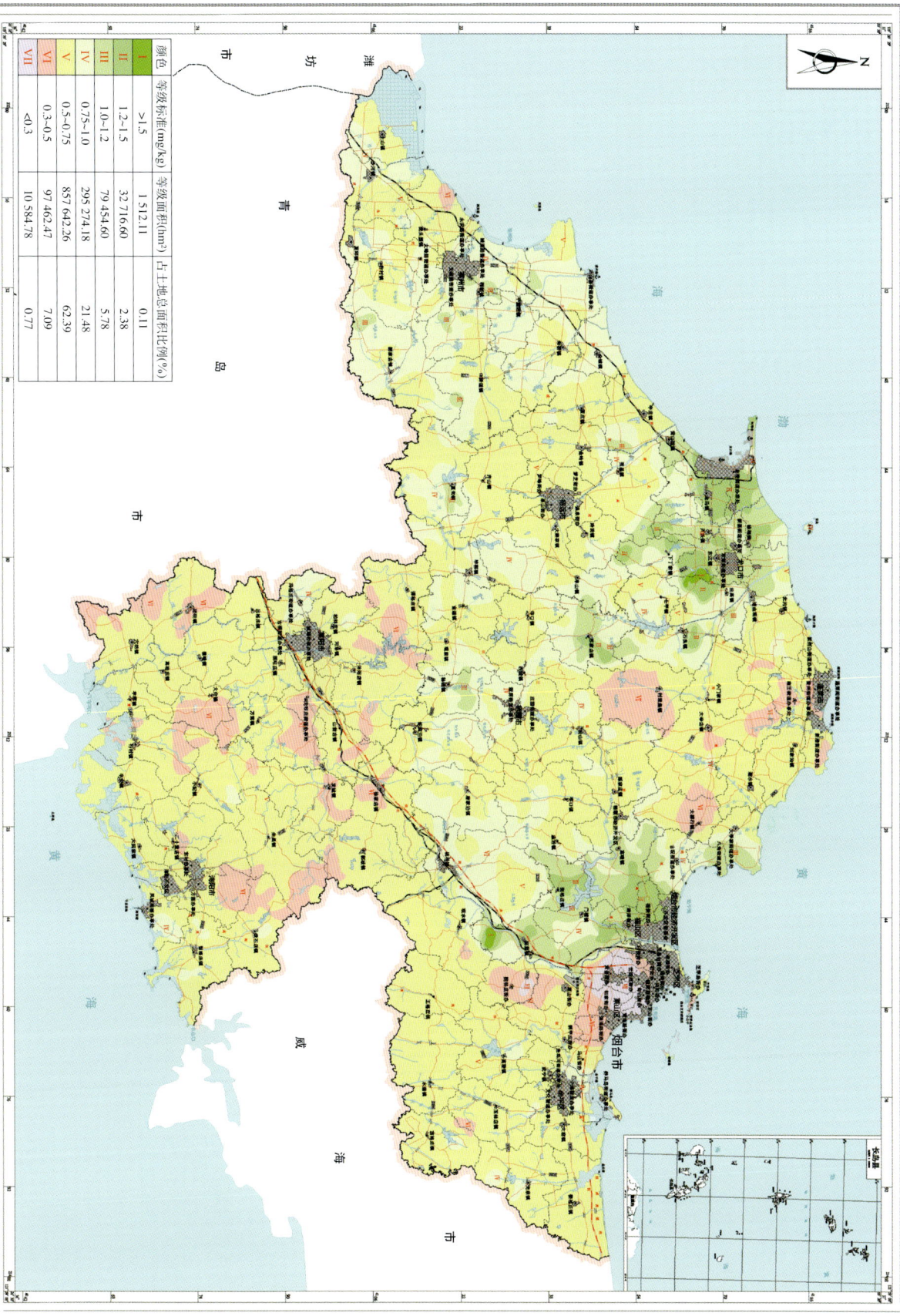

烟台市土壤全氮含量分布图

颜色	等级标准(mg/kg)	等级面积(hm²)	占土地总面积比例(%)
I	>1.5	1 512.11	0.11
II	1.2~1.5	32 716.60	2.38
III	1.0~1.2	79 454.60	5.78
IV	0.75~1.0	295 274.18	21.48
V	0.5~0.75	857 642.26	62.39
VI	0.3~0.5	97 462.47	7.09
VII	<0.3	10 584.78	0.77

山东农业大学资源与环境学院 一〇五下图

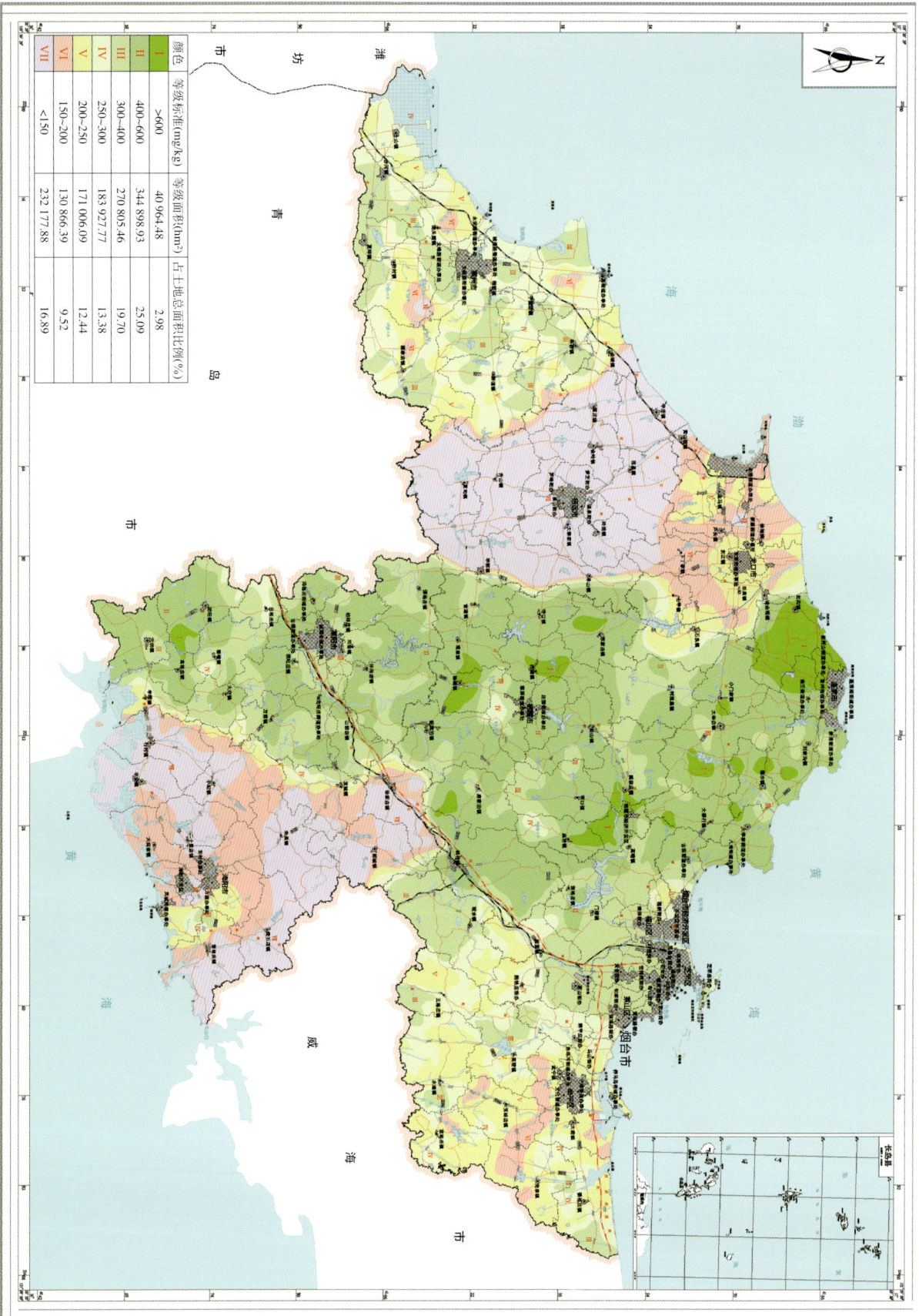

1980年西安坐标系 1985年国家高程系

颜色	等级标准(mg/kg)	等级面积(hm²)	占土地总面积比例(%)
I	>600	40 964.48	2.98
II	400-600	344 898.93	25.09
III	300-400	270 805.46	19.70
IV	250-300	183 927.77	13.38
V	200-250	171 006.09	12.44
VI	150-200	130 866.39	9.52
VII	<150	232 177.88	16.89

山东农业大学资源与环境学院
山东天地大图土遥感有限公司 二〇一三年五月

烟台市土壤交换性钙含量分布图

颜色	等级标准(mg/kg)	等级面积(hm²)	占土地总面积比例(%)
I	>6 000	0.00	0.00
II	4 000~6 000	43 713.77	3.18
III	3 000~4 000	157 397.08	11.45
IV	2 500~3 000	181 728.33	13.22
V	2 000~2 500	178 566.65	12.99
VI	1 500~2 000	161 658.49	11.76
VII	1 000~1 500	245 649.42	17.87
VIII	500~1 000	141 313.71	10.28
IX	<500	264 619.55	19.25

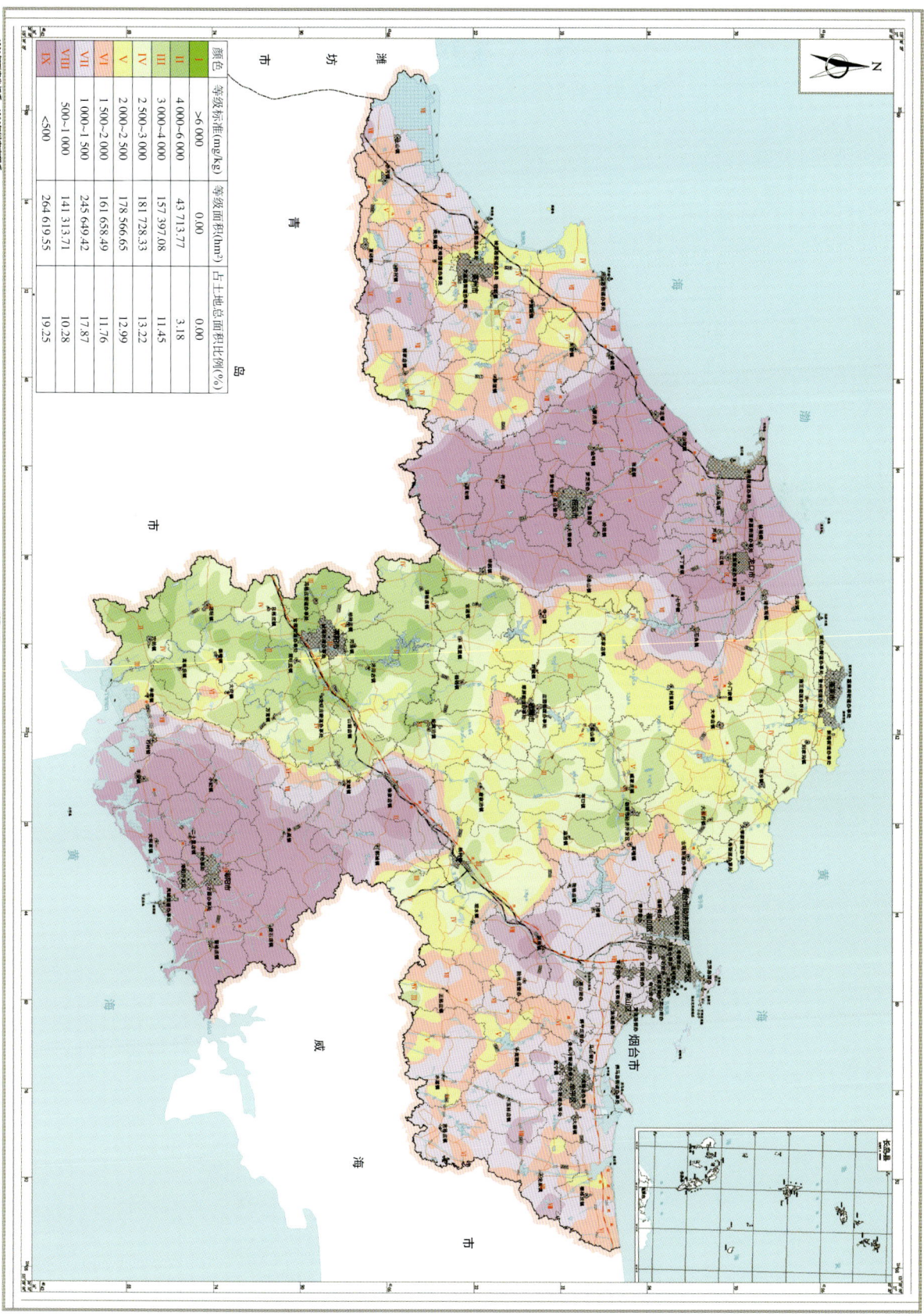

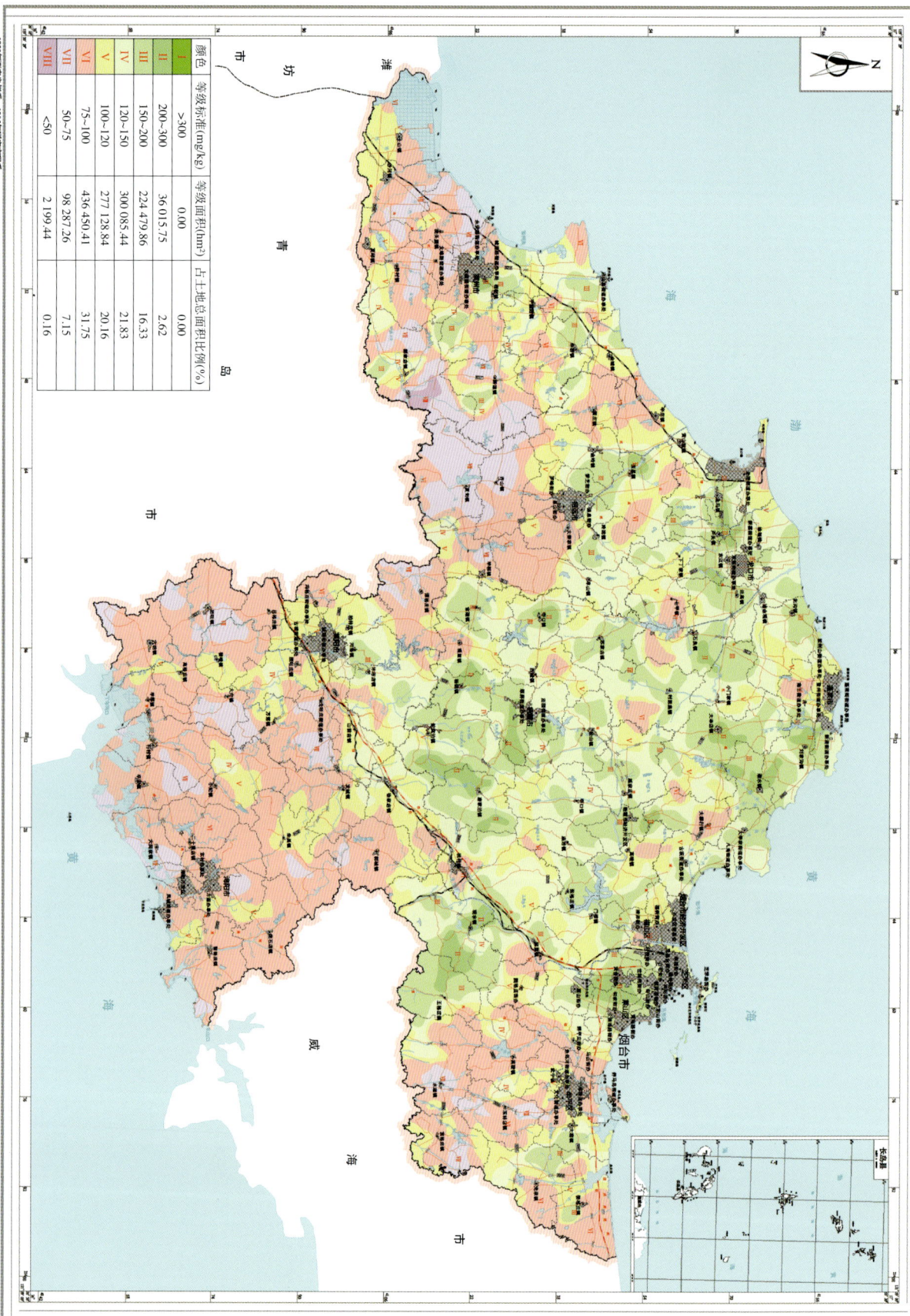

烟台市土壤速效钾含量分布图

颜色	等级	标准(mg/kg)	等级面积(hm²)	占土地总面积比例(%)
	I	>300	0.00	0.00
	II	200~300	36 015.75	2.62
	III	150~200	224 479.86	16.33
	IV	120~150	300 085.44	21.83
	V	100~120	277 128.84	20.16
	VI	75~100	436 450.41	31.75
	VII	50~75	98 287.26	7.15
	VIII	<50	2 199.44	0.16

1990年西安坐标系　1985年国家高程基准

长岛县

山东农业大学资源与环境学院
山东天禄至大国土勘测有限公司
二〇一三年五月

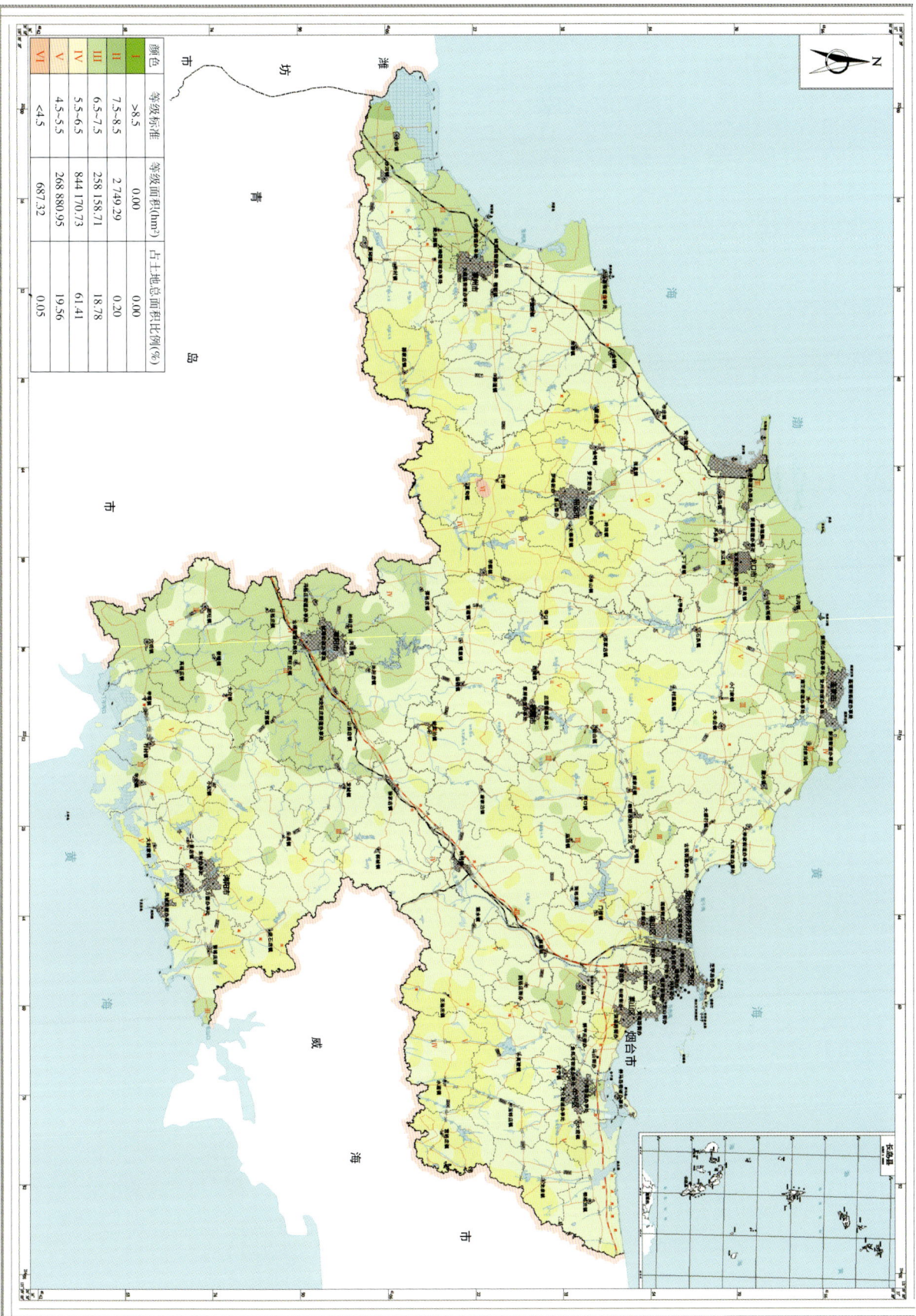

烟台市土壤pH分布图

颜色	等级	等级标准	等级面积(hm²)	占土地总面积比例(%)
	I	>8.5	0.00	0.00
	II	7.5~8.5	2 749.29	0.20
	III	6.5~7.5	258 158.71	18.78
	IV	5.5~6.5	844 170.73	61.41
	V	4.5~5.5	268 880.95	19.56
	VI	<4.5	687.32	0.05

1980年代西安坐标系 1985年国家高程系

山东农业大学资源与环境学院
华东师范大学地理与环境学院 二〇一三年五月

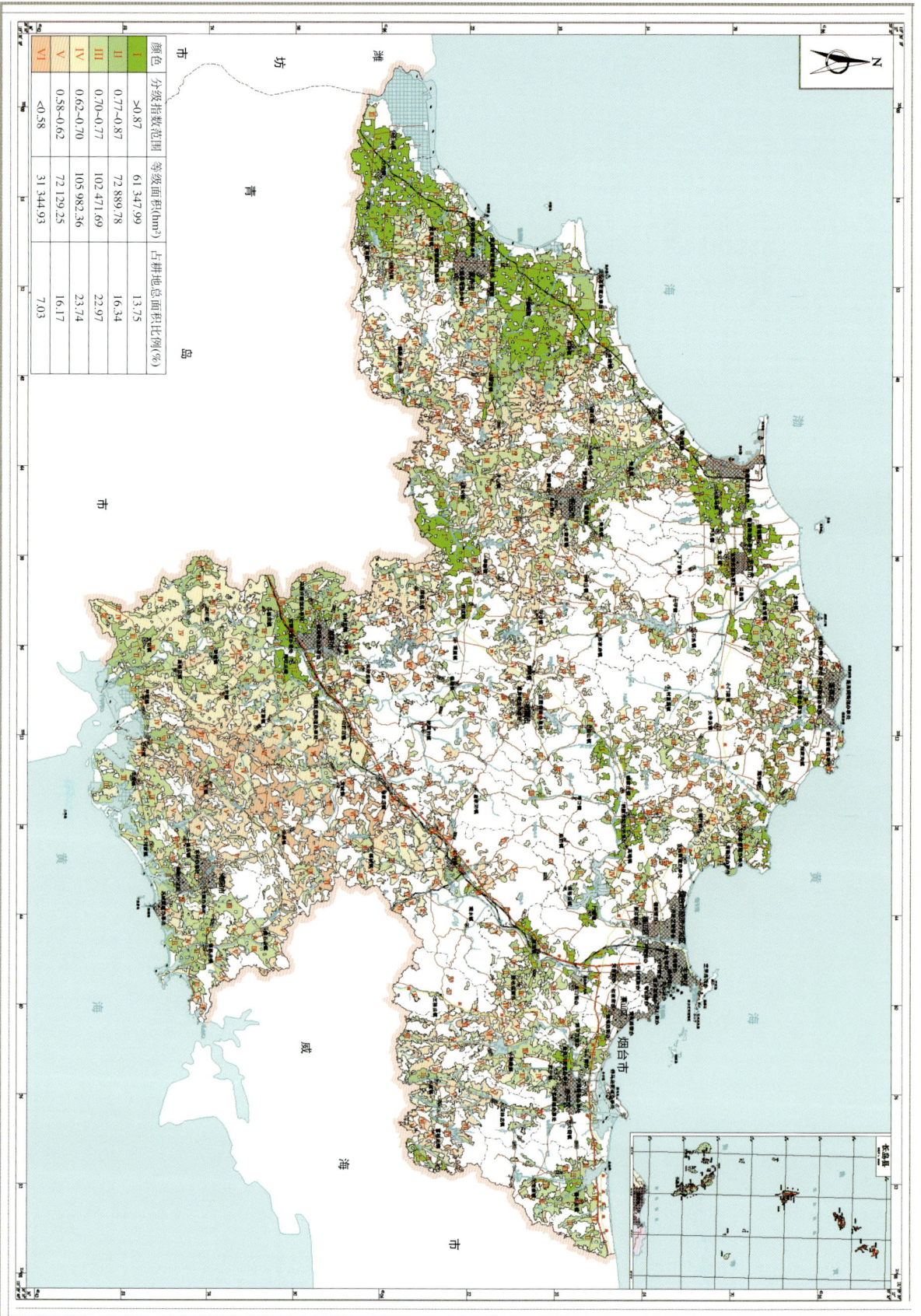

烟台市耕地地力评价等级图

颜色	等级	分级指数范围	等级面积(hm²)	占耕地总面积比例(%)
	I	>0.87	61 347.99	13.75
	II	0.77-0.87	72 889.78	16.34
	III	0.70-0.77	102 471.69	22.97
	IV	0.62-0.70	105 982.36	23.74
	V	0.58-0.62	72 129.25	16.17
	VI	<0.58	31 344.93	7.03

1980年西安坐标系
1985年国家高程系

山东农业大学资源与环境学院
山东天地亚太图土遥感有限公司
二〇一六年十月

图书在版编目（CIP）数据

捕鱼与辑捕 / 孙端，张振奉主编. —北京：
中国农业出版社，2019.10
ISBN 978-7-109-25077-2

Ⅰ.①捕… Ⅱ.①孙…②张…③王… Ⅲ.①捕捞渔具
捕—研究—海河 Ⅳ.①F323.211

中国版本图书馆 CIP 数据核字（2018）第 279401 号

中国农业出版社出版

地址：北京市朝阳区麦子店街 18 号楼
邮编：100125
责任编辑：图 圉 孟令强
责任设计：杜 然　责任校对：吴丽婷
印刷：北京通州皇家印刷厂
版次：2019 年 10 月第 1 版
印次：2019 年 10 月北京第 1 次印刷
发行：新华书店北京发行所
开本：787mm×1092mm 1/16
印张：7.25　插页：8
字数：250 千字

定价：80.00 元

ISBN 978-7-109-25077-2